Emanuel C. Hofacker

Rückführung illegal verbrachter italienischer Kulturgüter nach dem Ende des 2. Weltkriegs

Schriften zum Kulturgüterschutz
Cultural Property Studies

Schriften zum Kulturgüterschutz
Cultural Property Studies

Herausgegeben von
Edited by

Professor Dr. Wilfried Fiedler, Saarbrücken
Professor Dr. Dr. h.c. Erik Jayme, Heidelberg
Professor Dr. Kurt Siehr, Hamburg

Emanuel C. Hofacker

Rückführung illegal verbrachter italienischer Kulturgüter nach dem Ende des 2. Weltkriegs

Hintergründe, Entwicklung und rechtliche Grundlagen der italienischen Restitutionsforderungen

De Gruyter Recht · Berlin

Dr. Emanuel C. Hofacker,
Rechtsanwalt in Zürich

∞ Gedruckt auf säurefreiem Papier,
das die US-ANSI-Norm über Haltbarkeit erfüllt.

ISBN 3-89949-167-X

Bibliografische Information Der Deutschen Bibliothek

Die Deutsche Bibliothek verzeichnet diese Publikation in der Deutschen Nationalbibliografie; detaillierte bibliografische Daten sind im Internet über <http.//dnb.ddb.de> abrufbar.

Printed in Germany
Einbandgestaltung: +malsy kommunikation und gestaltung, Bremen
Datenkonvertierung: Werksatz Schmidt & Schulz GmbH, Gräfenhainichen
Druck und Bindung: Hubert & Co, Göttingen

Meinen lieben Eltern
und Nadia

Vorwort

Herr Professor Dr. Kurt Siehr hat mir mit seinem Themenvorschlag die Türe zu einem faszinierenden Rechtsgebiet geöffnet und meine Forschungen in Italien dank seiner guten Kontakte zu Experten im Gebiet des Kulturgüterschutzes stark vereinfacht. Er hat das Entstehen der Arbeit mit ausserordentlichem Interesse und immer hilfsbereiter und fachkundiger Anteilnahme gefördert und die Aufnahme der Dissertation in die von ihm mitbetreute Reihe unterstützt. Seine zahlreichen wertvollen Hinweise und kritischen Analysen waren mir stete Anregung; dafür schulde ich ihm ganz besonderen Dank.

Ministro Dr. Mario Bondioli-Osio, dem Leiter der Commissione Interministeriale per il Recupero delle Opere d'Arte, danke ich für die grosse Freiheit, die er mir bei der Benutzung des Archivs seiner Dienststelle an der Via degli Astalli in Rom gewährt hat. Nur dank seiner freundlichen und kompetenten Unterstützung war es überhaupt möglich, die deutsch-italienischen Kulturgutverhandlungen detailliert darzustellen.

Dank gebührt meinen Eltern, welche mit ihrer finanziellen Unterstützung meine Studien und die dieser Arbeit zugrunde liegenden Forschungen erst ermöglicht haben. Auch meinem Bruder, Dr. Martin Hofacker, möchte ich für seine diesbezügliche Hilfe danken.

Bedanken möchte ich mich auch bei lic. phil. Nadia Ghidoli. Ohne ihre Unterstützung, Geduld und Hartnäckigkeit hätte die Arbeit nie ihre endgültige Fassung erhalten.

Schliesslich möchte ich mich bei Frau lic. iur. Simona Küng und Herrn lic. oec. publ. Davide Rima für die italienische Übersetzung von § 12 B. der vorliegenden Arbeit herzlich bedanken.

Die Dissertation wurde im Juli 2003 von der Rechtswissenschaftlichen Fakultät der Universität Zürich angenommen.

Zürich, im Juni 2004 *Emanuel C. Hofacker*

Inhaltsübersicht

Inhaltsverzeichnis

Abkürzungsverzeichnis

AA	Auswärtiges Amt der Bundesrepublik Deutschland, Bonn/Berlin
AA. BB. AA.	(Direzione Generale) delle Antichità e Belle Arti, MPI
AAD	Accademia delle Arti del Disegno, Firenze
a. a. O.	Am angegebenen Ort
Abs.	Absatz/Absätze
ACC	Allied Control Commission, Germany
ACS	Archivio Centrale di Stato, Roma
Aff. Ec.	Affari Economici (MAE)
Aff. Pol.	Affari Politici (MAE)
Art.	Artikel
BAK	Bundesarchiv, Koblenz
Bd.	Band
B. C. A.	Beni Culturali e Ambientali
BGBl.	Bundesgesetzblatt der Bundesrepublik Deutschland
BGE	Bundesgerichtsentscheid (Schweiz)
CCP	Central Collecting Point, München
CINCEUR	Commander in Chief, Europe (US Army)
CIR	Commissione Interministeriale per il Recupero delle Opere d'Arte, Roma
Dept.	Department
ders.	derselbe
D. G. A. E.	Direzione Generale per gli Affari Economici (MAE)
D. G. R. C.	Direzione Generale per le Relazioni Culturali con l'Estero (MAE)
Dir. Gen.	Direzione Generale
Div.	Divisione
EAC	European Advisory Commission, London
f./ff.	folgende
Foro it.	Il Foro italiano, Rom: Foro italiano 1876ff.
FN	Fussnote
G. U.	Gazzetta Ufficiale del Regno d'Italia/della Repubblica Italiana
HLKO	Haager Landkriegsordnung
L.	Legge
lit.	litera

MAE	Ministero degli Affari Esteri, Roma
MFA & A	Monuments, Fine Arts and Archives Branch (U.S. Army)
MGR	Military Government Regulations (U.S.)
MPI	Ministero della Pubblica Istruzione, Roma
m. w. N.	mit weiteren Nachweisen
No.	numero
o.D.	ohne Datum
OMGB	Office of Military Government for Bavaria (U.S.)
OMGUS	Office of Military Government for Germany (U.S.)
PCM	Presidenza del Consiglio dei Ministri (Roma)
P. I.	(Ministero della) Pubblica Istruzione, Roma
prot.	protocollo
R.	Regio
R. d.	Regio Decreto
Ref.	Referat
S.	Seite
sez.	sezione
S. I. D.	Servizio Informazioni Difesa
S. I. M.	Servizio Informazioni Militari
SR	Systematische Sammlung des Bundesrechts (Schweiz)
UNESCO	United Nations Educational, Scientific and Cultural Organization
UNICEF	United Nations International Children's Emergency Fund
USPOLAD	United States Political Advisor
vgl.	Vergleiche
z. B.	zum Beispiel
zit.	zitiert

Literaturverzeichnis

Agarossi, Elena, A Nation Collapses, The Italian Surrender of September 1943, Cambridge: Cambridge University Press, 2000.

Alford, Kenneth D., The Spoils of World War II, The American Military's Role in the Stealing of Europe's Treasures, New York: Carol Publishing Group, 1994.

Alibrandi, Tommaso/Ferri, Pier Giorgio, Il diritto dei beni culturali. La protezione del patrimonio storico-culturale, 6. rist., Roma: Carocci, 1998.

Bartole, Attilio, Il problema del recupero e della restituzione delle opere d'arte dopo la seconda guerra mondiale, Discorso pronunciato alla Camera dei Deputati nella seduta del 4 ottobre 1960, Roma: Colombo, 1960.

Bertoldi, Silvio, Presentazione, In: Rodolfo Siviero, L'Arte e il Nazismo, Esodo e ritorno delle opere d'arte italiane 1938–1963, a cura di Mario Ursino, Firenze: Cantini, 1984, Klappentext und S. 7–11.

Bobbio, Luigi, La politica dei beni culturali in Italia, in: Le politiche dei beni culturali in Europa a cura di Luigi Bobbio con scritti di Luigi Bobbio, Mario Diani, Serge Lagache, Valéry Patin, Teresa Romeo Garre, Bologna: Il Mulino, 1992.

Bottai, Giuseppe, Diario 1935–1944, A cura di Giordano Bruno Guerri, Milano: Rizzoli 2001 (zit.: Diario).

Bottai, Giuseppe, Vent'anni e un giorno (24 luglio 1943), Milano: Garzanti, 1977 (zit.: Vent'anni e un giorno).

Buschbom, Helmut, Das Bundesrückerstattungsgesetz, In: Die Wiedergutmachung national-sozialistischen Unrechts durch die Bundesrepublik Deutschland, Herausgegeben vom Bundesminister der Finanzen in Zusammenarbeit mit Walter Schwarz, Band II, München: Beck, 1981.

Carugno, Giuseppe Nerio/Mazzitti, Walter/Zucchelli, Claudio, Codice dei beni culturali. Annotato con la giurisprudenza, Milano: Giuffrè 1994.

Clay, Lucius D., Decision in Germany, Garden City, N.Y.: Doubleday, 1950.

Condemi, Simonella, La Salvaguardia dei Beni Culturali, Lineamenti di Storia della Tutela, 2° edizione, Firenze: Istituto per l'Arte e il Restauro „Palazzo Spinelli", 1997.

Cornides, Wilhelm (Hrsg.), Europa-Archiv. Zeitgeschichte Zeitkritik Verwaltung Wiederaufbau, Erste Folge, Vierteljahresband Juli/September, Oberursel (Taunus) 1946 (zit. Cornides).

Cornides, Wilhelm/Volle, Hermann (Hrsg.), Um den Frieden mit Deutschland. Dokumente zum Problem der deutschen Friedensordnung 1941–1948 mit einem Bericht über die Londoner Aussenministerkonferenz vom 25. November bis 15. Dezember 1947, Oberursel (Taunus) 1948 (zit. Cornides/Volle).

Costanza, Maria, Commercio e circolazione delle opere d'arte, Collana „Diritto e pratica nelle attività culturali, informative e ricreative", n. 14, Padova: CEDAM, 1999.

Deutsche Geschichte in Quellen und Darstellung, Herausgegeben von Rainer A. Müller, Bd. 10 Besatzungszeit, Bundesrepublik und DDR 1945–1969, Herausgegeben von Merith Niehuss und Ulrike Lindner, Stuttgart: Reclam, 1998 (zit. Niehuss/Lindner).

Engstler, Ludwig, Die territoriale Bindung von Kulturgütern im Rahmen des Völkerrechts, Schriftenreihe Annales Universitatis Saraviensis, Heft 8, Köln/Berlin/Bonn/München: Carl Heymanns, 1964.

Farmer, Walter I., The Safekeepers; a memoir of the arts at the end of World War II. With a Preface by Klaus Goldmann and an Introduction by Margaret Farmer Planton, Berlin, New York: de Gruyter, 2000.

Fiedler, Wilfried, Die Alliierte (Londoner) Erklärung vom 5.1.1943: Inhalt, Auslegung und Rechtsnatur in der Diskussion der Nachkriegsjahre, In: Basedow/Meier/Schneider/Einhorn/Girsberger (Hrsg.), Private Law in the International Arena, Liber Amicorum Kurt Siehr, The Hague: T.M.C. Asser Press, 2000, S. 197ff. (zit. Erklärung).

Fiedler, Wilfried, „Kriegsbeute" im internationalen Recht, in Volker Michael Strocka (Hrsg.): Kunstraub – ein Siegerrecht? Berlin: Arenhövel, 1999, S. 47ff. (zit. Kriegsbeute).

Fiedler, Wilfried, Kulturgüter als Kriegsbeute? Heidelberg: C.F. Müller, 1995 (zit. Kulturgüter).

Fiedler, Wilfried (Hrsg.), Internationaler Kulturgüterschutz und deutsche Frage: Völkerrechtliche Probleme der Auslagerung, Zerstreuung und Rückführung deutscher Kulturgüter nach dem Zweiten Weltkrieg, Forschungsergebnisse der Studiengruppe für Politik und Völkerrecht, Kulturstiftung der Deutschen Vertriebenen, Band 7, Berlin: Mann, 1991 (zit. Kulturgüterschutz).

Friedmann, Wolfgang, The Allied Military Government of Germany, The Library of World Affairs, Number 8, London: Stevens & Son, 1947.

Friemuth, Cay, Die geraubte Kunst, Der dramatische Wettlauf um die Rettung der Kulturschätze nach dem Zweiten Weltkrieg (Entführung, Bergung und Restitution europäischen Kulturgutes 1939–1948) mit dem Tagebuch des britischen Kunstschutzoffiziers Robert Lonsdale Charles, Braunschweig: Westermann, 1985.

Frigo, Manlio, La protezione dei beni culturali nel diritto internazionale, Milano: Guiffrè, 1986.

Gonella, Guido, Preface, in: Rodolfo Siviero, Second National Exhibition of the works of art recovered in Germany, Firenze: Sansoni, 1950 (zit. Preface).

Gonella, Guido, Il Rimpatrio delle Opere d'Arte Reduci di Guerra, Discorso tenuto alla Farnesina per l'inaugurazione della mostra delle nostre opere d'arte ricuperate in Germania, Roma: Istituto Poligrafico dello Stato, 1947 (zit. Rimpatrio).

Gonella, Guido, Introduzione, in: Ministero della Pubblica Istruzione, Mostra delle Opere d'Arte Recuperate in Germania, Roma: La Libreria dello Stato, 1947, S. 3–6 (zit. Introduzione).

Grell, Boris Thorsten, Entartete Kunst, Rechtsprobleme der Erfassung und des späteren Schicksals der sogenannt entarteten Kunst, Diss. Zürich 1999.

Guerri, Giordano Bruno, Introduzione, In: Giuseppe Bottai, Diario 1935–1944, A cura di Giordano Bruno Guerri, Milano: Rizzoli 2001, S. 5–18. (zit. Introduzione).

Guerri, Giordano Bruno, Giuseppe Bottai, Fascista, Milano: Mondadori 1996 (zit. Giuseppe Bottai).

Heuss, Anja, Kunst- und Kulturgutraub. Eine vergleichende Studie zur Besatzungspolitik der Nationalsozialisten in Frankreich und der Sowjetunion, Heidelberg: C. Winter, 2000.

Kaufmann, Erich, Die völkerrechtlichen Grundlagen und Grenzen der Restitutionen, in: Archiv des öffentlichen Rechts, 75. Bd. (36. Bd. NF) 1949, S. 1ff.

Kienle, Dela, Kulturgüter als Opfer des Krieges. Untersuchung zum nationalsozialistischen Kunstkauf und Kunstraub in Italien und den bis heute andauernden Folgen, Tesi di Laurea, Università degli Studi di Firenze/Rheinische Friedrich-Wilhelms-Universität Bonn, Anno Accademico 2000/2001.

Kubin, Ernst, Raub oder Schutz? Der deutsche militärische Kunstschutz in Italien, Graz: Leopold Stocker, 1994.

Kurtz, Michael J., Nazi contraband. American Policy on the Return of European Cultural Treasures, 1945–1955, New York/London: Garland, 1985.

Longhi, Roberto, Relazione, in: La Medaglia degli Artisti e degli Scrittori Italiani a Rodolfo Siviero, Resoconto della Cerimonia all'Accademia Nazionale dei Lincei, Firenze: Sansoni, 1961, S. 25–35.

Mansi, Antonio, La Tutela dei Beni Culturali, Analisi e commento della legge 01.06. 1939 n. 1089 e di tutte le altre norme di tutela con ampi riferimenti di dottrina e giurisprudenza; nonche sulla circolazione delle opere d'arte nel diritto interno, in quello comunitario ed in quello internazionale; sul commercio dei beni culturali e sulla figura dell'artista, 2° edizione Padova: CEDAM, 1998.

Maurer, Hartmut, Allgemeines Verwaltungsrecht, 12. Aufl., München: Beck, 1999.

Mràz, Michael, Raubgold im Lichte des Völkerrechts, In: Schweizerische Zeitschrift für internationales und europäisches Recht 1998, S. 207–248.

Müller, Jörg Paul, Vertrauensschutz im Völkerrecht, Max-Planck-Institut für ausländisches öffentliches Recht und Völkerrecht Nr. 56, Köln/Berlin: Carl Heymann, 1971.

Nicholas, Lynn H., The Rape of Europa, The Fate of Europe's Treasures in the Third Reich and the Second World War, New York: Alfred A. Knopf Inc., 1994.

Rasmo, Nicolò, Le Tavole di Vipiteno, Estratto da: Il Cristallo, Rassegna di Varia Umanità, Bolzano Dicembre 1959.

Relazione Bottai, Relazione del Ministro dell'educazione nazionale alla camera dei ministri, 15 aprile 1939 (doc. 154), in: Le Leggi e i Decreti Reali Secondo l'Ordine della Inserzione nella Gazzetta Ufficiale. Raccolta Completa ed Annotata della Legislazione Italiana, Anno 1939-XVII, Roma: Il Foro Italiano, 1939.

Sauser-Hall, Georges, Avis arbitral de Bruxelles relatif à l'or de la Banque Nationale d'Albanie, In: Schweizerisches Jahrbuch für internationales Recht X (1953) S. 11ff.

Schindler, Dietrich/Toman Jiri, The Laws of Armed Conflicts, 3rd Edition, Dordrecht: Nijhoff, 1988.

Schmeinck, Sabine, Internationalprivatrechtliche Aspekte des Kulturgüterschutzes, In: Münsterische Beiträge zur Rechtswissenschaft, Band 82, Berlin: Dunker und Humblot, 1994.

v. Schmoller, Gustav, Die Befugnisse der Besatzungsmächte in der Bundesrepublik Deutschland, In: Dokumente und Berichte des Europa-Archivs Band 8, Oberursel (Taunus) 1950 (zit. Befugnisse).

v. Schmoller, Gustav/Maier, Hedwig/Tobler, Achim, Handbuch des Besatzungsrechts, Tübingen: J. C. B. Mohr, 1957.

Schröder, Dieter (Hrsg.), Das geltende Besatzungsrecht, Baden-Baden: Nomos, 1990.

Schwarz, Walter, Rückerstattung nach den Gesetzen der Alliierten Mächte, In: Die Wiedergutmachung nationalsozialistischen Unrechts durch die Bundesrepublik Deutschland, Herausgegeben vom Bundesminister der Finanzen in Zusammenarbeit mit Walter Schwarz, Band I, München: Beck, 1974.

Siviero, Rodolfo, L'Arte e il Nazismo, Esodo e ritorno delle opere d'arte italiane 1938–1963, a cura di Mario Ursino, Firenze: Cantini, 1984 (zit. L'Arte e il Nazismo).

Siviero, Rodolfo, Esodo e ritorno delle opere d'arte italiane asportate durante la Seconda Guerra Mondiale, in: L'Opera Ritrovata, Omaggio a Rodolfo Siviero sotto l'Alto Patronato del Presidente della Repubblica, Firenze: Cantini, 1984, S. 15ff. (zit. Esodo).

Siviero, Rodolfo, La Difesa Delle Opere D'Arte, Testimonianza su Bruno Bècchi, Associazione Nazionale Partigiani d'Italia XXX Della Liberazione 1945–1975 (Hrsg.), Firenze: Accademia delle Arti del Disegno, 1976 (zit. Difesa).

Siviero, Rodolfo, Second National Exhibition of the Works of Art Recovered in Germany, Under the Patronage of the Accademia Nazionale dei Lincei, Firenze: Sansoni, 1950 (zit. Second National Exhibition).

Siviero, Rodolfo, Sulle Opere d'Arte Italiane Recuperate in Germania, Roma: Accademia Nazionale dei Lincei, 1948 (zit. Sulle Opere d'Arte Italiane).

Smith, Emory Timothy, The United States, Italy and NATO, 1947–52, New York: St. Martin's Press, 1991.

Smyth, Craig Hugh, Repatriation of Art from the Collecting Point in Munich after World War II, Background and Beginnings, With Reference especially to the Netherlands, The Hague: Gary Schwartz/SDU Publishers, 1988.

Turner, Stefan, Bemerkungen zur Restitutionspraxis nach dem 2. Weltkrieg, insbesondere zur Restitution von Kulturgütern, In: P. J. Weber/M. Weber/Seitz/Künzle (Hrsg.), Liber discipulorum et amicorum, Festschrift für Prof. Dr. Kurt Siehr zum 65. Geburtstag, Schweizer Schriften zur Vermögensberatung und zum Vermögensrecht, Band 2, Zürich: Schulthess, 2001, S. 215ff. (zit. Restitutionspraxis).

Turner, Stefan, Die Zuordnung beweglicher Kulturgüter im Völkerrecht, In: Fiedler, Wilfried (Hrsg.), Internationaler Kulturgüterschutz und deutsche Frage: Völkerrechtliche Probleme der Auslagerung, Zerstreuung und Rückführung deutscher Kulturgüter nach dem Zweiten Weltkrieg, Forschungsergebnisse der Studiengruppe für Politik und Völkerrecht, Kulturstiftung der Deutschen Vertriebenen, Band 7, Berlin: Gebr. Mann, 1991 (zit. Zuordnung).

Turner, Stefan, Das internationale Kulturgüterrecht und die Zerstreuung des Deutschen Kulturbesitzes nach dem Zweiten Weltkrieg, In: Fiedler, Wilfried (Hrsg.), Internationaler Kulturgüterschutz und deutsche Frage: Völkerrechtliche Probleme der Auslagerung, Zerstreuung und Rückführung deutscher Kulturgüter nach dem Zweiten Weltkrieg, Forschungsergebnisse der Studiengruppe für Politik und Völkerrecht, Kulturstiftung der Deutschen Vertriebenen, Band 7, Berlin: Gebr. Mann, 1991 (zit. Kulturgüterrecht).

Verbali del Consiglio dei Ministri, luglio 1943–maggio 1948, Edizione critica, a cura di Aldo G. Ricci, Roma: Presidenza del Consiglio dei Ministri, Dipartimento per l'Informazione e l'Editoria, 1994.

Weber, Hans, Die völkerrechtlichen Restitutionen, Diss. München 1949 (zitiert Hans Weber).

Weber, Marc, Unveräusserliches Kulturgut im nationalen und internationalen Rechtsverkehr, Diss. Zürich 2001 (zit. Marc Weber).

Weiss, Gottfried, Beutegüter aus besetzten Ländern. Die privatrechtliche Stellung des schweizerischen Erwerbers, In: Schweizerische Juristen-Zeitung 1946, S. 265ff.

Woolsey, L. H., The Forced Transfer of Property in Enemy Occupied Territories, In. The American Journal of International Law 37 (1943), S. 282ff.

Quellenverzeichnis

1. Accademia delle Arti del Disegno, Firenze, Archivio Siviero

Im Archiv der *Accademia delle Arti del Disegno* (im Text mit AAD abgekürzt), welcher Rodolfo Siviero von den sechziger Jahren bis zu seinem Tod 1983 vorstand, befinden sich neun Archivboxen mit Fotokopien von Originaldokumenten betreffend den Export von Kunstwerken vor und während des Krieges sowie Unterlagen zu Kongressen, die Siviero in den siebziger Jahren leitete. Die einzelnen Dokumente befinden sich in Heften, die nach ihrem Inhalt bezeichnet sind, beispielsweise das Heft „Statua Lancellotti" aus der Box 1.

2. Archivio Centrale dello Stato, Roma

a) Atti del Consiglio dei Ministri

Die aus dem italienischen zentralen Staatsarchiv in Rom zitierten Dokumente befinden sich in den Aktenbündeln (*Fascicoli*), wie sie der Kanzlei des Ministerpräsidenten von den jeweiligen Ministerien zur Behandlung an den Sitzungen des italienischen Ministerrates eingereicht wurden. Die Akten befinden sich unter der Signatur der Akten der *Presidenza del Consiglio dei Ministri* (Atti PCM), wobei sie nach dem jeweiligen Jahr, dem zuständigen Ministerium und dem Aktenbündel geordnet sind (Beispiel: Atti PCM 1948–49 MPI, Fascicolo 113). Fehlt ein Hinweis auf das Ministerium, so handelt es sich um die Akten, welche aus der *Presidenza del Consiglio* als zuständiger Behörde selber stammen.

b) Atti della Direzione Generale delle Antiquità e Belle Arti

Die in der Arbeit zitierten Dokumente der genannten Direktion, einer Behörde des Erziehungsministeriums, befinden sich in den Aktenbündeln Dir. Gen. AA. BB. AA. Div. III, 1945/48, Busta 258.

3. Archivio Storico Diplomatico, Roma

Im *Archivio Storico Diplomatico* des italienischen Aussenministeriums sind über 50-jährige Dokumente frei einsehbar. Das Archiv ist nach den verschiedenen Dienststellen des Aussenministeriums geordnet. Der Zugriff auf die einzelnen Dokumente erfolgt mit Hilfe von Verzeichnissen, in welchen die Dokumente, nach Dienststelle und Zeitabschnitt geordnet, aufgeführt sind. Die für die vorliegende Arbeit notwendigen Dokumente wurden in den Verzeichnissen „Archivio Scuole 1920–1955", „Inventario Serie Affari Politici 1931–1945, Italia", und „1946–1950, Italia", „Affari Economici 1942–1948, Italia" sowie „Gabinetto 1943–58" gefunden.

In der Arbeit werden die Dokumente als vom Aussenministerium stammend (MAE) zitiert, mit Hinweis auf die Dienststelle (Aff. Pol/Aff. Ec./Arch. Scuole) und die Zeitspanne sowie mit einer Doppelzahl (z. B. MAE Aff. Pol. 1931–45, Italia, 99/3) und den Angaben zum individuellen Dokument.

4. Commissione Interministeriale per il Recupero d'Opere d'Arte, Roma

a) Akten des *Ufficio*/der *Delegazione per le Restituzioni*

Im Archiv der *Commissione Interministeriale per il recupero delle opere d'arte* befinden sich die Akten des für die Restitution von Kulturgütern aus Deutschland und Oesterreich nach Italien zuständigen *Ufficio*, beziehungsweise ab 1953 der *Delegazione per le Restituzioni*. Das Archiv wurde 1987 geschlossen und dem Archiv des Aussenministeriums übergeben[1]. Seit der Einrichtung der *Commissione Interministeriale* im Dezember 1995[2] befindet sich das Archiv bei dieser Dienststelle an der Via degli Astalli 3A in Rom, in den ehemaligen Räumlichkeiten von Sivieros Amtsstelle.

Die Dokumente sind in Archivboxen enthalten, welche im Laufe der Jahre archivarisch unterschiedlich erfasst worden sind. Die ursprüngliche Einordnung der Amtsgeschäfte erfolgte unter Angabe von „pratica" und „oggetto", was bei kleineren Geschäften eine Doppelnummer ergab (z. B. 3/159); grössere Geschäfte wurden überdies mit einer nachfolgenden dritten Nummer weiter unterteilt (3/159/21). Jede Amtshandlung, ob es sich dabei um einen einzelnen Schriftenwechsel mit einer beliebigen Person oder um die gesamte Behandlung eines umfangreichen restitutuionsrelevanten Sachverhaltes handelte, wurde in diesen nummerierten Aktenheften erfasst. In der Regel tragen die einzelnen Aktenhefte neben der Nummerierung eine Umschreibung, die auf den Inhalt hinweist. Die Aktenhefte wiederum befinden sich in Archivboxen, von welchen neuerdings 325 nummeriert und teilweise mit einer Beschreibung des Inhalts versehen sind. 34 Archivboxen weisen keinerlei äussere Beschriftung auf. Einige der beschrifteten Archivboxen wiederum enthalten unnummerierte Dokumente, welche sich auf ein bestimmtes Thema beziehen (z. B. die Boxen 1 bis 6 sind mit „Personale" bezeichnet, die Box 81 mit „Recupero Dipinti Masaccio e Memling").

Im Text der Arbeit werden Dokumente mit dem Hinweis auf das Archiv (CIR), der Nummer der Archivbox und – soweit vorhanden – der nachfolgenden Nummer zitiert (205/3/159 bzw. -/21). Fehlt die Doppel- oder Dreifachnummer des Aktenhefts, wird deren allfällig vorhandene Überschrift genannt.

b) Akten der *Direzione Generale delle Relazioni Culturali con l'Estero*

Ebenfalls im obgenannten Archiv untergebracht sind zehn Ordner der *Direzione Generale delle Relazioni Culturali con l'Estero* (D. G. R. C.), einer Amtsstelle des Aussenministeriums, gegenüber welcher Sivieros *Delegazione per le Restituzioni* aufgrund ihrer organisatorischen Zugehörigkeit ab 1953 rechenschaftspflichtig war. Diese Ordner, welche indessen nur einige ausgewählte Jahre, bzw. Themenbereiche umfassen, enthalten in chronologischer Abfolge Dokumente, welche die Tätigkeit von Sivieros *Ufficio* betreffen.

Im Text der Arbeit werden die Dokumente nach dem Hinweis auf das Archiv (CIR) mit dem Titel des Ordners (D. G. R. C., SIVIERO), der relevanten Zeitspanne und den Details bezüglich des Dokumentes zitiert.

---

1 Antonio Paolucci, Geschichte eines Katalogs, In: Ministero degli Affari Esteri/Ministero per i Beni Culturali e Ambientali: Verschollene Werke, Aufstellung des Italienischen Kunsterbes, das während des zweiten Weltkriegs abhanden gekommen ist, Rom: Istituto Poligrafico e Zecca dello Stato, 1996, S. 10.

2 Mario Bondioli-Osio, Countryreport Italy 1, www.dhh-3.de, Stand 31. Januar 2001.

5. Bundesarchiv, Koblenz

Das Bundesarchiv verfügt über die Kopien der Akten der amerikanischen Kunstschutztruppen MFA & A. Die für die vorliegende Arbeit verwendeten Dokumente befinden sich in den Beständen „B 323, Treuhandverwaltung von Kulturgut", „Z 45 F, Office of Military Government for Germany (U.S.) (OMGUS)" und „B 126, Bundesministerium der Finanzen" (zit. BAK B 323, BAK Z 45 F und BAK B 126 sowie allenfalls dazugehöriger Aktenband und weitere Unterteilung in Hefte, dazu individuelle Angaben bezüglich des Dokumentes).

6. Politisches Archiv des Auswärtigen Amtes, Berlin

Die für die vorliegende Arbeit verwendeten Dokumente befinden sich in den Beständen B 86 (Rechtsabteilung) und B 95 (Kulturabteilung), wobei neben der Angabe des Standortes (Auswärtiges Amt, AA) und des Bestandes (B 86 oder B 95) die Nummer des Aktenordners und die individuelle Bezeichnung des Aktenstückes erwähnt wird.

1. Kapitel: Export der Kulturgüter Italiens: Gesetzliche Regelung und die Vorkommnisse im Zusammenhang mit dem 2. Weltkrieg

§ 1: Rechtsetzung Italiens im Bereich des Schutzes und der Ausfuhr von Kulturgütern

A. Ursprünge des Kulturgüterschutzes im Territorium des heutigen Italiens

I. Vorschriften im römischen Recht

Bereits im antiken Rom bestanden Vorschriften über den Schutz und die Unantastbarkeit von Denkmälern, welche auf öffentlichen Plätzen ausgestellt waren. Es bestanden auch Gesetzesvorschriften über die Unabänderlichkeit von Gebäuden zur Erhaltung des Aussehens der Stadt, die letztlich auch dem Schutz der Häuser galten, auch wenn ökonomische oder Überlegungen der Hygiene oder der Verkehrsführung im Vordergrund standen.[1] Aus den Regelungen bezüglich des Verbotes der Verbringung von ausgestellten Denkmälern entwickelte sich das Institut der *dicatio ad patriam*, welches auch im Gesetz n. 1089 vom 1. 6. 1939 enthalten war (Art. 11 und 13, vgl. nachfolgend B III.). Dabei handelt es sich um eine Beschränkung des Eigentumsrechts in Form einer Dienstbarkeit zugunsten der Öffentlichkeit, welche sich der Eigentümer, der eine Sache öffentlich zum allgemeinen Nutzen ausgestellt hat, gefallen lassen muss. Dadurch, dass das gewährte Recht vom Publikum in Anspruch genommen wird, kann es nicht mehr entzogen oder modifiziert werden.[2] Aus der *Dicatio ad patriam* hat sich die *deputatio ad cultum* entwickelt, die sich dadurch auszeichnet, dass sich die Nutzniessung der Öffentlichkeit auf den kultischen Bereich beschränkt.[3]

---

1 Mansi, S. 6f.

2 Mansi, S. 7f.

3 Mansi, S. 10f.

II. Vorschriften in den italienischen Staaten vor der Einigung

Vor der Einigung Italiens bestanden nur in einzelnen italienischen Staaten Regelungen zum Schutz von Kulturgütern und zum Exportverbot von Bildern, wobei die wichtigsten Einflüsse vom Grossherzogtum Toskana, dem Kirchenstaat und der Republik Venedig ausgingen.[4] Mit Beschluss vom 24. Oktober 1602 erliess der Grossherzog der Toskana ein Gesetz, welches den Export von Bildern regelte. Damit und mit Beschluss vom 11. Dezember 1602 wurde ein Verfahren eingeführt, mit welchem dem Verlust an toskanischem Kulturgut begegnet werden sollte. Der Export von Bildern war demgemäss nur noch möglich, wenn dies von der *Accademia del Disegno* erlaubt worden war; das gesamte Werk von 18 Meistern war vom Export ausgeschlossen. Das erste Gesetz, welches den umfassenden Schutz von Kulturgütern enthielt, erliess der Kirchenstaat durch Kardinal Pacca mit seinen Edikten vom 7. April 1820 und vom 6. August 1821.[5]

B. Gesetzgebung in Italien nach der nationalen Einigung

I. Legge 12 giugno 1902, n. 185

Bis zum Anfang des 20. Jahrhunderts wurden im geeinten Italien keine grossen gesetzgeberischen Anstrengungen im Bereich des Kulturgüterschutzes unternommen.[6] Nachdem der heimliche Verkauf einiger der berühmtesten Kunstwerke aus der Sammlung Chigi-Albani sowie der Verkauf von Teilen der Sammlung *Galleria di Sciarra*[7] die Öffentlichkeit aufgeschreckt hatten, erliess der Gesetzgeber das Gesetz *12 giugno 1902, n. 185*, welches eine strikte Kontrolle der Kulturgüter vorsah. Dies sollte mittels eines Kataloges geschehen, in welchem die Kulturgüter von höchstem Wert – nur diese wurden vom Gesetz erfasst – aufzunehmen waren. Deren Eigentümer waren verpflichtet, den Behörden jeglichen Transfer zu melden. Das Gesetz, welchem mit *R. d. 17 luglio 1904, n. 364,* eine unübersichtliche Verordnung mit 418 Artikeln beigegeben wurde, wies grosse Mängel auf. So war es für die zuständigen Behörden unmöglich, innert kurzer Zeit einen umfassenden Katalog der wichtigsten Kunstwerke zu erstellen, und die Beschränkung auf Kulturgüter höchsten Wertes bot keinen effektiven Schutz für die grosse Anzahl an Kunstwerken in Italien.[8]

---

4 Bobbio, S. 152 f.; ausführlich: Marc Weber, S. 138 ff. und S. 312 ff.

5 Mansi, S. 14 ff.; weiterführend: Marc Weber, S. 219 ff.

6 Bobbio, S. 153.

7 Ausführlich zur Affaire Sciarra: Marc Weber, S. 315 ff.

8 Condemi, S. 31 f.

II. Legge 20 giugno 1909, n. 364

1. Regelungen bezüglich Verkauf und Export

Das Ziel, die Kulturgüter in Italien effektiv zu schützen, wurde mit der Gesetzgebung von 1902 nicht erreicht. Die neue *legge 20 giugno 1909, n. 364,* brachte deshalb einen grossen Fortschritt, indem auf die generelle Katalogisierung von Kunstwerken verzichtet wurde und der Schutz ganz allgemein den beweglichen und unbeweglichen Sachen von geschichtlichem, archäologischem oder künstlerischem Interesse angedeihen sollte ("Sono soggette alle disposizioni della presente legge le cose immobili e mobili che abbiano interesse storico, archeologico, paleontologico o artistico", Art. 1 Abs. 1). Den privaten Eigentümern von bedeutenden Meisterwerken wurde die Bedeutung ihres Eigentums vom Ministerium notifiziert, indem das Kunstwerk als von *importante interesse* bezeichnet und katalogisiert wurde. Kulturgüter, die dem Staat, gemeinnützigen Körperschaften oder öffentlichen Einrichtungen gehörten, waren mit einem absoluten Veräusserungsverbot belegt ("Le cose di cui all'articolo precedente sono inalienabili quando appartengono allo Stato, a Comuni, a Provincie, a fabbricerie, a confraternite, a enti morali ecclesiastici di qualsiasi natura e ad ogni ente morale riconosciuto", Art. 2 Abs. 1). War dem Eigentümer eines Kunstwerkes dessen Bedeutung notifiziert worden, musste dieser vor einem Verkauf die Behörden informieren, denen daraufhin das Vorkaufsrecht zu den Bedingungen, wie sie im Vertrag vereinbart waren, zustand (Art. 5 und 6). Kunstwerke, deren Export ins Ausland einen schweren Verlust ("un danno grave") für Geschichte, Archäologie oder Kunst bedeutet hätte, durften überhaupt nicht exportiert werden (Art. 8 Abs. 1). Sollte ein Kunstwerk exportiert werden, so war es einem Dreiergremium aus Mitarbeitern des Exportbüros zum Entscheid über die Exportbewilligung vorzulegen (Art. 8 Abs. 2). Gegen deren Entscheid konnte der *Consiglio Superiore* angerufen werden, welchem ebenfalls der Entscheid bei zweifelhaften Fällen zustand (Art. 8 Abs. 3). War ein Kunstwerk dem Exportbüro vorgelegt worden, konnte der Staat innert zwei bis maximal vier Monaten seit der Anmeldung sein Vorkaufsrecht ausüben (Art. 9). Wurde die Exportbewilligung erteilt, musste eine Exportsteuer bezahlt werden (Art. 10). Art. 29 schliesslich hielt fest, dass alle Veräusserungen von Kunstwerken, bei welchen Verbote dieses Gesetzes nicht eingehalten wurden, nichtig waren. Die Regelung von Verkauf und Export im neuen Gesetz bedeutete eine erhebliche Erweiterung des Exportverbotes gegenüber der *legge 12 giugno 1902, n. 185,* und konnte, bei strikter Auslegung des Begriffes des "schweren Verlustes", zu einer faktischen Verunmöglichung des Exportes von Kunstwerken führen. Neben das Gesetz wurde mit *R.d. 30 gennaio 1913, n. 363*[9], eine Verordnung mit 188 Artikeln gesetzt, welche auch unter dem

---

9 G. U. n. 130 del 5 giugno 1913; abgedruckt bei Carugno/Mazzitti/Zucchelli, S. 188 ff.

neuen Gesetz zum Schutz der Kulturgüter der faschistischen Ära, der *legge 1 giugno 1939, n. 1089*, anwendbar blieb (siehe nachfolgend, III 1).

2. Detailregelung des Exportes im Regio Decreto 30 gennaio 1913, n. 363

Wurde die Ausstellung einer Exportlizenz beantragte, so musste das Kunstwerk dem Exportbüro vorgelegt werden (Art. 129). Dort wurden der Gegenstand, die Verpackung und die eingereichten Unterlagen überprüft (Art. 136), worauf von den Funktionären entschieden wurde, ob dem Ministerium der Ankauf vorzuschlagen sei, ein Exportverbot auszusprechen sei oder ob exportiert werden durfte (Art. 137). War unklar oder strittig, ob ein Exportverbot ausgesprochen werden sollte, informierte das Exportbüro hierüber den Minister, welcher beim *Consiglio Superiore* ein Gutachten zur Fällung seines Entscheides einholte (Art. 144f.). Wurde der Export verweigert und von Seiten des Staates von einem Ankauf abgesehen, konnte der Eigentümer verlangen, dass der Kunstgegenstand in die Obhut eines staatlichen Institutes genommen wurde (Art. 147).

3. Anpassungen der legge 12 giugno 1909, n. 364, bezüglich Verkauf und Export

a. R. decreto-legge 24 novembre 1927, n. 2461

Eine erste Änderung bezüglich des Verkaufs von Kunstwerken erfuhr die *legge 12 giugno 1909, n. 364*, mit dem *R. decreto legge 24 novembre 1927, n. 2461*[10]. Dabei wurde das bisher absolute Verbot des Verkaufes von Kulturgütern, die der öffentlichen Hand gehörten, dahingehend abgeschwächt, dass lediglich diejenigen Kulturgüter, die dem italienischen Staat gehörten, unveräusserlich waren (Art. 2 Abs. 1). Sofern sie den Provinzen, Kommunen und gemeinnützigen, anerkannten Körperschaften gehörten, waren sie grundsätzlich ebenfalls unveräusserlich, wobei der Erziehungsminister unter Umständen eine Veräusserung an den Staat oder an Private genehmigen konnte. Voraussetzung des Verkaufs aber war der positive Exportentscheid des *Consiglio Superiore* (Art. 2 Abs. 2 und 3). Das *decreto-legge* wurde in die *legge 31 maggio 1928, n. 1240*, umgewandelt.

b. R. decreto-legge 10 giugno 1937, n. 1297

Mit diesem *decreto-legge*[11] wurde die Exportbestimmung dahingehend abgeschwächt, als der Export in aussergewöhnlichen Fällen verboten werden konnte, wenn er einen äusserst schweren Schaden ("un danno gravissimo") am nationalen kulturellen Erbe des Staates bedeutet hätte. Bereits in diesem *decreto-legge*

---

[10] G. U. nn. 4–5 del 5–7 gennaio 1928.

[11] G. U. n. 182 del 7 agosto 1937.

war die Absicht erkennbar, dem in den späten dreissiger Jahren darniederliegenden Kunstmarkt mit einer liberaleren Exportgesetzgebung neue Impulse zu geben. Dies wurde dann mit der neuen *legge 1. giugno 1939, n. 1089,* verwirklicht.

III. Legge 1. giugno 1939, n. 1089

1. Allgemeines

Die Zuständigkeit für den Kulturgüterschutz lag 1939 beim Erziehungsministerium, welches Giuseppe Bottai unterstand. Bottai rief 1938 die für den Kulturgüterschutz zuständigen Aufsichtsbehörden der Provinzen zu einem Treffen über die anstehenden Probleme in diesem Sektor zusammen.[12] Zur gleichen Zeit wurde im Ministerium über die Möglichkeiten des Schutzes von Kulturgütern im Krieg nachgedacht.[13] Im darauffolgenden Jahr wurde als Ergebnis der Anstrengungen die neue *legge 1. giugno 1939, n. 1089,* "Tutela delle cose d'interesse artistico o storico"[14] sowie ein Gesetz über die Neuordnung der Aufsichtsbehörden[15] erlassen. Mit dem neuen Gesetz sollte einerseits der Schutz der Kulturgüter verstärkt, anderseits aber auch der Kunsthandel, welchem mit dem vorherigen Gesetz starke Beschränkungen auferlegt worden war, angeregt werden.[16] Zur Regelung der Details bezüglich der *legge 1. giugno 1939, n. 1089,* wurde eine ausführliche Verordnung erarbeitet, die bereits vom Ministerrat verabschiedet worden war. Nachdem die Unterzeichnung der Verordnung durch das Staatsoberhaupt aufgrund der Vorkommnisse des 25. Juli 1943 nie erfolgte[17], galt aufgrund der Übergangsregelung von Art. 73 des Gesetzes n. 1089 als Ausführungserlass weiterhin die Verordnung *R. d. 30 gennaio 1913, n. 363.*

2. Aufbau des Gesetzes

Wie bereits die *legge 20 giugno 1909, n. 364,* enthielt auch die neue *legge 1. giugno 1939, n. 1089,* zunächst eine Umschreibung der von ihr erfassten und geschützten Gegenstände.[18]

Vom Schutz des Gesetzes ausgeschlossen waren die Werke von lebenden Künstlern oder solche, die innert der letzten 50 Jahre erschaffen worden waren (Art. 1 Abs. 3). Bei den Gegenständen Privater, die von "besonderem Interesse" waren,

---

12 Condemi, S. 35

13 Siviero, L'Arte e il Nazismo, S. 19.

14 G. U. n. 184 del 8 agosto 1939.

15 "L. 22 maggio 1939, n. 823, Riordinamento delle Soprintendenze alle antichità e all'arte".

16 Relazione Bottai, S. 893.

17 Condemi, S. 36.

18 "(...) le cose, immobili e mobili, che presentano interesse artistico, storico, archeologico o etnografico, (...)", Art. 1.

erfolgte eine Notifikation dieser Tatsache an die Eigentümer durch das Ministerium (Art. 3), welches, wie die Präfekturen, über diese Kunstwerke ein Verzeichnis zu führen hatte. Allen Privateigentümern dieser Kategorie von Kulturgütern oblag die Verpflichtung, jegliche Veränderung des Standorts den Behörden mitzuteilen (Art. 12 Abs. 3). Kunstwerke durften ohne Genehmigung des Ministeriums nicht zerstört, entfernt, verändert oder restauriert werden (Art. 11 Abs. 1 i.V.m. Art. 12 Abs. 1). Veräusserungen von dem Staat gehörenden Kulturgütern waren grundsätzlich verboten (Art. 23). Allerdings war eine Veräusserung dann möglich, wenn die Nutzniessung für die Öffentlichkeit bestehen blieb. Überdies war die Möglichkeit vorgesehen, Kunstwerke in öffentlichem oder privatem Besitz zu tauschen, auch gegen Kunstwerke aus dem Ausland (Art. 25). Beim Verkauf von Kunstwerken aus privaten Sammlungen war das Ministerium vom Verkauf zu orientieren, worauf ihm das Vorkaufsrecht zustand (Art. 31). Die Anordnungen des Ministers waren definitiv, diejenigen untergeordneter Behörden unterlagen, der Verwaltungshierarchie folgend, dem Rekurs an den Minister (Art. 10).

3. Regelung des Exportes

Für den Export war beim Exportbüro eine Lizenz zu lösen, und es war eine zum Verkaufspreis proportionale, progressive Steuer zu leisten, falls der Export genehmigt wurde (Art. 36f.). Sobald ein Kunstwerk für den Export angemeldet worden war, stand dem Staat das Vorkaufsrecht zu (Art. 39). Jeglicher Export von Kulturgut, der zu einer erheblichen Schädigung ("un ingente danno") des nationalen künstlerischen oder historischen Erbes führte, war verboten (Art. 35). Daneben bestand für den Minister die Möglichkeit, präventiv und zeitlich limitiert ein absolutes Exportverbot für einen definierten Bereich von Kulturgütern zu erlassen.[19] Im übrigen blieben die Detailbestimmungen der Verordnung *R. d. 30 gennaio 1913, n. 363,* anwendbar (Art. 73).

4. Nichtigkeit gemäss Art. 61

Wie bereits in Art. 25 der *legge 12 giugno 1902, n. 185,* und Art. 29 der *legge 20 giugno 1909, n. 364,* sah Art. 61 des neuen Gesetzes die Nichtigkeit für jegliche Veräusserung vor, welche den Verboten des Gesetzes zuwiderlief oder bei welcher dessen Bedingungen nicht beachtet wurden. Von der Nichtigkeit wurde aber das Vorkaufsrecht des Ministeriums nicht tangiert.[20] Gemäss langdauernder

---

19 Alibrandi/Ferri, S. 111f.

20 "Le alienazioni, le convenzioni e gli atti giuridici in genere, compiuti contro i divieti stabiliti dalla presente legge o senza l'osservanza delle condizioni e modalità da essa prescritte, sono nulli di pieno diritto. Resta sempre salva la facoltà del Ministero di esercitare il diritto di prelazione a norma degli art. 31 e 32."

Rechtsprechung des Kassationshofes handelte es sich dabei um eine relative Nichtigkeit, die nur *inter Partes* wirkte, gutgläubigen Dritten nicht entgegengehalten werden und lediglich vom Staat geltend gemacht werden konnte.[21]

C. Gesetzgebung im Zusammenhang mit dem 2. Weltkrieg

I. Legge 6 luglio 1940, n. 1041, und R. d. 2 gennaio 1941, n. 256

Mit dem Gesetz n. 1041 sollten Gegenstände von künstlerischem, historischem, bibliographischem und kulturellem Interesse im Kriegsfall geschützt werden.[22] Art. 1 des Gesetzes räumte dem Erziehungsminister die Möglichkeit ein, alle Massnahmen zu treffen, die er zum Schutz der in Art. 1, 2 und 5 der *legge 1. giugno 1939, n. 1089*, genannten Kulturgüter für notwendig hielt (Abs. 1). Dieselben Möglichkeiten standen dem Erziehungsminister auch hinsichtlich der Kulturgüter in privatem Eigentum zu (Abs. 2). Voraussetzung zum Erlass dieser Notstandsgesetze war die Anwendung der Kriegsgesetzgebung, wie sie im *R. d. 8 luglio 1938, n. 1415* vorgesehen war. Mit *R. d. 2 gennaio 1941, n. 256,* wurde die Ermächtigung an den Erziehungs- und den Innenminister ausgesprochen, die Notstandsmassnahmen gemäss *L. 6 luglio 1940, n. 1041,* zu ergreifen.

II. Rundschreiben Nr. 170 über die Anwendung des Kriegsgesetzes

Mit Rundschreiben Nr. 170 des Erziehungsministers vom 6. November 1941 an die Präfekten und die Aufsichtsbehörden wurde festgehalten, dass dem Erziehungsminister aufgrund der *legge 6 luglio 1940, n. 1041*, die Möglichkeit offen stehe, alle Massnahmen zu treffen, die er für angebracht halte, um die in den Art. 1, 2 und 5 der *legge 1. giugno 1939, n. 1089*, bezeichneten Gegenstände zu schützen. Dies galt auch für Gegenstände, die im Privateigentum standen. Aufgrund dieser Bestimmung wurde für die Dauer des Krieges jede Veräusserung von Antiquitäten und Kunstgegenständen, die mit Gesetz von 1939 geschützt wurden, verboten. Dies erfolgte unabhängig davon, ob sich die Kulturgüter im Staatseigentum, im Eigentum öffentlicher Körperschaften oder Institute oder im Privateigentum befanden.[23]

---

[21] Vgl. die Ausführungen und Hinweise auf die Rechtsprechung bei Costanza, S. 9ff. und Mansi, S. 357ff.; mit Entscheid des Römer Kassationsgerichtes vom 7. April 1992 (Corte di cassazione, sez. I, 7.4.1992, n. 4260 (Ministero B.C.A. c. Cucci), Foro it. 1992, I, 2402, wurde die Rechtsprechung geändert und auf absolute Nichtigkeit erkannt, Details bei Marc Weber, S. 148ff.

[22] "L. 6 luglio 1940, n. 1041 Protezione delle cose d'interesse artistico, storico, bibliografico e culturale della nazione in caso di guerra".

[23] Deutsche Übersetzung des Rundschreibens in AAD, Box 2, Heft "Leggi rig. Esportazioni di Quadri"; vgl. auch Siviero, L'Arte e il Nazismo, S. 53.

D. Zusammenfassung

In der zweiten Hälfte der dreissiger Jahren des 20. Jahrhunderts, als die ersten im Zusammenhang mit der vorliegenden Arbeit interessierenden Exporte von Kulturgütern von Italien nach Deutschland erfolgten, regelten die Art. 5–9 der *legge 20 giugno 1909, n. 1089*, Verkauf und Export von Kunstwerken. Die Eckpfeiler des Gesetzes bestanden im Verbot des Verkaufs von Kulturgütern, die dem Staat oder öffentlichen Körperschaften gehörten. Bei Kulturgütern, die in Privateigentum standen und denen von Seiten des Staates ein *importante interesse* zugemessen worden war, musste jeder Besitzes- oder Eigentumswechsel angezeigt und dem Staat allenfalls sein Vorkaufsrecht eingeräumt werden. Die Exportregelung war einheitlich, indem das Land nicht verlassen durfte, was einen schweren Verlust für Geschichte, Archäologie und Kunst bedeutete. Wurde ein Exportgesuch gestellt, stand dem Staat automatisch ein Vorkaufsrecht zu. 1937 erfolgte eine Vereinfachung der Exportbestimmungen, indem die Ausfuhr von Kulturgütern verboten war, welche einen "sehr schweren" Schaden am kunsthistorischen Erbe der Nation zur Folge gehabt hätte. Für die Zeit zwischen der Einführung der *legge 1. giugno 1939, n. 1089,* und dem auf Kriegsrecht beruhenden Rundschreiben Nr. 170 des Erziehungsministeriums vom 6. November 1941, mit welchem jeglicher Export verboten wurde, regelten die Art. 23ff. den Verkauf und die Art. 35ff. den Export von Kunstwerken. Dabei wurde den Leitlinien, wie sie seit 1909 – mit der Änderung von 1937 – bestanden hatten, gefolgt. Somit durften Kunstwerke, deren Export einen "erheblichen" Schaden am nationalen Kulturerbe zur Folge gehabt hätte, das Land nicht verlassen. Damit sollte eine effektive Kontrolle von Eigentum, Handänderungen und Export erreicht werden, ohne dass die öffentlich-rechtlichen Eingriffe in das Privateigentum die Existenz eines überlebensfähigen Kunstmarktes gefährdeten. Nachdem die Ausführungsbestimmungen gemäss *R.d. 30 gennaio 1913, n. 363*, weiterhin anwendbar waren, änderte sich an den Zuständigkeiten und dem Exportverfahren nichts. So lag es letztinstanzlich in der Hand des Erziehungsministers zu entscheiden, welche der vom Gesetz vorgesehenen Alternativen beim beantragten Export von exportierbaren Kulturgütern – das Verbot, der Ankauf, die Genehmigung – ergriffen wurde.

§ 2: Transfer von Kulturgütern von Italien nach Deutschland vor und während des 2. Weltkriegs

A. Geschichtlicher Überblick

Italien, seit Berufung Mussolinis zum Ministerpräsidenten am 31. Oktober 1922 unter faschistischer Regierung, war zu Beginn des Zweiten Weltkriegs "nichtkriegführende" Macht und griff erst am 10. Juni 1940 als Mitglied der "Achse"

Berlin–Rom an der Seite Deutschlands in den Krieg gegen Frankreich ein. Als Folge der wachsenden wirtschaftlichen Not und der alliierten Landung in Sizilien erstarkte die innerparteiliche Kritik an Mussolini.[24] Dies bewog König Viktor Emmanuel III, der am 24. Juli. 1943 vom faschistischen obersten Rat wieder als König eingesetzt worden war,[25] Mussolini am nächsten Tag verhaften zu lassen und Marschall Badoglio zum Regierungschef zu ernennen. Italien trat nach Abschluss eines Waffenstillstands am 3. September 1943 mit den Alliierten an deren Seite in den Krieg gegen Deutschland ein. Die Truppen der Wehrmacht hatten aber bereits unmittelbar nach der Ankündigung des Waffenstillstandes die Städte und strategisch wichtigen Punkte der Halbinsel bis Rom besetzt.[26] Der von deutschen Truppen am 12. September 1943 aus der Haft befreite Mussolini führte in Norditalien in völliger Abhängigkeit von Deutschland die *Repubblica Sociale Italiana* (Repubblica di Salò), deren Staatsgebiet angesichts des deutschen Rückzugs stets schrumpfte. Am 29. April bzw. 2. Mai 1945 kapitulierten die deutschen Truppen in Italien.[27]

B. Deutsche Ankäufe von Kulturgütern zwischen 1937 und 1941

I. Vorbemerkung

Hitler verfolgte die Absicht, in seiner Heimatstadt Linz ein "Führermuseum" einzurichten, welches mit den bedeutendsten Kunstwerken der alten Welt ausgestattet werden sollte. Bereits vor dem Krieg nahm er dafür unter anderem die Dienste des SA-Führers und Schwiegersohns des italienischen Königs, Prinz Philipps von Hessen, in Anspruch. Dieser wurde dank seiner guten Beziehungen in Italien als Mittelsmann zum dortigen Kunsthandel eingesetzt. Hans Posse, der Sonderbeauftragte Hitlers für das Führermuseum, unterstützte Prinz von Hessen als Fachberater.[28] Neben Hitler legte sich auch Göring eine grosse Kunstsammlung zu, die teilweise aus italienischen Erwerbungen stammte, und für deren Ankauf Walter Andreas Hofer zuständig war.[29]

---

[24] Vgl. Agarossi, S. 34f.

[25] Zum Ablauf des Umsturzes: Agarossi, S. 50ff.

[26] Der Waffenstillstand wurde am 8. September 1943 verkündet; zu den Folgen: Agarossi, S. 91ff.

[27] Zu den Versuchen einer vorgezogenen Kapitulation der deutschen Truppen in Italien: Dulles, Allen, *The secret Surrender*, New York: Harper & Row, 1966.

[28] Bericht Argan zu Handen Sivieros vom 3. Februar 1945 in CIR 175/3/470; Friemuth, S. 31f.; Kubin, S. 25, 27ff., 30; Ausführlich zur Person Posses und seiner Bedeutung für das Linzer Projekt: Heuss, S. 46ff.

[29] Vgl. "Works of Art Exported to Germany by Fascists" vom 10 Januar 1946 (zit. Newton-Report), S. 3, in BAK B 323/442.

II. Ankäufe von Meisterwerken mit nachfolgenden Exportgesuchen

In den Jahren von 1937 bis 1941 durchkämmten die Emissäre Hitlers und Görings Italien auf der Suche nach Kunstwerken, die für jeweiligen Sammlungen angekauft werden sollten. So wurden, neben weniger bedeutenden Werken, Exportgesuche für Dutzende von Meisterwerken gestellt, unter anderem[30] für die damals Leonardo da Vinci zugeschriebene "Leda mit dem Schwan",[31] für eine auf dem Esquilin entdeckte Marmorkopie des Diskobols von Myron, für die "Heilige Cäcilia" von Bernardo Cavallino, für ein Rubens zugeschriebenes "Reiterportrait eines Mitglieds der Familie Doria", für neun allegorische Kompositionen Sebastiano Riccis sowie das "Portrait eines unbekannten Mannes" von Hans Memling.[32]

III. Entgegenkommen der italienischen Regierung bei den Exporten

Die obengenannten Kunstwerke waren Meisterwerke ersten Ranges, weshalb einige von ihnen in Anwendung der Kulturgüterschutzgesetze mit Exportverboten belegt waren, bei denen jedenfalls aber die Möglichkeit des italienischen Staates bestand, das Vorkaufsrecht auszuüben (vgl. oben, § 1 B). Dennoch gelang es den deutschen Ankäufern, Kulturgüter ersten Ranges mit offiziellen Exportbewilligungen auszuführen. Der im ordentlichen Exportverfahren als oberste Instanz zuständige Erziehungsminister Bottai stellte sich zwar verschiedentlich gegen Verkäufe nach Deutschland, da er den Verlust von unersetzlichen Kulturgütern befürchtete. Bottais Haltung und die Schwierigkeiten, die sein Ministerium bei der Abwicklung der deutschen Kaufwünsche bereitete, waren den deutschen Ankäufern bekannt. Aus diesem Grund vermied Prinz von Hessen tunlichst die direkte Konfrontation mit dem Minister und hielt sich jeweils direkt an Aussenminister Ciano oder Mussolini. Diese wiederum teilten Bottai die deutschen Wünsche mit und hielten ihn zu deren Befriedigung an. Erst nach der Besetzung Frankreichs, im Sommer 1941, trafen sich von Hessen und Bottai. Anlässlich dieses Treffens bot Prinz von Hessen an, sich als Gegenleistung für eine liberalere Ausfuhrpraxis der Römer Regierung bei Hitler für die Restitution von italienischen Kunstwerken einzusetzen, welche Napoleon geraubt hatte und die nach dem Wiener Kongress in Frankreich verblieben waren.[33] Auch wenn

---

[30] Weitere für Göring und Hitler erworbene Meisterwerke werden bei Kubin, S. 27ff. aufgeführt.

[31] Hinweis der *Direzione Generale delle Antichità e Belle Arti* vom 3. Februar 1945 S. 1, wonach Posse zu denjenigen Kunsthistorikern gehörte, die das Werk Leonardo zuschrieben, in CIR 175/3/470.

[32] Kubin S. 17ff. mit detaillierten Ausführungen zu Verhandlungen, Kaufpreisen und Exportverfahren bezüglich der einzelnen Kunstwerke.

[33] Relazione Argan vom 15. Januar 1948 in CIR 202/130.

Bottai dieses konkrete Angebot ausschlug, verfügte er dennoch in den meisten Fällen die Ausstellung der Exportlizenzen, sobald er von Aussenminister Ciano oder Kreisen um Mussolini den diesbezüglichen Befehl erhalten hatte. Wie die Gesetzgebung durch das Entgegenkommen der faschistischen Führung gegenüber den deutschen Exportwünschen umgangen wurde, zeigen nachfolgend zwei Beispiele.

I. Diskobol Lancellotti

Der Diskobol Lancellotti, die römische Marmorkopie eines bronzenen Diskuswerfers des attischen Bildhauers Myron, gilt als die schönste und am besten erhaltene Kopie des Meisterwerks. Er wurde 1781 auf dem Gelände der *Villa Palombara* auf dem Esquilin gefunden,[34] welche zum Besitz der Fürsten Massimo-Lancellotti gehörte. Bereits in Anwendung der Gesetzgebung von 1909 war die Statue als von *alto interesse nazionale* bezeichnet worden.[35] In den dreissiger Jahren des 20. Jahrhunderts wurde von den Eigentümern im Rahmen einer Erbteilung versucht, die Statue auf dem internationalen Kunstmarkt zu veräussern. Ein Verkauf an das *Metropolitan Museum* New York scheiterte indessen an den Preisvorstellungen der Verkäufer.[36] Nachdem sich das deutsche Reich und die Fürstenfamilie Lancellotti über den Verkauf einig geworden waren,[37] wurde das Exportgesuch beim Exportbüro gestellt. In seinem daraufhin vom *Consiglio Nazionale* am 12. Juli 1937 verfassten Gutachten zur Frage der Zulässigkeit des Exportes wurde die Statue als unersetzbares und wohl berühmtestes Kunstwerk der Antike bezeichnet. Aufgrund des Ergebnisses des Gutachtens verbot Erziehungsminister Bottai den Export.[38] Um den Ankauf dennoch zu ermöglichen, gelangte die deutsche Botschaft in Rom am 7. Mai 1938 an den in der Sache unzuständigen Aussenminister Ciano und bat ihn, er möge sich, angesichts der Tatsache, dass ein persönliches Interesse des Führers und Reichskanzlers an der Statue bestehe, um die Exportbewilligung bemühen.[39] Ciano versuchte mit Schreiben vom 18. Mai 1938, Bottai umzustimmen.[40] Wie Bottai nach dem Krieg

---

[34] Gutachten des Consiglio Nazionale vom 12. Juli 1937, S. 1ff., in AAD, Box 1, Heft "Statua Lancellotti", englische Übersetzung bei Siviero, Second National Exhibition, S. 33f.

[35] Siviero, L'Arte e il Nazismo, S. 20; ders., Second National Exhibition, S. 13.

[36] Schreiben Herbert S. Leonard, Office of Military Government of Bavaria an Richard F. Howard, Office of Military Government of Germany vom 17. September 1948 in BAK B 323/442.

[37] Weitere Ausführungen zum Kunstwerk und den Verkaufsverhandlungen bei Kubin, S. 17ff.

[38] Erklärung Bottai vom 5. Mai 1949 in AAD, Box 1, Heft "Statua Lancellotti".

[39] Kopie des Schreibens der Deutschen Botschaft an Aussenminister Ciano vom 7. Mai 1938 in AAD, a. a. O.; englische Übersetzung bei Siviero, Second National Exhibition, S. 34.

[40] Schreiben Ciano an Bottai vom 18. Mai 1938 in AAD, a. a. O.; englische Übersetzung bei Siviero, Second National Exhibition, S. 34.

erklärte, liess er dieses Schreiben unbeantwortet, da er auf seinen Entscheid nicht habe zurückkommen wollen.[41] Diese spätere Darstellung entspricht nicht dem Ergebnis einer Untersuchung der alliierten Kunstschutzbehörden vom Januar 1946. In der Tat hatte Bottai mit Schreiben Nr. 4730 vom 3. Juni 1938 das Exportbüro von Rom angewiesen, die Exportlizenz auszustellen,[42] nachdem das italienische Aussenministerium bereits am 1. Juni 1938 der deutschen Botschaft in Rom mitgeteilt hatte, dass das Erziehungsministerium unter Berücksichtigung des persönlichen Interesses Hitlers dem Ausfuhrantrag zugestimmt habe.[43] Für die Statue wurden insgesamt 6.86 Millionen Lire zuzüglich 1.46 Millionen für die Ausfuhrtaxe bezahlt. Die Mittel stammten vom Preussischen Staat, von den Staatlichen Museen Berlin, vom Magistraten Berlin und einer Sammlung der Berliner Schulkinder.[44] Am 24. Juni 1938 bedankte sich der Chef der Reichskanzlei, Lammers, bei Bottai für dessen Unterstützung bei der Veräusserung der Statue.[45]

2. Memling-Bildnis eines unbekannten Mannes

Die Abläufe und Mechanismen, welche die Ausfuhr der an sich Exportverboten unterliegenden Kunstwerken ermöglichten, werden aus einem Briefwechsel zwischen Aussenminister Ciano und Erziehungsminister Bottai bezüglich eines Memlingportraits deutlich. Am 11. Juni 1941 teilte Aussenminister Ciano Erziehungsminister Bottai mit, Hitler habe über den Prinzen von Hessen bei Mussolini erreicht, dass letzterer den steuerfreien Export des Bildnisses eines unbekannten Mannes aus der Sammlung Corsini – als Meisterwerk durch die Gesetzgebung vinkuliert – genehmigt habe. Bottai wurde gebeten, alles Notwendige für die auf den darauffolgenden Samstag geplante Abreise von Hessens, welcher das Gemälde mitnehmen wolle, vorzubereiten.[46] In seinem Antwortschreiben vom 13. Juni 1941 erklärte Bottai vorab, dass alles für den Export bereit sei.[47] Allerdings bereite der Wunsch des *Duce*, eine Ausnahme von den geltenden Steuervorschriften zu gewähren, Schwierigkeiten und sei wohl ohne

---

41 Erklärung Bottai vom 5. Mai 1949 in AAD, a. a. O.; Englische Übersetzung bei Siviero, Second National Exhibition, S. 35.

42 Newton Report in FN 29, S. 1 f.

43 Deutsche Übersetzung des Schreibens abgedruckt bei Kubin, S. 21.

44 Aufzeichnung Dr. Hoffmann vom 8. Dezember 1953 in AA B 95 Nr. 647.

45 Schreiben Lammers an Bottai vom 24. Juni 1938 in AAD, Box 1, Heft "Statua Lancellotti"; Englische Übersetzung bei Siviero, Second National Exhibition, S. 34 (dort wird ein falsches Datum erwähnt).

46 Schreiben Ciano an Bottai vom 11. Juni 1944 in AAD, Box 2, Heft "Memling di Corsini, esportazione in Germania"; Englische Übersetzung bei Siviero, Second National Exhibition, S. 35.

47 Schreiben Bottai an Ciano vom 13. Juni 1941 in AAD, a. a. O.; Englische Übersetzung bei Siviero, Second National Exhibition, S. 35 (dort undatiert).

Gesetzesänderung nicht zu erfüllen. Auch wenn er (Bottai) wie stets bereit sei, Befehle zu befolgen, müsse er doch darauf hinweisen, dass der Export dieses Bildes einen schweren und nicht wieder gutzumachenden Verlust für das kulturelle Erbe der Nation bedeute. Dies umso mehr, als eine präjudizielle Wirkung bezüglich weiterer Bilder aus der Sammlung der *Galleria Corsini* zu befürchten sei. Daneben regte er an, dass der Kunsthandel zwischen den beiden Staaten mittels Kunsttausch wenigstens etwas ausgeglichen werde, nachdem er offenbar erkannt hatte, dass die deutschen Exportwünsche nicht abgewiesen werden konnten:

> "Qualora non fosse possibile di modificare il corso degli avvenimenti, mi sembrerebbe perciò necessario che la cessione di nostre opere alla Germania venisse fatta con diversa tecnica e precisamente mediante scambi di opere d'arte fra i due paesi; perché non vorrei che, a lungo andare, fosse proprio una Nazione alleata ed amica stretta a noi da vincoli indissolubili a depauperare nel patrimonio artistico l'Italia Vittoriosa di Mussolini."

Bottai verglich die Vorgehensweise der Kommission des Prinzen von Hessen und Posses in Italien mit den gezielten Plünderungen, wie sie aus Holland, Belgien, dem besetzten Frankreich, Slowenien und Kroatien bekannt seien. Er glaubte, dass die Vorgehensweise der Deutschen den Erwerb von sicheren Werten zum Ziel habe, welche Deutschland für die Zeit nach dem Krieg sofort nutzbare wirtschaftliche Vorteile verschafften, während Italien, neben seiner wirtschaftlichen Bedeutung auf dem Kunstmarkt, zugleich sein kulturelles Ansehen verliere. Ciano ging auf die Bedenken Bottais nicht ein und wiederholte Mussolinis Wunsch nach Steuerbefreiung. Er wies lediglich auf die Möglichkeit hin, dass der Staat gegebenenfalls die Steuer selber bezahle, wobei es Bottai überlassen sei, dies einzufädeln.[48] Wie wenig Bottai selber an die Möglichkeit glaubte, den deutschen Exportwunsch abzulehnen und Ciano umzustimmen, zeigt die Tatsache, dass er bereits am Tag nach seinem Schreiben an Ciano mittels Telegramm Nr. 2165 das Exportbüro in Florenz anwies, die Exportlizenz nach Bezahlung der Exportsteuer auszustellen. Selbst wenn die Steuer nicht bezahlt werde, solle dies der Ausfuhr nicht im Wege stehen.[49] Die Exportlizenz wurde schliesslich erst am 1. September 1941 ausgestellt,[50] weil vor der Ausfuhr noch eine Kopie des Portraits erstellt werden sollte.[51]

---

[48] Schreiben Ciano an Bottai vom 28. Juni 1941 in AAD, Box 2, Heft "Leggi/Documenti catalogati"; Englische Übersetzung bei Siviero, Second National Exhibition, S. 36.

[49] "Dispongo che sia concessa in giornata licenza esportazione dipinto Memling proprietà Principe Corsini previo pagamento relativo tassa esportazione qualora questo non costituisca impedimento immediata esportazione (...)" in ACS Dir. Gen. AA. BB. AA. Div. III, 1945–48, Busta 258.

[50] Newton-Report in FN 29, S. 4.

[51] Appunto vom 14. Juli 1941 in ACS, Dir.Gen.AA.BB.AA Div. III, 1945–48, Busta 258.

C. Weitere Erwerbungen Görings nach 1941

I. Export von Kunstgegenständen in 34 versiegelten Kisten

Das Gespräch zwischen von Hessen und Bottai vom Sommer 1941 (oben, B III) sollte nach deutscher Vorstellung zu einer Vereinfachung der Kunstexporte führen,[52] was allerdings nicht in der von den Deutschen gewünschten Weise gelang. In diesem Zusammenhang bleibt die Bedeutung Bottais als oberster Bewahrers der Kunst in Italien und zugleich als Ausführender der für das kulturelle Erbe Italiens nachteiligen Befehle Mussolinis und Cianos zwiespältig. So erliess er zwar in Anwendung des Kriegsgesetzes mit dem Rundschreiben Nr. 170 vom 6. November 1941 ein Exportverbot (vgl. oben § 1 C II), gehorchte den Exportbefehlen Mussolinis und Cianos jedoch weiterhin und stellte Ausfuhrgenehmigungen für die Ankäufe Hitlers und Görings aus. Er genehmigte am 18. November 1941 – wiederum auf Anweisung Mussolinis – den Export von 34 Kisten mit Kunstwerken, die Göring gekauft hatte. Dabei veranlasste er, dass die steuerliche Bewertung der Kunstwerke so tief als möglich gehalten werden sollte, da die Exportsteuer vom Aussenministerium bezahlt werde.[53] Nachdem sich die Kisten bereits in der deutschen Botschaft befanden und versiegelt waren, glaubten die italienischen Zollbeamten, keine genaue Bewertung und Katalogisierung vornehmen zu dürfen.[54] Dies erschwerte einerseits italienische Restitutionsbegehren nach dem Krieg,[55] anderseits zeigt der Ablauf dieses Exportverfahrens, wie wenig den eigenen Gesetzen Nachachtung verschafft wurde, wenn es um die Befriedigung deutscher Exportwünsche ging. Offenbar war aber auch das Personal der deutschen Botschaft in Rom nicht daran interessiert, sich den gesetzlichen Vorschriften des Gastlandes zu unterziehen. Der von der Botschaft deklarierte Warenwert von 200,000 Lire für 26 der Gegenstände entsprach nicht der Wahrheit, hatte doch Walter Andreas Hofer für 15 der Gegenstände beim Florentiner Kunsthändler Contini-Bonacossi allein 12,500,000 Lire bezahlt.[56]

---

52 Vgl. dazu Bottais Erklärung vom 15. Dezember 1949, abgedruckt bei Siviero, L'Arte e il Nazismo, S. 21: "(...) nell'anno 1941 (...) il principe Filippo d'Assia sollecitò un'udienza durante la quale venne a propormi di organizzare il recupero delle opere d'arte italiane asportate durante il periodo napoleonico in Francia. Egli mi chiedeva come contropartita una accondiscendenza o almeno una minore rigidità d'applicazione delle norme vigenti, circa l'esportazione di opere d'arte italiane in Germania. Rifiutai nel modo più categorico tale proposta come illegale e lesiva per l'interesse del patrimonio artistico italiano."

53 "(...) Delle opere stesse sarà fatta a cura di codesto Ufficio una valutazzione il più possibile limitata (...)", Schreiben Bottai an das Exportbüro Rom vom 18. November 1941 in AAD, Box 2, Heft "Leggi/Documenti catalogati".

54 Newton-Report in FN 29, S. 3.

55 Siviero, L'Arte e il Nazismo, S. 22, und ders., Second National Exhibition, S. 14.

56 Newton-Report in FN 29, S. 3.

II. Multscher-Altar von Vipiteno

Noch rücksichtsloser für die Wünsche Görings setzte sich die faschistische Regierung Italiens bei der Ausfuhr des Altars von Vipiteno nach Deutschland ein. Göring interessierte sich bereits 1940 für den Altar der Pfarrkirche, welcher vom Ulmer Bildhauer Hans Multscher im 15. Jahrhundert geschaffen worden war.[57] Dies wurde Aussenminister Ciano in einem Schreiben des italienischen Botschafters in Berlin mitgeteilt. Der Botschafter schlug vor, den Altar Göring, welcher bereits zwei Bilder Multschers besitze, zum Geschenk zu machen.[58] Am 3. August 1940 teilte Aussenminister Ciano Bottai mit, dass es Mussolinis Wunsch sei, Göring den Altar zu schenken, und forderte Bottai auf, alles Notwendige zu veranlassen.[59] Die Gemeinde Vipiteno als Eigentümerin des Altars war nicht bereit, diesen zu verkaufen,[60] das Erziehungsministerium stellte sich ebenfalls gegen Verkauf und Export,[61] zumal der Export aufgrund der Gesetze zum Schutz der Kulturgüter nicht erlaubt war.[62] Dank der Unterstützung Mussolinis und Cianos und gegen den Willen Bottais, welcher versuchte, den Verkauf zu verhindern,[63] wurde der Altar der Gemeinde Vipiteno vom Innenministerium abgekauft, nach Deutschland gebracht und Göring am 12. Januar 1942 vom italienischen Botschafter als Geburtstagsgeschenk überreicht.[64]

D. Bottais Rede vom 7. Mai 1942

I. Inhalt der Rede

Die Kunstexporte von Italien nach Deutschland waren der italienischen Öffentlichkeit nicht verborgen geblieben, und es hielten sich hartnäckig Gerüchte, wonach entgegen den gesetzlichen Vorschriften erstklassige Kunstwerke, teilweise aus staatlichen Museen, nach Deutschland veräussert worden seien. Anlässlich der Versammlung der *Commissioni Legislative Riunite del Bilancio e dell'Educazione Nazionale* vom 7. Mai 1942 beschrieb Bottai in einer Erklärung, welche im *Giornale d'Italia* vom 9. Mai 1942 auszugsweise abgedruckt wurde,

---

57 Zur Geschichte des Altars und zum Erwerb durch Göring: Rasmo, S. 1ff., und Kubin, S. 77ff.

58 Schreiben Dino Alfieri an Ciano vom 26. Juli 1940 in CIR 221/966/Vipiteno.

59 Schreiben Ciano an Bottai vom 3. August 1940 in CIR 221/966/Vipiteno.

60 Gonella, Preface, S. 7.

61 Siviero, l'Arte e il Nazismo, S. 23.

62 Promemoria Bottai vom 14. Oktober 1942 in CIR 221/966/Vipiteno.

63 Rasmo, S. 6.

64 Vgl. dazu die Rede Bottais in nachfolgender FN.

den Umfang der Exporte und rechtfertigte die Verkäufe.[65] Er führte aus, dass ein Verkauf von Kunstwerken aus staatlichen Museen ohne Gesetzesänderung nicht möglich sei und eine Gesetzesänderung weder geplant, noch erfolgt sei. Im einzelnen beschrieb Bottai die exportierten Kunstwerke und erklärte, dass keinem der Verkäufe ein Exportverbot entgegengestanden habe. Überdies seien vor dem Krieg mindestens gleichwertige Kunstwerke nach Amerika verkauft worden. Dem Verkauf über den Atlantik sei der Verbleib der Kunstwerke in Europa vorzuziehen, zumal sie sich mit Deutschland in einem Land befänden, welches mit Italien in vielerlei Hinsicht verbunden sei. Das mittlerweile ausgesprochene Exportverbot von Kunstwerken habe sich denn auch nicht primär gegen Deutschland gerichtet, sondern verstehe sich vor dem Hintergrund wirtschaftlicher Überlegungen. Der einzige Fall von erfolgtem Kunstexport ausserhalb des Kunstmarktes stelle der Altar von Hans Multscher dar, welchen Mussolini und das italienische Volk Göring geschenkt hätten. Nachdem dieser aussergewöhnliche Vorgang politischen Charakters aber bereits von der Presse mitgeteilt worden sei, erübrige sich eine diesbezügliche Erklärung des Ministers.

II. Ziel der Rede

Die Rede Bottais sollte die öffentliche Meinung bezüglich der Exporte beruhigen. Entsprechend klassierte Bottai die Werke als von nicht grossem Wert, was zumindest im Fall des Memling- und des Rubensgemäldes, welches er ebenfalls erwähnte, nicht der Wahrheit entsprach.[66] Wie sich aus einer schriftlichen Erklärung Bottais zu Handen des italienischen Restitutionsbeauftragten vom November 1953 weiter ergibt, sollten mit der Rede lediglich politische Ziele verfolgt werden. Insbesondere sollten die Deutschen veranlasst werden, von ihrer "skandalösen Kunsterwerbungen mittels heimlicher Exporte und erpresster Ausfuhrgenehmigungen" abzulassen. Aus der Rede könne jedenfalls nicht abgeleitet werden, dass die darin erwähnten Kunstwerke nun gleichsam als legal exportiert galten. Schliesslich habe er die Hinweise auf die Verkäufe nicht von den zuständigen Exportbüros erhalten, sondern von den Deutschen, die ihm ihre Wünsche mitgeteilt hätten sowie von den Polizeiorganen, soweit diese von Geheimexpor-

---

65 Camera dei Fasci e delle Corporazioni, XXXa Legislatura – Ia della Camera dei Fasci e delle Corporazioni, Commissioni Legislative Riunite del Bilancio e dell'Educazione Nazionale, Resoconto dell'adunanza di giovedì 7 maggio 1942 – XX, Discussione e approvazione del disegno di legge "Stato di previsione della spesa del Ministero dell'Educazione Nazionale per l'esercizio Finanziario dal I° luglio 1942 – XX – al 30 giugno 1943 – XXI", S. 987ff.

66 Das Reiterportrait eines Mitglieds der Familie Doria war mit Beschluss des *Consiglio Superiore* vom 12. Juli 1940 als nicht exportierbar erklärt worden; am 16. September 1941 wurde die *Soprintendenza alle Gallerie di Firenze* dennoch vom Erziehungsministerium telephonisch aufgefordert, den Export zuzulassen, undatiertes Memorandum in CIR 127/3/590/11.

ten erfahren hätten.[67] Dass die Rede lediglich politischen Zwecken diente und überdies auf Anweisung der Staatsführung gehalten wurde, erklärte ebenfalls der 1942 zuständige *Direttore Generale* der *Direzione Generale delle Antichità e Belle Arti* in einer Einvernahme nach dem Krieg.[68]

E. Zusammenfassung: Exportpraxis der faschistischen Behörden

Die oben erwähnten Beispiele sind symptomatisch für die Handhabung des Exportverfahrens von Kulturgütern, welche für Nazigrössen in Italien erworben worden waren. Es bestanden zwar Gesetzesvorschriften, welche das Exportverfahren genau normierten und dabei sicherstellen sollten, dass Kunstwerke, welche bedeutende Zeugnisse des kulturellen Erbes Italiens darstellten, das Land nicht verliessen. Die Vorschriften wurden indes regelmässig umgangen, wenn Exportwünsche für die Einkäufer Hitlers und teilweise auch Görings im Raume standen. Wurde die Exportbewilligung nicht im ordentlichen Verfahren erteilt, so gelangte man von Seiten der Deutschen direkt an Aussenminister Ciano oder an Mussolini,[69] dessen Desinteresse gegenüber der Kunst bekannt war,[70] und welche den Erziehungsminister in der Regel erfolgreich zur Gewährung der Exportlizenzen anhielten.

Das Verhalten Bottais, des geistigen Vaters der an sich strengen Kulturgüterschutz- und Exportgesetzgebung und des in der Sache zuständigen Ministers, war von zwei verschiedenen Charakteristiken geprägt.[71] Einerseits war er der überzeugte Gefolgsmann Mussolinis, der dessen Befehle und offenbar auch diejenigen Cianos ausführte. Anderseits war ihm die Bewahrung des kulturellen Erbes Italiens ein Anliegen, das er ernst nahm. Der Briefwechsel mit Ciano bezüglich des Exportes des Memling-Bildnisses ist bezeichnend für die Gratwan-

---

[67] Dichiarazione Bottai vom 28. November 1953 in CIR 175/497/Giuseppe Bottai, ex-Ministro dell'Educazione Nazionale.

[68] Processo Verbale di interrogatorio del Prof. Dr. Mariano Lazzari vom 15. Oktober 1953 in CIR 44/3/623.

[69] "Mussolini and Count Ciano (...) granted every German demand; in the Ministry of Education meanwhile were piled up the negative answers to the German requests which became more pressing every day. (...) In these contests between Ministries, the telephone conversations leaving no trace, were the heaviest arms used in breaking down resistance.", Siviero, Second National Exhibition, S. 13.

[70] Friemuth, S. 31; "Vendo all'estero qualche centinaio di chilometri quadrati di pittura pur di avere della nafta."; "In guerra non conosco che un'arte: l'arte della medesima." Guerri, Giuseppe Bottai, S. 141.

[71] Vgl. die positive Beschreibung der Person und Haltung Bottais bei Siviero, L'Arte e il Nazismo, S. 21, sowie die ausführliche Beschreibung der Tätigkeit und der Rolle Bottais innerhalb des faschistischen Machtapparates bei Guerri, Introduzione, S. 5ff.

derung, auf der er sich befand. Dies entspricht auch seiner Rolle, die er in der Politik spielte, diejenige eines Mittlers, der vom Faschismus und lange Zeit auch von der Person Mussolinis überzeugt war, zugleich aber auch – gerade im kulturellen Bereich – fortschrittlichen Ideen zugeneigt war.[72] So war Bottai bei den Verkäufen von Meisterwerken, deren Verkauf eine Verminderung des kulturellen Erbes des Landes bedeuteten und somit eine Verletzung der einschlägigen Kulturgüterschutzgesetzgebung darstellten, an zentraler Stelle involviert. Damit aber trug er als zuständiger Minister die Verantwortung mit, welche die Regierung mit den Exportgenehmigungen auf sich lud. Soweit es in seinem Machtbereich stand, versuchte Bottai indessen auch, den Verkäufen einen Riegel zu schieben, indem er 1941 ein Exportverbot erliess und sich verschiedentlich auch erfolgreich gegen Verkäufe nach Deutschland wandte. Auch wenn er nach Erlass des Exportverbotes weiterhin unter Druck Mussolinis Genehmigungen ausstellte, so zeigte das Exportverbot dennoch Wirkung. Anlässlich eines Besuches bei Göring in Berlin im Februar 1942 versuchte ihn auch dieser zu Konzessionen und einer nachgiebigeren Haltung bei der Gewährung von Exportbewilligungen zu bewegen, wogegen sich Bottai – nach eigener Darstellung – erfolgreich wehrte.[73]

Als Ergebnis ist festzuhalten, dass diejenigen Verkäufe, bei welchen das Exportverfahren durchgeführt und die notwendigen Lizenzen ausgestellt wurden, formell nicht zu beanstanden waren, da sie in Beachtung der gesetzlichen Zuständigkeiten erfolgt waren. Ein Mangel der Gesetzesvorschriften bestand in der hierarchischen Ausgestaltung der für die Bewilligung zuständigen Behörden. Der Exportentscheid stand letztinstanzlich im Ermessen des Erziehungsministers, welcher einem allfällig negativen Vorbescheid des Exportbüros oder des Expertengremiums des *Consiglio Superiore* nicht zu folgen hatte. Aufgrund der Machtkonstellation in der Führungsriege der faschistischen Staatsführung und der charakterlichen und weltanschaulichen Prädisposition Bottais war es ihm in vielen Fällen nicht möglich, sich den durch Mussolini und Ciano übermittelten deutschen Exportwünschen entgegenzustellen. Aus diesem Grund gelangte eine grosse Anzahl bedeutender Kunstwerke mit Genehmigung der zuständigen staatlichen Stellen nach Deutschland. Materiell stellten die Exportbewilligungen eine Verletzung der geltenden Vorschriften der Kulturgüterschutzgesetzgebung dar, es wurden im Ergebnis Kunstwerke exportiert, die in Anwendung der einschlägigen Vorschriften der Gesetze *L. 20 giugno 1909, n. 364,* und *L. 1. giugno*

---

72 Guerri, Introduzione, S. 5.

73 "(...) Mi dice dei suoi acquisti in Olanda, in Francia. Vuol cattivarsi il mio animo per i suoi acqusti in Italia." Bottai, Diario, S. 298; anders noch in Bottai, Vent'anni e un giorno, S. 218ff.: "Ora parla con studiata lentezza. Pretesti: la scuola, i libri, la coltura. Ma io l'attendo a varco, che so essere egli irritatissimo per gli intralci, da me frapposti ai suoi acquisti di cose d'arte in Italia. Cerca d'ammansirmi. E mi riaccompagna col broncio alla porta, allorchè io mi limito a ricordargli quali sono i termini di legge che regolano tale materia da noi."

1939, n. 1089, das Land nie hätten verlassen dürfen (ausführlich zur Rechtmässigkeit der Exporte vor dem Hintergrund der italienischen Restitutionsforderungen nach dem Krieg nachfolgend, Kapitel 5).

F. Heimliche Verbringung von Kulturgütern nach Deutschland

Selbst wenn die italienische Führung den deutschen Exportwünschen weitgehend entgegenkam, bestanden in Italien bereits zu Beginn der vierziger Jahre Anzeichen, wonach Göring in Italien erworbene Kulturgüter mit geheimen Sonderzügen, als Diplomatengepäck getarnt, nach Deutschland schaffen liess,[74] um Schwierigkeiten mit den Zoll- und Exportbehörden zu umgehen.[75] Dies veranlasste Erziehungsminister Bottai, mittels Rundschreiben Nr. 27 vom 5. März 1942 die Aufsichtsbehörden aufzufordern, ihm mitzuteilen, ob in ihrem Tätigkeitsbereich derartige Verkäufe von Kulturgütern bekannt geworden waren.[76] In einer Untersuchung, welche nach dem Krieg vom Erziehungsministerium durchgeführt wurde, ergab sich, dass in der Tat zwischen 1938 und 1943 eine grosse Anzahl von Kunstwerken heimlich aus Italien nach Deutschland geschafft worden war. Bottai sei davon durch ein vertrauliches Schreiben der Zollbehörden in Kenntnis gesetzt worden, wobei nicht klar sei, wie dieses Schreiben und ein dazugehöriges – nicht komplettes – Verzeichnis der Kunstwerke an ihn gelangt sei. Vermutlich sei das Verzeichnis von Mitgliedern der Geheimpolizei erstellt worden, welche auch in anderen Fällen in den Kulturgütertransfer nach Deutschland involviert gewesen seien; allenfalls sei es aber auch von deutscher Seite erstellt worden, nachdem sich die italienische Regierung wegen der Angelegenheit mit einer diplomatischen Démarche an die deutsche Regierung gewandt habe. Jedenfalls sei das Verzeichnis sehr allgemein gehalten gewesen, wohl um einen Skandal zu vermeiden. Die Angelegenheit sei durch Bottai in die Öffentlichkeit getragen worden, welcher sich dazu in seiner Rede vor der *Camera dei Fasci e delle Corporazioni* geäussert habe (vgl. oben, D).[77]

---

74 Vgl. dazu Siviero, L'Arte e il Nazismo, S. 23, welcher einen Privatbesuch Görings im Winter 1942 in Florenz beschreibt und ders., Second National Exhibtion, S. 15, wo von einer weiteren Reise im Herbst 1942 und dem Ankauf von je einem Bild von Tintoretto und Masolino die Rede ist.

75 Siviero, Second National Exhibition, S. 14.

76 "E pervenuto voce a questo ministero che ‚dai musei e dalle Pinacoteche italiani capolavori emigrebbero in Germania. (...)' Vi invito a fare indagini per accertare se eventualmente dai depositi di oggetti d'arte di proprietà dello Stato e di enti privati si possono essere di recente verificate sottrazioni o manomissioni di opere che siano poi state vendute ed esportate in Germania.", Kopie des Circolare N. 27 vom 5. März 1942 in AAD, Box 2, Heft "Leggi/Documenti Catalogati".

77 Bericht des Direttore Generale delle Antichità e belle Arti vom 12. März 1949 in AAD, a. a. O.

Im Bericht vom März 1949 wird davon ausgegangen, dass das Angebot von Hessens, napoleonische Beutestücke im Ausgleich zum Abbau von italienischen Exportbeschränkungen zu restituieren, die Konsequenz der italienischen Beschwerde bei der deutschen Regierung gewesen sei.[78] Das Ergebnis des von Bottai versandten Rundschreibens Nr. 27 habe in der Bestätigung der Vermutung gelegen, wonach in der Tat heimliche Exporte stattgefunden hätten. Aufgrund des nicht kompletten Verzeichnisses sei es allerdings schwierig, den Gesamtumfang der heimlichen Exporte zu bestimmen. Im Ergebnis wurden die italienischen Untersuchungen von Görings Kunsteinkäufer Hofer bestätigt. Dieser berichtete von einer gemeinsamen Reise mit Göring im Oktober 1942, anlässlich welcher man das Anwesen des Kunsthändlers Ventura bei Florenz besucht habe. Dort habe Göring eine Anzahl von Bildern, Skulpturen und verschiedener Kunstgegenstände ausgewählt und sie in seinem Auto mit sich genommen, um den Transport bis zu seinem nach Berlin gehenden Sonderzug sicherer und einfacher zu gestalten.[79] Amerikanische Untersuchungen nach dem Ende des Krieges ergaben überdies, dass – unabhängig von der Anwesenheit Görings – Kunstwerke für ihn angekauft und in der deutschen Botschaft in Rom gelagert wurden, bis sein Zug wieder in Italien war und beladen werden konnte.[80]

G. Raub von Kulturgut nach dem Kriegseintritt Italiens auf Seiten der Alliierten

I. Ausgangslage: Kulturgüterschutz während der faschistischen Ära

Italien war als Bundesgenosse des zu Beginn des Krieges siegreichen Deutschland von kriegsbedingten Zerstörungen und Verlusten von Kulturgütern verschont geblieben. Von Seiten des italienischen Staates wurden von Kriegsaus-

---

[78] Vgl. dazu Siviero, Second National Exhibition, S. 13, welcher davon ausgeht, dass Bottais Widerstand Anlass des Vorschlags von Hessens war.

[79] Aussage Hofers vom 11. Februar 1948 in BAK B 323/442, wo er weiter ausführt, dass Göring einen Teil der Bilder gegen in Frankreich gestohlene Bilder von französischen Meistern des 19. Jahrhunderts getauscht habe; vgl. auch Hofers Aussage vom 4. April 1948 in CIR 3/23: "Im Oktober 1942, – nicht, wie ich irrtümlich zuerst angenommen hatte, im Frühjahr 1943 – besuchte Göring Ventura auf seinem Landsitz in Florenz. Göring wählte eine Anzahl Gemälde, Skulpturen und Kunstgewerbe aus Venturas Besitz aus, die er in seinem Auto mitnahm, um sie, wie er betonte, des sicheren und vereinfachten Transportes wegen in seinem auf dem Bahnhof Florenz stehenden Sonderzug gleich nach Berlin mitzunehmen. (...) Göring brachte die von Ventura ausgewählten Bilder Anfang 1943, bald nach Venturas Besuch in Berlin, mit seinem Sonderzug nach Florenz. Mir ist nicht bekannt, dass Göring zu dieser Aus- und Einfuhr von irgend einer Behörde eine Genehmigung eingeholt hat."

[80] Office Of Strategic Services, Art Looting Investigation Unit, APO 413, U.S. Army, Consolidated Interrogation Report No. 2, 15 September 1945, S. 96, The Goering Collection, U.S. Army 1945, in BAK B 323/70.

bruch an grosse Anstrengungen unternommen, das Kulturgut vor befürchteten Kriegsschäden zu bewahren. Dazu wurden Kunstwerke aus den Museen in abgelegene Depositorien von Landvillen und Klöstern verbracht. Ortsfeste Kulturgüter wie Fassaden von Kirchen, Palästen sowie Denkmäler wurden mit gemauerten Steinkonstruktionen oder Sandsackpackungen umgeben, welche Beschädigungen durch Splitterbomben verhindern sollten.[81]

II. Kulturgüterschutz in deutschen Händen

1. Ausgangslage

Nach der Landung der Alliierten in Sizilien und Süditalien und der Besetzung eines grossen Teils des Landes durch die nunmehr feindlichen deutschen Truppen änderte sich die bisher sichere Situation bezüglich der italienischen Kulturgüter. Neapel war das erste kulturelle Zentrum Italiens, welches durch die deutsche Verteidigung und die alliierte Eroberung stark in Mitleidenschaft gezogen wurde.[82] Diese Vorgänge veranlassten die kriegführenden Parteien, dem Kunstschutz und der Rücksicht auf Städte und Baudenkmäler mehr Beachtung zu schenken.[83] In der Folge wurde unter deutscher Aufsicht in Zusammenarbeit mit italienischen Regierungsstellen und Vertretern des Heiligen Stuhls versucht, Kulturgüter, die sich in Museen, Kirchen und Palästen sowie in Schutzräumen im Hinterland befanden, vor der heranrückenden Front in Sicherheit zu bringen.

2. Kunstschutzeinheiten der deutschen Besatzungsarmee

Im Oktober 1943 wurde unter der Leitung der Professoren Bernhard v. Tieschowitz und Gerhard Evers eine Kunstschutzeinheit der Wehrmacht in Italien mit der Aufgabe gegründet, die bisher unkoordinierten deutschen Schutzbemühungen zusammenzufassen.[84] Mitte Februar 1944 veranlasste der bevollmächtigte General der SS in Italien, Karl Wolff, die Errichtung einer eigenen Kunstschutzabteilung unter der Leitung von Professor Alexander Langsdorff, welchem in der

---

[81] Vgl. dazu den detaillierten "Bericht über die Studienreise in Italien vom 6. bis 27. Juni 1943" S. 1 ff. des Provinzialkonservators der Rheinprovinz, Franz Graf Wolff Metternich, in CIR 236/Giugno 1943.

[82] Die Universität, deren Bibliothek von den Deutschen als Retorsion gegen Partisanenangriffe teilweise in Brand gesetzt worden war, wurde beim Einmarsch von maraudierenden alliierten Soldaten geplündert, vgl. Nicholas, S. 232 f.

[83] Ausführliche Darstellung der Entwicklung bei Nicholas, S. 234 ff.

[84] Vgl. dazu v. Tieschowitz, "Zusammenfassender Bericht über die Einrichtung des Kunstschutzes in Italien" an das Oberkommando des Heeres vom Februar 1944 in CIR 226/Segreto-Documenti presi al nemico durante la guerra dal Servizio Siviero, S. 1 ff.; weitere Ausführungen bei Siviero, L'Arte e il Nazismo, S. 29 f.; ausführlich zum deutschen Kunstschutz: Kubin, S. 100 ff.

Folge die deutschen Kunstschutzbemühungen in Italien unterstellt wurden.[85] Die Tätigkeit des Kunstschutzes in Italien wurde von alliierter Seite in einem Bericht der *United Nations War Crimes Commission (Research Office)* vom Juli 1945 untersucht.[86] Dabei wurde einerseits auf unbestrittene Verdienste des Kunstschutzes beim Schutz von Kunstwerken hingewiesen, zugleich aber auch auf dessen Untätigkeit beim Verhindern von Diebstahl von Kulturgut (Montecassino, vgl. nachfolgend G III 1). Insbesondere war auch Langsdorff selber beim Versuch beteiligt, zwei Gemälde Cranachs nach Deutschland zu schaffen.[87] Bezüglich des 1944 erfolgten und von seinen Zielen her bis heute umstrittenen Transportes toskanischer Kunstschätze ins Südtirol (vgl. nachfolgend G III 2), bei welchem es sich nach Angaben des deutschen Kunstschutzes um die Sicherstellung der Kunstwerke vor den Kriegsgefahren gehandelt habe, wies der Bericht auf die direkte Unterstellung Langsdorffs unter SS-General Wolff hin. Wolff wiederum unterstand direkt Himmler, der die Überführung der Kulturgüter aus den Museen von Florenz ins Reich anordnete. Aus diesem Grund habe die Tätigkeit des Kunstschutzes mindestens in gleichem Masse der Umsetzung von Befehlen der deutschen Staatsführung wie dem Schutz des italienischen Kulturgutes gedient. So sei die Überführung ins Südtirol entgegen den Wünschen der Regierung Mussolinis, welche eine Verbringung auf die borromäischen Inseln favorisiert habe, erfolgt. Der gefährliche und mit italienischen Regierungsstellen nicht abgesprochene Transport ins Südtirol habe somit nicht dem Schutz der Kulturgüter gedient, sondern lediglich eine Etappe in deren Verbringung ins Reich dargestellt. Dies um so mehr, als der Gauleiter des Südtirols, Hofer, in seinem Gau wie ein König geherrscht und keinen Kontakt zu italienischen Regierungsstellen gepflegt habe, weswegen das Südtirol faktisch bereits Reichsgebiet dargestellt habe.[88]

III. Raub von Kulturgütern durch die Nationalsozialisten

1. Kulturgüter im Kloster Montecassino

Im Spätsommer 1943 wurden die Bestände der neapolitanischen Museen *Capodimonte*, *Museo Nazionale*, *San Martino*, des königlichen Palastes sowie aus ganz Italien anlässlich der 1940 in Neapel veranstalteten "Überseeausstellung" zusammengetragene Schaustücke, welche zu Beginn des Krieges aus der Stadt

---

[85] V. Tieschowitz, a. a. O., S. 4f.; zur Tätigkeit der Kunstschutzeinheiten auf deutscher und alliierter Seite sowie zu den Kriegsschäden in der Toskana im Herbst 1944: Brüggisser, Kriegsschäden an der mittelitalienischen Kunst, in CIR 228/Doppie e senza data.

[86] United Nations War Crimes Commission (Research Office), Looting by High German Officials, Summary of Information No. 34, July 1945, in CIR 172/Indagini Montagnana.

[87] A. a. O., S. 3.

[88] A. a. O., S. 2ff.

entfernt worden waren, zu ihrem Schutz in das abgelegene Benediktinerkloster Montecassino verlagert.[89] Als sich die Front dem Kloster näherte, wurden die gelagerten Kunstschätze von Einheiten der SS-Division "Herrmann Göring" in 187 Museumskisten abtransportiert und zu einem grossen Teil in den Vatikan gebracht. 15 Kisten mit Gemälden sowie weitere Kulturgüter erreichten indessen den Vatikan nicht und wurden zum Hauptquartier der Division bei Berlin geschickt, um Göring zu dessen Geburtstag als Geschenk angeboten zu werden, welches dieser allerdings nicht annahm.[90]

2. Kulturgüter aus florentinischen Museen und Sammlungen

Kulturgüter aus den florentinischen Museen sowie aus Sammlungen aus der Gegend von Florenz wurden in Villen in der Umgebung der Stadt gelagert. Als sich die Frontlinie der Toskana näherte, wurden die Villen von der SS-Kunstschutzeinheit geleert und die Kulturgüter wurden, nachdem eine Verbringung in das deutsche Reich an Treibstoffmangel gescheitert war, im Südtirol versteckt. Die Einlagerung der Kunstwerke erfolgte im alten Gericht in St. Leonhard und im Schloss Neumelans in Campo Tures.[91] Einige der toskanischen Villen wurden in der Folge sowohl von den deutschen als auch von alliierten Truppen besetzt und verwüstet, wobei Kunstwerke, die noch nicht in Sicherheit hatten gebracht werden können, verschwanden oder zerstört wurden.[92] Der Standort der im Südtirol versteckten Kunstwerke wurde den Alliierten von den Deutschen mitgeteilt, nachdem einem Befehl Himmlers auf Überführung in die Salzminen nach Alt Aussee nicht mehr Folge geleistet worden war.[93] Die Kulturgüter wurden von amerikanischen Truppen nach Florenz zurückgebracht, worauf sich ergab, dass zehn Kunstwerke fehlten. Ein Teil dieser fehlenden Kunstwerke, darunter zwei Bilder von Pollaiuolo,[94] die vor dem Abtransport nach Südtirol von Angehörigen der 362. Infanteriedivision gestohlen worden waren, kam erst nach 1962 in den Vereinigten Staaten bzw. Deutschland wieder zum Vorschein (nachfolgend, § 9 C II).[95]

---

89 Kubin, S. 67ff.; Nicholas, S. 231f.; Zur Evakuierung vgl. Report of the American Commission for the Protection and Salvage of Artistic and Historic Monuments in War Areas, Washington D.C. 1946, S. 74ff.

90 Friemuth, S. 32 und 42; Kubin, S. 70f.; Nicholas, S. 244.

91 Schreiben Langsdorff an Carlo Anti vom 15. September 1944 in CIR 226/Segreto. Einzelheiten zur Tätigkeit des deutschen Kunstschutzes und zu Evakuierungen nach St. Leonhard und Campo Tures bei Friemuth, S. 34ff., Kubin S. 99ff. und Nicholas, S. 268ff.

92 Einzelheiten bei Kubin, S. 115ff. und 159ff. und Nicholas, S. 265ff.

93 Friemuth, S. 35; Kubin, S. 108; andere Darstellung in *The Stars and Stripes* vom 11. Mai 1945, wonach die Standorte von Angehörigen der 85. US-Division entdeckt wurden.

94 Nicholas, S. 271.

95 Ausführlich hierzu Kubin, S. 185ff.

H. Zusammenfassung

Seit den späten dreissiger Jahren bis zum Jahr 1945 wurde eine grosse Zahl von Kulturgütern von Italien nach Deutschland überführt. Dabei lassen sich drei Phasen unterscheiden, welche auch die Restitutionsverhandlungen nach dem Krieg prägen sollten. In einer ersten Phase, die von 1937 bis 1941 dauerte, wurde der italienischen Exportgesetzgebung, welche die Verbringung hochklassiger Kulturgüter aus dem Land verhindern sollte, gefolgt, indem die deutschen Käufer Gesuche um Erteilung von Exportlizenzen stellten. Hindernisse in Form von negativen Vorbescheiden der zuständigen Behörden des Erziehungsministeriums wurden durch persönliche Intervention bei Mussolini und Ciano umgangen, welche dafür sorgten, dass die Lizenzen vom Erziehungsminister ausgestellt wurden. Nachdem der zuständige Erziehungsminister 1941 aufgrund der Kriegsgesetzgebung ein Exportverbot erlassen hatte, änderte sich die Vorgehensweise der deutschen Käufer im Rahmen der zweiten Phase. Die Kunstwerke wurden nun illegal exportiert, wie dies bereits vereinzelt seit 1938 vorgekommen war. So benutzte Göring Sonderzüge für Kunstexporte unter Umgehung der Export- und Zollgesetzgebung. Zwar hatte die italienische Regierung Kenntnis von diesen Exporten, aber sie unternahm, abgesehen von einer diplomatischen Démarche, nichts, um diese zu stoppen oder um eine effektive Kontrolle über die Exporte auszuüben. In einer dritten Phase, nach dem Seitenwechsel Italiens 1943, wurden Teile ganzer Museumsbestände, teilweise in Zusammenarbeit mit den Einheiten des deutschen Kunstschutzes, in Richtung Deutschland verschoben. Überdies kam es auch zu Diebstählen durch die kämpfenden oder die mit dem Kunstschutz beauftragten Truppen. In dieser dritten Phase entstanden die quantitativ grössten Verluste an italienischem Kulturgut.

Die nachgiebige Haltung der italienischen Regierung gegenüber den deutschen Exportwünschen war nicht dazu geeignet, das nationale Kulturgut zu schützen. Dies, obschon griffig formulierte Gesetze bestanden, die Verkauf und Export regelten. So wurde den Wünschen der deutschen Käufer weitgehend gefolgt und alles daran gesetzt, auch vom Gesetz verbotene Exporte zu ermöglichen. Dies ging so weit, dass der zuständige Erziehungsminister auf Anweisung von Mussolini oder Aussenminister Ciano Exporte autorisierte, wobei, um den Vorschriften vordergründig Genüge zu tun, die Exportsteuern vom italienischen Staat bezahlt wurden. Nachdem aber gemäss geltender Rechtslage der Endentscheid bezüglich des Exportes von Kunstwerken dem Erziehungsminister oblag, waren die Exportlizenzen vom Standpunkt der Legalität nicht zu beanstanden, zumal die Einflussnahme von deutscher Seite in keinem der dokumentierten und bekannten Fälle eine Intensität annahm, die auch nur in vertragsrechtlichem Kontext eine Anfechtbarkeit ermöglicht hätte. Vielmehr entsprach es aus politischen Überlegungen dem Wunsch der faschistischen Machthaber, den Begehren der Regierung des verbündeten Deutschland entgegenzukommen. Von der italienischen

Regierung wurde auch wenig unternommen, um den ihr bekannten Kunstschmuggel Görings in Sonderzügen zu unterbinden. Nach dem Seitenwechsel Italiens und der Besetzung des Landes durch deutsche Truppen waren die Kunstschätze den Zufälligkeiten des Krieges und auch der Willkür der SS-Kunstschutzeinheiten ausgeliefert. So befanden sich am Ende des Krieges grosse Bestände an Kulturgütern aus Italien in den Kunstlagern der nationalsozialistischen Führungsriege, wobei allein 1941 Kulturgüter aus italienischen Museen stammten.[96]

§ 3: Organisation der italienischen Restitutionsbemühungen 1944 bis 1983

A. Organisation vom Sommer 1944 bis zum Sommer 1945

I. Erste Commissione Interministeriale

Im Sommer 1944 wurde das für den Kulturgüterschutz zuständige italienische Erziehungsministerium von der *Allied Control Commission* (ACC), welcher die alliierte Kunstschutztruppen der MFA&A *(Subcommission for Monuments, Fine Arts and Archives)* unterstanden,[97] informiert, dass die deutschen Truppen mit der Räumung von Kunstdepots in der Toskana und der Verbringung von Kulturgütern nach Norditalien begonnen hätten. Aufgrund der Tatsache, dass bei der Verschiebung keine Vertreter der *Repubblica di Salò* beteiligt waren, wurde von Seiten des Erziehungsministeriums befürchtet, dass die Deutschen die Kulturgüter nach Deutschland überführen wollten. Am 24. Oktober 1944 teilte der Erziehungsminister dem Aussenministerium mit, dass ein gemeinsames Vorgehen der beiden Ministerien angezeigt sei, um einerseits die Reichsregierung von weiteren Diebstählen abzuhalten und anderseits die spätere Rückführung zu organisieren. Aus diesem Grund habe man eine Gruppe von Funktionären der *Direzione Generale delle Antichità e belle Arti* beauftragt, sich mit dem Aussenministerium in Verbindung zu setzen.[98] In der Folge wurde eine erste *Commissione Interministeriale* des Erziehungs- und Aussenministeriums gegründet, welche den Schutz und die Rückschaffung von Kulturgütern organisieren sollte.[99]

---

96 Gonella, Preface, S. 7f.

97 Zum Aufbau der alliierten Kunstschutzorganisation: Brüggisser in FN 85.

98 Dabei handelte es sich um die Professoren Giulio Carlo Argan, Emilio Lavagnino, Nicola Mario Orazi und Pietro Romanelli, Schreiben Erziehungsminister an Aussenministerium vom 24. Oktober 1944 in MAE, Aff.Pol. 1931–45, Italia, 112/7.

99 "Commissione Interministeriale per la conservazione, ricupero ecc. del nostro patrimonio artistico, culturale, bibliografico distrutto, danneggiato o comunque asportato dalle truppe germaniche in ritirata". Neben den Obgenannten gehörten noch Professor Moscati und

II. Erweiterung der Commissione Interministeriale

Am 28. März 1945 teilte der Erziehungs- dem Aussenminister mit, dass in verschiedenen europäischen Ländern, welche Zerstörungen und Abtransporte von Kulturgütern durch deutsche Truppen erlitten hätten, nationale Komitees gegründet worden seien, die sich um die Rückführung von Kulturgütern kümmerten und dazu Kontakt mit den entsprechenden alliierten Fachgremien aufgenommen hätten. Die *Commissione Interministeriale* habe mit Hinsicht auf die italienischen Kulturgüter Vorarbeiten geleistet, welche zu einer diesbezüglichen Stellungnahme der italienischen Regierung am 23. Dezember 1944 geführt habe (nachfolgend, § 6 A II). Um nun aber in direkte Verhandlungen mit den Alliierten eintreten zu können, wurde die Leitung der italienischen Restitutionsbemühungen Prof. Lionello Venturi übertragen.[100] Die *Commissione Interministeriale* traf sich in der Folge einmal pro Monat, um die Fortschritte bei den Nachforschungen zu besprechen. In einem Bericht vom 17. Juli 1945 beschrieb Venturi die italienischen Verluste an Kulturgütern, wies auf die Problematik der Exportpraxis der faschistischen Regierung hin und verlangte vom *Contenzioso Diplomatico*, dem Rechtsdienst des Aussenministeriums, ein Gutachten über die Frage der Anspruchsgrundlagen Italiens bezüglich der Restitution der an Deutschland verkauften Kulturgütern.[101] Mit diesem Bericht endete die Tätigkeit der ersten *Commissione Interministeriale*. Im Sommer 1945 ging die alleinige Kompetenz für die Restitutionen auf das Erziehungsministerium über. Dieses reorganisierte die *Commissione* und ernannte Rodolfo Siviero zu ihrem Vorsitzenden.[102]

B. Italienische Restitutionsbemühungen 1945–1983 in Händen von Rodolfo Siviero

I. Biographie von Rodolfo Siviero

1. Vorbemerkung

Lynn H. Nicholas bezeichnet in ihrem Buch über das Schicksal des europäischen Kulturgutes in der Nazi- und Nachkriegszeit Rodolfo Siviero als "the colorful and mysterious self-appointed savior of the Italian patrimony".[103] Es ist schwie-

---

Legationsrat Cottafavi dazu, Appunto della Commissione Interministeriale vom 15. November 1944 in MAE, a. a. O.

100 Schreiben Arangio Ruiz an das Aussenministerium vom 28. März 1945 in MAE, Aff. Pol. 1931–45, Italia, 112/7.

101 Bericht Venturi vom 17. Juli 1945 an den Aussenminister in MAE a. a. O.

102 Appunto vom Herbst 1945 (undatiert) in MAE a. a. O.

103 Nicholas S. 436.

rig, neutrale Darstellungen von Siviero und seiner Tätigkeit zu erhalten. Eine Biographie existiert bis zum heutigen Tag nicht, und einen Grossteil der Angaben zu seinem Werdegang und seinem Schaffen vor und während des Krieges hat Siviero selber nach dem Krieg in verschiedenen Publikationen geliefert. Die umfangreichste Darstellung findet sich im postum erschienenen Werk "L'Arte e il Nazismo", welches den Transfer italienischen Kulturgutes ab 1938 nach Deutschland und dessen Rückkehr in den Jahren bis 1963 beschreibt, allerdings aus der Warte Sivieros. Die wenigen existierenden neutraleren Dokumente erlauben eine relativierende Sichtweise auf einen schillernden Charakter, der sich in einer schwierigen Epoche der italienischen und Weltgeschichte, nicht immer frei von opportunistischen Zügen, durchgeschlagen und zu seiner Berufung gefunden hat. Bereits zu Lebzeiten wurde Siviero seine zu einseitige Darstellung der eigenen Tätigkeit vorgeworfen, so von Seiten der MFA&A Mitarbeiter, deren Bedeutung bei der Rückführung der florentinischen Kunstwerke Siviero regelmässig zu seinen Gunsten gemindert habe.[104] Die nachfolgenden Ausführungen zur Tätigkeit Sivieros vor und während dem Krieg beruhen fast ausschliesslich auf seinen Publikationen und sind demgemäss mit entsprechender Zurückhaltung zu würdigen.

2. Tätigkeiten bis zum Kriegsausbruch

Rodolfo Siviero wurde am 24. Dezember 1911 in Guardistallo di Pisa geboren. Nach dem Studium der Kunstgeschichte an der Universität Florenz veröffentlichte er in den dreissiger Jahren Schriften über Literatur und Kunst;[105] daneben war er journalistisch tätig und leitete von 1935 an Konferenzen über literarische und künstlerische Themen. Im September 1935, damals noch wissenschaftlicher Mitarbeiter am *Museo del Bargello* in Florenz, interessierte er sich für eine Stelle als Italienischlektor an einer ausländischen Universität und für eine Stelle als Kunstkritiker einer italienischsprachigen Zeitung im Ausland.[106] Siviero verfügte über gute Kontakte bis zu höchsten Vertretern der Regierung des faschistischen Italien, obschon er später den Faschismus als "un'offesa all'intelligenza, che condizionava la vita in ogni sua manifestazione" bezeichnete.[107] So kannte er Aussenminister Ciano persönlich[108] und selbst Erziehungsminister Bottai setzte sich

---

104 "Siviero never changed his tune. Whenever possible he belittled the American role in the recovery of the Uffizi treasures and took the credit for himself, bringing forth periodic protests from former Monument men." Nicholas, S. 440.

105 "Primo Carmine" 1932, "La Selva Oscura" 1936, Angaben gemäss Curriculum Vitae Sivieros aus den 60-er Jahren in CIR 2/Cartella personale S. E. Siviero.

106 Offenbar wäre Siviero auch bereit gewesen, Propagandamissionen für den italienischen Staat im Ausland zu übernehmen: Schreiben des Sottosegretario di Stato per la Stampa e la Propaganda vom 6. September 1935 in MAE, Archivio Scuole 1920–55, Pacco 499.

107 Siviero, Difesa, S. 5.

108 Gespräch des Verfassers mit Sivieros ehemaliger Verlobten L. K. vom 4. Mai 2002.

im Sommer 1937 mit zwei Schreiben beim Aussenministerium dafür ein, dass Siviero eine Stelle als Lektor an einer französischen oder belgischen Universität erhalte.[109] Auch der Präsident der *Confederazione Fascista dei Professionisti e degli Artisti* gelangte ans Aussenministerium, um Siviero, der ihm von einem "vecchio fascista di Firenze" empfohlen worden sei, zu einer Beschäftigung in Frankreich oder Belgien zu verhelfen.[110] Alle diese Bemühungen um eine wissenschaftliche Tätigkeit im Ausland waren zunächst umsonst. Dennoch ging Siviero ins Ausland, und zwar im Jahr 1937 nach Deutschland. Über seine dortige Beschäftigung ist wenig Genaues bekannt. Immerhin bestehen Anzeichen dafür, dass Siviero in der Tat auch Aufgaben des faschistischen Staates erfüllte. Nach Bertoldi[111] verdankte Siviero den Aufenthalt in Berlin einem Stipendium und hatte daneben im Auftrag des S.I.M. (Servizio Informazioni Militari)[112] Truppenbewegungen der Deutschen zu beobachten. Nach Svieros eigenen Angaben bestand sein Auftrag in der Überwachung der deutschen Propaganda mit Bezug auf Österreich. In einem undatierten Bericht wiederum ist die Rede von einem Auftrag Sivieros, den deutschen Truppenaufmarsch an der österreichischen Grenze zu beobachten.[113] 1938 wurde er als *persona non grata* aus Deutschland ausgewiesen und arbeitete erneut in Italien im Bereich der Literatur und Kunst, bis ihm 1938 von der *Questura di Firenze* verboten wurde, öffentlich Vorträge zu halten. Ab 1939 war Siviero in Mailand, Florenz und Modena in antifaschistischen Bewegungen aktiv. In der Zeit von 1939 bis 1943 war er weiterhin wissenschaftlich tätig.[114] Geplante Publikationen verhinderten die Truppen der SS, welche nach seiner Verhaftung 1944 seine Wohnung in Florenz durchsuchten und Material beschlagnahmten.[115]

---

109 Schreiben Bottai an Parini vom 2. und 21. Juli 1937 in MAE, Archivio Scuole 1920–55, Pacco 499.

110 Schreiben Pavolini an Parini vom 21. August 1937 in MAE a. a. O.

111 Bertoldi, Klappentext.

112 Vgl. zu den guten Verbindungen des S.I.M. zu deutschen Geheimdiensten Agarossi, S. 59, mit Hinweisen auf eine Aussage von Vittorio Ambrosio, dem ehemaligen Stabschef des italienischen Heeres.

113 CIR 248/Pratica Stipendi Ministro Siviero.

114 Curriculum Vitae Sivieros, S. 2f., in CIR 248.

115 Dabei sollen Unterlagen zu Arbeiten über "Giacomo Leopardi e la poesia del '800", "Commento Critico alla Divina Commedia", "L'Umanesimo nella Pittura Fiamminga del '400", "Le Origini della Pittura di Giorgione e la Poesia del Tebaldeo" vernichtet worden sein, curriculum vitae in CIR 2/Cartella personale S. E. Siviero.

3. Tätigkeit während des Krieges

a. Darstellungen Sivieros

In der Zeit zwischen dem Ausbruch des Krieges und dem 8. September 1943 ist über Siviero wenig bekannt. Nach eigenen Angaben war er nach dem Sommer 1943 als Leiter einer toskanischen Partisanenbewegung tätig, welche es sich zum Ziel gesetzt hatte, Kunstdiebstähle durch deutsche Truppen zu beobachten, zu dokumentieren und, soweit möglich, zu verhindern. Dabei war er in der Nähe der Uffizien untergebracht und arbeitete offenbar, allenfalls auch nur als Deckmantel, mit der *Sopraintendenza alle Gallerie* zusammen.[116] Die Untergrundtätigkeit bestand zunächst in der Unterwanderung des von den faschistischen Militärbehörden neu eingerichteten S.I.D. (Servizio Informazioni Difesa), für dessen Aufbau ehemalige Mitglieder des S.I.M. angeworben wurden.[117] Dadurch sei es Siviero und seinen Kollegen gelungen, von den schriftlichen Befehlen der Deutschen Kopien zu erhalten.[118] Auch soll Siviero von Angehörigen der Wehrmacht und von deutschem diplomatischem Personal, die dem Kunstexport ablehnend gegenüberstanden, Informationen erhalten haben.[119] Unter den ersten Kunstwerken, die vor dem Zugriff der Deutschen gerettet werden konnten, war eine *Annunziazione* von Beato Angelico aus Monte Carlo, die *Cleopatra* von Guido Reni[120] sowie die Kirchenfenster des Doms von Arezzo, welche durch Bombenangriffe bedroht waren.[121] Daneben informierte Sivieros Truppe die Alliierten über die Bewegungen der Deutschen.[122] 1944 wurde Siviero von den Truppen der SS inhaftiert, doch gelang ihm die Flucht, worauf er die Front passierte und Rom erreichte, wo sich das neue Hauptquartier seines mittlerweile eingerichteten Kunstschutzbüros befand.[123] Dieses war zunächst, obschon letztlich den Alliierten unterstellt, dem Generalstab des italienischen Heeres angegliedert. In Rom arbeitete Sivieros Büro mit den alliierten Kunstschutztruppen des MFA&A zusammen und machte diesem Unterlagen über gestohlene und an Hitler und Göring verkaufte Bilder zugänglich.

---

[116] Siviero, Difesa, S. 6.

[117] Siviero, L'Arte e il Nazismo, S. 35f., ders., Difesa, S. 8f.; anlässlich einer Rede 1947 nahm Siviero für sich in Anspruch, die Unterwanderung des S.I.D. initiiert zu haben, CIR 166/Discorso tenuto da Rodolfo Siviero il 9 novembre 1947 alla Farnesina per l'inaugurazione della mostra dei capolavori italiani recuperati in Germania, S. 2; ebenso: Siviero, Sulle Opere d'Arte Italiane, S. 1ff.

[118] Siviero, Difesa, S. 18.

[119] Vgl. Sivieros ehemalige Verlobte L. K. in FN 108.

[120] Rede Siviero in FN 117, S. 5f.

[121] Longhi, S. 25f.; Siviero, Difesa, S. 6.

[122] Siviero, L'Arte e il Nazismo, S. 37; ders., Difesa, S. 9.

[123] Siviero, L'Arte e il Nazimso, S. 59ff.

b. Wahrheitsgehalt der Darstellungen

Die Darstellungen, die Siviero über seine Tätigkeit im Krieg liefert, können nicht nachgeprüft werden. Insbesondere bleibt unklar, welche Bedeutung seiner Truppe beim Schutz von Kulturgütern tatsächlich zukam. Siviero nimmt beispielsweise für sich in Anspruch, von den Transporten der florentinischen Kunstwerke ins Südtirol gewusst zu haben.[124] Es ist zwar nicht gänzlich auszuschliessen, dass Siviero informiert war. Allerdings war zu jener Zeit weder der Regierung in Rom noch jener der *Repubblica di Salò* die Tatsache des Transportes und seine Destination bekannt. Die Darstellung Sivieros wurde auch von offizieller Seite übernommen.[125] Wohl sind aber Sivieros Ausführungen zum Auffinden der toskanischen Kunstwerke im Südtirol übertrieben. Glaubt man ihm, so waren seine Leute mit dabei gewesen, als am 6. Mai 1945 die immer noch von deutschen Soldaten bewachten Verstecke entdeckt wurden.[126] In US-amerikanischen Dokumenten wird Siviero gemäss Nicholas lediglich als Informant erwähnt, der den Amerikanern 1944 in Siena und Florenz erfolglos seine Dienste angeboten habe. Auf eine Zusammenarbeit wurde aber verzichtet, nachdem weder Sivieros Motive noch sein politischer Hintergrund bekannt waren.[127] Dieser Hinweis Nicholas' auf die Hartt Papers bringt allerdings auch nicht viel Licht ins Dunkel, nachdem Hartt und Siviero in späteren Publikationen die Bedeutung für die Restitutionen sich selbst zu-, beziehungsweise dem anderen absprachen.[128] Siviero selber schildert verschiedentlich seine Kontakte zu den Alliierten und einem englischen Verbindungsoffizier namens Reginald

---

[124] Siviero, Difesa, S. 12ff.

[125] Vgl. die Ausführungen des Erziehungsministers Gonella, Introduzione, S. 5: "Precisamente l'ordine di trasporto fu dato il 14 marzo 1945 ed il trasporto avvenne su autocarri, in due tappe, a causa della neve; male incassate le sculture e senza alcuna protezione i dipinti. Ma alcuni ufficiali italiani, appartenenti all'Ufficio Recuperi, poterono con spirito di sacrificio seguire segretamente le orme di quel convoglio e non ne persero le tracce."

[126] Siviero, L'Arte e il Nazismo, S. 135.

[127] Nicholas, S. 437, mit Hinweis auf die Hartt Papers in der Bibliothek der National Gallery of Art in Washington, D.C.

[128] Undatierter Entwurf für einen Leserbrief Sivieros an den "Europeo", in welchem er sich auf einen Leserbrief Hartts vom 16. Januar 1955 bezieht. Hartt hatte anscheindend Sivieros Darstellung vom Ablauf der Restitutionen in dessen Vorwort zum Ausstellungskatalog der "Second National Exhibition of the Works of Art Recovered in Germany" kritisiert. Siviero bezeichnet in seinem Entwurf zum Leserbrief Hartts Publikation "Florentine Art under Fire" (Princeton 1949) als erweiterte Version eines Berichtes, den Hartt für seinen Vorgesetzten Newton zu erstellen gehabt habe und welchen letzterer mit väterlicher Geduld habe korrigieren und zurechtrücken müssen. Präzisierend führte Siviero immerhin aus, er habe der Übergabe der Depositorien in Campo Tures und San Leonardo di Passiria nicht selber beigewohnt. Bevor das MFA & A-Personal nach Bozen abgereist sei, habe er die Amerikaner in Padua getroffen, welche ihn beauftragt hätten, sich um ein Versteck von Kunstwerken aus Venedig in Österreich zu kümmern, das sich noch nicht in alliierter Hand befunden habe. CIR 324/Copie in più; zur Auseinandersetzung Sivieros mit Hartt: Kurtz, S. 256.

Stenophe Wright, welcher beim alliierten *Mediterranean Command* Ansprechpartner seiner Partisanen gewesen sei und welcher überdies Italiener für geheimdienstliche Tätigkeiten angeworben habe.[129] Auch will Siviero, nachdem er die Frontlinie passiert hatte, mit einem *Intelligence Corps United* der Alliierten zusammengearbeitet und mit den Alliierten in Florenz einmarschiert sein.[130] Für Sivieros Darstellung, wonach seine Organisation den Deutschen in grossem Stil Originaldokumente entwendet habe, lassen sich in den vom Verfasser eingesehenen Archiven keine Belege finden. Diejenigen Akten des deutschen Kunstschutzes, welche sich heute im Archiv seiner ehemaligen Dienststelle befinden, tragen jedenfalls eine nachträgliche Nummerierung, welche von den Angehörigen des amerikanischen Kunstschutzes MFA&A angebracht wurde; das entsprechende Inhaltsverzeichnis enthält einen Hinweis, wonach die Akten den amerikanischen Truppen in Fasano in die Hände gefallen waren.[131] Dies entspricht Sivieros Ausführungen andernorts, wo er ausführt, dass seine Dienststelle nach dem Abzug der Mitarbeiter des MFA&A deren Archiv übernommen habe,[132] so dass jedenfalls jene Dokumente den Deutschen nicht von seiner Organisation abgenommen worden waren.

Zweifellos ist die Detailliertheit der Berichte Sivieros ein Beleg für die behauptete Untergrundtätigkeit, wobei nicht abgeklärt werden kann, welche Bedeutung der Partisanentruppe und ihm selber letztlich zukam und wie er mit der Besatzungssituation lebte. So legt er beispielsweise ausführlich dar, wie er von der SS und deren italienischem Schergen Mario Carità verhaftet und verhört worden sei. Obschon rings um seine Zelle Menschen gefoltert und getötet worden seien, sei es seinen auch dort infiltrierten Kollegen gelungen, ihn weiterhin über ihre Tätigkeit zu informieren und ihn schliesslich eines Tages zu befreien.[133] In einem *curriculum vitae* aus den sechziger Jahren erklärte er, dass er sich der Erschiessung habe entziehen können,[134] während er im privaten Kreis von einer Rettung in letzter Minute berichtete, als man ihm bereits den Strick um den Hals gelegt gehabt habe[135]. Dass die Tätigkeit einer Partisanenbewegung ihren Niederschlag in der Regel nicht in Originaldokumenten findet, versteht sich. Allerdings wird Siviero auch in der Literatur über das florentinische Partisanentum mit keinem

---

[129] Siviero, L'Arte e il Nazismo, S. 37 und 41; ders., Difesa, S. 11, wo er den Mittelnamen Wrights mit ‚Stanhope' angibt.

[130] Siviero, Difesa, S. 19 und 22.

[131] "List of German Files from FASANO", 13. Oktober 1945 in CIR 235/Luglio 44; den Hinweis verdanke ich Herrn Lutz Klinkhammer.

[132] Siviero, L'Arte e il Nazismo, S. 144f.

[133] Siviero, L'Arte e il Nazismo, S. 38ff., S. 59.

[134] Curriculum vitae, undatiert, wohl von 1965, in CIR 2/Cartella Personale S.E. Siviero.

[135] Vgl. Sivieros ehemalige Verlobte in FN 108.

Wort erwähnt.[136] Die von Aussenminister Martino in einer Fernsehsendung vom März 1957 gemachten Ausführungen zu Sivieros Partisanentätigkeit[137] entsprechen denjenigen Sivieros, so dass davon auszugehen ist, dass Siviero selber den Text abgefasst hat. Ein neutraler Hinweis ergibt sich indessen aus der Rede des Abgeordneten Bartole in einer Sitzung des Abgeordnetenhauses vom 4. Oktober 1960, in welcher er ausführt, dass er im Rahmen der eigenen Partisanentätigkeit in Modena mit den toskanischen Kollegen um Siviero zusammengearbeitet habe.[138] Unbestrittenermassen blieb Siviero indes zeitlebens mit dem italienischen Partisanentum verbunden. Für seine Gedenkschrift für den am 13. August 1944 getöteten Partisanen Bruno Bècchi, den er als Mitglied seiner Truppe beschreibt, zeichnete die *Associazione Nazionale Partigiani d'Italia* als Herausgeberin verantwortlich.[139] Auch setzte sich Siviero in den fünfziger Jahren dafür ein, dass den Hinterbliebenen der beiden in seiner Truppe gefallenen Partisanen Renten ausgerichtet wurden. Dank seiner guten Kontakte zu den Partisanenverbänden, welche über starken politischen Einfluss verfügten[140] und von den jeweiligen italienischen Regierungen mit Zurückhaltung behandelten wurden,[141] gelang es Siviero nach dem Krieg, eine gegenüber der staatlichen Verwaltung unabhängige Position zu erlangen und zu behalten.

4. Tätigkeit nach dem Kriegsende

a. Aufstieg an die Spitze der Restitutionskommission (Mai bis August 1945)

Bereits im April 1945 wurde als Ergebnis eines Briefwechsels zwischen Kriegsminister Alessandro Casati und Erziehungsminister Vincenzo Arangio Ruiz noch ohne gesetzliche Grundlage ein interministeriales Büro eingerichtet, welches sich um die Rückführung von Kulturgütern kümmern sollte.[142] Obschon das Büro, für welches Siviero arbeitete, das *Ufficio Recupero Opere d'Arte*, zunächst in der organisatorischen Zuständigkeit des Kriegsministeriums blieb, bemühte sich der Erziehungsminister um dessen vollständige Unterstellung unter sein Ministerium.[143] Was die genaue Aufgabe des *Ufficio* im Rahmen der

---

[136] Kienle, S. 143, mit Hinweis auf Cappelletti, Firenze in guerra: cronache degli anni 1940–45, Firenze 1985, und Francovich, La resistenza a Firenze, Firenze 1961.

[137] Discorso pronunciato alla TV dal Ministro Martino in occasione della conferenza stampa sull'attività della Delegazione per le Restituzioni, 5. März 1957 in CIR 248.

[138] Bartole, S. 2.

[139] Siviero, La Difesa delle Opere d'Arte, Testimonianza su Bruno Bècchi, Firenze 1976.

[140] Vgl. Bartole in FN 138 a. a. O.

[141] Aufzeichnung Janz vom 13. Juli 1959 in AA B 95 Nr. 652.

[142] Relazione al Consiglio dei Ministri (o. D.), wohl vom 18. Februar 1946, in ACS Atti PCM 1946–47, MPI, Fascicolo 3.

[143] Siviero, L'Arte e il Nazismo, S. 139.

offiziellen Restitutionsanstrengungen Italiens in der Zeit bis zum Sommer 1945 darstellte, lässt sich aufgrund der vorhandenen Unterlagen nicht eruieren. Wie oben ausgeführt wurde, waren die Kompetenzen zur Festsetzung einer Restitutionsstrategie auf interministerialer Ebene seit Herbst 1944 einem Fachgremium aus hohen Beamten des Erziehungs- und Aussenministeriums um *Commissario* Prof. Lionello Venturi zugeteilt (oben, § 3 A I und II). Das Nebeneinander der Expertenkommission mit Sivieros *Ufficio* war vermutlich Folge einer Zweiteilung der Kräfte des Erziehungsministeriums im Bereich der Kulturgüterrestitution. So war es die Expertenkommission Venturi, welcher die Festlegung der Strategie zur Restitution von Kulturgütern und die Kontaktnahme mit den Alliierten oblag, wofür die Zusammenarbeit mit dem Aussenministerium gewählt wurde. Daneben war Sivieros Büro, welches dank der Zusammenarbeit mit dem Kriegsministerium auf die Unterstützung der Polizeikräfte der *Carabinieri* zählen konnte, für Sachverhaltsabklärungen, aber auch für Polizeiaktionen im Inland zuständig. Aus den vorhandenen Unterlagen ergibt sich lediglich, dass Siviero in Florenz arbeitete und dort als zuständiger *Capo dell'Ufficio Recupero opere d'arte* zeichnete. Er untersuchte dabei unter anderem das Vorgehen der Nationalsozialisten beim Kunsterwerb in Italien.[144]

In Florenz gelang seinem *Ufficio* im Sommer 1945 mit der Beschlagnahmung von neun Bildern französischer Impressionisten, welche ursprünglich vom Einsatzstab Rosenberg in Frankreich beschlagnahmt und Göring zugehalten worden waren, ein spektakulärer Erfolg. Dieser Erfolg, der auch der Staatsführung mitgeteilt wurde, veränderte die Haltung der italienischen Regierung im Zusammenhang mit den Kunstrestitutionen grundlegend (vgl. nachfolgend, § 7) und war mit ein Grund dafür, dass Siviero an die Spitze der Kommission zur Rückführung der Kunstwerke befördert wurde.

Der Bericht von Commissario Venturi vom 16. Juni 1945 über eine Erkundungsfahrt nach Norditalien (oben, § 3 A II) hatte gezeigt, dass sich nur ein Teil der abtransportierten Kulturgüter im Südtirol befanden, weshalb eine Kommission gebildet werden sollte, um in Deutschland Nachforschungen anzustellen.[145] Nach dem Wechsel der Zuständigkeit bezüglich der Kulturgutsrestitutionen vom Aussen- zum Erziehungsministerium, zu welchem Siviero damals gute Beziehungen pflegte, wurde er vom Erziehungsminister zum Vorsitzenden der Kommission zur Rückführung von Kunstwerken ernannt.[146]

---

[144] Schreiben Sivieros an Argan vom 10. Januar 1945 mit der Bitte um Abfassung eines Berichts über Prinz von Hessen in CIR 175/3/470. Vgl. auch Schreiben Sivieros an den französischen Konsul in Florenz vom 13. August 1945 in CIR 131/Ventura-Consolato Francese in Firenze.

[145] Appunto, undatiert, wohl vom Sommer 1947 in MAE Aff.Pol. 1931–45, Italia, 112/7.

[146] Appunto in FN 145.

b. Einsetzung als Capo dell'Ufficio per il recupero

Mit *decreto luogotenenziale 12 aprile 1946, n. 385,*[147] wurde für die Dauer von zwei Jahren das *Ufficio per il recupero delle opere d'arte e del materiale bibliografico* eingerichtet, dessen Aufgabe die Rückführung von Kunstwerken sein sollte (vgl. nachfolgend, C I 1). Der Art. 2 des Dekrets sah vor, dass der Amtschef des neuen *Ufficio* vom Erziehungsministerium vorgeschlagen und vom Kabinett ernannt werden sollte. Gleichentags wurde Siviero mit *decreto luogotenenziale 12 aprile 1946*[148] (ohne weitere Bezeichnung) als *Capo dell'Ufficio* eingesetzt.

c. Verhandlungen mit den Amerikanern

Mit *Note-Verbale n. 584* vom 19. Juli 1946 lud die amerikanische Botschaft im Namen ihrer Regierung die italienische Regierung ein, eine Restitutionsmission bestehend aus einem *Chief of Mission*, seinem Assistenten, einem Sekretär, zwei Kunstsachverständigen und einem Fahrer nach Frankfurt-Hoechst zu entsenden.[149] Im Übermittlungsschreiben des italienischen Aussenministeriums an das Erziehungsministerium wurde vorgeschlagen, Siviero mit der Leitung der Delegation zu betrauen.[150] Mit Akkreditierungsschreiben des Aussenministeriums vom 11. August 1946 wurde Siviero als bevollmächtigter Vertreter der italienischen Regierung bei den amerikanischen Besatzungsbehörden eingeführt.[151] Gleich nach dem Eintreffen Sivieros in Frankfurt am 11. September 1946 baute er zur Vorbereitung späterer Restitutionen Kontakte mit den zuständigen Stellen des *Office of the Military Government U.S.* (OMGUS) auf.[152] Erste Erfolge erreichte er im August 1947 mit der Restitution von Bildern aus den Museen von Neapel, Florenz und Venedig und mit der Rückgabe von italienischen Kir-

---

[147] G. U. n. 126 del 1 giugno 1946.

[148] G. U. n. 129 del 5 giugno 1946.

[149] "The Embassy of the United States of America presents its compliments to the Ministry of Foreign Affairs and, with reference to its Note Verbale n. 564 and to previous communications regarding the matter of the restitution to Italy of property removed by the Germans, I have the honour to extend an invitation to the Italian Government, on behalf of the United States Government, to send a Mission to Frankfurt-Hoechst to be known as the Italian Mission for Restitution to Italy. (...)", Abschrift in MAE Aff.Pol. 1946–50, Italia, 22/8.

[150] Telespresso n. 25354 MAE an MPI, undatiert, "registrato 30 LUG. 1946" in MAE a. a. O.

[151] "Le Ministère des Affaires Etrangères certifie que Mr. Rodolfo SIVIERO est accredité par le Gouvernement Italien auprès des Autorités Américains d'occupation de l'Allemagne en qualité de Chef Permanent de la "Mission Italienne de Restitution" (...). Mr. Rodolfo SIVIERO (...) [a] pleins pouvoirs pour viser et présenter au nom du Gouvernement Italien toute demande de restitution et donner aux autorités Américaines décharge des biens restituées" in CIR 324/Leggi e Decreti.

[152] "Relazione sull'attività dell'Ufficio Recupero" vom 29. Oktober 1947 in CIR 324/Copie in più; vgl. auch *La Nazione del Popolo* n. 252 vom 27. Oktober 1946.

chenglocken.[153] Die Kunstwerke wurden zunächst in Bozen und danach in Gegenwart von Vertretern der Regierung der italienischen Republik und der amerikanischen Militärregierung Deutschlands in der *Villa Farnesina* in Rom ausgestellt.[154] Sivieros erster grosser Erfolg bestand indessen in der Rückführung des sogenannten "Memling-Komplexes", denjenigen Kunstwerken, bei welchen aufgrund eines speziellen Entgegenkommens der italienischen Regierung den deutschen Kaufwünschen entsprochen worden war, obschon die anwendbaren Kunstschutzgesetze Italiens einen Verkauf und Export nicht erlaubten (vgl. oben, § 2 B, und nachfolgend, § 8 C). Nach den Polemiken, die diese *Exceptional Return Order* der Amerikaner verursacht hatte, führten die amerikanischen Besatzungsbehörden, welche die Durchführungen der Restitutionen Ende der vierziger Jahre den Deutschen zu übergeben begannen, keine weiteren Restitutionen mehr durch.

d. Verhandlungen mit der deutschen Bundesregierung

Als Bundeskanzler Adenauer Ende Februar 1953 Rom besuchte, wurde in einem Notenwechsel mit dem Italienischen Ministerpräsident De Gasperi die Einrichtung von Fachkommissionen vereinbart, welche die Rückführung von Kulturgütern nach Italien vornehmen sollten. In der Folge trafen sich die Kommissionen zu Verhandlungen im September und Dezember 1953 in Rom und Bonn, im Januar 1954 in Perugia und im September 1954 in Baden-Baden, wobei Rodolfo Siviero jeweils die Leitung der italienischen Kommission innehatte. In diesen Verhandlungen gelang Siviero mit der Rückgabe einer grossen Anzahl von Kunstwerken nach Italien sein zweiter grosser Erfolg. In weiteren Verhandlungen wurde in Trier im Dezember 1957 vereinbart, gemischte Unterkommissionen zu bilden, die in Deutschland mittels Zeugeneinvernahmen und Nachforschungen vermisste Kunstwerke ausfindig machen sollten. Obschon weitere Treffen Sivieros mit den deutschen Restitutionsorganen stattfanden, blieben Erfolge aus, die man auf Seiten des italienischen Aussenministeriums der Untätigkeit Sivieros, welcher bei einem Abschluss der Restitutionen die Schliessung seines *Ufficio* befürchten musste, zurechnete.

e. Weitere Tätigkeiten nach Abschluss der Verhandlungen mit der BRD

Siviero blieb weiterhin dem Schutz und der Rückführung italienischer Kunstwerke verpflichtet. Diese Aktivität erlaubte es ihm auch, den Weiterbestand seiner Amtsstelle sicherzustellen, auch wenn keine spektakulären Restitutionen von

---

[153] Siviero, L'Arte e il Nazismo, S. 148; vgl. zu den einzelnen Kirchenglocken: "Campane delle Chiese d'Italia", undatiertes Verzeichnis in CIR 248.

[154] Siviero, L'Arte e il Nazismo, S. 149.

in der Kriegszeit verschwundenen Kunstwerken mehr stattfanden. Daher konzentrierte er sich in seiner Tätigkeit in den sechziger und siebziger Jahren vermehrt auf die Rückführung von nach dem Krieg geraubtem oder illegal aus dem Land geschmuggeltem Kulturgut.[155] Überdies organisierte er von 1971 an in seiner Eigenschaft als Präsident der Florentiner *Accademia delle Arti del Disegno* internationale Konferenzen zum Schutz von Kulturgütern.[156]

Als eigentlicher Abschluss der deutsch-italienischen Verhandlungen war im März 1963 die Herausgabe eines gemeinsamen Kataloges über die noch verschollenen Werke vereinbart worden.[157] Allerdings verzögerten sich die Vorarbeiten insbesondere auf italienischer Seite, und das Vorhaben drohte im Sand zu verlaufen, bis die Deutschen im Sommer 1969 mit der einseitigen Schliessung ihrer Mission und damit dem Ende der Restitutionsverhandlungen per Ende Jahr drohten. Siviero erlebte die Drucklegung des Kataloges nicht mehr, und es ist davon auszugehen, dass er zu Recht befürchtete, dass dieser Katalog den Schlusspunkt seiner Tätigkeit darstellen würde. Deshalb war es wohl ihm zuzurechnen, dass sich das Vorhaben verzögerte, auch wenn eine erste Herausgabe in der Mitte der sechziger Jahre an der Tatsache scheiterte, dass die eingereichten Unterlagen beim Verlag verloren gingen. Der Katalog wurde schliesslich erst 1996 vom italienischen Aussen- und Kultusministerium herausgegeben. So war es Siviero gelungen, seine Lebensaufgabe beim Staat zu Ende zu führen und die Schliessung seiner Amtsstelle zu verhindern, bis er am 26. Oktober 1983 verstarb.

II. Probleme mit Siviero persönlich und der Eingliederung des Ufficio Recuperi in die staatliche Verwaltung

1. Eingliederung ins Erziehungsministerium

Wie ausgeführt (oben, § 3 B IV a), wurde das *Ufficio Recuperi* zunächst dem Erziehungsministerium, welches mit seiner *Direzione Generale delle Antichità e Belle Arti* im Bereich der Schönen Künste zuständig war, angegliedert. Sehr bald ergaben sich indessen Spannungen mit den *Belle Arti*, die eine weitere Zusammenarbeit mit dem Erziehungsministerium für Siviero unmöglich machten.[158]

---

155 Interner Telespresso MAE vom 17. August 1970 in CIR 175/Riunione Componenti Delegazione Italiana; Appunto per il Direttore Generale MAE vom 12. November 1970 in CIR D.G.R.C. Commissione Miste Italo-Tedesche 1966–1995.

156 Relazione introduttiva al Convegno internazionale per la difesa e il recupero delle opere d'arte in AAD, Heft "Originale primo convegno".

157 Kienle, S. 221 ff.

158 Siviero, L'Arte e il Nazismo, S. 167; vgl. auch ders., S. 171, wonach der direttore generale delle Arti seine Unterstützung von Verhandlungen mit den Deutschen von der Abwesenheit Sivieros abhängig machte: "Il direttore generale delle Arti, tetragono, fece conoscere al ministero degli Esteri che dov'era il nostro nome non sarebbe stata la sua collaborazione."

Nach seinen eigenen Angaben lag ein Hauptgrund des Konfliktes in der Tatsache, dass seine Dienststelle Nachforschungen über illegale Exporte angestellt habe, in welche auch *Sopraintendenze* – organisatorisch der *Direzione Generale* unterstellt – involviert gewesen seien.[159] Offenbar hatte sich überdies De Angelis von der *Direzione delle Belle Arti* gegen eine Weiterführung der Tätigkeit des *Ufficio* und die Belassung Sivieros als dessen Leiter eingesetzt und damit erreicht, dass die Behandlung eines entsprechenden Gesetzes in der zuständigen Kommission des Senats um zwei Jahre verzögert wurde. Dies hatte zur Folge, dass Siviero in diesen zwei Jahren keinerlei Bezahlung für sich und keine Geldmittel für seine Amtsstelle erhielt.[160]

2. Eingliederung ins Aussenministerium

Im Rahmen der Umsetzung der Vereinbarungen gemäss dem Notenwechsel zwischen Adenauer und De Gasperi veranlasste letzterer per 1. Juli 1953 die Eingliederung des *Ufficio* Sivieros mit der neuen Bezeichnung *Delegazione per le Resituzioni* in das Aussenministerium.[161] Dabei waren die Spannungen, die zwischen der *Direzione Generale delle Belle Arti* und Siviero bestanden hatten, ein Hauptgrund für die Umteilung. Ein weiterer Grund bestand gemäss Siviero in einer Kampagne zur Schliessung des *Ufficios*, die von denjenigen Kreisen, die vom illegalem Kunstexport gelebt hatten, angezettelt worden war und die Wellen bis ins Parlament schlug.[162] Siviero genoss entsprechend die Unterstützung, die er nun vom Aussenministerium erhielt.[163] Allerdings verlief auch die Zusammenarbeit mit dem Aussenministerium nicht problemlos, und auch die Gegner aus den *Belle Arti* versuchten weiterhin, Sivieros Tätigkeit zu unterbinden.[164] Die Tatsache, dass Siviero dank seiner Erfolge über gute Verbindungen zu Persönlich-

---

[159] Undatierter Bericht Sivieros aus der Zeit von Ende 1949 in CIR 40/3/530; vgl. auch Sivieros Darstellung zur Ansicht des Direttore Generale delle Belle Arti, wonach 1954 die Missione zu schliessen sei, da nichts mehr zu holen sei, in Siviero, L'Arte e il Nazismo, S. 176f.

[160] Undatiertes Promemoria des Aussenministers Gaetano Martino an die Presidenza del Consiglio dei Ministri in CIR 114/3/156.

[161] Schreiben Aussenminister Martino an Erziehungsminister Rossi vom 22. Februar 1957 in CIR 2/3/479.

[162] Relazione a S. E. il Ministro sull'Attività dell'Ufficio Recupero Opere d'Arte e della Delegazione per le Restituzioni vom 3. Juli 1961, S. 8, in CIR 114/31/1566.

[163] Siviero, L'Arte e il Nazismo, S. 167.

[164] Vgl. Siviero, L'Arte e il Nazismo, S. 175: "Gli ostacoli al nostro lavoro erano permanenti, si voleva ad ogni costo chiudere la delegazione per le sollecitazioni dei magnati delle esportazioni clandestine che erano potenti e decisi. Il principio sano che si sosteneva era che i tedeschi avevano pagato i quadri, e quindi la nostra azione era arbitraria e illegale. Presentata in questo modo la tesi in Italia trovò molti proseliti, perché costoro si guardavano bene del precisare che i quadri erano stati contrabbandati e che non potevano uscire senza i permessi degli uffici esportazione delle Belle Arti."

keiten des politischen und kulturellen Lebens verfügte,[165] erlaubte es ihm aber, seine Tätigkeit unabhängig von der Hierarchie des Aussenministeriums zu entwickeln. Dies und sein wenig konziliantes Vorgehen in Deutschland wurde allerdings vom diplomatischen Korps nicht geschätzt. So bezeichnete der italienische Generalkonsul in Frankfurt bereits im Herbst 1948 Svieros direktes Vorgehen "aus politischen Gründen" als wenig angezeigt, und es wurde der Wunsch auf Absetzung Sivieros und Übernahme der Verhandlungen durch die diplomatischen Dienste geäussert.[166] Aber auch unter der Zuständigkeit des Aussenministeriums musste Siviero ständig für die Weiterführung und Finanzierung der Missione und seine eigene Bezahlung kämpfen. Mit den Jahren wurde Sivieros unkonventionelle Vorgehensweise, die sich immer weniger mit der offiziellen italienischen Aussenpolitik gegenüber der Bundesrepublik vertrug, innerhalb des Aussenministeriums kritisiert, und es wurde – letztlich wiederum erfolglos – versucht, die *Delegazione* zu schliessen.[167]

III. Polemiken um Sivieros Person

1. Spannungen innerhalb der italienischen Mission 1946

Unmittelbar nach Aufnahme der Tätigkeit der Mission in Deutschland im Herbst 1946 ergaben sich Spannungen zwischen Siviero, welcher als Leiter der Mission und Vertreter des Erziehungsministeriums akkreditiert war, und den Vertretern des italienischen Industrieministeriums, welche sich um die Restitution von nach Deutschland verbrachtem Industriegut zu kümmern hatten. Diese Spannungen äusserten sich in gegenseitigen Anschuldigungen über undisziplinierte Verhalten, Einmischung in den jeweils anderen Sachbereich und Vor-

---

[165] So war Gaetano Martino, von Februar bis September 1954 Erziehungsminister und von September 1954 bis Mai 1957 Aussenminister, Siviero stets verbunden, vgl. Schreiben Martino an Erziehungsminister Rossi vom 22. Februar 1957, in welchem Siviero und seine Tätigkeit in Schutz genommen werden, in CIR 2/3/479; auch soll Siviero über gute Verbindungen zur Familie des früheren Ministerpräsidenten und Aussenministers De Gasperi sowie zum Generalsekretär des Aussenministeriums, Graf Zoppi, verfügt haben, Kienle, S. 166f. mit Hinweis auf ein Schreiben des deutschen Botschafters in Rom, Clemens von Brentano, an das AA vom 11. Juni 1952 in AA B 95 Nr. 645; vgl. auch das Protestschreiben der bedeutenden *Accademia dei Lincei* vom 12. November 1949, das als Reaktion auf ein Schreiben deutscher Wissenschafter an Präsident Truman von 64 italienischen Wissenschaftern unterzeichnet wurde und welches von Siviero initiiert worden war: Appunto MAE vom 15. November 1949 in CIR D.G.R.G. SIVIERO 19.5.1948–31.12.1949.

[166] Telegramm Consolato Generale Francaforte an MAE in CIR D.G.R.C. SIVIERO 31.5. 1948–31.12.1949.

[167] Schreiben des Bundesschatzministers an den Bundesminister des Auswärtigen vom 12. November 1965, S. 3, in AA B 95 Nr. 1111, wonach nach Auskunft des italienischen Botschafters in Bonn, Luciolli, Siviero bei der italienischen Regierung eine "persona in-grata" sei, und die Regierung seine Tätigkeit baldmöglichst beenden wolle.

würfe bezüglich willkürlicher Absenzen.[168] Das Problem schadete den Restitutionsbemühungen Italiens,[169] so dass die Erziehungs-, Aussen- und Industrieminister anlässlich der Sitzung des Ministerrates vom 20. Dezember 1946 aufgefordert wurden, eine Lösung des Problems zu suchen.[170] Dass offenbar Siviero im Zentrum dieser Auseinandersetzung stand, ergibt sich aus der Tatsache, dass er lediglich vom Erziehungsministerium wiederum zum Leiter der Mission vorgeschlagen wurde, während das Industrieministerium einen anderen Vertreter wünschte.[171]

2. Verstimmung bei den Amerikanern

Siviero polarisierte mit seinen Forderungen und seinem Auftreten. Seinen Kampf um die Rückführung von Kunstwerken nach Italien führte er mit der Verbissenheit eines Fanatikers.[172] Wie bereits ausgeführt, gab es auch in Italien erklärte Gegner Sivieros, innerhalb und ausserhalb der staatlichen Verwaltung, die seine Tätigkeit als unnötig und auch schädlich für die Beziehungen mit der Bundesrepublik betrachteten. Als nächstes geriet Siviero indessen in Konflikt mit dem amerikanischen und deutschen Personal am *Central Collecting Point* in München. Da sich Herbert Leonard, der Leiter des CCP, weigerte, der *Exceptional Return Order* aus Washington Folge zu leisten und die von der faschistischen Regierung an Naziführer verkauften Bilder an Siviero herauszugeben, wurde er, da er als von den deutschen Mitarbeitern beeinflusst galt, seines Postens enthoben.[173] Die Angelegenheit schlug hohe Wellen, und auch die Zei-

---

[168] Appunto per il Signor Ministro degli Affari Esteri vom 20. Januar 1947 in MAE, Gabinetto 1943–58, Pacco 85BIS, Posizione 11.

[169] Verbali del Consiglio dei Ministri, S. 995: "Gonella informa ancora dell'andamento del ricupero dei tesori d'arte italiani portati dai germanici. L'ufficio apposito si è trasformato in Missione con carattere rappresentativo. Ma questa Missione, al contrario dell'Ufficio precedente, non funziona bene. Devono esservi dissensi interni. Propone la costituzione giuridica della Missione, da parte dei Ministeri interessati (Pubblica Istruzione, Industria e Commercio, Affari Esteri e Presidenza)".

[170] "Estratto dalla riunione del Consiglio dei Ministri del 21 dicembre 1946. Il Consiglio dei Ministri ha accolto la proposta del Ministro della Pubblica Istruzione relativa alla riorganizzazione della Missione per i recuperi d'arte italiana in Germania, dando mandato ai Ministri degli Affari Esteri, della Pubblica Istruzione e dell'Industria e Commercio di provvedere di intesa, al riguardo." in ACS Atti PCM, MPI, 1946–47, Fascicolo 48.

[171] Appunto in FN 168.

[172] Vgl. Bertoldi, S. 10: "(…) un uomo votato a una missione che ne assorbì l'intera vita. E come tutti i missionari, se vogliamo, per certi aspetti un poco fanatico; ma di un santo fanatismo, capace di vincere ogni ostacolo e di resistere anche all'insensibilità, quando non all'ostilità, di taluni connazionali da cui avrebbe dovuto attendersi aiuto e sostegno (…)".

[173] Telespresso n. 5295/932 Consolato Generale d'Italia an MAE vom 2. Dezember 1948, S. 2, in CIR D.G.R.C. SIVIERO 31.5.48–31.12.49; Im Schrifttum wird davon ausgegangen, Leonard sei aus Protest zurückgetreten: Kubin, S. 43ff.; vgl. auch Siviero, L'Arte e il Nazismo, S. 156 und Nicholas, S. 437; vgl. demgegenüber Telespresso Consolato Generale Fran-

tungen interessierten sich für den Vorgang.[174] Gegenüber dem italienischen Generalkonsulat bezeichnete die *Political Division* von OMGUS die Probleme mit der Umsetzung der *Exceptional Return Order* als eine Folge der unterschiedlichen Charaktere von Siviero und Leonard. Inskünftig sollten daher Restitutionsangelegenheiten auf den normalen diplomatischen Wegen behandelt werden.[175] Und nachdem die Restitutionen fast beendet seien, brauche auch eine neue *travel order* für Siviero, der nach der Rückführung der Kunstwerke wieder nach Deutschland zurückzukehren wünschte, nicht ausgestellt zu werden.[176] Wenig Gefallen bei den Amerikanern und der italienischen Diplomatie fanden auch Sivieros Darstellungen gegenüber der italienischen Presse, in welchen er die Restitutionen als Sieg gegenüber Deutschland und Amerika bezeichnete.[177] Die Kunstwerke der *Exceptional Return Order* wurden von Leonards Nachfolger, Stephan Munsing, an Siviero herausgegeben. Gegenüber einem Vertreter des italienischen Konsulates erklärte Munsing, dass er gerne mit der Gesandtschaft zusammenarbeite, aber dass er Siviero nicht wiederzusehen wünsche.[178] In einem vertraulichen amerikanischen Memorandum vom 5. Juli 1949 schliesslich wurde Siviero als Kommunist bezeichnet "who is conducting a virulent press campaign against the U.S. restitution policy and who has also spread many untruths concerning the U.S. Government, the Munich Collecting Point and the personnel attached hereto".[179]

---

coforte an MAE vom 14. Januar 1949, wonach die amerikanische Militärregierung die übertriebenen und teilweise unpräzisen Darstellungen in deutschen Zeitungen – darunter die Behauptung, wonach Leonard gekündigt habe – nicht klarstellen wolle, in CIR D.G.R.C. SIVIERO 31.5.48–31.12.49.

174 "Arts Chief Quits Job in dispute", in: *Stars and Stripes*, 20. November 1948; "Umstrittene Rückgabe von Kunstwerken", in: *Neue Zeitung*, 20. November 1948; "Italian assets: Hitler forced the sale of art", in: *New York Herald Tribune*, 27. November 1948.

175 "Infatti, non soltanto il predetto Signor Leonard, ma anche il Capo del "Property Branch" del Governo Militare americano della Baviera, Signor William Harrison, ha fatto ultimamente presente al Capo della nostra Missione Restituzioni Opere d'Arte che (...) non giovava certo allo scopo ed era insieme fuori di luogo il "tono di battaglia" che alle varie richieste dava la Missione stessa. L'impressione che tale tono non fosse il più opportuno è stato condivisa anche da collaboratori italiani che seguirono da vicino l'andamento delle pratiche." Telespresso in FN 173.

176 Abschrift eines Schreibens des US Political Advisers an den italienischen Generalkonsul vom 24. November 1948 in Beilage zum Telespresso in FN 173.

177 Telegramm Consolato Generale Francoforte an MAE vom 23. Dezember 1948 in CIR D.G.R.C. SIVIERO 31.5.48–31.12.49; vgl. auch Nicholas, S. 439, mit Hinweis auf ein Schreiben des MFA & A-Offiziers Heinrich an Standen vom 4. Januar 1949 in Eric Standen Papers, National Gallery of Art, Washington, D.C., wonach Heinrich Siviero gezwungen habe, die Erklärungen über den "Sieg" öffentlich zurückzunehmen.

178 Promemoria De Marchi an Gallina vom 6. April 1949 in CIR D.G.R.C. SIVIERO 31.5.48–31.12.49.

179 Memorandum Draper an Phillips Hawkings vom 5. Juli 1949 in BAK Z 45 F OMGUS 3/89-1/1.

3. Versuche, Sivieros Ufficio zu schliessen

Siviero setzte seine Energie nicht nur für die Rückführung von Kunstwerken ein, sondern kämpfte auch zeitlebens gegen die Bürokratie Italiens. In den Jahren 1946 bis 1953 musste die Tätigkeit des *Ufficio* alle ein bis zwei Jahre mit befristeten Erlassen neu geregelt und verlängert werden (vgl. nachfolgend C I), wobei Siviero jeweils die Notwendigkeit und den Erfolg seiner Aktivitäten belegen musste. Obwohl seine Entlöhnung mit der *legge 26 febbraio 1949, n. 82*, (nachfolgend, C I 3) mit Einstufung in *grado IV* derjenigen eines *Direttore Generale*, eines Amtsdirektors innerhalb der staatlichen Hierarchie, entsprach, wurde ihm dieser Posten nie formell zugesprochen. Siviero blieb daher zeitlebens im Auftragsverhältnis und ohne Aussicht auf eine Pension angestellt.[180] Bereits 1949, im Rahmen der parlamentarischen Behandlung der *legge 14 gennaio 1950, n. 77*, mit welcher die aus Deutschland zurückgeführten Kunstwerke dem italienischen Staat zugesprochen werden sollten (nachfolgend, C II 2), wurde von verschiedenen Abgeordneten verlangt, Sivieros *Ufficio* einen definitiven und zeitlich unbeschränkten gesetzlichen Rahmen zu geben. Auf Betreiben unter anderem des Unterstaatssekretärs Venditti vom Erziehungsministerium wurde dieser Vorschlag indessen in der endgültigen Fassung gestrichen.[181] Ein weiterer Versuch, diesmal des Erziehungsministeriums, vom Herbst 1949, das *Ufficio* definitiv einzurichten und Siviero im Rang eines *Direttore Generale* einzusetzen, scheiterte zunächst am Finanzministerium,[182] ein erneuter Versuch wurde in der Sitzung des *Consiglio dei Ministri* vom 10. Mai 1950 zurückgewiesen, der dritte Versuch anlässlich der Sitzung vom 8. Januar 1951 suspendiert. In der entscheidenden Sitzung der *6a Commissione Permanente* des Senats vom 29. Oktober 1952 votierte Senator Russo namens der Kommission gegen die Institutionalisierung des *Ufficio*, dessen Aufgaben zum Schutz von Kulturgütern mit denjenigen der *Sopraintendenze*, mithin den Gremien der *Belle Arti*, konkurrierten. Überdies sprach er sich trotz der Leistungen Sivieros dagegen aus, ihm den Rang eines *direttore generale* zuzusprechen, nicht zuletzt auch wegen Überlegungen im Zusammenhang mit dem Verwaltungsapparat.[183] Aufgrund der schleppenden Behandlung dieses Gesetzes, das schliesslich den weiteren Betrieb des *Ufficio* für zwei weitere Jahre vorsah, erhielt Siviero während zweier Jahre kein

---

[180] Gutachten (Herkunft unbekannt) von 1963 zur Rechtsstellung Sivieros in CIR 111/3/1441.

[181] Verbale della seduta del 10 ottobre 1949, Camera dei Deputati, Sesta Commissione (Istruzione e Belle Arti), S. 86ff.

[182] Schreiben Ministro Pella an MPI vom 23. Oktober 1949 in ACS Atti PCM, MPI, 1950–51, Fascicolo 35.

[183] "Non già perchè si disconoscano i meriti del Direttore dell'Ufficio recuperi, ma il conferimento dal grado IV col posto di Direttore generale in soprannumero sembra eccessivo come ricompensa dell'opera prestata e non conveniente come provvedimento nei riguardi della burocrazia." Relazione del Senatore Russo in ACS a. a. O.

Gehalt.[184] Nachdem anfangs der fünfziger Jahre der Versuch gescheitert war, die *Delegazione* unbefristet zu institutionalisieren, war deren Tätigkeit stets vom Wohlwollen der Führungsmannschaft des Aussenministeriums abhängig. So durchlebte Sivieros Dienststelle im Frühjahr 1961 die schwierigste Zeit in ihrer Existenz. Der neue Direktor der *Direzione Generale delle Relazioni Culturali con l'Estero*, Giulio Del Balzo, teilte Siviero mit, dass innert zwei Monaten die Suche nach den noch verschollenen 600 Kunstwerken abgeschlossen sein müsse, da danach das Kapitel der Restitutionen für Italien beendet sei.[185] In der Tat wurde Siviero am 16. Juni 1961 informiert, dass alle Konti der Delegazione geschlossen seien.[186] Für die Vorbereitung eines klärenden Gesprächs mit Aussenminister Antonio Segni bereitete die Delegazione einen 17-seitigen Rechenschaftsbericht vor, der den Abtransport der Kunstwerke aus Italien, deren Rückschaffung, den derzeitigen Standort der restituierten Kunstwerke, eine Beschreibung der noch fehlenden Kunstwerke sowie eine Darstellung der aktuellen Tätigkeit lieferte.[187] Trotz einer in negativem Ton gehaltenen Analyse des Rechenschaftsberichts durch Del Balzo, der Sivieros Darstellungen als übertrieben und seine Bedeutung für die Restitutionen als wenig bedeutend bezeichnete,[188] verlief das nachfolgende Gespräch mit Aussenminister Segni positiv, so dass von einer Schliessung der Delegazione bis auf weiteres keine Rede mehr war.

4. Verstimmungen bei den bundesdeutschen Restitutionsgremien

Siviero war bei der Wahl seiner Mittel wenig zimperlich, wenn die Rückführung von Kulturgut auf dem Spiel stand. Dabei waren für ihn insbesondere auch juristische Überlegungen zweitrangig, da er die Restitutionen als eine Frage der Moral und nicht des Rechts betrachtete. Bereits nach dem ersten Treffen der italienischen und deutschen Delegation im September 1953 in Rom, welches beinahe mit einem Misserfolg geendet hätte, wurde von deutscher Seite auch das "taktlose Auftreten des italienischen Verhandlungsleiters" beanstandet.[189] Die italienische Presse wiederum, von Siviero informiert, kritisierte heftig die deutsche Haltung gegenüber den Restitutionen.[190] Im März 1954, nach dem Eintref-

---

184 Promemoria vom 2. April 1958, aus Sivieros Amtsstelle, Unterschrift unleserlich, in CIR 324/Copie in più.

185 Bericht der Delegazione Italiana per le Restituzioni an Aussenminister Segni vom 25. Mai 1961 in CIR 1/Siviero personale.

186 Schreiben Di Bacco an Siviero vom 16. Juni 1961 in CIR 158/Copie decreti.

187 Relazione a S. E. il Ministro sull'attività dell'Ufficio Recupero Opere d'Arte e della Delegazione per le Restituzioni vom 3. Juli 1961 in CIR 114/3/1566.

188 Osservazione schematiche alla Relazione Siviero del 3 luglio 1961 in CIR D. G. R. C. SIVIERO 5. 7. 61–31. 12. 61.

189 Aufzeichnung Salat vom 22. Oktober 1953 in AA B 95 Nr. 646.

190 "Bilderkrieg unter alten Freunden", in: *Süddeutsche Zeitung*, 10./11. Oktober 1953.

fen von Kunstwerken aus Deutschland, die aufgrund der grosszügigen Restitutionspraxis der Regierung Adenauer an Italien zurückgegeben worden waren, veranstaltete Siviero eine Ausstellung dieser Objekte in der *Villa Borghese*. Anlässlich einer Pressekonferenz, zu welcher keine offiziellen Vertreter Deutschlands eingeladen worden waren, wurde mit keiner Silbe auf das Entgegenkommen der Bundesrepublik Deutschland bei den Restitutionsverhandlungen eingegangen, was von der deutschen Diplomatie mit Bitterkeit zur Kenntnis genommen wurde.[191] Im Vorfeld der Verhandlungen der Delegationen in Trier vom Dezember 1957 entfachte Siviero erneut eine Pressekampagne,[192] in welcher den Deutschen vorgeworfen wurde, ihnen sei der Aufenthaltsort von 70 oder sogar 600 fehlenden Kunstwerken bekannt, welche aus Geiz, bösem Willen oder Bequemlichkeit nicht zurückgegeben würden.[193] Nach einem Treffen der Delegationsleiter in Bonn am 29. April 1959 bezeichnete Siviero den Bericht einer Untersuchungskommission, welche in Deutschland Zeugen befragt hatte, als derart unbefriedigend, dass die Nachforschungen zu wiederholen seien. Die Einvernahmen seien solcherart, dass die ganze Welt über sie lache.[194] Von deutscher Seite wurde Svieros Verhalten denn auch als Doppelspiel bezeichnet, indem er in Deutschland Intrigen und fehlende heimische Unterstützung beklage, während er zu Hause fehlenden deutschen Willen in der Nachforschung nach den Kunstgütern anprangere,[195] um damit die eigene Tätigkeit fortführen zu können. Vertretern des italienischen Aussenministeriums wurde denn auch verschiedentlich der Unwillen deutscher Kunstwissenschafter gegenüber der Zusammenarbeit mit Siviero mitgeteilt.[196]

Die wohl umfassendste Beschreibung Svieros lieferte 1959 der Ministerialdirektor des Auswärtigen Amtes, Friedrich Janz, der Leiter der deutschen Delegation während der direkten italienisch-deutschen Verhandlungen vom Dezember 1953 bis 1960:

> "In diesem Zusammenhang darf ich auf das widerspruchsvolle und Hintergründige in der Persönlichkeit des italienischen Delegationsleiters hinweisen, das nicht nur den

---

[191] Schreiben Sattler an Janz vom 22. April 1954 in AA B 95 Nr. 648.

[192] Vgl. "Opere d'arte rubate. Il presidente Heuss ascolterà Gronchi?", in: *L'Espresso*, 17. Oktober 1957; "Nahezu tausend Kunstwerke noch vermisst", in: *Die Welt*, 19. Dezember 1957.

[193] "Unerfreulicher Auftakt für Heuss. Die Italiener stellen erstaunliche Forderungen", in: *Die Zeit*, 21. November 1957

[194] Aufzeichnung Janz vom 13. Juli 1959 in AA B 95 Nr. 651.

[195] Telegramm v. Tannsteins an AA vom 22. Mai 1959 in AA B 95 Nr. 651.

[196] Schreiben Sattler an Archi vom 20. September 1965 in CIR D.G.R.C. SIVIERO STAMPA; vgl. auch die Ausführungen des italienischen Botschafters in Bad Godesberg in seinem Schreiben an Archi vom 14. Oktober 1965 in CIR D.G.R.C. SIVIERO STAMPA, wo auf die "(...) insistenza tedesca a non voler più collaborare con Siviero" hingewiesen wurde, welche aus einem "risentimento maturato in anni di discussioni che non sempre sono state serene (...)" entstanden seien.

deutschen Delegationsmitgliedern aufgefallen ist; es ist auch bekannt im italienischen Ministerium des Äusseren. Die Gegensätze zwischen dem Gesandten Siviero und dem Generaldirektor der Kulturabteilung sind seit Jahren der deutschen Delegation bekannt und haben nicht dazu beigetragen, die Verhandlungen zu erleichtern. Im italienischen Delegationsleiter ist die Fähigkeit ausgebildet, im Nachsatz zu widerrufen, was er im Vorsatz verspricht. (...) Hätte es die deutsche Delegation mit einem geschulten und konsequenten Gesprächspartner zu tun, so wären viele Missverständnisse vermieden und der Verhandlungsgang elastischer geworden. So blieb es für die deutsche Seite, wie in den rückliegenden Verhandlungen, bei einer nicht geringen Anspannung, um Gedankensprünge des italienischen Delegationsleiters abzufangen oder ins Leere zu leiten. Dass mit dieser Haltung der italienische Delegationsleiter an Glaubwürdigkeit verliert, sei nur deshalb erwähnt, um bedenkliche Verhandlungsmethoden zu charakterisieren, die zum Bruch der Verhandlungen geführt hätten, wenn sie nicht abgefangen oder als gegenstandslos behandelt worden wären. Trotzdem glaube ich ohne Übertreibung sagen zu können, dass im ganzen genommen das Verhandlungsklima freundlich war, wobei beiden Seiten zugute kam, dass die geschichtlich rückliegende Leistung des italienischen Volkes für den Aufbau der abendländischen Kultur laufend angeklungen hat. (...) Um noch einmal die Schwierigkeiten zu unterstreichen, denen die deutsche Delegation gegenüberstand, darf ich die Stellung des italienischen Delegationsleiters in seinem dienstlichen und ausserdienstlichen Gesamtrahmen unterstreichen. Gesandter Siviero ist ein sehr bekannter Partisanenführer aus dem zweiten Weltkrieg, hinter dem die Partisanenverbände stehen. Diese Verbände werden von der jeweiligen italienischen Regierung mit Scheu und Zurückhaltung behandelt. Sie bilden – auf ihren Kundgebungen sichtbar – einen Staat im Staat und zugleich eine Gefahr für die Regierung. Die Versammlung, die vor einigen Monaten auf Lenkung des Gesandten Siviero in Florenz in aufgeregten Formulierungen die Rückgabe von Bildern an Italien forderte, war eine der Regierung sehr unangenehme Demonstration, an der nahezu 3.000 Mitglieder der Partisanenverbände teilgenommen haben. Sie ist zu verstehen aus dem Bemühen des Gesandten Siviero, seine Regierung dahin zu bringen, dass sie sein Angestelltenverhältnis in eine Beamtenstelle umwandelt. Herr Siviero wird jeweils zwei Jahre verlängert, die Verlängerung spricht das Parlament aus. Es war in rückliegender Zeit, wie auch dieses Jahr, zu erleben, dass kurz vor dem Ablauf der 2-Jahresfrist in der Presse und in Versammlungen mit höchster Lautstärke auf die Restitutionen von Kunstgut nach Italien abgehoben wird, die "infolge der Lässigkeit und des Zögerns der Bundesregierung" zu keinem Ergebnis führen. In den Kreisen des italienischen Aussenministeriums ist Herr Siviero eine gefürchtete Persönlichkeit, der in rhythmischen Abständen Konzessionen gemacht werden. Es ist ein offenes Geheimnis, dass er geheimes Material gegen amtierende Politiker hat, das er in der Zeit des Faschismus an sich gebracht hat. Er kann als ein parapsychologisches Unikum angesehen werden, der nur mit zuverlässigen Freunden oder schärfsten Gegnern rechnet. Niemand wagt, ihm in Italien sachlich zu begegnen. Das war unter dem Minister des Auswärtigen Martino ebenso der Fall, wie unter dem derzeitigen Minister Pella. Seine Abberufung als Delegationsleiter zu betreiben, konnte nicht Aufgabe der deutschen Seite sein, wenngleich Botschafter Quaroni der Meinung ist, wir hätten es in der Hand, auf die Abberufung Sivieros bei seiner Regierung zu drängen. So habe ich es für richtig gehalten, mit einer elastischen Haltung und mit elastischer Lenkung der Verhandlungen die Atmosphäre und das Klima zu halten und Verstimmung und Abbruch der Verhandlungen zu vermeiden."[197]

---

[197] Aufzeichnung Janz in FN 194.

IV. Bedeutung Sivieros für die Rückschaffung von Kulturgut nach Italien

Die Anstrengungen Italiens, um nach dem Krieg wieder in den Besitz der nach Deutschland geschafften Kulturgüter zu gelangen, sind von der Person Sivieros geprägt. Siviero versuchte ab 1943, die Verbringung von Kulturgut nach Deutschland zu verhindern und leitete, mit unterschiedlichem Erfolg, von 1945 an bis zu seinem Tod 1983 die Restitutionsbemühungen Italiens für Kulturgüter, die vor und während dem Krieg das Land verlassen hatten. Die Beschreibungen von der Person Sivieros variieren stark je nach der Herkunft der Quelle.[198] In Italien geniesst Siviero bis zum heutigen Tag den legendären Ruf eines "007 a regola d'arte".[199] Diesen Ruf verdankt er seiner überaus erfolgreichen Tätigkeit als Restitutionsbeauftragter. Dank seiner Unnachgiebigkeit in den Verhandlungen mit den amerikanischen und deutschen Fachgremien nach dem Krieg einerseits und teilweiser bewusster Manipulation der öffentlichen Meinung in Italien durch einseitige Informationen der Medien anderseits gelang es ihm, unter Ausklammerung jeglicher juristischer Fragestellungen die Restitution einer Vielzahl von Kunstwerken nach Italien zu erreichen. Dabei spielten ihm zunächst strategische Überlegungen der Amerikaner und später der Wunsch Adenauers auf Ausgleich mit Italien in die Hände (vgl. nachfolgend, § 8 und 9). Sein ausgeprägtes Gespür für die herrschenden Machtverhältnisse in Italien und die Ausnutzung von politischen Seilschaften erlaubten es ihm, sich innerhalb der staatlichen Verwaltung eine Position zu schaffen, die ihm eine gewisse Unabhängigkeit garantierte. Dass ein derart schillernder und kontroverser Charakter niemanden unbeteiligt liess, versteht sich von selbst. So musste sich Siviero während seiner ganzen Tätigkeit gegen viele Gegner und Neider innerhalb der staatlichen Verwaltung wehren, die vor allem aus der *Direzione Generale delle Antichità e Belle Arti* des Erziehungsministeriums, aber auch aus dem Aussenministerium stammten. Siviero focht einen dauernden Kampf für die Weiterführung seiner Tätigkeit und die Finanzierung seiner Dienststelle, auch nachdem die Amerikaner in den späten vierziger Jahren und die bundesdeutsche Regierung in den fünfziger Jahren den überwiegenden Teil der italienischen Kulturgüter zurückgegeben hatten. So war Siviero während seiner gesamten Tätigkeit darauf angewiesen, die jeweilige Regierung von der Notwendigkeit seiner Tätigkeit zu überzeugen. Dies erreichte er einerseits durch seine guten Kontakte zu ehemaligen Partisanenverbänden und später der politischen Linken Italiens[200] und anderseits durch

---

[198] Vgl. Nicholas, S. 272: "(...) mysterious member of the Italian Resistance (...)" und S. 436: "(...) the colorful and mysterious self-appointed savior of the Italian patrimony".

[199] "Rodolfo Siviero combatté la razzia nazista dei nostri capolavori e ne riportò in Italia oltre 3000", in: *La Stampa*, 1. Dezember 2001, Inserto "Tutto Libri", S. 2; vgl. auch "Cinque Macchiaioli nel mercato della guerra", in: *La Repubblica*, 21. Februar 1998.

[200] Schreiben der Botschaft der Bundesrepublik Deutschland in Rom an das AA vom 2. Dezember 1964 in AA B 95 Nr. 1111.

eigene Publikationen,[201] bei welchen sich allerdings der Wahrheitsgehalt teilweise nicht eruieren lässt und die bisweilen mehr der Legendenbildung dienten als der wissenschaftlichen Aufarbeitung der eigenen Tätigkeit.[202] Vor diesem Hintergrund erklärt sich auch teilweise die Schwierigkeit, verlässliche und insbesondere neutrale Beschreibungen der Person und der Tätigkeiten Sivieros in den dreissiger Jahren und während der Kriegszeit zu erhalten.

Die Finanzierung der italienischen Restitutionsbemühungen wurde nie definitiv geregelt und Siviero wurde nie in die Beamtenschaft integriert, und so ist davon auszugehen, dass er seine Tätigkeit auch deshalb noch mit 72 Jahren ausübte, weil er keine Aussicht auf Rentenleistungen hatte. Er verbrauchte das ihm zukommende elterliche Erbe, um seine Arbeit fortführen zu können und wurde zeitlebens von Freunden, insbesondere auch aus der Schweiz, finanziell unterstützt.[203]

C. Rechtsetzung Italiens im Zusammenhang mit der Restitution von Kulturgütern

I. Rechtsetzung betreffend die Organisation des Ufficio Recuperi

1. Decreto lougotenenziale 12 aprile 1946, n. 385

Mit dem *decreto luogotenenziale 12 aprile 1946, n. 385*,[204] wurde das *Ufficio per il recupero delle opere d'arte*, welches dem Erziehungsministerium unterstand, eingerichtet (Art. 1). Die Aufgaben des Büros, welches mit den zuständigen alliierten Behörden zusammenarbeiten sollte, bestanden in der Identifizierung und Wiederbeschaffung von Kunstwerken und bibliographischem Material, das von den feindlichen Truppen abtransportiert oder widerrechtlich dem kulturellen und bibliographischen Erbe der Nation entzogen worden war. Die restituierten Kulturgüter sollten der zuständigen Behörde beim Erziehungsministerium übergeben werden (Art. 1 Abs. 1). Eine weitere Aufgabe des Büros bestand darin, die-

---

201 Nach dem Krieg publizierte Siviero den Katalog zur Ausstellung von 1950 der restituierten Kunstwerke, *Second National Exhibition of the Works of Art Recovered in Germany*, Florence: Sansoni, 1950, einen Reisbericht über die Sowjetunion, *Viaggio nella Russia di Krusciov*, Firenze: Sansoni, 1960, eine Gedenkschrift für den Partisanen Bècchi, *La Difesa delle Opere d'Arte*, Firenze: Accademia delle Arti di Disegno, 1976. Nach seinem Tod erschien seine Darstellung der eigenen Tätigkeit in den Jahren 1943–63: *L'Arte e il Nazismo*, Firenze: Cantini, 1984. Weitere Publikationen erwähnt in *L'Arte e il Nazismo*, S. 210.

202 "The lavish catalogue repeats all Siviero's mythic themes, which, as was his custom, are embellished by a number of amusing variations." Nicholas, S. 440.

203 Sivieros ehemalige Verlobte in FN 108.

204 G. U. n. 126 del 1 giugno 1946.

jenigen Kunstwerke und Materialien, die durch den Krieg widerrechtlich auf italienisches Territorium gelangt waren, in Zusammenarbeit mit den zuständigen alliierten Behörden an die rechtmässigen Eigentümer zurückzugeben (Art. 1 Abs. 2). Gemäss Art. 6 sollte das Büro aufgehoben werden, sobald die ihm zugeteilten Aufgaben erfüllt waren, jedenfalls aber innert drei Monaten nach Inkrafttreten eines Friedensvertrages mit Italien.

2. Decreto legislativo 16 aprile 1948, n. 609

Dieses Gesetzesdekret[205] änderte mit seinem Art. 1 die Bestimmung des Art. 1 des *decreto luogotenenziale 12 aprile 1946, n. 385*, in zwei Bereichen ab. Zunächst wurde die Kompetenz des *Ufficio* erweitert, indem zu den Aufgaben nun auch die Rückführung von "materiale scientifico e didattico" gehörte. Der bisherige Abs. 2 von Art. 1, die Organisation der Rückgabe von auf italienisches Territorium gelangtem Kunstgut, wurde ersatzlos gestrichen. Mit dem Art. 2 wurde die Dauer der Einrichtung des Büros bis ein Jahr nach dem Inkrafttreten des Friedensvertrages verlängert.

3. Legge 26 febbraio 1949, n. 82

Dieses Gesetz[206] prorogierte die Tätigkeit des *Ufficio* bis zum 31. Dezember 1950 (Art. 1). Art. 2 hielt fest, dass die Entlöhnung des Leiters des Büros derjenigen eines Staatsbeamten im 4. Grad, mithin eines *Direttore Generale*, zu entsprechen habe. Art. 3 Abs. 1 des Gesetzes schliesslich verwies auf die *legge 1. giugno 1939, n. 609*, als gesetzliche Grundlage für die Tätigkeit des Büros.

4. Legge 11 aprile 1953, n. 323

Das Gesetz[207], welches rückwirkend auf den 1. Januar 1951 in Kraft gesetzt wurde (Art. 2 Abs. 1), sah eine Weiterführung der Tätigkeit des Büros bis Ende Dezember 1954 vor.

5. Decreti del Ministro degli Affari Esteri

Nach dem Wechsel des *Ufficio* in die Zuständigkeit des Aussenministeriums wurde dessen Tätigkeit durch Ministerialdekrete des Aussenministers, teilweise in Zusammenarbeit mit dem Finanzminister, geregelt. Die Ministerialdekrete beschrieben die organisatorische Zusammensetzung des *Ufficio* sowie dessen Tätigkeitsbereich. Mit *decreto del 27 maggio 1953*[208] wurde das *Ufficio* in "Dele-

---

[205] G. U. n. 131 del 8 giugno 1948.

[206] G. U. n. 69 del 25 marzo 1949.

[207] G. U. n. 107 del 11 maggio 1953

[208] Registrato alla Corte dei Conti il 1° luglio 1953.

gazione per le restituzioni all'Italia del materiale culturale ed artistico sottratto al patrimonio nazionale" umbenannt und Siviero, nun "con rango e titolo di Ministro Plenipotenziario", zu dessen Leiter ernannt (Art. 1). Gemäss Art. 2 bestanden die Aufgaben der *Delegazione* neu auch im Sicherstellen des Schutzes des kulturellen Erbes Italiens im Ausland. Mit *decreto del 22 agosto 1956*[209] und *decreto del 1 luglio 1957*[210] wurden jeweils die Mitarbeiter der *Delegazione*, immer unter Leitung Sivieros, bestimmt. Aus den sechziger und siebziger Jahren liessen sich keine Ministerialdekrete finden, welche über die Tätigkeit der *Delegazione* entschieden, so dass davon auszugehen ist, dass die Finanzierung über den allgemeinen Etat des Aussenministeriums erfolgte.

II. Rechtsetzung betreffend die restituierten Kulturgüter

1. Decreto legislativo 24 aprile 1948, n. 896

Dieses Dekret[211] regelte den Wiederimport der nach dem 25. Juli 1943 von den deutschen Behörden aus Italien entfernten Kulturgüter und die Rückgabe an die ehemaligen Eigentümer. Detailliert wurde ausgeführt, wie der Rückgabeantrag zu stellen war (Art. 7), wer darüber entscheiden sollte (Art. 8ff.) und was mit Kulturgütern geschehen sollte, deren Rückgabe von niemandem verlangt wurde (Art. 4).

2. Legge 14 gennaio 1950, n. 77

Kulturgüter, welche in der Zeit zwischen dem 1. Januar 1936 und dem 8. Mai 1945 unter irgendwelchem Rechtstitel in das Eigentum der deutschen Regierung oder an Persönlichkeiten der nationalsozialistischen Partei oder an deutsche Bürger gelangt waren, wurden gemäss diesem Gesetz[212] dem italienischen Staat zugeschlagen. Dieser hatte sie in öffentlichen Museen oder Bibliotheken zu verwahren (Art. 1). Eine Vindikationsklage oder eine Schadenersatzklage von den früheren Eigentümern, welche unter irgendeinem Titel Kulturgüter an Deutsche verkauft hatten, wurde durch den Art. 2 des Gesetzes ausgeschlossen. Mit diesem Gesetz wurde einer Forderung der Alliierten entsprochen, welche eine Restitution von in Deutschland aufgefundenen Kulturgütern unter anderem davon abhängig machten, dass diese nicht an die ursprünglichen Eigentümer, die sie ja an die Deutschen verkauft hatten, zurückgingen.

---

[209] Registrato alla Corte dei Conti il 10. novembre 1956.

[210] Registrato alla Corte dei Conti il 23. aprile 1959.

[211] G. U. n. 162 del 15 luglio 1948.

[212] G. U. del 20 marzo 1950, n. 66.

2. Kapitel: Rechtsetzung der Alliierten zur Kulturgüterrestitution

§ 4: Rechtsetzung der Alliierten im Bereich der Restitution im Zusammenhang mit dem 2. Weltkrieg

A. Vorbestehende Regelung der Haager Landkriegsordnung

I. Abkommen der ersten Haager Friedenskonferenz von 1899

Auf Initiative von Zar Nikolaus II. von Russland versammelten sich am 18. Mai 1899 die Vertreter von 26 Regierungen in Den Haag.[213] Anlässlich dieser Friedenskonferenz wurden drei Konventionen, drei Deklarationen und eine Resolution aus verschiedenen Sachgebieten des Kriegsrechts ausgearbeitet.[214] Die Konvention, die wichtige Regelungen im Bereich des Kulturgüterschutzes enthält, ist das Abkommen II "betreffend die Gesetze und Gebräuche des Landkriegs vom 29. Juli 1899,"[215] ergänzt durch das "Reglement betreffend die Gesetze und Gebräuche des Landkriegs."[216]

II. Abkommen der zweiten Haager Friedenskonferenz von 1907

Auf Betreiben der Vereinigten Staaten fand 1907 die zweite Haager Friedenskonferenz statt, an welcher 44 Staaten teilnahmen. Zwischen dem 15. Juni und 18. Oktober 1907 wurden die drei Konventionen von 1899 revidiert und das Vertragswerk um weitere zehn Konventionen ergänzt.[217] Die entscheidenden Bestimmungen im Bereich des Kulturgüterschutzes befinden sich im Abkommen IV "betreffend die Gesetze und Gebräuche des Landkriegs" mit der Anlage "Abkommen betreffend die Gesetze und Gebräuche des Landkriegs."[218] Beide

---

213 Es fehlten lediglich Andorra, Liechtenstein, Monaco, San Marino, Abessinien, Afghanistan, Costa Rica, Honduras, der Kongo, Korea, Liberia und Marokko, vgl. Engstler, S. 205 FN 657 m.w.H.

214 Vgl. die Englische Übersetzung des Schlussprotokolls bei Schindler/Toman, S. 50ff.

215 SR 0.515.111.

216 Haager Landkriegsordnung (HLKO 1899).

217 Vgl. die Englische Übersetzung des Schlussprotokolls in Schindler/Toman, S. 53ff.

218 SR 0.515.112.

Haager Abkommen bestehen aus einem Grundvertrag und – als Anlage – der eigentlichen Haager Landkriegsordnung (HLKO).

III. Schutz von Kulturgütern in der Haager Landkriegsordnung

Nachdem sich die Regelungen im Bereich des Kulturgüterschutzes in beiden Haager Abkommen von 1899 und 1907 entsprechen, wird nachfolgend lediglich auf das letztere eingegangen.

Im Abkommen wird für den Bereich des Privateigentums die Abkehr vom allgemeinen Beute- und Plünderungsrecht kodifiziert. So wird untersagt, Städte oder Ansiedlungen, selbst wenn sie im Sturm genommen sind, der Plünderung preiszugeben.[219] Das gleiche gilt für besetzte feindliche Gebiete, indem Privateigentum geachtet werden soll, nicht eingezogen werden darf und Plünderungen ausdrücklich untersagt sind.[220] Im Bereich des Kulturgüterschutzes bestehen eigene Vorschriften. So bestimmt Art. 27 HLKO, dass bei Belagerungen und Beschiessungen alle erforderlichen Vorkehrungen getroffen werden sollen, um die dem Gottesdienst, der Kunst, der Wissenschaft und der Wohltätigkeit gewidmeten Gebäude sowie die geschichtlichen Denkmäler soweit als möglich zu schonen. Durch den Schutz der Kunst gewidmeter Gebäude werden auch die darin befindlichen Kunstwerke geschützt. Schliesslich sieht Art. 56 HLKO vor, dass das Eigentum von der Kunst und der Wissenschaft gewidmeter Anstalten, auch wenn sie dem Staat gehören, als Privateigentum zu behandeln ist (Abs. 1). Gemäss Abs. 2 der genannten Bestimmung ist jede Beschlagnahme, jede absichtliche Zerstörung oder Beschädigung von derartigen Anlagen, von geschichtlichen Denkmälern oder von Werken der Kunst und Wissenschaft untersagt und soll geahndet werden. Diejenigen Gegenstände, die vom Besatzungsheer beschlagnahmt werden dürfen, sind in Art. 53 Abs. 1 aufgeführt. Dabei handelt es sich um Bargeld und Wertbestände des Staates, die ihm zustehenden eintreibbaren Forderungen, die Waffenniederlagen, Beförderungsmittel, Vorratshäuser und Lebensmittelvorräte sowie überhaupt alles bewegliche Eigentum des Staates, das geeignet ist, den Kriegsunternehmungen zu dienen. Kulturgüter sind demgemäss vom Beschlagnahmerecht ausgenommen.

---

[219] Art. 28 HLKO.

[220] Art. 46f. HLKO.

B. Rechtsetzung bezüglich der Restitution im Allgemeinen während des Krieges

I. Londoner Erklärung vom 5. Januar 1943

Die Kulturgüter wurden auf internationaler Ebene bei Ausbruch des 2. Weltkriegs nur durch das IV. Haager Abkommen und die Haager Landkriegsordnung (HLKO) geschützt (vgl. oben, A). Aufgrund der Vorgehensweise der Nationalsozialisten im besetzten Europa zeigte sich jedoch bald, dass diese Bestimmungen nicht genügten, um Kulturgut während einer andauernden militärischen Besetzung effektiv zu schützen und eine spätere Restitution sicherzustellen. Aus diesem Grund erliessen die Alliierten am 5. Januar 1943 in London eine "Inter-Allied Declaration", gemäss welcher komplementär zur HLKO die dort nicht vorgesehenen, indirekten und verschleierten Wegnahmen von Kulturgütern unterbunden werden sollten:[221]

> "Inter-Allied Declaration Against Acts of Dispossession Committed in Territories Under Enemy Occupation or Control
>
> January 5, 1943
>
> Declaration
> The Union of South Africa, the United States of America, Australia, Belgium, Canada, China, the Czechoslovak Republic, the United Kingdom of Great Britain and Northern Ireland, the Union of Soviet Socialist Republics, Greece, India, Luxembourg, the Netherlands, New Zealand, Norway, Poland, Yugoslavia, and the French National Committee;
>
> Hereby issue a formal warning in all concerned, and in particular to persons in neutral countries, that they intend to do their utmost to defeat the methods of dispossession practiced by the governments with which they are at war against the countries and peoples who have been so wantonly assaulted and despoiled.
>
> Accordingly, the governments making this declaration and the French National Committee reserve all their rights to declare invalid any transfers of, or dealings with, property, rights and interests of any description whatsoever which are, or have been, situated in the territories which have come under the occupation or control, direct or indirect, of the governments with which they are at war or which belong or have belonged to persons, including juridical persons, resident in such territories. This warning applies whether such transfers or dealings have taken the form of open looting or plunder, or of transactions apparently legal in form, even when they purport to be voluntarily effected.
>
> The governments making this declaration and the French National Committee solemnly record their solidarity in this matter.
>
> London, January 5th, 1943"[222]

---

[221] Zur Entstehungsgeschichte der Londoner Erklärung und insbesondere zur anfänglichen Zurückhaltung der Regierung der Vereinigten Staaten gegenüber einer Regelung der Materie: Kurtz, S. 50ff.

[222] Englischer Originaltext und deutsche Übersetzung abgedruckt bei v. Schmoller/Maier/Tobler § 52 S. 5f. und Fiedler, Erklärung, S. 98f.

1. Inhaltliche Bedeutung der Erklärung

a. Ziel: Warnung

Der Grundgedanke hinter der Londoner Erklärung war eine ausdrückliche Warnung an sämtliche in Frage kommenden Personen und insbesondere an die Bewohner neutraler Staaten,[223] dass die Alliierten alles daran setzen würden, die Methoden der Besitzentziehung, wie sie von Deutschland und seinen Verbündeten praktiziert wurden, zu vereiteln. Die Erklärung war auch auf Rechtsgeschäfte, an denen die deutsche Besatzungsmacht nicht als Vertragspartei teilnahm, gerichtet sowie auf solche, die in der Form scheinbar gesetzmässiger Geschäfte vorgenommen wurden.[224] Durch die Warnung sollte der Eigentumserwerb durch guten Glauben ausgeschlossen werden. Charakteristisch für die Erklärung war die Tatsache, dass die Nichtigkeit der genannten Geschäfte nicht direkt ausgesprochen wurde. Die Signatarstaaten sprachen vielmehr einen Vorbehalt der Nichtigerklärung für einen späteren Zeitpunkt aus.

b. Unklarheit bezüglich der angedrohten Sanktionen

Nach dem Ende des 2. Weltkriegs stellte sich in Deutschland die Frage nach der inhaltlichen Bedeutung der Erklärung. Insbesondere war unklar, ob die Ankündigung, Eigentumsübertragungen für nichtig zu erklären, generelle Geltung haben sollte oder lediglich auf Rechtsgeschäfte, bei welchen behauptet wurde, sie seien ohne Zwang abgeschlossen worden, beschränkt war. In der Literatur wurde allgemein davon ausgegangen, dass sich die Warnung lediglich auf Eigentumsübertragungen beziehen sollte, welche entweder illegal oder als direkte Folge von militärischem Druck oder Zwang erfolgt waren.[225] Diskutiert wurde auch das Verhältnis von Absatz 2 der Erklärung ("die Enteignungsmethoden zu vereiteln") und Absatz 3 ("infolgedessen (...) jede Übertragung und Veräusserung von Eigentum (...) für nichtig zu erklären").[226] Dabei ist davon auszugehen, dass es sich beim Absatz 3 um einen Vorbehalt handelt, mit welchem auch diejenigen Enteignungshandlungen erfasst werden sollten, welche durch ein scheinbar legales Geschäft getarnt wurden.[227]

Die Auslegung des Begriffes der *methods of dispossessions* in der Londoner Erklärung ist ebenfalls unklar. In der Literatur[228] wird dafür auf die diesbezügliche

---

[223] Ursprünglich war geplant, die Warnung gegenüber den *Regierungen* neutraler Länder auszusprechen: Kurtz, S. 57.

[224] Grell, S. 91, Kaufmann, S. 21.

[225] Woolsey, S. 283.

[226] Vgl. dazu Fiedler, Erklärung, S. 202.

[227] Hans Weber, S. 37.

[228] Fiedler, Erklärung, S. 204 m.w.N.

Vorbildfunktion des Art. 75 des Italienischen Friedensvertrages verwiesen, gemäss welchem Italien die Prinzipien der Londoner Erklärung akzeptierte und sich als Folge davon verpflichtete, Eigentum, welches unter Zwang und Nötigung entzogen worden war, zurückzugeben.[229]

2. Rechtsnatur der Londoner Erklärung

a. Deklaratorische Bedeutung

Die rechtliche Bedeutung der Londoner Erklärung ist umstritten.[230] Dies zunächst aufgrund der Tatsache, dass es sich die Signatarstaaten lediglich vorbehielten, die Übertragung von Eigentum zu einem späteren Zeitpunkt für nichtig zu erklären ("reserve all their rights to declare invalid"), eine Nichtigkeit indessen nicht direkt aussprachen. Aus diesem Grund geht die Mehrzahl der Autoren davon aus, dass die Erklärung lediglich deklaratorischen Charakter hatte und im bestehenden Völkergewohnheitsrecht nicht verankert war.[231] Überdies enthielt die Erklärung noch keine völkerrechtliche Verpflichtung Deutschlands zur Restitution, sondern bedeutete lediglich die Vorankündigung späterer Forderungen auf Restitution.[232] Immerhin stand es auch den Signatarstaaten völkerrechtlich nicht zu, mit einer einseitigen Erklärung Einfluss auf das innerstaatliche Zivilrecht sowohl der Signatar- als auch von Drittstaaten zu nehmen.[233] Selbst wenn die Londoner Erklärung nicht dazu geeignet war, Geschäfte völkerrechtlich unwirksam zu erklären, so hatte sie dennoch Konsequenzen für die Signatarstaaten. Für diese bestand nämlich die Möglichkeit, innerhalb ihres Territoriums im Bereich der zweifelhaften Geschäfte, die von der Londoner Erklärung erfasst werden sollen, zu legiferieren. Von der deklaratorischen Bedeutung ging auch der Brüsseler Tribunal Civil aus, welcher die Londoner Erklärung nicht als Ausdruck einer allgemeinen völkerrechtlichen Regel bezeichnete, sondern als multilateralen Vertrag, der nur die Parteien bindet.[234]

---

[229] Art. 75, 1. "Italy accepts the principles of the United Nations Declaration of January 5, 1943, and shall return in the shortest possible time, property removed from the territory of any of the United Nations. 2. The obligation to make restitution applies to all identifiable property at present in Italy which was removed by force or duress by any of the Axis Powers (...)". Abgedruckt in: Supplement to The American Journal of International Law, Volume 42, Official Documents, New York und London 1948, S. 47ff.

[230] Siehe dazu Mràz, S. 222 N. 48 m.w.N.

[231] Engstler, S. 139, Kaufmann, S. 21, Mràz, S. 222f. m.w.N.; v. Schmoller/Maier/Tobler, § 52 S. 6f., siehe auch Clay, S. 306 und Kurtz, S. 58.

[232] Engstler, S. 140; v. Schmoller/Maier/Tobler, § 52 S. 6.

[233] Fiedler, Erklärung, S. 205, m.w.N.

[234] Urteil in Sachen De Rothschild v. Teuscher et al. in ILR 1953, S. 658; vgl. auch Fiedler, Erklärung, S. 207: "Setzt somit die Londoner Erklärung kein Völkerrecht und ist insofern nur deklaratorischer Natur, so geht ihre rechtliche Bedeutung doch so weit, wie sie Völkerrecht *enthält*."

b. Postliminium

Eine Minderheit der Autoren vertrat die Ansicht, die Londoner Erklärung sei völkerrechtlich bindender Ausdruck des römischrechtlichen Prinzips des Postliminiums. Nach römischem Recht verlor ein Bürger, wenn er in Kriegsgefangenschaft gelangte, seine Eigenschaft als *cives Romanus*, erlangte sie aber nach seiner Rückkehr *ipse iure* – beim Überschreiten der Schwelle – wieder und erhielt sein zwischenzeitlich verlorengegangenes Eigentum zurück.[235] Im Völkerrecht wurde in Anlehnung an das römischrechtliche Institut das Postliminium entwickelt, wonach nach Beendigung kriegerischer Besetzung, sofern keine Annexion folgte, der Rechtszustand, wie er vor der Besetzung bestanden hatte, wieder eintritt. Unter Hinweis auf das Postliminum wurde im Schiedsentscheid "Avis arbitral de Bruxelles relatif à l'or de la Banque Nationale d'Albanie"[236] davon ausgegangen, dass die Londoner Erklärung direkt anwendbar sei.[237]

c. Ergebnis

Mit der Mehrzahl der Autoren ist davon auszugehen, dass die Londoner Erklärung lediglich deklaratorische Bedeutung hatte. Neben der Tatsache, dass der Text der Erklärung aus sich selbst verständlich ist und eine lediglich deklaratorische Aussage nahe legt, bleiben die rechtliche Bedeutung und Wirkung eines völkerrechtlichen Postliminiums unklar und lassen sich auch aus der Literatur nicht erkennen.[238] Überdies sind die Fragen des Rechtszustandes nach Beendigung einer Besetzung derart komplex, dass sie sich ohnehin nicht mit einer pauschalen Formel wie dem Postliminium lösen lassen. Daher regeln heute Friedensverträge die Folgen kriegerischer Besetzung und verdrängen in ihrem Regelungsbereich das Postliminium,[239] und selbst für den Fall, dass (noch) keine solchen Verträge geschlossen worden sind, verlieren Besatzungsakte nicht automatisch ihre Wirksamkeit. Zu Recht schliesslich wird die Wirkung des Post-

---

[235] Turner, Zuordnung S. 39 FN 76.

[236] Abgedruckt in: Schweizerisches Jahrbuch für internationales Recht X (1953) S. 11ff.

[237] Sauser-Hall, S. 43: "(Une) lente évolution du droit des gens s'est accentuée dans la doctrine moderne et dans la pratique siuvie par les Etats depuis la Deuxième Guerre Mondiale. Elle s'appuie sur la notion romaine du postliminium dont ella a étendu la signification, en lui donnant le sens d'une invalidation de tous les actes contraires au droit des gens, accomplis par un occupant de guerre, et d'un rétablissement à la fin de l'occupation, dans leur état antérieur et sans paiement compensatoire de tous les rapports juridiques illégitimement modifiés par un occupant de guerre, (...). Cette idée, reprise avec une grande énergie par les Puissances Alliées pendant la Deuxième Guerre Mondiale, est à la base de la Déclaration de Londres du 5 janvier 1943, (...). C'est une manifestation de la conscience juridique du monde moderne; (...)."

[238] Immerhin wurde im römischen Recht das Postliminium bei beweglichen Sachen nicht anerkannt, Turner, Zuordnung, S. 41 m.w.N.

[239] Turner, a.a.O., S. 31.

liminiums von einigen Autoren als auf den innerstaatlichen Rechtsbereich beschränkt angesehen.[240]

Als Konsequenz der deklaratorischen Londoner Erklärung sahen die Signatarstaaten eigene Rechtsetzungsakte vor, in welchen die Nichtigkeit ausgesprochen werden sollte.[241] Vor diesem Hintergrund bleibt für das Postliminum, welches ohnehin nur noch völkerrechtsgeschichtliche Bedeutung hat,[242] kein Raum.

II. Erklärung von Bretton Woods vom 22. Juli 1944

Anlässlich der Währungs- und Finanzkonferenz der Vereinten Nationen von Bretton Woods vom 11. bis 22. Juli 1944 traten die Vertreter von 44 Nationen zusammen, um einen Wirtschafts- und Finanzplan zur Überwindung der Schwierigkeiten, unter denen die Weltwirtschaft in der Zeit zwischen den Weltkriegen gelitten hatte, zu erarbeiten. Einer der Beschlüsse der Konferenz befasste sich überdies damit, dass die Vereinten Nationen Massnahmen ergreifen sollten, um die neutralen Staaten zur Erstattung der bei ihnen befindlichen, von den Achsenmächten verschleppten Werte zu veranlassen.[243] Es erging eine erneute Warnung an die neutralen Staaten[244] sowie die ausdrückliche Ankündigung einer späteren Restitutionspflicht.[245] Wie die Londoner Erklärung hatte auch diejenige von Bretton Woods lediglich deklaratorische Bedeutung und war durch nachfolgende Gesetzgebungsakte in unmittelbar geltendes Recht umzuformen.[246]

C. Rechtsetzung bezüglich der Restitution im Allgemeinen während der Besatzungszeit

I. Einleitung

Nach dem Selbstmord Hitlers (30. April 1945), der Kapitulation seines Nachfolgers Dönitz (7. und 8. Mai 1945 in Reims und Berlin-Karlshorst) und der Besetzung Deutschlands durch die alliierten Armeen brach das nationalsozialistische Regime zusammen. Bereits anlässlich der Gipfelkonferenz in Jalta vom 4.–11. Februar 1945 hatten sich Stalin, Roosevelt und Churchill über die Grundzüge der Besatzungspolitik, unter anderem die Einteilung Deutschlands in vier

---

[240] Turner, a. a. O., S. 39 N. 77 m.w.N.

[241] Die Alliierten jedenfalls erliessen keine derartige Erklärung, Fiedler, Erklärung, S. 205.

[242] V. Münch, S. 785f.

[243] Cornides, S. 69, 73.

[244] Weiss, S. 265.

[245] US Department of State Bulletin, Vol. IX, No. 276, S. 384, zit. nach Engstler, S. 140.

[246] V. Schmoller/Maier/Tobler, § 52 S. 6f.

Besatzungszonen mit gemeinsamem Kontrollrat unter Beteiligung Frankreichs, geeinigt. Mit der "Berliner Viermächteerklärung" vom 5. Juni 1945 übernahmen die militärischen Oberbefehlshaber der vier Siegermächte die oberste Regierungsgewalt in Deutschland, und die Siegermächte besetzten je eine der ihnen vertraglich zugesprochenen Besatzungszonen und einen der vier Sektoren Berlins.[247]

1. Organisation der Besatzungsverwaltung

Nach der ursprünglichen Konzeption sollten die vier Oberbefehlshaber diejenigen Angelegenheiten, die das gesamte Deutschland betrafen, in dem von ihnen gemeinsam gebildeten Kontrollrat regeln, dessen Beschlüsse einstimmig zu treffen waren.[248] Die Spannungen unter den Besatzungsmächten führten jedoch dazu, dass die Bedeutung des Kontrollrates nach Kriegsende abnahm. Seit dem Frühjahr 1948 war der Kontrollrat als Gesetzgebungsorgan praktisch inexistent. Das Schwergewicht der Besatzungsverwaltung lag somit bei den einzelnen Zonenbefehlshabern, denen die Militärregierungen der Länder unterstellt waren.

2. Bedeutung der deutschen Verwaltung

Die deutsche Verwaltung blieb beim Vollzug der Verwaltungsakte der Besatzungsmächte miteinbezogen, wobei sich der Umfang des Einbezugs im Verlauf der Besetzung wandelte. So lag in der ersten Phase der Besetzung, die lediglich wenige Monate dauerte, die staatliche Herrschaft vollumfänglich in den Händen der Regierungen der vier Besatzungsmächte, und die deutschen Verwaltungsstellen waren nur ausführende Organe. Schrittweise erhielten die deutschen Stellen danach mehr Befugnisse zuerkannt, so dass das Besatzungsregime einem steten Wandel unterstand.[249]

---

247 "Erklärung in Anbetracht der Niederlage Deutschlands und der Übernahme der obersten Regierungsgewalt hinsichtlich Deutschlands durch die Regierungen des Vereinigten Königreichs, der Vereinigten Staaten von Amerika und der Union der Sozialistischen Sowjet-Republiken und durch die Provisorische Regierung der Französischen Republik", Amtsblatt des Kontrollrats, Ergänzungsblatt Nr. 1 S. 7, Feststellung seitens der Regierungen (...) über das Kontrollverfahren in Deutschland", Amtsblatt des Kontrollrats, Ergänzungsblatt Nr. 1 S. 10 sowie "Feststellung seitens der Regierungen (...) über die Besatzungszonen in Deutschland", Amtsblatt des Kontrollrats, Ergänzungsblatt Nr. 1 S. 11, abgedruckt bei Cornides/Volle, Bd. 6 S. 74ff. sowie Schröder, S. 89ff., S. 138.

248 Vgl. die Direktive des Generalstabs der Vereinigten Staaten an den Oberbefehlshaber der Besatzungstruppen der Vereinigten Staaten hinsichtlich der Militärregierung für Deutschland (Direktive JCS 1067) vom April 1945, Department of State Bulletin, Vol. VIII (1945), S. 596ff., abgedruckt bei Cornides/Volle, S. 58ff.

249 V. Schmoller, Befugnisse, S. 1f.

3. Organisation der Gesetzgebung

In Anbetracht der langen Dauer der Besetzung und der Tatsache, dass der Abschluss eines Friedensvertrags nicht absehbar war, mussten die Besatzungsmächte ihr Regime über Deutschland durch Rechtsnormen festlegen. Die gesetzgebende Gewalt oblag aufgrund der faktischen Ausschaltung des Kontrollrats den Zonenbefehlshabern mit Wirkung für die gesamte Zone und den Chefs der Landesmilitärregierung mit Wirkung für die einzelnen Länder, was eine Rechtszersplitterung zur Folge hatte. Neben den Gesetzen im formellen Sinn erliessen vor allem die angelsächsischen Besatzungsmächte überdies zahlreiche *Regulations* und *Instructions*, die als interne Anweisungen zwar lediglich an die unterstellten eigenen Dienstzweige gerichtet waren und auch nicht publiziert wurden, dennoch aber direkte Auswirkungen gegenüber den deutschen Behörden und der Bevölkerung zeitigten, indem sie Grundlage für Massnahmen der Besatzungsmächte bildeten.[250]

4. Weitergeltung der deutschen Gesetze

General Eisenhower erliess am 19. September 1945 die Proklamation Nr. 2, in welcher festgehalten wurde, dass die nationalsozialistische Gesetzgebung, soweit sie nicht durch spezielle Erlasse ausser Kraft gesetzt wurde, weiterhin Geltung habe.[251] Im Kontrollratsgesetz Nr. 1 vom 20. September 1945 wurden lediglich 25 Gesetze der nationalsozialistischen Regierung aufgezählt, die ausser Kraft gesetzt wurden; alle übrigen Gesetze blieben weiterhin anwendbar.[252]

II. Potsdamer Abkommen vom 2. August 1945

Zwischen dem 17. Juli und dem 2. August 1945 trafen sich Truman, Stalin und, für Grossbritannien, zunächst Churchill, der vom 28. Juli an vom neu gewählten Premierminister Atlee abgelöst wurde, in Potsdam. Das Ergebnis war das Abkommen von Potsdam vom 2. August 1945, in welchem die Ziele der Besatzungsmächte in Durchführung der Beschlüsse von Jalta proklamiert wurden.[253] Es handelte sich dabei um die völlige Abrüstung und Entmilitarisierung Deutschlands, die Ausschaltung der Kriegsindustrie, die Dekartellierung, die Entnazifizierung, die Gewährleistung von Reparationen und die Restitution geraubten Vermögens. Zugleich wurde dem Wunsch Ausdruck verliehen, mit

---

250 Ausführungen gemäss v. Schmoller, Befugnisse, S. 1 ff.

251 Amtsblatt des Kontrollrats in Deutschland Nr. 1, S. 8 ff., abgedruckt bei Schröder, S. 94 ff.

252 Amtsblatt des Kontrollrats in Deutschland Nr. 1 S. 6.

253 "Mitteilung über die Dreimächtekonferenz von Berlin, Potsdamer Abkommen vom 17. Juli bis 2. August 1945", Amtsblatt des Kontrollrates (Ergänzungsblatt Nr. 1), abgedruckt bei Cornides/Volle, Bd. 6 S. 78 ff. sowie bei Niehuss/Lindner, S. 32 ff.

Italien einen Friedensvertrag zu schliessen. Die Bedeutung des Potsdamer Abkommens erschöpfte sich bezüglich der Besatzungsziele in der Zusammenfassung des bereits während des Krieges Vereinbarten. Mit Bezug auf die Restitutionen wurden keine neuen gemeinsamen Vorschriften erlassen, es oblag vielmehr den Besatzungsmächten, diesen Sachbereich in eigenen Erlassen noch zu konkretisieren.

III. Kontrollratsproklamation Nr. 2 vom 20. September 1945

Mit der Kontrollratsproklamation Nr. 2 vom 20. September 1945 gaben die Regierungen der Besatzungsmächte als Ergänzung zur Berliner Viermächteerklärung gewisse zusätzliche Forderungen bekannt, die sich aus der bedingungslosen Kapitulation Deutschlands ergaben und die von Deutschland befolgt werden mussten.[254] In Abschnitt VI Ziffer 19 der Kontrollratsproklamation wurde dem Sinn der Proklamation entsprechend allgemein festgehalten, dass die deutschen Behörden und Privatpersonen alle von den Alliierten vorgeschriebenen Massnahmen für die Rückerstattung durchzuführen hatten. Sie waren verantwortlich für die Sicherstellung der zu restituierenden Gegenstände und wurden verpflichtet, Auskunft zu erteilen und gegebenenfalls Hilfe zu leisten, um zu restituierendes Eigentum zu finden. Alle Deutschen, die solches Eigentum besassen, waren überdies verpflichtet, es anzumelden und sicherzustellen. In der Proklamation wurde nichts darüber ausgeführt, unter welchen materiellen Voraussetzungen die alliierten Forderungen erhoben werden konnten. Es wurde lediglich angegeben, bei welchen Massnahmen die deutschen Behörden verpflichtet waren, den alliierten Anordnungen Folge zu leisten. Die Bedeutung der Kontrollratsproklamation beschränkte sich überdies auf die Restitution vom nationalsozialistischen Staat weggenommener Vermögenswerte.[255]

IV. Militärregierungsgesetz Nr. 52

1. Zweck und Inhalt

Das Militärregierungsgesetz Nr. 52[256] bezweckte die Blockierung und Kontrolle von gewissen Vermögenswerten, an deren Erhaltung die Alliierten ein besonderes Interesse hatten. Damit sollte die Sicherstellung von deutscher Kriegsbeute als Voraussetzung späterer Restitution erreicht werden. Zu den vom Gesetz erfassten Objekten gehörte unter anderem auch das Raubgut. Dieses wurde als

---

[254] Amtsblatt des Kontrollrats in Deutschland Nr. 1 S. 8ff., deutsche Übersetzung abgedruckt bei Schröder, S. 101f.

[255] Schmeinck, S. 41, Schwarz, S. 27.

[256] Abgedruckt bei Friedmann, S. 303ff.

Vermögen bezeichnet, das unter "duress, wrongful acts of confiscation, dispossession, spoliation, whether pursuant to legislation or by procedures purporting to follow forms of law or otherwise" übertragen worden war (Art. I Ziff. 2). Vom Militärregierungsgesetz sollten demnach dieselben Objekte erfasst und unter Kontrolle und Sperre gestellt werden, auf die sich bereits die Londoner Erklärung vom 5. Januar 1943 bezogen hatte. Im Unterschied zur Londoner Erklärung wurden im Militärregierungsgesetz Nr. 52 noch die Worte "or otherwise" hinzugefügt. Im Zusammenhang mit den Unklarheiten, die bereits bei der Auslegung der Londoner Erklärung bestanden, brachte diese Erweiterung wegen ihrer unklar definierten Formulierung erneute Schwierigkeiten. Art. II lit. d verbot jegliche Eigentums- oder Besitzesveränderung, sofern keine diesbezügliche Genehmigung der Militärregierung vorlag. Wurden solche Geschäfte ohne entsprechende Genehmigung getätigt, so waren sie nichtig (Art. V). Schliesslich wurde in Art. VI festgehalten, dass dieses Gesetz Vorrang gegenüber entgegenstehenden deutschen Erlassen genoss. Das Gesetz wurde ergänzt durch Bestimmungen der einzelnen Zonen, gemäss welchen die Anmeldung aller zum Nachteil von Angehörigen der Vereinten Nationen geraubten Vermögenswerte vorgeschrieben wurde.

2. Bedeutung

Das Militärregierungsgesetz Nr. 52 wies Schwächen auf, welche die Restitution erschwerten. So enthielt es keine Definition des Begriffes der "duress", was zu einer unterschiedlichen Anwendung des Gesetzes in den einzelnen Zonen führte.[257] Im Unterschied zur Londoner Erklärung wurde deren Regelung, wonach auch vordergründig legale Rechtsgeschäfte von der angedrohten Nichtigkeit betroffen sein sollten, nicht übernommen. Trotz dieser Schwächen wurden in Anwendung des Gesetzes 24'000 Deklarationen eingereicht. Als Ergebnis konnten 1'652'258 Wertgegenstände an die Regierungen ausländischer Staaten zurückgegeben werden.[258]

V. Schwierigkeiten des Kontrollrats, die Voraussetzungen der Restitution zu bestimmen

Die Alliierten erliessen zwar Vorschriften, mit welchen von den Nationalsozialisten geraubtes Eigentum erfasst und eingezogen wurde. Allerdings konnten sie sich nach der Besetzung Deutschlands und der Einstellung der Feindseligkeiten nicht auf eine gemeinsame Definition des Begriffes und den Umfang der Restitution einigen. Dies verhinderte auch ein gemeinsames Vorgehen bezüglich der

---

[257] Grell, S. 104 m.w.N.

[258] Kurtz, S. 182 m.w.N.

Restitution von Kulturgütern.[259] Im Juli 1945, zur Zeit der Potsdamer Konferenz, verfügte deshalb der amerikanische Präsident Truman die einseitige Restitution von Kulturgütern, die von Nazideutschland aus den besetzten Ländern gestohlen oder aus privaten oder öffentlichen Sammlungen gekauft worden waren und die sich in der amerikanischen Zone befanden. Voraussetzung der Rückgabe sollte der Beweis sein, dass die Gegenstände aus den besetzten Ländern stammten.[260] Dies führte zu ersten Restitutionen nach Frankreich und nach Belgien;[261] Italien konnte demgegenüber seine Ansprüche erst nach Abschluss des Friedensvertrages geltend machen. Nach wie vor aber fand keine gemeinsame Restitution der Alliierten statt. Um den Stillstand in den diesbezüglichen Verhandlungen zu beenden, schlug General Clay den übrigen Alliierten am 27. November 1945 eine Definition für den Begriff des Eigentums vor, welches für die Restitution geeignet sein sollte. Dabei handelte es sich um fremdes Eigentum, welches unter Gewaltanwendung gestohlen worden war. Beim übrigen fremden Eigentum sollte die Restitution möglich sein, sofern dies mit den Reparationsforderungen der Alliierten nicht interferierte und dabei das wirtschaftliche Überleben Deutschlands sichergestellt war. Dieser Definition stimmten die übrigen alliierten Unterhändler im Rahmen von Vorverhandlungen zu.[262] Die sowjetische Delegation meldete daraufhin den Wunsch nach erneuter Änderungen der Definition der Restitution an, über welche am 17. Januar 1946 verhandelt wurde. Dies führte zu einer Neufassung der Definition und bildete einen Teil einer Richtlinie, welcher der alliierte Kontrollrat am 21. Januar 1946 zustimmte[263] (vgl. nachfolgend, 1).

1. Richtlinien des Kontrollrats für die Rückerstattung

Die Richtlinien des Kontrollrats für die Rückerstattung vom 21. Januar, 8. März und 17. April 1946[264] definierten den Begriff der Restitution, die Art und Weise ihrer Durchführung und verwiesen explizit auf die Londoner Erklärung vom 5. Januar 1943 als Grundlage für die Restitution (Richtlinie vom 21. Januar 1946, Art. 1). Die Richtlinien wurden für die US-Zone in Title 19 ("Restitutions") der *Military Government Regulations* vom 15. April 1946 fast wörtlich übernommen. Aus dem Verweis auf die Londoner Erklärung ergab sich zugleich, dass die Kontrollratsproklamation Nr. 2 vom 20. September 1945 und das Militärregierungs-

---

[259] Kurtz, S. 102ff. und insbesondere S. 167.

[260] Smyth, S. 57; vgl. zu den divergierenden Ansichten und zum Vorgehen der Alliierten: Kurtz, S. 129ff. m.w.N. und S. 176; siehe auch Farmer, S. 86f.

[261] Kurtz, S. 176ff.

[262] Vgl. zu den Details: Kurtz, S. 136ff.

[263] U.S. Department of State, Foreign Relations of the United States: Diplomatic Papers, 1946, vol. 2, Council of Foreign Ministers, Washington, D.C., U.S. Government Printing Office, 1970, S. 483ff., zitiert nach Kurtz, S. 141ff.

[264] Deutsche Übersetzung abgedruckt bei v. Schmoller/Maier/Tobler § 52 S. 23ff.

gesetz Nr. 52 lediglich den Sinn vorbereitender und sichernder Anordnungen hatten,[265] die Frage nach den materiellen Voraussetzungen der alliierten Forderungen indessen von der Londoner Erklärung zu beantworten war. Allerdings enthielt die Richtlinie keine Angaben über das Verhältnis von Restitutionen und Reparationen und auch keine genauen Angaben über die Formen der Enteignung, welche zur Restitution berechtigen sollten. Der diesbezügliche Verweis auf die in diesem Zusammenhang verwirrliche Londoner Erklärung schaffte ebenfalls keine Klarheit. Es fehlten auch Ausführungen über Restitutionen an die ehemaligen Verbündeten Deutschlands.[266] So war es auch dem alliierten Kontrollrat nicht gelungen, die entscheidenden Fragen bezüglich des Eigentums zu lösen, nachdem während des Krieges bereits das EAC (nachfolgend, D I) und nach dem Krieg der Aussenministerrat der Alliierten diesbezüglich gescheitert waren. Der Grossteil der offen gebliebenen Fragen sollten denn auch nicht im Rahmen von Vereinbarungen der Alliierten, sondern von den einzelnen Zonenbefehlshabern unilateral gelöst werden.[267]

2. U.S. Military Government Regulations, Title 19

In den *US Military Government Regulations, Title 19*, wurden die Richtlinien des Kontrollrats für die Rückerstattung vom 21. Januar, 8. März und 17. April 1946 für die US-amerikanische Besatzungszone umgesetzt, wobei der Text der Richtlinie des Kontrollrats für die Rückerstattung übernommen wurde.[268] *Title 19* behandelte demgemäss allgemein die Grundlagen und das Verfahren der Restitution, und es wurde ausdrücklich darauf hingewiesen, dass diese Bestimmungen nicht auf Rückerstattungen anwendbar sein sollten, die Kunstdenkmäler, Kunstwerke und Archivalien zum Gegenstand hatten; diese Restitutionen wurden in *Title 18* behandelt (nachfolgend, D II).

D. Rechtsetzung zur Restitution von Kulturgütern

I. Draft Agreement on Principles Governing the Restitution of Cultural Property

Vor der Besetzung Deutschlands durch die Alliierten befassten sich die drei Grossmächte seit Oktober 1943 im Rahmen der *European Advisory Commission* (EAC) in London, ihrem permanent tagendem Verhandlungsgremium, mit der

---

[265] Kaufmann, S. 4.

[266] Kurtz, S. 143.

[267] Kurtz, S. 144.

[268] Die mit den Bestimmungen des Title 19 übereinstimmenden Richtlinien des Kontrollrats für die Rückerstattung sind in deutscher Übersetzung abgedruckt bei v. Schmoller/Maier/Tobler, § 52 S. 23ff.

zukünftigen Deutschlandpolitik. Unter anderem wurde auch die Frage der Verwendung der in Deutschland befindlichen deutschen und aus Europa geraubten Kulturgüter behandelt.[269] Die Alliierten waren sich insbesondere bei der Frage der *restitution in kind* uneinig, einer besonderen Form der Reparation, bei welcher im Falle des Verlustes eines ins Ausland zu restituierenden Gegenstandes ersatzweise die Herausgabe eines gleichwertigen Gegenstandes aus dem Bestand deutscher Kulturgüter verlangt werden sollte. Im Ergebnis setzte sich die Ansicht durch, dass Kulturgüter nicht für Reparationsforderungen herangezogen werden durften und auch das Prinzip der *restitution in kind* nicht anwendbar sein sollte.[270] Insbesondere die Vereinigten Staaten vertraten während der Verhandlungen die Ansicht, die *restitution in kind* sei zuzulassen,[271] was sich auch aus deren *Draft Agreement* vom 11 Juni 1945 zu Handen des EAC ergibt.[272] Das *Draft Agreement* verpflichtete Deutschland zur unbegrenzten Rückgabe identifizierbarer Kulturgüter, Bücher und Archive, welche sich vor der deutschen Besetzung in den unterworfenen Ländern befunden hatten (Ziff. 1 i.V.m Ziff. 6). Von allen diesen Kulturgütern wurde angenommen, dass sie unter Zwang nach Deutschland gebracht worden waren, weswegen sie wie gestohlene Kulturgüter zu behandeln waren (Ziff. 7).[273] Das *Draft Agreement* blieb bei einem Entwurf, da sich die Alliierten nicht über einen gemeinsamen Begriff der Restitution einigen konnten. Auf der Ebene der EAC liess sich bereits vor dem Ende des Krieges keine gemeinsame Regelung über das Vorgehen zur Restitution von Kulturgütern nach Beendigung der Feindseligkeiten erreichen,[274] weswegen nach Beginn der Besetzung Deutschlands, nachdem auch das *Draft Agreement* nicht umgesetzt werden konnte, die Verantwortung zum diesbezüglichen Vorgehen bei den militärischen Befehlshabern der jeweiligen Zonen lag.[275] Auffällig ist, dass die Amerikaner im *Draft Agreement* von der Fiktion ausgingen, dass alle Kulturgüter unter Zwang verschoben worden waren. Dadurch wurden die Voraussetzungen, welche zur Restitution Anlass geben konnten, weiter gefasst, als dies in der Londoner Erklärung vorgesehen gewesen war. Diese Sonderbehandlung stand auch im Gegensatz zu den Voraussetzungen zur Restitution von Sachgütern, welche nur dann zurückzugeben waren, wenn sie unter Zwang in das Eigentum von Deutschen gelangt waren.

---

[269] Friemuth, S. 67; Kurtz, S. 75ff.; Turner, Kulturgüterrecht, S. 109ff.

[270] Turner, a. a. O., S. 116; vgl. aber die Regelung in Art. 75 des Friedensvertrages mit Italien, nachfolgend § 8 A I 2 a.

[271] Kurtz, S. 84ff. und 108ff.

[272] Abgedruckt bei Fiedler, Kulturgüterschutz, S. 284.

[273] "All artistic or historic property removed to Germany during the period of German occupation shall be deemed to have been transferred under duress and accordingly treated as looted property."

[274] Zu den Gründen: Kurtz, S. 100f.

[275] A. a. O, S. 114.

II. U.S. Military Government Regulations, Title 18

1. Inhalt und Regelungen

Titel 18 der *Military Government Regulations*[276] enthielt die "General United States Policies" und bestand aus 4 Teilen (*parts* 1–4), deren *Parts* 1 und 4 wiederum in Abschnitte (*sections*) aufgeteilt waren. Jedem Abschnitt in jedem Teil war überdies eine Nummer zugeteilt, wobei *Part* 1 *Section* A mit Nr. 100 begann. *Part 1* ("Policy and Organization") behandelte in *Section A* "Definitions and Organization", in *Section B* "Objectives". *Part 2* enthielt Ausführungen über "Protection and Preservation of Cultural Structures", *Part 3* regelte die "Reconstitution and Control of Civil Administration". *Part 4* schliesslich behandelte "Protection and Control of Cultural Materials", aufgeteilt in eine *Section A* ("General Provisions"), eine *Section B* ("Repositories of Cultural Materials") und eine *Section C* ("Collecting Points and Depots"). Im Titel 18 wurde nicht nur die Restitution von Kulturgütern, sondern auch der Schutz, die Erhaltung und die Verwaltung derjenigen Gegenstände, die unter dem Titel "Monuments, Fine Arts and Archives" zusammengefasst waren, behandelt. Davon erfasst waren auch Gebäude, Denkmäler, Plätze von besonderer Bedeutung, Kirchen, Paläste, Museen, Bibliotheken, Archive, Ruinen etc. (gemäss Bezeichnung "cultural structures" bei *Part 1 Section A* Nr. 100).

2. Restitution gemäss Nr. 106

Eine Restitution war nur bei "cultural materials" möglich, die bei "Definitions and Organization" in Nr. 103 als "cultural objects and archives, books and miscellaneous documents (…) except current commercial archives" bezeichnet wurden. Cultural objects waren "all movable goods of importance or value either religious, artistic, documentary, scholarly or historic, the disappearance of which constitutes a loss to the cultural heritage of the country concerned" (Nr. 101). Nr. 106 definierte die Restitution und gab eine Legaldefinition von "loot":

> "Identifiable looted works of art and cultural materials will be restituted to the governments of the countries from which they were taken. Loot refers to objects which have been the subject of an act of dispossession by the enemy and which were in existence and located in an occupied territory and removed by the Germans subsequent to the date of commencement of the German occupation of the territory (see MGR Title 19)."

---

[276] Germany 1947–1949. The Story in Documents, Department Of State publications 3556, Washington, U.S. Government Printing Office, 1955, S. 618ff., auszugsweise abgedruckt bei Fiedler, Kulturgüterschutz, S. 288ff.

3. Unterschiedliche Verwendung des Begriffes "loot" in Nr. 106 und Nr. 104

Bereits Nr. 104 lieferte eine Definition für "Looted Cultural Materials". Der Begriff des "loot" wurde dort jedoch anders erfasst als in Nr. 106:

> "The term "looted cultural materials" includes all cultural objects and materials which have been acquired since 1 January 1933, by Nazis within Germany or those acquired in territories occupied by the Germans or their allies, either
>
> a) Directly by duress or wrongful acts of confiscation, dispossession or spoliation, whether pursuant to legislation, or by procedure purporting to follow forms of law, or otherwise; or
>
> b) Indirectly by purchase or other transactions regardless of whatever consideration may have been employed."

Die unter a) aufgeführten Erwerbsarten waren in ihrer Formulierung aus der Londoner Erklärung vom 5. Januar 1943 und dem Militärregierungsgesetz Nr. 52, Art. I Ziff. 2, bekannt und entsprachen diesen Vorgaben. Demgegenüber ging der Begriff des *loot* und der verpönte Erwerb gemäss b) sehr viel weiter, insbesondere auch bezüglich des zeitlichen Umfangs der *periode suspecte*, der sogar bis vor die Machtergreifung der Nationalsozialisten reichte[277]. Inhaltlich wurde überdies ein Vorgang beschrieben, der mit dem Begriff des *loot* – der Beute oder des Plünderns – nichts gemein hatte. Vielmehr wurden davon auch freiwillige Eigentumsübertragungen erfasst.[278] Von Nr. 104 wurden andere Objekte erfasst als von Nr. 106: In Nr. 104 war die Rede von "Looted Cultural Materials" gemäss Begriffsbestimmung in Nr. 103 (siehe oben, 2). Demgegenüber war Nr. 106 neben "cultural materials" allgemein auf "works of art" gerichtet, welche im Gesetzeswerk aber nicht eigenständig definiert wurden.[279]

Als Besonderheit verwies die restitutionsrechtliche Anordnung von Nr. 106 auf die allgemeinen Restitutionsbestimmungen des *Title 19*. Dort wurde als Prämisse festgehalten, dass nur Objekte zu restituieren waren, die während der Besetzung vom Feind gewaltsam aus dem Gebiet des Landes weggeführt worden waren. Dadurch unterlagen Gegenstände, die von den Nationalsozialisten in Deutschland seit dem 1. Januar 1933 erworben worden waren, nicht der Restitution.[280] Die Bedeutung der Definition von Nr. 104 lässt sich aus dem Zusammenhang mit weiteren Gesetzesvorschriften des *Title 18*, welche auf Nr. 104 verwiesen, erkennen. So hielt *Part 4 Section A Nr. 400* fest, dass die Militärregie-

---

[277] Zur zeitlich einschränkenden Auslegung von a): Kaufmann, S. 9.

[278] Wie hier: Turner, Restitutionspraxis, S. 220.

[279] Lediglich in Nr. 101 wurden sie bei der Definition von "Cultural Objects" herangezogen, freilich ohne selbst abgegrenzt zu werden: "This definition includes recognized works of art, as well as such objects as rare musical instruments (...)".

[280] Kaufmann, S. 10.

rungen die notwendigen Schritte zu unternehmen hatten, um alle erbeuteten Kulturgüter unter ihre Kontrolle und Obhut zu nehmen. In Nr. 440 wurde bestimmt, dass das Büro der Militärregierung der Vereinigten Staaten "Central Collecting Points" einzurichten hat, um unter anderem "looted cultural materials" aufzunehmen. Schliesslich bestimmte Nr. 445.1, dass alle identifizierten Kulturgüter in den *Central Collecting Points* in Gewahrsam zu nehmen waren.

4. Ergebnis

In der deutschen Nachkriegsliteratur wurde eine einschränkende Auslegung der Definition von Nr. 104 gefordert, da sie als völkerrechtswidrig betrachtet wurde.[281] Aus diesem Grund ging man davon aus, dass die sehr viel weiter reichende Definition von Nr. 104 die Gesamtheit der in Deutschland angetroffenen Kulturgüter anvisierte und diese – in Umsetzung der Kontrollratsproklamation Nr. 2 vom 20. September 1945 und dem Militärregierungsgesetz Nr. 52 – vorab sicherem Gewahrsam zuführen wollte. Dies als Vorbereitung einer späteren Rückgabe an die Berechtigten, wobei hier noch kein Unterschied gemacht wurde zwischen innerer und äusserer Restitution. Demgegenüber hätte sich die Definition von *loot* gemäss Nr. 106 nur auf die äussere Restitution bezogen und wäre in diesem Bereich als *lex specialis* der allgemeinen Bestimmung von Nr. 104 vorgegangen.

Ein Indiz dafür, dass diese Unterscheidung zutreffend ist, ergibt sich aus der Tatsache, dass Nr. 106 auf die allgemeinen Ausführungen zur Restitution in *Title 19* verwies. *Title 19* hielt fest, dass die Frage der Restitution von Eigentum, welches von Deutschen aus alliierten Ländern entfernt wurde, in Anwendung der Londoner Erklärung vom 5. Januar 1943 zu prüfen sei. Dieser Verweis klärt allerdings die Frage der Definition auch nicht restlos, da die von der Londoner Erklärung erfassten Erwerbstatbestände lediglich diejenigen gemäss Nr. 104 lit. a) bildeten. Dieser Zusammenhang liesse in der Tat auf Nr. 106 als *lex specialis* mit Bezug auf die äussere Restitution schliessen. Aber auch diese Qualifikation liefert keine Klarheit für eine mögliche Definition von Nr. 104 lit. b).

Eine Unterscheidung, wie sie von deutschen Autoren in der Nachkriegszeit vertreten wurde, drängt sich aus logischen Gründen im direkten Vergleich der beiden Bestimmungen, die beide im allgemeinen Teil definiert werden, auf. Dennoch überzeugte auch diese Unterscheidung nicht restlos, und es bleiben Unklarheiten bestehen. So verwendete Nr. 445.3 erneut den Begriff des "looted cultural material" und bezog sich somit auf die Definition von Nr. 104, obschon Nr. 445.3 einen Tatbestand der äusseren Restitution behandelte (Herausgabe eindeutig identifizierter Kulturgüter an die Repräsentanten der berechtigten Nationen), auf welche die Definition von Nr. 106 anzuwenden wäre. Der Anwendungs-

---

[281] Kaufmann, S. 1[illegible].

bereich der beiden Definitionen liess sich also auch mit der damaligen Auslegung nicht vollumfänglich trennen.

Im heutigen Schrifttum wird davon ausgegangen, dass die Westalliierten bewusst eine strikte und umfassende Restitution von Kulturgütern beabsichtigt und durchgeführt haben,[282] egal ob ein Eigentumsübergang freiwillig oder unfreiwillig erfolgt war. Damit aber befand man sich im Widerspruch zur Londoner Erklärung, welche nur die unter Zwang zustande gekommenen Verkäufe anvisiert hatte. Im Ergebnis lässt sich sagen, dass den amerikanischen Besatzungsbehörden bei der Abfassung des *Title 18*, der auf die Londoner Erklärung hinwies, ein gesetzgeberisches Versehen unterlief. Aus diesem Grund blieben Grundlage und Voraussetzung der Kulturgüterrestitutionen im *Title 18* widersprüchlich.

E. Restitutionspraxis der Alliierten während der Besatzungszeit

I. Praxis der Besatzungsmächte zur Restitution im allgemeinen

Die Besatzungsmächte gingen bei der Durchführung der Restitutionen über den Restitutionsbegriff, der ihrer Gesetzgebung nach dem Ende des 2. Weltkriegs zugrunde lag, hinaus. Ein Hauptgrund dafür lag in der Schwierigkeit der Alliierten, eine gemeinsame Definition der Voraussetzung und des Umfanges von Restitutionen zu finden. Ein weiteres Problem war die Abgrenzung der Restitutionen zu den Reparationen vor dem Hintergrund unterschiedlicher Ansichten der Alliierten über die zukünftige politische und wirtschaftliche Entwicklung Deutschlands. So forderte Frankreich die generelle Rückgabe aller Gegenstände, die aus den von Deutschland besetzten Gebieten weggebracht wurden, auch soweit sie nicht unter Zwang oder Gewalt entfernt worden waren. Dies wollten die sowjetischen Vertreter nicht anerkennen, weil diese Objekte damit für Reparationszwecke entfallen wären. Als Ergebnis dieser Auseinandersetzungen wurde von den Alliierten vereinbart, dass alles Eigentum aus der Zeit der deutschen Besatzung als unter Gewalt und Druck entfernt und daher als rückerstattungspflichtig gelten solle, sofern nicht das Gegenteil bewiesen werde.[283] Dies führte zu einer Umkehr der Beweislast mit dem Ergebnis, dass der deutsche Besitzer nun den Beweis des rechtmässigen Erwerbs zu führen hatte. Die Restitutionspflicht bei allen Gütern ausser Kulturgütern wurde in der Regel nur dann verneint, wenn ein Gegenstand aufgrund "normaler Handelsbeziehungen" erworben worden war. Dabei genügte es noch nicht, dass ein Kaufpreis bezahlt worden war,

[282] Vgl. dazu Turner, Restitutionspraxis, S. 215ff. und insbesondere 223f.

[283] Clay, S. 306ff.

und auch eine Erklärung des Verkäufers im Ausland, wonach er den Kaufpreis erhalten habe und das Objekt nicht mehr zurückverlange, blieb unbeachtlich. Als Voraussetzung wurde bei der Restitution im allgemeinen vielmehr gefordert, dass bereits vor der Besetzung Handelsbeziehungen zwischen den Parteien bestanden hatten, die sich auf den gleichen Gegenstand bezogen, wobei sich der Kaufpreis ungefähr auf dem gleichen Niveau bewegen musste wie vor der Besetzung.[284]

II. Praxis der Besatzungsmächte zur Kulturgüterrestitution

Bei der Restitution von Kulturgütern galt die Ausnahme des normalen Handelsgeschäftes nicht, und die Tendenz ging dahin, dass Kulturgüter, die während der Dauer der Besetzung von ihrem Standort entfernt worden waren, als unter direktem oder indirektem Zwang verschoben betrachtet wurden. Dies selbst für den Fall, dass die einzelnen Geschäfte legal abgeschlossen worden waren.[285] Die Tendenz zur vereinfachten Rückgabe von Kulturgütern hatte sich bereits im US-amerikanischen *Draft Agreement on Principles Governing the Restitution of Cultural Property* abgezeichnet (vgl. oben, C I), bei welchem bei jedem Eigentumsübergang davon ausgegangen wurde, dass er unter Zwang erfolgt sei. Die *US Military Government Regulations Title 18* hielten für die amerikanische Besatzungszone an diesem Prinzip fest, indem der Ankauf von Kulturgütern durch die Deutschen zu Besatzungszeiten dem gewaltsamen Eigentumsentzug gleichgesetzt wurde. Für die bei den Amerikanern herrschende Überzeugung ist die Aussage General Clays bezeichnend, wonach die Rückerstattung bei sämtlichen Kulturgütern selbstverständlich war.[286] Als Begründung dieser Sonderbehandlung der Kulturgüter wurde die Tatsache angeführt, dass selbst wenn für die Kulturgüter marktübliche Preise bezahlt wurden, die Bezahlung in wertlosem Geld erfolgt sei, weshalb es sich bei den Verkäufen nicht um Geschäftstransaktionen, sondern verschleierte Konfiskationen gehandelt habe.[287] Allerdings spielte auch eine neue Idee eine Rolle, nämlich die Verbindung von Kulturgut mit dem Herkunftsort, eine Idee, die gerade bei den Restitutionen aus der amerikanischen Besatzungszone Deutschlands nach Italien eine grosse Rolle spielen sollte, wie die nachfolgenden Ausführungen zeigen. Nicht unterschätzt werden darf auch die politische Implikation, die mit der Rückgabe von Kulturgütern verbunden

---

[284] V. Schmoller/Maier/Tobler, § 52 S. 10.

[285] Vgl. dazu v. Schmoller/Maier/Tobler, § 52 S. 10ff. und das Memorandum des OMGUS Property Division Restitution Branch APO 403 vom 28. Juli 1948, abgedruckt bei v. Schmoller/Maier/Tobler § 52 S. 28ff.

[286] "Of course all cultural objects were to be sent back." Clay, S. 307.

[287] Turner, Restitutionspraxis, S. 223 mit Hinweis auf S. 42 des Linz Reports des Art Looting Investigation Units.

war, und der gerade von den Amerikanern im Hinblick auf den Ausgang der ersten freien Wahlen in Italien grosse Beachtung geschenkt wurde (nachfolgend, § 8 A IV und § 8 C).

F. Zusammenfassung

Die Gesetzgebung der Alliierten im Bereich der Restitutionen war unübersichtlich und verwirrend. Dies begann mit der unklaren Umschreibung der anfechtbaren Eigentumsübertragungen und dem daraus folgenden Vorbehalt der Nichtigkeitserklärung in der Londoner Erklärung, welche von den späteren restitutionsrechtlichen Gesetzgebungsakten regelmässig als Referenzwert für die materiellen Voraussetzungen zur Restitution angeführt wurde. Eine weitere Erschwerung der Regelung der Restitution bestand im politisch begründeten Unvermögen der Alliierten, nach Beendigung des Krieges einheitliche, für das ganze Deutschland anwendbare Rechtsnormen bezüglich der Restitution von ausländischem Eigentum aufzustellen. Weil die gedeihliche Zusammenarbeit im alliierten Kontrollrat und somit eine gemeinsame Regelung der Restitution nicht möglich war, war es an den Zonenbefehlshabern, die Materie beschränkt für ihre Zone zu regeln, was einerseits zu einer Rechtszersplitterung führte und anderseits die Rückgabe von ausländischem Eigentum in das Belieben der Besatzungsmächte stellte. Diese liessen sich von ihren eigenen Überlegungen hinsichtlich des Umgangs mit dem im Krieg unterlegenen Deutschland leiten. Da sich der Grossteil der geborgenen Kunstschätze auf dem Territorium der amerikanischen Besatzungszone befand, waren die dortige Gesetzgebung und die Restitutionspraxis der Amerikaner besonders wichtig für die Kulturgüterrestitutionen. Aufgrund der US-Gesetzgebung musste der verpönte Eigentumsübergang, welcher das Kulturgut während der Zeit deutscher Besatzung in deutsche Hände geführt hatte, unter Zwangseinwirkung, das heisst unter Drohung oder mittels Gewalt, erfolgt sein. Denn es bestand keine völkerrechtliche Grundlage für die Interpretation der Londoner Erklärung oder nachfolgender Gesetzeserlasse dahingehend, dass in den besetzten Gebieten erworbene Güter unabhängig von den Erwerbsumständen in jedem Fall zurückzugeben gewesen wären.[288] Gerade dies war aber die Konsequenz der amerikanischen Restitutionspraxis, da die Amerikaner bei Kulturgütern stets davon ausgingen, dass Zwang im Spiel gewesen war.

Neben der unklaren Rechtslage zur Restitution im allgemeinen erschwerte die unterschiedliche Restitutionspraxis der verschiedenen Besatzungsmächte, die sich vor dem Hintergrund des kalten Krieges von politischen Überlegungen leiten liessen, eine einheitliche Rückführung zusätzlich (nachfolgend, § 8).

---

[288] Fiedler, Erklärung, S. 216.

§ 5: Restitution von Kulturgütern gemäss Überleitungsvertrag und die UNESCO-Konvention von 1954

A. Regelungen des Überleitungsvertrages

I. Allgemeines

Frankreich, Grossbritannien und die Vereinigten Staaten unterzeichneten mit der Bundesrepublik Deutschland am 26. Mai 1952 die Bonner Verträge, welche das Besatzungsregime beenden und zugleich die Bundesrepublik in die westliche Verteidigungsallianz einfügen sollten. Nachdem sich die Französische Nationalversammlung zunächst geweigert hatte, dem Vertragswerk zuzustimmen, wurde es – in leicht geänderter Form – am 23. Oktober 1954 in Paris unterzeichnet.[289] Das Vertragswerk besteht aus dem grundlegenden Vertrag über die Beziehungen zwischen der Bundesrepublik und den Drei Mächten (General- oder Deutschlandvertrag) und verschiedenen Teilverträgen, von denen nachfolgend lediglich auf den "Vertrag zur Regelung aus Krieg und Besatzung entstandener Fragen" (Überleitungsvertrag) eingegangen wird.

II. Materielle Regelungen zur äusseren Restitution

Der V. Teil des Überleitungsvertrags handelt von der äusseren Restitution, deren Anspruchsmasse aus vier Gruppen besteht:

a) Ansprüche des Staates, von dessen Territorium Kulturgüter entfernt wurden;
b) Ansprüche des ausländischen Staates auf Restitution von weggenommenen Schmuckgegenständen, Silberwaren und antiken Möbeln;
c) Ansprüche Privater aus ehemals besetzten Staaten auf Restitution weggenommener Sachen;
d) Ansprüche ausländischer Staaten oder geschädigter Privater aus ehemals besetzten Staaten auf Schadenersatz, falls die zu restituierende Sache nach ihrer Identifizierung wegen Untergangs oder Beschädigung nicht zurückgegeben werden konnte.

Die Bundesrepublik verpflichtete sich im Überleitungsvertrag, eine Verwaltungsdienststelle zu errichten, die nach Kulturgütern, Schmucksachen, Silberwaren und antiken Möbeln von erheblichem Wert forscht, sie sammelt und restituiert,[290]

---

[289] BGBl. 1955 II, S. 213ff.; Auszüge abgedruckt bei Schröder, S. 1022ff. und Turner, Zuordnung, S. 296f.

[290] Das Bundesamt für Äussere Restitution in Bad Homburg wurde mit Gesetz vom 8. Juni 1955 eingeführt, BGBl. 1955, 459ff.

falls diese Gegenstände und Kulturgüter während der Besetzung eines Gebiets von den Truppen oder Behörden Deutschlands oder seiner Verbündeten durch Zwang (mit oder ohne Gewalt), durch Diebstahl, Requisition oder andere Formen erzwungener Besitzentziehung erlangt und aus diesem Gebiet entfernt worden waren (V. Teil, Art. 1 Abs. 1). Die Regelung von Art. 1 Abs. 1 entsprach bezüglich des "acts of dispossession" der Londoner Erklärung. Abs. 2 von Art. 1 erweiterte demgegenüber die Grundlage der Berechtigung zum Erhalt von Restitutionen, indem bei Kulturgütern, die sich vor dem Besetzungszeitpunkt im betreffenden Land befanden, die Restitution auch durchzuführen war, wenn diese Gegenstände durch Schenkung, sei es unter direktem oder indirektem Druck oder mit Rücksicht auf die amtliche Stellung des Beschenkten, erworben worden waren (lit. a). Ebenfalls zu restituieren waren Kulturgüter, wenn sie durch Kauf erworben worden waren, es sei denn, sie seien zum Zweck des Verkaufs in das betreffende Land gebracht worden (lit. b). Die Restitution konnte lediglich bei Schmucksachen, Silberwaren und antiken Möbeln verweigert werden, wenn nachgewiesen wurde, dass die betreffenden Sachen aufgrund eines gewöhnlichen Handelsgeschäfts gegen Entgelt erworben worden waren, selbst wenn die Bezahlung in Besatzungswährung erfolgt war (Abs. 3). Lit. b schränkte somit den Anwendungsbereich der erweiterten Restitution bei Auktionskäufen auf dem internationalen Kunstmarkt ein.[291] In Artikel fünf wurde der Zeitpunkt aufgeführt, von welchem an die jeweiligen Länder als besetzt galten und die Bestimmungen des Überleitungsvertrags auf sie anwendbar waren; für Italien war dies der 3. September 1943. Art. 6 erweiterte den Umfang einer nachträglichen und für den Destinatär günstigeren Vereinbarung, indem deren Wirkungen auf die übrigen Länder auszudehnen waren, denen die Restitutionsbestimmungen zugute kommen, eine Bestimmung, die bei den italienisch-deutschen Verhandlungen eine grosse Rolle spielte (nachfolgend, § 9).

III. Verfahren

1. Geltendmachung

Die Restitution konnte bei der Bundesregierung von der Regierung des Staates beantragt werden, aus dessen Gebiet die Sache entfernt worden war. Bei Schmucksachen, Silberwaren und antiken Möbeln konnte eine Restitution nur beantragt werden, wenn ein entsprechender Antrag bereits vor Inkrafttreten des Überleitungsvertrags bei einer Dienststelle einer der drei Mächte gestellt worden war; bei Kulturgütern konnte nach dem 8. Mai 1955 kein neuer Restitutionsantrag mehr gestellt werden (Art. 2 Abs. 2). Der Überleitungsvertrag räumte überdies Privatpersonen, denen eine Sache durch Diebstahl oder Zwang ent-

---

[291] Engstler, S. 145.

zogen worden war, einen direkten Restitutionsanspruch ein (Art. 3), eine Neuerung gegenüber der bisherigen Restitutionspraxis.[292] Wurde ein solcher Anspruch von privaten Geschädigten erhoben, schloss dies einen Restitutionsantrag durch dessen Regierung aus und umgekehrt (Art. 2 Abs. 4).

2. Zuständigkeit und Verfahren

Zuständig für die Behandlung der Ansprüche war erstinstanzlich das Bundesamt für Äussere Restitution in Bad Homburg, zweitinstanzlich die aus neun Richtern bestehende "Schiedskommission für Güter, Rechte und Interessen in Deutschland", welche auf Antrag die Berufung an das Plenum einräumen konnte. Jeweils drei Richter bildeten eine der drei Kammern, jede Kammer wurde von einem Richter aus einem neutralen Land präsidiert, welchem je ein Richter aus der Bundesrepublik und dem betroffenen Land zugeteilt waren.[293] Die Kommission war von 1958 bis 1969 tätig.[294]

B. UNESCO-Konvention zum Schutz von Kulturgut bei bewaffneten Konflikten 1954

Bereits vor dem 2. Weltkrieg wurden Bemühungen unternommen, um eine umfassende Vereinbarung für den Schutz von Kulturgütern in Kriegszeiten zu erarbeiten. Nachdem der 2. Weltkrieg zunächst die Entwicklung unterbrochen hatte, unterbreitete die niederländische Regierung der UNESCO 1948 einen Entwurf zu einem Kulturgutschutzabkommen. Die UNESCO berief 1954 in Den Haag eine Konferenz zur Ausarbeitung eines Abkommens ein, an welcher 56 Staaten teilnahmen.[295] Das Haager Abkommen für den Schutz von Kulturgut bei bewaffneten Konflikten[296] wurde am 14. Mai 1954 abgeschlossen. Gemäss Präambel waren die Vertragsparteien des Haager Abkommens von der Tatsache überzeugt, dass jede Schädigung von Kulturgut, gleichgültig welchem Volk es gehört, eine Schädigung des kulturellen Erbes der ganzen Menschheit bedeutet, weil jedes Volk seinen Beitrag zur Kultur der Welt leistet. Neben der in Art. 4 der Konvention vorgesehenen Respektierungspflicht von Kulturgut, das heisst dem Diebstahls-, Plünderungs- und Zerstörungsverbot sowie dem Gebot, eigenes und fremdes Kulturgut zu respektieren und dadurch von der Gefahr der Vernichtung oder Beschädigung zu schützen, besteht eine Bewahrungspflicht bereits in Frie-

---

[292] A. a. O., S. 146f.

[293] Schwarz, S. 343f.

[294] Buschbom, S. 50 N. 287.

[295] Schindler/Toman, S. 741.

[296] SR 0.520.3.

denszeiten gegen die voraussehbaren Folgen eines bewaffneten Konflikts (Art. 3). Das gleichentags abgeschlossene Haager Protokoll befasst sich mit der Verschleppung von Kulturgütern aus besetzten Gebieten und deren allfälligen Rückschaffung ins Ursprungsgebiet. Gemäss I. Ziff. 1 des Haager Protokolls verpflichten sich die Vertragsparteien, die Ausfuhr von Kulturgut aus einem während eines bewaffneten Konflikts besetzten Hoheitsgebietes zu verhindern. Gelangt während der Feindseligkeiten Kulturgut in das Hoheitsgebiet einer Vertragspartei, so ist dieses in Gewahrsam zu nehmen (I. Ziff. 2), und es ist jedes während der Besatzung aus dem besetzten Gebiet ausgeführte Objekt nach Beendigung der Feindseligkeiten den zuständigen Behörden des früher besetzten Hoheitsgebietes zu übergeben (I. Ziff. 3).[297] Keinesfalls darf solches Gut zu Reparationszwecken zurückbehalten werden.

---

297 Vgl. dazu Turner, Zuordnung, S. 71 f.

3. Kapitel: Begründung des italienischen Restitutionsanspruchs nach dem Krieg

§ 6: Begründung der Restitutionsforderungen gegenüber den Alliierten in der Zeit vom September 1944 bis zum Herbst 1945

A. Rückforderung der durch Gewalt entfernten Kulturgüter

Im Verlauf des Herbstes 1944 befürchtete die neue Regierung in Rom aufgrund der Kriegslage Zerstörungen und Räumungen von Kunstdepots in der Toskana durch die deutschen Truppen. Das Erziehungsministerium hatte damit begonnen, einzelnen Fällen von Kunstdiebstählen nachzugehen und Informationen an die Alliierten weiterzuleiten. Das Aussenministerium wiederum informierte die Regierungen verschiedener neutraler Länder über die Problematik der Kunstdiebstähle der deutschen Truppen.[298] Die aus Vertretern des Erziehungs- und Aussenministerium zusammengesetzte *Commissione Interministeriale* erstellte erste Berichte bezüglich den verschiedenen Formen des Kulturgüterverlustes Italiens während der faschistischen Ära und des Krieges. Bereits im Juli 1944 wurden bei den zuständigen Stellen im Erziehungsministerium in Rom die Vorgänge, welche zum Export von Kulturgütern nach Deutschland geführt hatten, diskutiert. Dies ergibt sich aus einem Bericht des Ministerialinspektors Giulio Carlo Argan zuhanden der ersten *Commissione Interministeriale*, in welchem die Vorgänge bezüglich der Exportgenehmigungen dargestellt wurden (nachfolgend, II.).

I. Machtlose italienische Diplomatie

Die Informationen, welche die Regierung in Rom im Herbst 1944 über die Evakuierungen von Kulturgut aus der Toskana nach Norden erhielt, schürten Befürchtungen, wonach ein massiver Abtransport aus der italienischen Halbinsel und somit letztlich nach Deutschland stattfand. Dies veranlasste das Erziehungsministerium, alle Hebel in Bewegung zu setzen, um die Haltung der Regierung in Berlin dahingehend zu beeinflussen, dass das italienische Kulturerbe

[298] Appunto MAE/D. G. A. E. per il Comm. Migone vom 16. September 1944 in MAE, Aff. Ec. 1942–48, Italia, 25/1, Pacco No. 18.

geschützt werde. So wurde dem Aussenministerium nahegelegt, über die beim Heiligen Stuhl nach wie vor akkreditierte deutsche Botschaft den Wunsch des Vatikans auszudrücken, den Inhalt der ehemaligen Kunstdepots in der Toskana zu schonen, weil diese sowohl Kunstwerke des Staates als auch solche der Kirche enthielten. Weiter wurde vorgeschlagen, die neutralen Länder erneut auf die Problematik der Kunstdiebstähle hinzuweisen und dort den italienischen Anspruch auf Restitution grundsätzlich anzumelden.[299] Bereits im November 1944 musste die italienische Regierung jedoch zur Kenntnis nehmen, dass sowohl die Appelle des Erziehungsministers als auch die unermüdlichen Ermahnungen seitens des Vatikans die deutsche militärische Führung unbeeindruckt liessen und sich die Schäden am kulturellen Erbe Italiens sogar noch mehrten. Aus diesem Grund wurde im italienischen Aussenministerium diskutiert, den Alliierten eine Erklärung schmackhaft zu machen, gemäss welcher Italien das Recht auf *restitution in kind* (vgl. zum Begriff oben § 4 D I) aus den Beständen deutscher Museen und Privatkollektionen eingeräumt werden sollte. Dies vor dem Hintergrund der Tatsache, dass sich in Deutschland und insbesondere in der Pinakothek in Dresden italienische Kunstwerke befanden, welche von der Zeit der Renaissance bis zur österreichisch-ungarischen Besetzung aus Teilen Norditaliens erworben worden waren.[300]

II. Geltendmachung der italienischen Entschädigungsansprüche: Erklärung des Aussenministeriums vom 23. Dezember 1944

Dem im Erziehungs- und Aussenministerium geäusserten Wunsch nach einer Italien betreffenden Erklärung der Alliierten wurde, soweit sich dies aus den Unterlagen ergibt, nicht entsprochen. Dies überrascht nicht, hatten die Alliierten doch bereits 1943, soweit sie damals davon betroffen waren, mit der Londoner Erklärung im Bereich der Kunstkäufe aus besetzten Ländern Stellung bezogen (oben, § 4 B I). Italien ging allerdings nach wie vor von einem doppelten Anspruch sowohl auf Restitution als auch auf *restitution in kind* aus. Als Ergebnis der Tätigkeit der ersten *Commissione Interministeriale* verbreitete das Aussenministerium am 23. Dezember 1944 eine Erklärung über die Medien, welche auch den Alliierten übermittelt wurde. Darin beklagte die italienische Regierung die Tatsache, dass die deutschen Militärbehörden beim Rückzug ihrer Truppen vom italienischen Territorium weiterhin Kunstwerke und Dokumente von historischer und bibliographischer Bedeutung aus öffentlichem und privatem Besitz abtransportierten, beschädigten und zerstörten. Die italienische Regierung behielt sich in diesem Zusammenhang das Recht vor, die Rückschaffung der ent-

---

[299] Schreiben Erziehungsminister an MAE vom 14. September 1944 in MAE, Aff. Pol. 1931–45, Italia, 99/9.

[300] Appunto MAE vom 4. November 1944 in MAE, a. a. O.

fernten Objekte und als Entschädigung Kulturgüter aus Deutschland zu verlangen. Interessant ist dabei die Formulierung, wonach die Kunstwerke nicht nur einen Teil des künstlerischen Erbes Italiens, sondern der gesamten zivilisierten Welt darstellten:

> "Il Governo italiano constatato che le autorità militari germaniche nella loro ritirata dal territorio del Regno, persistono nelle asportazioni, danneggiamenti e distruzioni di monumenti di opere d'arte e di documenti storici e bibliografici di proprietà dello Stato italiano, di Enti e di privati, che costituiscono il patrimonio artistico e culturale non solo dell'Italia, ma del mondo civile, si riserva di esigere la restituzione degli oggetti asportati e l'eventuale rivalsa sul patrimonio artistico e culturale della Germania."[301]

III. Propagandaaktionen der italienischen Botschaft in Washington

1. Ziel der Informationskampagne

Im März 1945 wandte sich Erziehungsminister Vincenzo Arangio Ruiz mit einem Promemoria an Aussenminister Alcide De Gasperi und regte eine Informationskampagne des italienischen Botschafters in Washington betreffend das Schicksal des kulturellen Erbes Italiens an.[302] Die amerikanische Öffentlichkeit sollte informiert werden, in welchem Umfang Italiens kulturelles Erbe durch die deutschen Armeen geschädigt worden war. Dabei sollte auch die italienische Hoffnung Ausdruck finden, dass Kulturgüter restituiert würden. Von dieser Kampagne, welche sich an die gesellschaftliche Elite, die interessierten Kreise aus Universitäten und Kulturinstituten und an Politiker richten sollte, versprach sich der Erziehungsminister einerseits eine Unterstützung der Sache Italiens, welche Vorteile bei den Verhandlungen über einen Friedensvertrag bringen würden. Anderseits sollte, insbesondere bei den emigrierten Landsleuten in den Vereinigten Staaten, um finanzielle Hilfe beim Wiederaufbau der durch den Krieg zerstörten Denkmäler geworben werden.

2. Begründung des italienischen Restitutionsanspruchs

Für Erziehungsminister Arangio Ruiz, einem Rechtsprofessor, gründete sich Italiens Restitutionsanspruch auf einem moralischen Prinzip, gemäss welchem nationales Kulturerbe über den Wettstreit der Nationen zu stellen war. Das Kulturerbe einer Nation sollte, jenseits des Handelswertes des einzelnen Kunstwerkes, als lebendiger und dauernder Ausdruck der Zivilisation und Kultur verstanden werden, weshalb es untrennbar mit demjenigen Volk verbunden war, welches es hervorgebracht hatte. Von dieser Prämisse aus war jegliche Plünderung von

---

301 Erklärung der italienischen Regierung vom 23. Dezember 1944 in MAE, Aff. Pol. 1931–45, Italia, 99/9.

302 Promemoria per il nostro Ambasciatore a Washington vom 21. März 1945 in MAE, Aff. Pol. 1931–45, Italia, 112/7.

Kulturgut ein Angriff auf die Zivilisation als solche, und die weggebrachten Kulturgüter waren ohne weiteres zu restituieren. Arangio Ruiz versprach sich die amerikanische Unterstützung seiner Idee nicht aufgrund des internationalen Rechts, in welchem das Prinzip der Wahrung des Kulturerbes nicht verankert war, sondern in Anwendung moralischer Überlegungen, die in diesem Prinzip rechtliche Form und Durchsetzbarkeit erst noch finden sollten. In der Tat entsprach die Begründung des italienischen Anspruches dem Inhalt der UNESCO-Konvention zum Schutz von Kulturgut bei bewaffneten Konflikten von 1954 (oben, § 5 B). An sich ist es erstaunlich, dass ein Regierungsvertreter Italiens neun Jahre bevor eine entsprechende Konvention erlassen wurde, deren Inhalt zur Begründung eines Restitutionsanspruchs heranzog, zumal damit eingestanden werden musste, dass die eigenen Restitutionsforderungen in Anwendung der damals geltenden Schutzbestimmungen der Haager Konvention nur geringen Aussicht auf Erfolg hatten. Allerdings erklärt sich die Vorgehensweise mit der ausserordentlichen Situation, in der sich Italien als militärisch besetztes Land befand. Überdies wurde der Kulturgüterschutz, wie er in der UNESCO-Konvention von 1954 festgelegt wurde, bereits vor dem Krieg in den interessierten Gremien diskutiert, so dass die Begründung Italiens lediglich ein Prinzip aufnahm, welches ohnehin der Überzeugung der Fachleute entsprach.

IV. Geltendmachung der italienischen Ansprüche über die Botschaften

Am 24. April 1945 versandte der italienische Aussenminister an die Botschaften Italiens in Washington, London, Paris und Moskau Schreiben, gemäss welchen den Regierungen der Alliierten die italienischen Verluste an Kulturgut in Erinnerung gerufen wurden und zugleich die Restitution derjenigen italienischen Kulturgüter verlangt wurde, welche sich in Deutschland befanden. Überdies beantragte der Aussenminister die *restitution in kind* für die zerstörten oder unauffindbaren Kulturgüter.[303] Ein ähnliches Schreiben wurde am 25. April 1945 der amerikanischen Botschaft in Rom übergeben.[304] Am 26. April 1945 schliesslich wurde der italienische Botschafter in Washington angewiesen, die amerikanische Öffentlichkeit gemäss dem Promemoria des Erziehungsministers vom 21. März (oben, § 6 A III) zu informieren, wobei besonders darauf hingewiesen wurde, dass eine Restitution an Italien nicht nur an das Land an sich erfolge, sondern an die zivilisierte Welt überhaupt,[305] womit erneut die Zugehörigkeit der Kulturgüter zu ihrem Herkunftsort als Restitutionsgrund herangezogen wurde.

[303] Telegramma in Partenza vom 24. April 1945 in MAE, Aff. Ec. 1942–48, Italia, 25/1, Pacco No. 18.

[304] Nota Verbale vom 25. April 1945 in MAE, Aff. Pol. 1931–45, Italia, 112/7.

[305] "Dato tuttavia che, come si è detto, si tratta di restituzione non sollo all'Italia ma alla civiltà di un patrimonio comune a tutto il mondo …" Telespresso vom 26. April 1945 in MAE, Aff. Ec. 1942–48, Italia, 25/1, Pacco No. 18.

B. Nachforschungen über die Kunstkäufe der Naziführer

I. Bericht des Ispettore del Ministero vom 13. Juli 1944

Im Rahmen der Tätigkeit der ersten *Commissione Interministeriale* wurden auch erste Abklärungen bezüglich der deutschen Ankäufe von Kulturgut in Italien getätigt. Aufgrund der Rede Bottais vom Mai 1942 war bekannt, welche Kunstwerke Italien in Richtung Deutschland verlassen hatten. Erstmals wurde indessen im Juli 1944 in einem Bericht eines hohen Beamten des Erziehungsministeriums, Giulio Carlo Argan, das Schwergewicht auf die Verstrickung der faschistischen Regierung bei der Gewährung von Exportlizenzen gelegt.[306] Dabei wurde festgehalten, dass die Exporte fast nie über den gesetzlich vorgeschriebenen Weg abgewickelt worden waren, sondern die deutschen Kaufwünsche dem italienischen Aussenministerium mitgeteilt wurden, und es dem Erziehungsministerium schliesslich nur oblegen habe, die administrative Umsetzung der vom Aussenministerium gegebenen Befehle zu erledigen. Die Kunstexporte wurden im Bericht in drei Klassen unterteilt, in Geschenke, in legale und in illegale Exporte. Die legalen Exporte hätten Kunstwerke von geringem Wert betroffen, bei welchen auch vor den Ankäufen der Führung von Nazideutschland kein Exportverbot ausgesprochen worden, beziehungsweise keine Geltendmachung des Vorkaufsrechts des Staates angezeigt gewesen wäre. Immerhin seien Verkäufe nach Deutschland vor dem Hintergrund des Krieges die einzige Möglichkeit gewesen, den italienischen Kunstmarkt am Leben zu erhalten, zumal Deutschland über grosse Beträge an italienischer Währung verfügt habe. In diesem Zusammenhang böten weder die widerrechtliche Anwendung der Gesetze noch die systematische Entmachtung des zuständigen Ministeriums genügende Grundlage für eine Nichtigerklärung der Verkäufe oder der Exporte. Dies, nachdem auch hier zu normalen Zeiten, abgesehen von Kunstwerken ersten Ranges wie dem Memling-Bildnis oder dem Doria-Reiterbild von Rubens, weder ein Verkaufs- noch ein Exportverbot hätte ausgesprochen werden können. Das Vorkaufsrecht des Staates habe in der Praxis wegen fehlender finanzieller Möglichkeiten ohnehin keine Anwendung gefunden. Unter keinem Titel zu rechtfertigen und daher illegal seien jene Exportgeschäfte gewesen, bei welchen keine Exportsteuer bezahlt worden sei. Auch die heimlichen Exporte unter Umgehung der Exportbehörden seien widerrechtlich gewesen. Das Geschenk des Multscher-Altars an Göring sei unter Verletzung von Gesetzesvorschriften erfolgt, da es für eine korrekte Abwicklung zweier neuer Gesetze bedurft hätte: Zunächst hätte die Gemeinde Vipiteno ermächtigt werden müssen, das Kunstwerk an den Staat zu veräussern und danach hätte ein weiteres Gesetz Mussolini erlauben müssen, Gegenstände des Staates an Dritte zu verschenken. Diese Gesetze seien nie erlassen worden, weshalb das Geschenk als eine Gesetzesverletzung zu betrachten sei.

---

[306] Appunto Argan vom 13. Juli 1944 in CIR 3/23/Storia Recuperi.

Der Bericht Argans konzentrierte sich auf die Darstellung der Verantwortung der faschistischen Regierung an den Kunstexporten, und zwar aus der Sicht eines hohen Beamten des Erziehungsministeriums. Daher wurde auch das Vorgehen der Deutschen an keiner Stelle offen kritisiert, sondern es wurden die Mechanismen der Druckausübung des Aussen- auf das Erziehungsministerium in der Umsetzung der deutschen Wünsche dargestellt. Die wichtigste Aussage des Dokumentes allerdings lag in der Unterscheidung zwischen der gegebenen Verletzung von verfahrensrechtlichen Vorschriften, welche bei den meisten Fällen im Kontrast zur richtigen Anwendung der materiellen Kunstschutzvorschriften stand und welche nach Ansicht Argans bei den mit Exportlizenzen veräusserten Kunstwerken keine Nichtigkeit der Geschäfte zur Folge gehabt hätte.

II. Bericht des Ispettore del Ministro über die Tätigkeit des Prinzen von Hessen in Italien

In einem Bericht Argans zu Handen von Siviero vom 3. Februar 1945 über das Vorgehen von Hessens beim Ankauf von Kunstwerken war dann offen die Rede vom Druck, der von der deutschen Kommission ausgeübt worden war.[307] Argan erklärte, ein direkter Kontakt des Prinzen zu Erziehungsminister Bottai habe erst 1941 stattgefunden, als auch für die Deutschen habe klar sein müssen, dass der grösste Widerstand gegen die Exporte von ihm gestammt habe. Zuvor habe man sich an die Umgebung Mussolinis und an Ciano gehalten. Nachdem Bottai von Hessens Vorschlag scharf zurückgewiesen habe, italienische Kunstwerke aus französischen Sammlungen für ein Entgegenkommen bei den Exporten aus Italien zurückzugeben, hätten die deutschen Anfragen stark abgenommen. Kurz darauf habe man die ersten Gerüchte über Kunstschmuggel mit geheimen Eisenbahnzügen vernommen, welche in der Folge durch vertrauliche Informationen der Zollbehörden und der Polizei bestätigt worden seien.

III. Bericht des Commissario Venturi über die Ausfuhr von Kulturgütern von 1940 bis 1943

Im Sommer 1945 befanden sich die Akten des Erziehungsministeriums der faschistischen Regierung immer noch in Norditalien und waren für die Funktionäre der neuen Regierung nicht einsehbar. Dennoch gelangte der Vorsitzende der *Commissione Interministeriale*, Venturi, am 17. Juli mit einem provisorischen Bericht über die Frage der Rechtmässigkeit der deutschen Erwerbungen in Italien von 1940 bis 1943 an den Aussenminister.[308] Venturi kam zum Ergebnis, dass in dieser Zeitspanne, als Italien Deutschland hörig gewesen sei, die Organe des

---

[307] Bericht Argan in FN 28.

[308] Schreiben Venturi an De Gasperi vom 17. Juli 1945 in MAE, Aff. Pol. 1931–45, Italia, 112/7.

italienischen Kulturgüterschutzes gegenüber den Exportwünschen der Naziführerschaft machtlos gewesen seien. Obschon er seine Untersuchungen erst beenden könne, wenn er die Archive eingesehen und Kontakt mit allen Exportbüros gehabt habe, sei er davon überzeugt, dass er in allen Fällen die Illegalität des Exportverfahren beweisen könne. Aus dieser Rechtswidrigkeit ergebe sich auch ohne weiteres die Nichtigkeit der erteilten Lizenzen. Allerdings müsse er einräumen, dass, auch wenn er den Machtmissbrauch oder den Gesetzesbruch nachweisen könne, dies noch nicht als genügendes Argument angesehen werden könne, welches Italien den vollen und bedingungslosen Anspruch auf Restitutionen einräume. Dieser Anspruch ergebe sich aber dann, wenn man die systematischen Ankäufe bei Antiquaren und Privatsammlern als einen präzisen politischen Plan der deutschen Führung erkenne, mit dessen Umsetzung Prinz von Hessen, eine wichtige Persönlichkeit des politischen Lebens, beauftragt worden sei. Die Ankäufe müssten auch im Kontext einer gross angelegten Geldspekulation gesehen werden. Für die Finanzierung der Kunstwerke habe Deutschland in der Schweiz zu tiefem Preis Lirabestände erworben, welche aus den Kolonien Italiens gestammt hätten. Auch wenn in der Folge den einzelnen Verkäufern in Italien hohe Preise für ihre Kunstwerke bezahlt worden seien, habe diese Bezahlungsweise dennoch zu einer Belastung des italienischen Staatshaushaltes geführt. Wenn man sich vor Augen führe, dass Deutschland und Italien durch ein Bündnis liiert gewesen seien, so erschienen diese Geldspekulationen und damit auch die Kunstkäufe als Akte politischen Raubrittertums. Mittlerweile habe Prinz von Hessen ausgesagt, dass mit den Ankäufen die Ausstaffierung eines Museums in Linz geplant gewesen sei, welches den Sieg des Nationalsozialismus über die Welt hätte dokumentieren sollen. Dies sei ein weiterer Beweis dafür, dass es sich nicht um normale Geschäfte zwischen zwei Ländern gehandelt habe, sondern um die typisch nationalsozialistische Durchsetzung einer Politik der Übermacht. Dieser Politik gelänge ein unverdienter posthumer Erfolg, liesse man heute die Kunstwerke in Deutschland. Die Frage, ob aufgrund des dargestellten Sachverhaltes im internationalen Recht von der Nichtigkeit der Verkäufe und Exporte auszugehen sei, müsse vom *Contenzioso Diplomatico*, dem Rechtsdienst des Aussenministeriums, beantwortet werden.

Den obgenannten Bericht Venturis reichte der *Contenzioso Diplomatico* mit Schreiben vom 5. September 1945 mit der Bitte an den Autor zurück, jeden einzelnen Fall von Kulturgütertransfer zu dokumentieren, damit das Rechtsgutachten erstellt werden könne.[309]

---

[309] Appunto Contenzioso Diplomatico vom 5. September 1945 in MAE, a.a.O. Das Aktenbündel "Affari Politici (1946–1950), Italia, 203/6" im *Archivio Storico Diplomatico* des Aussenministeriums enthält zwar einen Schnellhefter, welcher gemäss seiner Beschriftung ein Rechtsgutachten des *Contenzioso Diplomatico* zur Frage der Zulässigkeit von Restitutionen von Deutschland an Italien enthielt. Das Rechtsgutachten selber befindet sich allerdings nicht mehr dort. Auch der von *Commissario* Venturi in Aussicht gestellte abschliessende

IV. Memorandum des Foreign Service of the United States

1. Inhalt des Memorandums

In einem Memorandum vom 23. März 1945, welches von der amerikanischen Botschaft in Rom verfasst worden war, wurde der Kunsthändler Benno Geiger aus Venedig erwähnt, welcher als Kunsteinkäufer Görings in Italien tätig gewesen sei.[310] Dieser habe beim römischen Juwelier Bulgari Silber und Kunstgegenstände für 9 Millionen Lire gekauft, die aus den 20 Millionen Lire Görings gestammt hätten, die dieser 1942 in der Schweiz für Fr. 500'000, also Fr. 2.50 für 100 Lire, erworben habe. Geiger habe für Göring auch das Memling-Portrait gekauft, für welches er 7 Millionen Lire bezahlt habe. Die übrigen vier Millionen Lire habe Göring mit Einverständnis des faschistischen Handelsministers Riccardi den Italienern zum offiziellen Kurs von 4.41 Lire pro Schweizer Franken verkauft, wodurch er Fr. 880'000 verdient habe.

2. Widerrechtlichkeit der Kunstkäufe aufgrund von Währungsspekulationen

Der Inhalt des Memorandums ist zurückhaltend zu werten. Zunächst steht die Behauptung, Geiger sei in den Verkauf des Memling-Portraits involviert gewesen, um es für Göring zu erwerben, der unbestrittenen Tatsache entgegen, wonach Prinz von Hessen den Ankauf für Hitler abwickelte (oben, § 2 B III 2). Der angebliche Erwerb der Lirabestände in der Schweiz 1942 steht auch im Widerspruch zu der nicht zu widerlegenden Tatsache, wonach die Exportlizenz bereits im September 1941 ausgestellt wurde, zu einem Zeitpunkt, als das Geschäft wohl abgewickelt war. Überdies scheint die Person Geigers, abgesehen von diesem Memorandum, in keinem Dokument auf, welches von den Ankäufen der Nationalsozialisten in Italien handelt. Anderseits ist die genannte Höhe des Ankaufspreises des Bildes, auch wenn ungenau,[311] doch ein Indiz dafür, dass die Autoren des Memorandums zumindest teilweise über zutreffende Angaben verfügten.

Ob die Kunstkäufe in Italien in der Tat mit Devisenspekulationen finanziert wurden, lässt sich aufgrund der vorliegenden Unterlagen nicht belegen. Heute ist bekannt, dass Hitler seine Ankäufe aus einer Pseudostiftung finanzierte, die

---

Bericht über die Kunstexporte liess sich weder im *Archivio Storico Diplomatico* noch im Archiv von Sivieros Dienststelle finden.

310 Memorandum of the Foreign Service of the United States vom 23. März 1945 in MAE, a. a. O.

311 Während der Newton-Report (in FN 29) von sechs Millionen Lire spricht, führt die Abrechnung des Sonderkontos der deutschen Botschaft in Rom – wohl zutreffend – 6.9 Millionen auf, Abrechnung des Sonderkontos bei der Deutschen Botschaft in Rom vom 12. Mai 1942 in CIR 14/3/80.

ursprünglich mit dem Verkauf von Geschenken, die er erhalten hatte, alimentiert wurde. Später gelangte der Erlös aus dem Verkauf von "Führer-Briefmarken" in die Stiftung, ebenso Überschüsse aus einem Dispositionsfonds des Budgets der Reichskanzlei.[312] Göring finanzierte seine Ankäufe aus dem "Göring-Kunstfond", welcher zunächst mit Spenden und Bestechungsgeldern aus industriellen Kreisen und nach Beginn des Zweiten Weltkriegs mit dem Verkauf beschlagnahmter Kunst von enteigneten jüdischen Eigentümern alimentiert wurde.[313] Ob die Gelder zum Ankauf der in der Schweiz deponierten Lirabestände benutzt wurden, lässt sich damit nicht erstellen. Immerhin wurde der Vorwurf der Devisenspekulation im Memorandum der italienischen Regierung vom Oktober 1945, welches an die vier Mächte geschickt wurde, aufrechterhalten (siehe nachfolgend, D.).

C. Erste Reaktionen aus den Vereinigten Staaten

Mit Schreiben vom 17. Juli 1945 berichtete der italienische Botschafter in Washington von den ersten Reaktionen der USA auf die italienischen Restitutionsforderungen.[314] Gemäss einer Verbalnote des *State Department* sei man dort der Ansicht, dass es wünschenswert sei, dass die Kunstwerke, welche ein Erbe des italienischen Volkes darstellten, an dieses zurückgegeben würden. Aus diesem Grund würden die italienischen Forderungen wohlwollend geprüft.[315] Bezüglich der Frage, ob Italien als Entschädigung für verlorene oder zerstörte Kunstwerke einen Anspruch auf Kunstwerke aus deutschen Beständen habe, sei noch keine Entscheidung gefallen.[316] Am 25. Juli 1945 teilte das italienische Aussenministerium dem Erziehungsministerium mit, dass die italienische Botschaft vom *State Department* vertraulich informiert worden sei, dass die amerikanische Regierung die Rechtmässigkeit der italienischen Forderungen anerkannt habe und die Restitution der Kunstwerke nach Italien, ihrer natürlichen Stätte, welche zugleich die Wiege von Kunst und Zivilisation sei, wünsche. Die Frage der *resti-*

---

312 Heuss, S. 39ff.

313 A. a. O, S. 75.

314 Telespresso Circolare No. 5803/74 vom 17. Juli 1945 in MAE, Aff. Pol. 1931–45, Italia, 112/7.

315 "The United States Government is of course desirous that art treasures which are the heritage of the Italian people be restored to them and will accord the Italian request the most sympathetic consideration", Note Verbale *Department of State* vom 14. Juli 1945 in CIR D. G. R. C. SIVIERO 31. 5. 1948–31. 12. 1949.

316 "As regards compensation for art treasures which may have been destroyed or damaged it should be stated that the question of compensation has not yet been decided by the Allied Governments, but the United States Government is prepared to receive without commitment a detailed list of Italian art treasures so damaged or destroyed", Note Verbale in vorhergehender FN.

tution in kind sei nach wie vor unbeantwortet; immerhin sei von amerikanischer Seite darauf hingewiesen worden, dass bei der Durchführung einer solchen Entschädigungsaktion eine gerechte Verteilung unter den geschädigten Nationen erreicht werden müsse. Anderseits stelle sich die grundsätzliche Frage nach der Zulässigkeit des Austauschs von für die italienische Kultur und Geschichte unersetzlichen Kunstwerken gegen Kulturgut deutscher Provenienz mit gleicher Bedeutung für die dortige Kultur. Diese gemachten Ausführungen seien indes noch vertraulich, und eine endgültige und offizielle Stellungnahme des *State Department* könne erst erwartet werden, nachdem weitere Abklärungen in Deutschland getroffen worden seien. Am 22. Oktober 1945 teilte die amerikanische Botschaft in Rom dem italienischen Aussenministerium mit, dass die US-Regierung damit einverstanden sei, Bücher, Archive und Kunstwerke an Italien zurückzustellen, welche von Deutschland während der militärischen Besetzung Italiens gestohlen oder sonst wie erworben worden waren. Die Restitution werde aber erst erfolgen, nachdem ein Rückgabeprogramm für die den Vereinten Nationen angehörigen befreiten Länder entwickelt worden sei.[317]

D. Italienische Intervention in London

I. Ausgangspunkt: Befürchtung des Ausschlusses italienischer Restitutionsforderungen

Im Herbst 1945 erfuhr das italienische Erziehungsministerium, dass angeblich eine Kommission für Kulturgüter der Vereinten Nationen in London eine Erklärung vorbereitete, gemäss welcher alle An- und Verkäufe von Kunstwerken in den von Deutschland besetzten Ländern Europas für nichtig erklärt werden sollten. Während für Länder wie Belgien und die Niederlande die Nichtigkeit per 1. September 1939 festgelegt worden sei, sollte dies für Italien erst nach dem 8. September 1943 gelten. Nun befürchtete das Erziehungsministerium den Verlust all jener Kunstwerke, welche vor dem vorgesehenen Stichtag von der Naziführung erworben worden waren und beantragte beim Aussenministerium eine Intervention der Botschaft in London, damit das Datum für Italien auf den 1. Juni 1940 vorverlegt werde.[318]

---

[317] Note Verbale der US-Botschaft an das MAE vom 22. Oktober 1945 in MAE, Aff. Pol. 1946–50, Italia, 22/9.

[318] Schreiben MPI an MAE vom 4. Oktober 1945 in MAE, Aff. Pol. 1931–45, Italia, 112/7. Welches genau der Inhalt der Erklärung war, die das Erziehungsministerium beunruhigte, und von welcher Amtsstelle sie vorbereitet wurde, lässt sich mit dem vorhandenen Material nicht erkennen.

II. Begründung

Im Frühjahr 1945 hatte die italienische Regierung gegenüber den Regierungen der vier Mächte das grundsätzliche Rechts Italiens auf Restitution als eine Konsequenz der Anwendung moralischer Prinzipien begründet. Im Herbst 1945 änderte sich diese Argumentation. In Umsetzung des Berichtes Venturis vom Juli 1945 (oben, § 6 B III) bezeichnete das italienische Erziehungsministerium zum ersten Mal die von der faschistischen Regierung erteilten Exportbewilligungen offen als nichtig:

> "Il Governo Italiano ritiene che le licenze d'esportazione concesse dal governo del tempo per tutte le opere comprese nell'elenco allegato e per quanto altre dovessero ad esso aggiungersi per ulteriori accertamenti, sono da considerarsi nulle e che le opere stesse devono essere ricercate e restituite allo Stato Italiano."[319]

Es sei unbestreitbar, dass die Kunstwerke, welche seit dem italienischen Kriegseintritt auf deutscher Seite bis zum September 1943 exportiert worden seien, nicht durch militärische Aktionen das Land verlassen hätten und die früheren Eigentümer bezahlt worden seien. Allerdings müssten die Ankäufe und Exporte im Rahmen einer geplanten und systematisch durchgezogenen Finanzierungspolitik der Nazis für das Museum in Linz gesehen werden, welches der Glorifizierung des nationalsozialistischen Sieges hätte dienen sollen. Prinz von Hessen habe sein Ansehen als bedeutendes Mitglied der Partei und persönlicher Freund Hitlers dazu benutzt, Exportlizenzen direkt vom italienischen Regierungschef oder vom Aussenministerium zu erhalten. Diese Vorgehensweise, welche von der faschistischen Regierung aus falsch verstandener Staatsraison gefügig unterstützt worden sei, sei illegal, ebenso die absurde Tatsache, dass die Ausfuhrtaxen, wenn sie denn bezahlt worden seien, in verschiedenen Fällen vom Aussenministerium selbst übernommen worden seien. Es sei bekannt, dass Deutschland in der Schweiz Devisen zu extrem tiefem Wechselkurs erstanden habe, welche von den Filialen italienischer Banken in Somalia, Äthiopien und Eritrea gestammt hätten. Durch die Kunstkäufe in Italien seien die Devisen wieder in Umlauf gesetzt worden, wodurch das italienische Volk als ganzes geschädigt worden sei. Überdies sei bekannt, dass diese Spekulationsart auch für den Ankauf von Gold, Edelsteinen und Maschinenausrüstungen eingesetzt worden sei, weshalb von einer gigantischen Ausnutzung und Plünderung Italiens ausgegangen werden müsse. Aus diesem Grund hoffe die italienische Regierung, dass die Vereinten Nationen nicht nur diejenigen Geschäfte als nichtig bezeichnen würden, welche nach dem 8. September 1943 während der militärischen Besetzung stattgefunden hätten, als jegliche Handelsfreiheit unterbunden gewesen sei. Vielmehr seien auch die Geschäfte vor diesem Datum nichtig zu erklären, bei welchen die Handelsfreiheit durch ein System politischer Erpressung unterdrückt worden sei.

---

[319] Promemoria per l'Ambasciata d'Italia a Londra, undatiert, als Beilage zum Schreiben MPI in vorhergehender FN.

Auch aus einem rechtlichen Gesichtspunkt ergebe sich, dass das entsprechende Datum für Italien auf den 10. Juni 1940 vorverlegt werden müsse. Am 6. November 1941 habe Erziehungsminister Bottai, aufgerüttelt durch die Exporte, die sein Ministerium nicht habe verhindern können, ein Rundschreiben erlassen, gemäss welchem während der Dauer des Krieges jeglicher Export der vom Kulturgüterschutzgesetz von 1939 erfassten Gegenstände verboten worden sei. Bereits mit der *legge 3 settembre 1941, n. 208*, sei die Ausfuhr von Gold, Silber, Platin und überhaupt von Edelmetall verboten worden. Das Rundschreiben vom November könne nicht anders verstanden werden als die Umsetzung dieses Gesetzes mit Bezug auf Kunstwerke. Deswegen seien diejenigen Exporte, die nach dem 3. September in klarer Verletzung der *legge 3 settembre 1941, n. 208,* stattgefunden hätten, als Schmuggelgeschäfte und Akte politischen Raubrittertums zu klassieren. Die Tatsache, dass die Geschäfte trotz des Erlasses dieses Gesetzes weitergegangen seien, beweise, dass die früheren Exporte, welche ja gerade zum Erlass des Gesetzes geführt hätten, nicht als Ausdruck freien Handels zu werten seien, sondern als Zeichen von Willkür und politischer Erpressung. Unabhängig von der Festlegung eines Datums für die Nichtigkeit der An- und Verkäufe von Kunstwerken durch deutsche Staatsbürger in Italien werde schliesslich die Anerkennung des generellen Rechts Italiens auf Restitution derjenigen Kunstwerke gefordert, die heimlich und unter Umgehung der Kulturgüterschutzgesetzgebung nach Deutschland geschafft worden seien.

Das Promemoria wurde am 12. Oktober 1945 an die Botschaften in London, Washington, Moskau und Paris versandt.[320]

III. Analyse der italienischen Rechtsauffassung

Das Promemoria des Erziehungsministeriums enthielt zwei Begründungen. Einerseits sollte sich die Widerrechtlichkeit der Erwerbungen aus dem systematischen Vorgehen der Nazis bei den Ankäufen ergeben und anderseits aus den behaupteten Gesetzesverletzungen.

1. Widerrechtlichkeit durch systematisches Vorgehen

Das Erziehungsministerium wollte mit seinem Promemoria erreichen, dass Italien mit Bezug auf Geschäfte, die von deutschen Staatsbürgern nach Anfang Juni 1940 getätigt worden waren, gleich behandelt werde wie diejenigen europäischen Staaten, die mit Deutschland seit dem 1. September 1939 im Krieg standen, beziehungsweise von diesem militärisch besetzt wurden. Diese Ansicht stand der historischen Tatsache entgegen, dass Italien seit dem 10. Juni 1940 aktiv an der

---

[320] Telespresso n. 16/22692 vom 12. Oktober 1945 des MAE an die genannten Botschaften in MAE, Aff. Pol., 1931–45, Italia, 112/7.

Seite Deutschlands Krieg führte und liess die Verantwortung ausser Acht, die sich aus diesem Umstand ergab. Auch wurde lediglich am Rande bemerkt, dass, soweit die Erteilung der Exportlizenzen in Rede stand, den deutschen Wünschen von der faschistischen Staatsführung aus Staatsraison und somit freiwillig entgegengekommen worden war. Die Behauptung der Finanzierung der Käufe durch Devisenspekulationen war Teil einer Indizienkette, mit welcher man beweisen wollte, dass Italien trotz gemeinsamer Allianz mit Deutschland von diesem wie ein unterworfenes Land systematisch geplündert wurde. Dies hätte die Fiktion erlaubt, Italien bereits zu einem früheren Zeitpunkt als September 1943 in die Reihe der überfallenen Nationen zu stellen. Gerade die Tatsache aber, dass von italienischer Seite die Geschäfte unterstützt wurden und daran auch verdient wurde, stand im Gegensatz zur Situation militärisch besetzter Gebiete und der Behauptung, von deutscher Seite unter Druck gesetzt worden zu sein. Dies um so mehr, als diejenigen Fälle, bei welchen es Bottai gelungen war, die deutschen Wünsche zurückzuweisen, keine dokumentierten Nachteile für Italien zeitigten. Worin solche hätten bestehen können ist überdies schwerlich nachvollziehbar, nachdem die beiden Länder als Verbündete im Krieg dieselben Ziele verfolgten, welche wiederum in erster Linie den deutschen Interessen dienten. Ein weiterer Punkt, der die Zielgerichtetheit deutscher Ankäufe als Umsetzung politischer Absichten als zweifelhaft erscheinen lässt, ist die Tatsache, dass der zahlenmässig grössere Teil der Ankäufe in Italien durch Hofer für Göring und dessen Privatsammlung getätigt wurde. Diese Sammlung aber sollte nicht in absehbarer Zeit der Öffentlichkeit oder dem deutschen Reich für Propagandaaktionen zur Verfügung stehen.[321] Es lässt sich zwar nicht bestreiten, dass die Durchführung der Ankäufe für Hitler sehr zielgerichtet, systematisch und gut organisiert erfolgte. Entscheidend bleibt indessen die Tatsache, dass die gesetzlich vinkulierten Kunstwerke erst dank der Mithilfe Mussolinis und Cianos hatten exportiert werden können. Gerade dieser Tatsache wurde im Promemoria zu wenig Beachtung geschenkt. Es wurde vielmehr vom Erziehungsministerium versucht, das unbestreitbare Verschulden Deutschlands hinsichtlich des Krieges und der darin begangenen Verbrechen zu nutzen, um mit Bezug auf die Kunstexporte von der italienischen Verantwortung abzulenken und dadurch Vermögenswerte zurückzugewinnen, die aufgrund von Fehlern der eigenen Vorgängerregierung verloren gegangen waren.

---

[321] Obschon Göring und Hitler angeblich in den frühen dreissiger Jahren geplant hatten, eine "Herrmann-Göring-Sammlung" einzurichten, liess sich auch nach 1945 nicht eindeutig klären, ob Göring seine Sammlung als Privatsammlung betrachtete oder sie zu einem späteren Zeitpunkt der Öffentlichkeit übergeben wollte, Heuss, S. 73 m.w.N.

2. Widerrechtlichkeit durch Gesetzesverletzung

Die Rechtfertigung der italienischen Ansprüche glaubte das Erziehungsministerium auch in der Verletzung nationaler Gesetze durch die Exporte zu erkennen. Die dabei vorgebrachte Begründung konnte indes nicht überzeugen. Der Hinweis auf das Rundschreiben Bottais vom 6. November 1941, welches den Export von Kunstwerken aus Italien für die Dauer des Krieges verbot, ist zutreffend, zumal Bottai ermächtigt war, derartige Notstandserlasse zu verfügen (oben, § 1 C). Allerdings stand das Rundschreiben entgegen der Ansicht des Erziehungsministeriums in keinem erkennbaren Bezug zur *legge 3 settembre 1941, n. 208*. Somit hätte zwar die Nichtigkeit von Exporten zumindest für die Zeit nach dem 6. November 1941 vom italienischen Staat geltend gemacht werden können. Die Argumentation, mit welcher eine weitere Ausdehnung bis zum Juni 1940 verlangt wurde, war demgegenüber derart abenteuerlich, dass sie nicht als eigenständige Argumentation neben dem Vorwurf des angeblich systematischen Vorgehens der Deutschen stehen konnte, welchen sie hier erneut übernahm.

Selbst wenn aber davon ausgegangen wird, dass Exporte nach dem 6. November 1941 verboten waren, bleibt dennoch die Frage, wie die Widerrechtlichkeit der Exporte derjenigen Kunstwerke begründet werden konnte, für welche nach diesem Datum von der italienischen Regierung Exportgenehmigungen ausgestellt wurden. Dies wiederum war eine inneritalienische Frage, die das Verhältnis zu Deutschland oder den Alliierten nicht tangierte und dementsprechend auch nicht von dort zu beantworten war. Überhaupt zeigte gerade dieses Promemoria die Schwierigkeit, in welcher sich die italienische Regierung befand, wenn sie die Verletzung von Zuständigkeits- und Verfahrensvorschriften durch das Vorgehen der Deutschen geltend machte. Neben dem Problem der Verwicklung der eigenen Vorgängerregierung in die Vorkommnisse stellte sich bei der Betrachtung der Rechtmässigkeit der italienischen Restitutionsforderungen das Problem, dass Italien die Verletzung interner Rechtsnormen, welche bei der Behandlung durch italienische Gerichte allenfalls zur Nichtigkeit der Verkäufe und der Exportlizenzen geführt hätten, im zwischenstaatlichen Verhältnis zu Deutschland gar nicht geltend machen konnte. Dies, nachdem zur damaligen Zeit im internationalen Recht keine Norm die Unveräusserlichkeit des kulturellen Erbes sanktionierte. Überdies bestand ein Beweisproblem, da sich die angeblichen deutschen Druckversuche nicht belegen liessen. Dieses Problem sollte vermutungsweise auch dadurch umgangen werden, dass das ganze Vorgehen der Deutschen als Machenschaften dargestellt wurden, die es der faschistischen Regierung hätten unmöglich machen sollen, deutsche Wünsche zurückzuweisen.

IV. Bedeutung des Promemorias

Das Promemoria des Erziehungsministeriums, welches die Alliierten vom Recht Italiens auf Restitutionen ab Juni 1940 überzeugen sollte, erwies sich als unnötig.

Wie der italienische Botschafter in London am 13. November 1945 mitteilte, war noch kein Datum für den Beginn der Nichtigkeit der Geschäfte festgelegt worden und auch die Festlegung eines Datums war noch nicht vorgesehen.[322] Dass die Begründung der italienischen Restitutionsforderungen indessen beim *Foreign Office* zur Kenntnis genommen worden war, ergab sich aus der dortigen Reaktion auf die Affäre um die Bilder französischer Impressionisten (nachfolgend, § 7).

E. Zusammenfassung

Die italienischen Kunstschutz- und Restitutionsbemühungen beschränkten sich im letzten Jahr des Krieges auf die Sammlung von Informationen über die Diebstähle von Kulturgut durch die deutschen Armeen und den Versuch, die militärische Führung in Deutschland durch Pressekampagnen und diplomatische Démarchen zur Rücksichtnahme auf das nationale italienische Kulturguterbe zu bewegen. Zugleich wurden die Regierungen der vier Mächte und insbesondere auch die amerikanische Öffentlichkeit für die Problematik des Raubes von Kulturgut in Italien sensibilisiert. Überdies stellte die italienische Regierung gegenüber den Alliierten Forderungen nach Restitution und Reparationen in der Form der *restitution in kind.* Die Begründung der Restitutionen folgte dabei zunächst dem damals im internationalen Recht noch nicht verankerten Prinzip der Wahrung des nationalen kulturellen Erbes durch die Verbindung von Kulturgut mit dem Volk, welches es hervorgebracht hatte. Diese Begründung in Verfolg moralischer Prinzipien stand allerdings im Gegensatz zu dem in der Folge nicht mehr wiederholten italienischen Wunsch nach *restitution in kind.* Die Erfüllung von italienischen Restitutionsansprüchen war indes bis zum Ende des Krieges kein Thema für die Alliierten, und bis Italien überhaupt Forderungen stellen konnte, hatte sich bei den westlichen Alliierten der Grundsatz durchgesetzt, dass im Bereich der Kulturgüter – zumindest gegenüber Deutschland (vgl. § 8 A I 2 a) – keine *restitution in kind* erfolgen sollte. Sehr bald schon zeigten die italienischen Avancen in Washington erste Erfolge, indem eine wohlwollende Prüfung der italienischen Forderungen in Anwendung des von Italien propagierten Prinzips der Zugehörigkeit von Kulturgut an die Stätte ihres Ursprungs in Aussicht gestellt wurde. Im Oktober 1945 wurde schliesslich die grundsätzliche Anerkennung des italienischen Rechts auf Restitutionen der während der Besetzung entfernten Kulturgüter mitgeteilt. Dies konnte Italien indes nur teilweise zufrieden stellen, nachdem der grösste Teil der bedeutenden Meisterwerke nicht von den deutschen Truppen nach der Besetzung Italiens, sondern in der Zeit von 1937–41 mit Ausfuhrgenehmigungen das Land verlassen hatten.

[322] Telespresso No. 4834/3390 der italienischen Botschaft in London an das MAE vom 13. November 1945 in MAE, Aff. Pol. 1931–45, Italia, 112/7.

In ersten Gutachten wurde deswegen die Rechtmässigkeit der Ankäufe für Hitler und Göring abgeklärt. Dabei wurde auf den Druck hingewiesen, mit welchem die deutschen Wünsche durchgesetzt wurden, zugleich aber auch auf das politisch motivierte Entgegenkommen von Seiten Mussolinis und Cianos. Vom Ergebnis her wurde die Abwicklung des überwiegenden Teils der Ankäufe und Exporte zwar als nicht den Vorschriften entsprechend kritisiert, was indes nach der zunächst vertretenen Ansicht der Experten der *Commissione Interministeriale* nicht ohne weiteres die Nichtigkeit der Verkäufe zur Folge gehabt hätte. Einen anderen Ansatz, die Illegalität der Ankäufe zu belegen, wählte der Vorsitzende der *Commissione Interministeriale*, Venturi. Er bezeichnete die Ankäufe als Teil einer offiziellen nationalsozialistischen Machtstrategie, in welcher die systematisch durchgeführten Erwerbungen dem Ziel des Aufbaus eines Museums zum Ruhme Hitlers und seiner politischen Bewegung gedient hätten. Die Widerrechtlichkeit der Ankäufe sollte sich aus dem organisierten Vorgehen der Deutschen ergeben, welches auf einen Betrug grossen Ausmasses zu Lasten Italiens hinauslief, indem die Ankäufe mittels Devisenspekulationen letztlich den italienischen Finanzhaushalt belasteten. Diese Belastung kann indes nur gegeben sein, wenn davon ausgegangen wird, dass die Geldbeträge in der Schweiz deponiert worden waren, um sie im Rahmen der Geldpolitik der italienischen Staatsbank aus dem Geldumlauf zu halten. Dann stellte sich allerdings die Frage, wie diese Geldbestände ohne italienisches Einverständnis hätten erworben werden können. Bereits in einem amerikanischen Dokument aus dem Frühjahr 1945 war die Behauptung aufgetaucht, gewisse Kunsteinkäufe in Italien seien mit in der Schweiz deponierten Lirabeständen getätigt worden, welche von der Naziführung zu einem tiefen Wechselkurs erworben worden waren. Ein Promemoria des Erziehungsministeriums vom Oktober 1945 vereinigte die verschiedenen Theorien bezüglich der Widerrechtlichkeit der Verkäufe und Exporte, indem das organisierte, auf Plünderung des italienischen Staates gerichtete Vorgehen der Nazis die Widerrechtlichkeit belegen sollte und dadurch Italien das Recht auf Restitution auch für die Zeit einräumen sollte, als das Land an der Seite Deutschlands am Krieg teilnahm.

Selbst wenn die Geldspekulationen hätten bewiesen werden können und die Lirabestände tatsächlich im Rahmen von Geldmengenüberlegungen der italienischen Staatsbank in der Schweiz deponiert gewesen waren, so hätte dies lediglich den Verkauf weniger Kunstwerke betroffen, was einer umfassenden Nichtigerklärung der Verkäufe entgegengestanden hätte. Aus dem gut organisierten Vorgehen der deutschen Einkäufer liess sich auch nicht eine Widerrechtlichkeit ableiten, nachdem der zentrale Punkt bei allen Ankäufen die Exportbewilligungen waren, welche von der faschistischen Regierung ausgestellt wurden. Der angebliche Druck, unter dem sich die damaligen Entscheidungsträger befunden haben sollten, konnte nicht bewiesen werden, nachdem nicht einmal klar war, womit Deutschland seinem Verbündeten Italien hätte drohen können. Somit war die Rechtsauffassung der italienischen Regierung im Herbst 1945, wie sie sich aus dem Promemoria des Erziehungsministeriums ergibt, vom Versuch geprägt, die Mitschuld der eigenen Vorgängerregierung beiseite zu schieben und jegliche Verantwortung für das Zustandekommen der Verkäufe und Exporte dem besiegten und international diskreditierten Deutschland anzulasten.

§ 7: Erklärung des italienischen Ministerrates vom 14. November 1945

A. Ausgangspunkt: Bilder französischer Impressionisten in Florenz

Am 11. August 1945 beschlagnahmte die *Legione Territoriale dei Carabinieri Reali di Firenze*, welche im Auftrag von Sivieros Ufficio tätig geworden war, beim Superioren des Dominikanerklosters San Marco in Florenz fünfzehn Bilder, von denen neun von französischen Impressionisten und sechs aus italienischen Schulen des 12. bis 14. Jahrhunderts stammten.[323] Siviero seinerseits war von den zuständigen Stellen des MFA&A über das Versteck der Bilder informiert worden.[324] Die Kunstwerke waren vom florentinischen Kunsthändler Eugenio Ventura im Kloster versteckt worden, welcher sie im Dezember 1942 aus der Sammlung Görings mit dem Auftrag erhalten hatte, diese zu restaurieren. Im März 1943 hatte Ventura auf Hofers Vorschlag hin zugestimmt, die Impressionisten gegen elf Bilder und Figuren aus der eigenen Sammlung zu tauschen.[325] Die Impressionisten stammten ursprünglich aus den Sammlungen de Rothschild, Rosenberg, Kann und Lindenbaum[326] und waren vom Einsatzstab Reichsleiter Rosenberg in Frankreich entwendet und Göring zugehalten worden.[327] Am 24. August 1945 bat der Erziehungsminister das Aussenministerium, die französische Botschaft über den Fund der Bilder zu informieren, welche restituiert würden, sobald die Eigentumsverhältnisse geklärt seien.[328]

---

[323] Schreiben Carabinieri an verschiedene Ministerien vom 11. August 1945 in MAE, a. a. O. Bei den Impressionisten handelte es sich um Werke von Cézanne, Degas, Van Gogh, Monet, Renoir und Sisley, Bericht Siviero vom 13. August 1945 an Erziehungs- und Aussenminister in MAE, Aff. Pol. 1931–45, Italia, 112/7.

[324] Appunto MAE vom 6. März 1946 in MAE, Aff. Pol. 1946–50, Italia, 22/9.

[325] Schreiben Walter Andreas Hofer an Ventura vom 8. März 1943 in CIR 126/3/590; Eidesstattliche Erklärung Hofers vom 18. August 1948 in BAK B 323/442.

[326] Schreiben französische Botschaft an das MAE vom 10. September 1945 in MAE Aff. Pol. 1931–45, Italia, 112/7.

[327] Siviero, L'Arte e il Nazismo, S. 140.

[328] Schreiben Arangio Ruiz an MAE vom 24. August 1945 in MAE, Aff. Pol. 1931–45, Italia, 112/7. Siviero hatte den französischen Konsul in Florenz bereits am 13. August über die Bil-

B. Alliierte Unzufriedenheit mit der italienischen Zurückhaltung gegenüber den Kunsthändlern

I. Schreiben des alliierten Hochkommissars Stone an die italienische Regierung

Am 10. September 1945 überreichte die französische Botschaft Dokumente, welche einerseits die Herkunft der Bilder belegten und anderseits die Konfiskationen aufzeigten.[329] Bereits am 21. August hatte die *Civil Affairs Section* der *Allied Commission* in Rom das Erziehungsministerium aufgefordert, die Bilder, deren Sicherheit in Florenz nicht zuletzt wegen der dortigen Behörden nicht gewährleistet schien, nach Rom zu bringen, bis die Angelegenheit geklärt sei. Dies hatte zu scharfen Protesten von Seiten des *Superintendente dei Musei* in Florenz geführt, welcher verlangt hatte, dass die Bilder in Florenz blieben, bis die damals dafür eingetauschten Kunstwerke nach Italien zurückgekehrt seien. Ellery W. Stone, der alliierte Hochkommissar für Italien, warf daraufhin in seinem Schreiben der italienischen Regierung vor, wenig Interesse an der Aufklärung der kriminellen Tätigkeit der deutschen Kunstwelt zu haben und damit auch die italienischen Kunsthändler zu schonen, welche die Bilder den Deutschen verkauft hatten. So hätten lokale Interessen die Nachforschungen in Florenz behindert, und es sei sogar verlangt worden, Sivieros *Ufficio* zu schliessen. Nach wie vor befänden sich zahlreiche Kunstwerke in Deutschland und Österreich, welche im Interesse der Zivilisation an Italien zurückgegeben würden. Auch hätten die Alliierten eine wichtige Rolle bei der bereits erfolgten Rückgabe der im Südtirol versteckten Kunstwerke aus Florenz gespielt. Die öffentliche Meinung in den Ländern der Alliierten würde vor diesem Hintergrund zutiefst enttäuscht sein, wenn sich Anzeichen mehren sollten, dass Italien seinerseits nicht bereit sei, Kunstwerke, die durch den Krieg auf sein Staatsgebiet gelangt seien, den rechtmässigen Eigentümern zurückzugeben.[330]

II. Vorwürfe aus London

Im November und Dezember 1945 trafen Reaktionen aus Kreisen des *Foreign Office* und der Londoner *European Advisory Commission* in Rom ein, welche die italienischen Restitutionsforderungen, wie sie im Oktober mit dem Promemoria des Erziehungsministers begründet worden waren (oben, § 6 D), kommentierten.

---

der informiert, Kopie des Schreibens Sivieros an den französischen Konsul vom 13. August 1945 in CIR 131/Ventura-Consolato Francese in Firenze.

329 Note Verbale vom 10. September 1945 in MAE, a. a. O.

330 Schreiben des alliierten Hochkommissars für Italien, Ellery W. Stone, an Ferruccio Parri vom 2. Oktober 1945 in MAE, a. a. O.; Italienische Übersetzung bei Siviero, L'Arte e il Nazismo, S. 140ff.

Dabei wurde klargemacht, dass Italien nicht einerseits um Unterstützung seiner Restitutionswünsche bitten könne, wenn es anderseits nicht bereit sei, diejenigen Kunsthändler hart anzupacken, welche unter Verletzung der einschlägigen Gesetze Kunstwerke an die Deutschen verkauft hatten.[331] Damit wurde Bezug genommen auf die Angelegenheit des Florentiner Kunsthändlers Ventura, der nach kurzer Haft wieder in die Freiheit entlassen worden war.

C. Erklärung des italienischen Ministerrates vom 14. November 1945

I. Hintergrund der Erklärung

Die Befürchtung des Erziehungsministeriums, dass die Alliierten den Beginn der militärischen Besetzung eines Landes als Stichtag für die Nichtigerklärung von Geschäften mit den Deutschen festlegen könnten, stand am Anfang der Erklärung des italienischen Ministerrates vom 14. November 1945. Zu Beginn des Novembers war zwar bereits klar, dass die Alliierten diejenigen Kunstwerke, welche durch militärische Truppen aus Italien entfernt worden waren, zurückgeben würden. Um aber noch weitergehende Restitutionen zuzulassen, liessen die Alliierten die italienische Regierung wissen, dass man von Seiten der italienischen Regierung ein entsprechendes Begehren erwarte. Mit Bezug auf die Affäre um die französischen Impressionisten verlangten die Alliierten überdies eine Erklärung der Regierung, wonach sie ihrerseits bereit sei, Kunstwerke, welche nicht aus italienischem Eigentum stammten, umgehend zu restituieren und diejenigen Bürger Italiens strafrechtlich zu verfolgen, welche die systematische Plünderung des italienischen Kulturerbes durch die Deutschen unterstützt hatten.[332]

Der Erziehungsminister reichte anlässlich der Sitzung des italienischen Ministerrates vom 14. November 1945 den Text einer Erklärung ein, der den Erwartungen der Alliierten entsprechen sollte. Dabei wies er auf die Diskussionen mit den Alliierten bezüglich der Festlegung des Beginns der Nichtigkeit der Geschäfte mit den Deutschen hin. Von Seiten des Erziehungsministeriums bestand der

---

[331] "La verità è che qui, negli ambienti della A.C. e del Foreign Office si ha l'impressione che il Governo italiano dimostri una ingiustificabile indulgenza verso coloro che hanno venduto ai tedeschi in frode alla legge che vieta l'esportazione di certe opere d'arte. (...) il discorso che ci fanno gli inglesi è questo: come potete chiederci che ci si faccia paladini del buon diritto italiano ad ottenere la restituzione del patrimonio artistico asportato, quando voi fate di tutto per proteggere i colpevoli?", Schreiben Migone an Prunas vom 12. Dezember 1945 in MAE, Aff. Pol. 1946–50, Italia, 22/9.

[332] Schreiben Arangio Ruiz an MAE vom 7. November 1945 in MAE, Aff. Pol. 1931–45, Italia, 112/7.

Wunsch, dieses Datum auf den Abschluss des Stahlpaktes mit Deutschland, den 22. Mai 1939, festzulegen, da dieser den Zeitpunkt bedeutet habe, nach welchem sich Italien nicht mehr habe gegen deutschen Druck wehren können. Der Text der Erklärung wurde am selben Tag vom Ministerrat angenommen.[333]

II. Inhalt der Erklärung

"Il Governo Italiano venuto a conoscenza del fatto che le opere d'arte sistematicamente e per varie vie sottratte al patrimonio artistico italiano ad opera o per conto di autorità naziste sono state rinvenute in territorio tedesco ed austriaco a cura degli appositi organi degli Eserciti Alleati;

avendo avuto comunicazione che le Potenze Alleate, in modo conforme alle più alte tradizioni di civiltà da esse rappresentate, stanno esaminando l'opportunità di considerare nulli tutti i trapassi di proprietà di opere d'arte avvenuti a danno di nazioni che per l'occupazione militare, controllo politico od altro non fossero in grado di opporre valida resistenza alle pressioni tedesche, e di restituire tali opere ai paesi di provenienza;

dichiara solennemente che debbono considerarsi nulli tutti i trapassi di proprietà di opere d'arte a favore dello Stato e di Enti o privati tedeschi avvenuti dopo che la situazione politica italiana fu divenuta tale da rendere possibile ai tedeschi di esercitare pressioni cui l'Italia non era in condizione da opporre valida resistenza; ed in particolare che debbono considerarsi nulli non solo i trapassi di proprietà riguardanti opere razziate per preda bellica vera e propria, ma anche e sopratutto quelli relativi alle numerose ed importanti opere precedentemente asportate a seguito di donazioni o cessioni illegali spesso pagate con moneta deprezzata aritificiosamente procuratasi, oppure di autorizzazioni ottenute dalle autorità fasciste a mezzo di pressioni politiche e in contrasto con l'espresso parere degli organi tecnici competenti; mentre si impegna a restituire per parte sua ai paesi d'origine tutte le opere d'arte da chiunque sottratte durante il cessato conflitto e che si trovino su territorio italiano; nonché ad accertare e perseguire la responsabilità in cui siano incorsi cittadini italiani per facilitazioni prestate ai tedeschi nella loro sistematica opera di spoliazione artistica a danno dell'Italia o di altri paesi; che le competenti Autorità Alleate vogliano di conseguenza considerare la posizione dell'Italia alla stessa stregua delle altre Nazioni che subirono il controllo tedesco, e restituire al patrimonio artistico italiano, che rappresenta una delle maggiori ricchezze ed uno dei principali titoli di nobiltà dell'Italia nella storia delle civiltà, le preziose opere d'arte ad esso sottratte."[334]

III. Erste Reaktionen auf die Erklärung

Die Erklärung wurde zunächst nur den Regierungen in Washington und London übermittelt.[335] Von Seiten Grossbritanniens wurde zunächst abgewartet, ob der

[333] Verbali del Consiglio dei Ministri, Seduta del 14 novembre 1945, S. 1030ff.

[334] Dichiarazione del Governo italiano del 14 novembre 1945, abgedruckt in Verbali del Consiglio dei Ministri, S. 1085; Abschrift bei Siviero, L'Arte e il Nazismo, S. 142, welcher mit dem 28. November das falsche Datum angibt.

[335] Die Übermittlung erfolgte am 24. Januar, bzw. im Februar 1946, Schreiben MAE an die Botschaften Italiens in London, Washington, Paris und Moskau sowie an das MPI vom 17. Juni 1946 in CIR D.G.R.C. SIVIERO 31.5.1948–31.12.1949.

erklärten italienischen Bereitschaft zur Verfolgung der Verantwortlichen auch Taten folgten, denn im Januar 1946 war in London erneut der Vorwurf erhoben hoben, Italien unternehme im Kampf gegen die Hintermänner der Kunstexporte zu wenig.[336] Im März 1946 teilte Staatssekretär Sargent vom *Foreign Office* mit, dass die *Dichiarazione* wohlwollend zur Kenntnis genommen worden sei und die Regierung Grossbritanniens, ohne dies allerdings mit den übrigen Alliierten abgesprochen zu haben, eine Restitution von Kulturgütern, die nach dem 3. September 1943 von den Deutschen gestohlen worden seien, unterstütze.[337] Weitergehende Nachforschungen der italienischen Botschaft ergaben überdies, dass Grossbritannien den italienischen Forderungen nach Restitutionen von Kunstwerken, die das Land vor 1943 verlassen hatten, durchaus positiv gegenüberstand.[338]

In Washington wurde dem italienischen Botschafter mitgeteilt, dass sich an der grundsätzlichen Bereitschaft der USA, Italien die Kunstwerke zurückzugeben, nichts geändert habe. Auch hier wurde die Bereitschaft signalisiert, den italienischen Wünschen bezüglich Kunstwerken entgegenzukommen, welche das Land vor 1943 verlassen hatten.[339] In einem Memorandum vom 15. Mai 1946 informierte das *Department of State* die italienische Botschaft darüber, dass, obschon zwischen den Alliierten noch keine Entscheidungen über Restitutionen gefallen seien, der Oberbefehlshaber der US-Zone in Deutschland und Österreich angewiesen worden sei, gewisses italienisches Eigentum, welches nach dem 3. September 1943 entfernt worden sei, zurückzugeben.[340]

---

336 Schreiben Prunas an MPI vom 19. Januar 1946 in MAE, Aff. Pol. 1946–50, Italia, 22/9.

337 Schreiben Sargent an Carandini vom 4. März 1946 in MAE, Aff. Pol. 1946–50, Italia, 22/8.

338 Schreiben MAE vom 17. Juni 1946 in FN 335.

339 Schreiben Tarchini an MAE vom 27. April 1946 in MAE, Aff. Pol. 1946–50, Italia, 22/8.

340 "The Italian Government is informed that pending agreement on the scope of restitution among the occupying powers of Germany and Austria, the Government of the United States has instructed the Commander-in-Chief of the United States Zones of Occupation in Germany and Austria to undertake an interim program of restitution to the Government of Italy of identifiable property other than gold, securities and currencies removed from Italy during the period from September 3, 1943 to May 15, 1945. Accordingly, the Government of the United States has invited the Italian Government to submit to the United States Government lists of such property which the Italian Government has reason to believe may be located in the United States Zones of Occupation in Germany or Austria. The detailed procedure for submitting such lists has already been communicated to the Italian Government through the American Embassy", Memorandum des *Department of State* vom 15. Mai 1946 in MAE, Aff. Pol. 1946–50, Italia, 22/9.

IV. Italienische Gesetzgebung als Konsequenz der Erklärung vom 14. November 1945

1. Ausgangspunkt: Vereinbarung Sivieros mit der französischen Botschaft

Im Februar 1946 wurde Italien von britischer Seite erneut klargemacht, dass ein alliiertes Entgegenkommen bei der Kulturgüterrestitution abhängig sei von der Standhaftigkeit, mit welcher Italien diejenigen verfolge, welche in irgendeiner Form an den Exporten von Kulturgut nach Deutschland beteiligt gewesen waren. Dabei wurde besonderes Gewicht auf das Verfahren gegen Ventura gelegt.[341] Am 4. März 1946 verhaftete die britische Militärpolizei auf Begehren des französischen Justizministeriums den Kunsthändler Ventura in Florenz. Dies führte zu Verstimmungen mit der italienischen Regierung, welche die Verhaftung als Einmischung in die internen Angelegenheiten betrachtete.[342] Anlässlich eines Treffens Sivieros mit Vertretern der französischen Botschaft am 20. März 1946 wurde über die Bilder und die Freilassung Venturas verhandelt. Die italienische Seite versprach, die französische Botschaft zu informieren, sobald die Strafuntersuchung in Florenz soweit gediehen sei, dass ein italienischer Haftbefehl gegen Ventura ausgestellt werden könne. Zum gleichen Zeitpunkt werde die italienische Regierung den Auftrag erteilen, die Bilder der Botschaft zu übergeben. Frankreich seinerseits versprach, sich dafür einzusetzen, dass zu jenem Zeitpunkt Ventura der italienischen Justiz überstellt werde.

Bezüglich der Begründung des Anspruchs Frankreichs auf Rückgabe der Bilder enthielt die Vereinbarung folgenden Passus:

> "Bien que les propriétaires des tableaux en question ne soient pas tous de nationalité française, le gouvernement français est fondé à réclamer la restitution des tableaux en vertu des dispositions de la Convention des Nations Unies relative à la restitution des œuvres d'art volées (...).
>
> L'Italie a adhéré à la Convention des Nations Unies sur la Restitution des Œuvres d'Art par une déclaration du Conseil des Ministres italien en date du 14 novembre 1945."[343]

2. Bedeutung und Natur der Vereinbarung

Bei der Vereinbarung handelte es sich um ein Memorandum, mit welchem die Vorgehensweise zur Erledigung der Affäre festgelegt wurde. Für Frankreich bestand lediglich das Interesse, die Bilder zurückzuerhalten; inoffiziell wurde Sivieros *Ufficio* mitgeteilt, dass Ventura sogleich nach der Übergabe der Bilder

[341] Schreiben MPI an den Procuratore Generale di Firenze vom 26. Februar 1946 in MAE, a. a. O.

[342] Gutachten des *Contenzioso Diplomatico* vom 6. März 1946 im MAE, a. a. O.

[343] Compte-Rendu d'une réunion ayant eu lieu le 20 mars à l'Ambassade de France in CIR 248/Pratica Stipendi Min. Siviero.

freigelassen werde.[344] Von Seiten des italienischen Aussen- und Justizministeriums bestand das Interesse in der Freilassung Venturas, dessen Überführung nach Frankreich befürchtet wurde. Das Erziehungsministerium wiederum erkannte die Bedeutung der italienischen Restitutionsbereitschaft für die Verhandlungsposition Italiens bei den Verhandlungen um die eigenen Kunstwerke.[345]

Die Vereinbarung gibt, wie bereits die *Dichiarazione*, auf die sie sich bezieht, keinen Hinweis darauf, welche Konvention der Vereinten Nationen Grundlage für die Restitution sein sollte. Im März 1946 bestanden keine neuen Vereinbarungen der Vereinten Nationen, welche die Rückgabe von Kulturgütern geregelt hätten. Demgemäss ist davon auszugehen, dass von der Londoner Erklärung die Rede war. Dies wiederum zeigt, dass die italienische Seite in den Verhandlungen mit den Vertretern der französischen Botschaft darauf spekulierte, dass Italien mit der *Dichiarazione* vom 14. November 1945 im Kreis der anspruchsberechtigten Nationen gemäss Londoner Erklärung aufgenommen worden war. Dies war indes nicht der Fall, denn vor dem Abschluss des Friedensvertrages galt Italien als besiegte Nation. Offenbar sah man sich auf französischer Seite nicht veranlasst, dieser Rechtsauffassung zu widersprechen. Daraus lässt sich indessen auch nichts zugunsten der italienischen Position ablesen, handelte es sich bei diesem Memorandum doch lediglich um eine Absichtserklärung untergeordneter Behörden. Allerdings erlaubt die Vereinbarung vom 20. März 1946 Rückschlüsse auf die Bedeutung, die Italien der *Dichiarazione* als Ausdruck des eigenen Restitutionsanspruchs als von Deutschland geschädigte Nation – in Verkennung der Verantwortung aus der Waffenbrüderschaft – zumass.

3. Erlass des Decreto legislativo 5 maggio 1946, n. 601

a. Hintergrund der Gesetzgebung

Die ersten gesetzgeberischen Akte des italienischen Staates im Bereich der Kulturgüterrestitution erfolgten in Umsetzung der mit der *Dichiarazione* propagierten Haltung. Damit sollte den Alliierten bewiesen werden, dass man die Verfolgung der für die Kunstexporte Verantwortlichen ernst nahm. Am 5. April 1946 forderte das Aussenministerium, erneut von den Briten ermahnt, das Justizministerium auf, die *Dichiarazione* in Gesetzesform zu fassen.[346] Die Notwendigkeit einer gesetzlichen Grundlage für die von Italien vorzunehmenden Restitutionen hatte sich bei der gerichtlichen Erledigung der Affäre Ventura gezeigt. Die zuständigen Strafverfolgungsbehörden in Florenz hatten sich geweigert, die Bilder, welche ein Beweismittel gegen Ventura darstellten und bei den Verfahrens-

[344] Appunto MAE vom 20. März 1946 in MAE, Aff. Pol. 1946–50, Italia, 22/9.

[345] Appunto per il Sig. Ministro della P. I. vom 4. April 1946 in MAE, a. a. O.

[346] Schreiben MAE an das R. Ministro della Giustizia vom 5. April 1946 in MAE, Aff. Pol. 1946–50, Italia, 22/8.

akten zu bleiben hatten, ohne gesetzliche Grundlage nach Rom zu schicken.[347] Ein neues Gesetz sollte demgemäss die Rechtsgrundlagen schaffen, damit Kunstwerke, die aus Rechtsgeschäften mit Deutschen stammten, in Erfüllung italienischer Restitutionspflichten vom Erziehungsministerium eingezogen werden konnten. Mit dem *Decreto legislativo 5 maggio 1946, n. 601*, wurde dieses Gesetz geschaffen.

b. Inhaltliche Regelung

Das Dekret[348] wandte sich an diejenigen Bürger Italiens, die unter beliebigem Rechtstitel in den Besitz von Kulturgütern gelangt waren, welche der deutsche Staat oder deutsche Bürger während des Krieges in Italien erworben hatten. Wer solche Gegenstände besass, wurde aufgefordert, diese innert 30 Tagen seit Inkrafttreten des Erlasses den Sicherheitsorganen abzuliefern (Art. 1 Abs. 1). Dasselbe hatte bezüglich Kulturgütern zu geschehen, welche unter irgendwelchen Rechtstiteln in den Besitz von Bürgern Italiens gelangt waren und welche in ausländischen Staaten während der dortigen militärischen Besetzung in die Hände des deutschen Staates oder von Bürgern Deutschlands gelangt waren, oder welche von beliebigen Dritten aus diesen Ländern abtransportiert worden waren (Art. 1 Abs. 2). Die Einrede des Besitzers, er sei Eigentümer geworden, wurde ihm von Abs. 3 des ersten Artikels abgeschnitten, und zwar auch für den Fall, dass guter Glaube geltend gemacht wurde; guter Glaube konnte lediglich gegenüber dem eigenen Rechtsvorgänger vorgebracht werden. Artikel 2 befasste sich mit der Zuständigkeit und der Weiterleitung der Kulturgüter von den Sicherheitsorganen an die *Sopraintendenza per le gallerie*, während Artikel 3 für den Fall der Nichtbefolgung der Vorschrift eine Bestrafung von bis zu zwei Jahren Haft sowie eine Busse in Höhe des Wertes des nicht abgelieferten Kulturgutes vorsah. Artikel 4 dehnte den Anwendungsbereich der Art. 1 bis 3 auf Kulturgüter aus, welche während des faschistischen Regimes und noch vor Beginn des Krieges sowie nach dem 8. September 1943 von Behörden der *repubblica sociale italiana* an den deutschen Staat oder an deutsche Bürger übergegangen waren. Sollten die vom Gesetz erfassten Gegenstände indes im Rahmen eines gerichtlichen Verfahrens beschlagnahmt worden sein, waren sie der *Sopraintendenza* erst dann zu übergeben, wenn dies im Verfahren zulässig war (Art. 5).

c. Bedeutung

Das Dekret verfolgte zunächst das Ziel, diejenigen Kulturgüter in Italien, welche von den Deutschen erworben worden waren, der staatlichen Kontrolle zuzu-

---

[347] Schreiben Avvocatura Generale dello Stato an MPI vom 17. November 1945 in MAE, Aff. Pol. 1931–45, Italia, 112/7.

[348] G. U. nn. 167–168 del 27–29 luglio 1946.

führen. Dabei wurde aus der Tatsache, dass sich Kulturgüter in deutschen Händen befunden hatten, vor dem Hintergrund der Londoner Erklärung und der *Dichiarazione* vom 14. November 1945 fingiert, dass der Rechtsübergang zugunsten der Deutschen widerrechtlich erfolgt war. Indem der Anwendungsbereich des Dekretes auch auf Rechtsgeschäfte, bei welchen die faschistische Regierung Kunstwerke an die Deutschen verkauft hatte, ausgedehnt wurde, bezog sich die Annahme der Rechtswidrigkeit auch auf diese Geschäfte.

Die Rechtsauffassung der Regierung in Rom bezüglich der an deutsche Käufer veräusserten Kulturgüter und die Bedeutung, welche die Regierung der *Dichiarazione* zumass, scheinen in diesem Gesetz auf. Einerseits akzeptierte sie die Londoner Erklärung als Grundlage der Nichtigerklärung von Verträgen betreffend Kulturgüter, auch soweit dies zu Verpflichtungen Italiens führte. Anderseits drückte sie ihren Wunsch aus, dass die Alliierten Italien gleich behandelten wie die anderen von Deutschland überfallenen Nationen. Solange aber noch kein Friedensvertrag mit Italien geschlossen worden war, welcher Italiens Anspruch auf Restitutionen klärte, waren die gesetzgeberischen Akte aus Rom lediglich als Äusserung des guten Willens Italiens auf Kooperation mit den Alliierten zu werten.

4. Anwendung des Decreto legislativo 5 maggio 1946, n. 601

Seine erste Anwendung erfuhr das *Decreto legislativo* bei der Erledigung der Affäre um die Bilder Venturas. Die *Corte d'Appello di Firenze* entschied am 31. Juli 1946 in Anwendung der Art. 1, 2 und 5 des Gesetzes, dass acht der neun Bilder der *Sopraintendenza per le Gallerie di Roma* zu Handen der französischen Botschaft zu übergeben waren. Das neunte, Van Goghs "Le pré vert à St. Rémy", wurde zurückbehalten, nachdem nicht klar war, wie das Bild, welches sich gemäss den Verfahrensakten 1939 in Deutschland befunden hatte, nach Frankreich gelangt war.[349]

D. Amerikanische und britische Weigerung nach Ausdehnung der Nichtigkeit

I. Schreiben des Department of State

Die Hoffnung Italiens, mit der *Dichiarazione* zu erreichen, dass die italienischen Restitutionsforderungen über das Jahr 1943 hinaus anerkannt würden, wurde im Herbst 1946 enttäuscht. Am 13. September 1946 teilte das *Department of State* mit, dass diesbezüglich kein Entgegenkommen möglich sei:

---

[349] Kopie der *Ordinanza del Corte d'Appello di Firenze* vom 31. Juli 1946 (ohne weitere Angaben zur Verfahrensbezeichnung) in MAE, Aff. Pol. 1946–50, Italia, 115/9.

> "We regret to inform you that this Government's occupation authorities cannot undertake to void transfer of art to the Germans which took place prior to July 25, 1943, the date at which first steps were taken by Italy to sever relations with Germany. Prior to this date it is reasonable to believe that art transactions between German and Italian nationals were entered into voluntarily, and the prima facie case is that transfers of art in both directions were for adequate consideration. It is possible, of course, that certain of the transfers were made under coercion, but the presumption is otherwise. (...) It should be noted that undoubtedly numerous of the art transfers which took place after July 25, 1943 could be deemed valid and proper transactions. (...) We trust, therefore, that you will consider that Italy has been fairly treated under the terms of the present restitution directive. In this connection it may be pointed out that this Government's sympathetic consideration of Italy's desire for restitution is such that, without request from the Italian Government, the United States undertook to extend the period during which art transfers will be voided."[350]

II. Schreiben Bevin an Carandini

Am 21. September 1946 teilte der britische Aussenminister Ernest Bevin dem italienischen Botschafter in London Niccolò Carandini mit, dass auch die Regierung Grossbritanniens Italiens Wunsch nicht entsprechen könne, auch wenn man in London mit der *Dichiarazione* zufrieden sei:

> "We find this decree to be satisfactory and note that its provisions are effective as from 3rd September, 1939. I regret, however, that it would be impossible for His Majesty's Government (...) to agree that the same date should be the ruling date for the commencement of the period in respect of which Italy should be entitled to restitution of works of art removed by the Germans since this would cover the periods when Italy was neutral and when Italy was an active belligerent against the Allies."[351]

Bevin wies weiter darauf hin, dass gemäss Art. 67 des Entwurfes für einen Friedensvertrag mit Italien vorgesehen sei, dass Italien auf alle Ansprüche gegenüber Deutschland hinsichtlich des gestohlenen Materials verzichte, soweit dies nicht den Anordnungen der Alliierten, insofern sie zum Vorteil Italiens seien, widerspreche. Dem italienische Botschafter könne in diesem Zusammenhang vertraulich mitgeteilt werden, dass vorgesehen sei, gewisse Eigentumskategorien an Italien zurückzugeben, welche in der Zeitspanne vom 25. Juli 1943 bis zum Kriegsende abtransportiert worden seien.

E. Zusammenfassung

Die *Dichiarazione del Governo Italiano* stellte den Abschluss der Bemühungen der italienischen Regierung zur Begründung des italienischen Restitutionsanspruchs gegenüber den Alliierten dar. Entsprechend enthielt sie, gleichsam als

---

[350] Schreiben Karasik an Di Stefano vom 13. September 1946 in MAE, Aff. Pol. 1946–50, Italia, 22/9.

[351] Schreiben Bevin an Carandini vom 21. September 1946 in MAE, a. a. O.

Zusammenfassung, die gesamte Argumentationspalette, wie sie seit 1945 den Alliierten gegenüber vorgetragen worden war. Neu waren diejenigen Teile, mit welchen – entsprechend der Forderung der Alliierten – die italienische Bereitschaft auf Rückgabe ausländischen Kulturguts und der Wille auf Verfolgung der in die Exporte verwickelten Kreise ausgedrückt wurde. Im übrigen wurden die bereits bekannten Argumente zur Nichtigerklärung der Verkäufe wiederholt, den deutschen Druck, dem sich Italien beugen musste und der die Gewährung von Geschenken und illegalen Übereignungen ermöglicht hatte, die Bezahlung einiger der Kunstwerke mit teilweise entwertetem Geld, welches nicht auf normalem Weg erworben worden war sowie der politische Druck auf die faschistischen Behörden, welcher zur Einräumung von Exportbewilligungen entgegen den ausdrücklichen Stellungnahmen der zuständigen Fachstellen geführt hatte. Unklar, da schwammig formuliert, war der Zeitpunkt, ab welchem der deutsche Druck für Italien angeblich unwiderstehlich wurde. Erstaunlich war der am Ende der *Dichiarazione* ausgedrückte Wunsch, dass Italien nach demselben Massstab gemessen werde, wie er bei den anderen Ländern, die unter deutsche Kontrolle geraten waren, angelegt werden sollte. Damit sprach sich Italien die Rolle einer Opfernation zu, wodurch die Tatsache der über dreijährigen Waffenbrüderschaft mit Deutschland unter den Teppich gekehrt wurde.

Der Hinweis auf die Absicht der Alliierten, diejenigen Kunstverkäufe für nichtig zu erklären, welche in den von Deutschland besetzten Gebieten erfolgt waren, kann nur als Bezugnahme auf die Londoner Erklärung von 1943 verstanden werden. Dies, nachdem die Alliierten bis zum Winter 1945 die Frage der Kulturgüterrestitutionen, welcher sie im Zusammenhang mit der politischen und wirtschaftlichen Lage Europas ohnehin nur marginale Bedeutung zumassen, noch nicht geregelt hatten. In diesem Zusammenhang ist die *Dichiarazione* mehr als Ausdruck eines Wunsches der italienischen Regierung und als Schritt zur Wahrung zukünftiger Ansprüche, denn als konkrete Analyse zur Begründung von Restitutionen zu verstehen. Denn politisch stand Italien als isolierte Nation da, die den Krieg verloren hatte und deren Integration im neuen Europa erst nach Abschluss des Friedensvertrags möglich werden sollte. Demgemäss ist die *Dichiarazione* als Bittschreiben Italiens an die Alliierten zu verstehen, auf die besondere Lage des Landes Rücksicht zu nehmen. Dass diese Absicht hinter der *Dichiarazione* stand und dass damit Bezug genommen wurde auf die Londoner Erklärung, ergibt sich aus der Rede des Erziehungsministers, die dieser anlässlich der Eröffnung der Ausstellung der ersten von den Amerikanern restituierten Kunstwerken im November 1947 hielt:

> "Con quella dichiarazione il Governo italiano non ha inteso far valere degli interessi patrimoniali, ma affermare un diritto ideale, che, in nome dei principi di civiltà delle Nazioni Unite, non può essergli contestato."[352]

---

[352] Gonella, Rimpatrio, S. 6.

Die *Dichiarazione* war auch eine Erklärung für die Bereitschaft des neuen Italiens, seinerseits alles Notwendige zu unternehmen, um die Gerechtigkeit, die man von den Alliierten bei den Restitutionen erwartete, auch gegenüber anderen Ländern an den Tag zu legen. Im Zusammenhang mit der Frage aber, welches aus Sicht Italiens die Rechtsgrundlagen für die Restitutionsforderungen waren, bildet die *Dichiarazione* ein zentrales Dokument.

Im Herbst 1946 endete die erste Phase der italienischen Bemühungen um Anerkennung einer die Jahre 1939 bis 1945 umfassenden Restitutionsberechtigung mit nur einem geringen Erfolg, indem Italiens Ansprüche lediglich für die Zeit nach der deutschen Besetzung offiziell anerkannt wurden. Italien musste seine Überzeugungsversuche auf diplomatischem Weg bei den Friedensverhandlungen in Paris fortsetzen. Daneben machte sich Rodolfo Siviero daran, den italienischen Standpunkt direkt bei den Zonenverwaltungen in Deutschland geltend zu machen.

4. Kapitel: Restitutionen von Deutschland nach Italien

§ 8: Restitutionen aus der amerikanischen Zone Deutschlands nach Italien

A. Entwicklung der amerikanischen Restitutionspolitik

I. Ausgangspunkt: Friedensvertrag von Paris

1. Allgemeines

Anlässlich der Konferenz von Potsdam vereinbarten die Alliierten die Einrichtung eines Aussenministerrates, welcher die Friedensverträge mit den besiegten Nationen vorbereiten sollte. Dieser Rat verhandelte in Paris vom Mai bis zum Juli 1946 und erarbeitete einen Vertragsentwurf, welcher von einer Konferenz von 21 Nationen in der Zeit vom 29. Juli bis zum 15. Oktober 1946 diskutiert wurde. Die Schlussfassung wurde vom Aussenministerrat in New York im November und Dezember 1946 angenommen und am 10. Februar 1947 in Paris unterzeichnet. Der Ratifikationsprozess des Vertrages war im September 1947 abgeschlossen,[353] so dass der Friedensvertrag gemäss dessen Art. 90 nach der Hinterlegung der Ratifikationen am 15. September 1947 in Kraft treten konnte.[354] Ab diesem Moment war Italien, welches bereits im September 1946 sein Restitutionsbüro bei der amerikanischen Militärverwaltung in Frankfurt akkreditiert hatte, auch zur Restitution berechtigt.

2. Inhalt des Friedensvertrages

Der Friedensvertrag[355] war in elf Teile unterteilt[356]. Die Vorschriften über Reparationen und Restitutionen waren im *Part VI* aufgeführt. Dessen erste *Section*

---

[353] Smith, S. 8.

[354] The American Journal of International Law, Volume 42 1948, First Reprint, New York/London 1966, S. 191.

[355] Abgedruckt in Supplement to The American Journal of International Law, zitiert in FN 229.

[356] Part I (Territorial Clauses), Part II (Political Clauses), Part III (War Criminals), Part IV (Naval, Military and Air Clauses), Part V (Withdrawal of Allied Forces), Part VI (Claims Arising out of the War), Part VII (Property, Rights and Interests), Part VIII (General Economic Relations), Part IX (Settlement of Disputes), Part X (Miscellaneous Economic Provisions), Part XI (Final Clauses).

regelte in Artikel 74 die italienischen Reparationsleistungen an die Sowjetunion (lit. A), Albanien, Äthiopien, Griechenland und Jugoslawien (lit. B) sowie bezüglich der übrigen Staaten (lit. D). Die zweite *Section* behandelte in den Artikeln 75 bis 77 die Restitutionen, welche Italien zu leisten hatte, sowie das Recht Italiens auf Restitutionen.

a. Art. 75 des Friedensvertrages

In Ziffer 1 von Artikel 75 wurde die grundsätzliche Verpflichtung Italiens festgehalten, Eigentum aus den Staaten der Vereinten Nationen, welches auf sein Territorium gelangt war, in Anwendung der Prinzipien der Londoner Erklärung zurückzugeben:

> "1. Italy accepts the principles of the United Nations Declaration of January 5, 1943, and shall return, in the shortest possible time, property removed from the territory of any of the United Nations."

In den Ziffern 2 bis 8 von Artikel 75 wurden die Modalitäten der italienischen Restitutionspflicht festgehalten, während Ziffer 9 eine Bestimmung enthielt, welche bezüglich Kulturgut, das auf italienisches Territorium gelangt war, zu Lasten Italiens die *Restitution in Kind* anordnete:

> "9. If, in particular cases, it is impossible for Italy to make restitution of objects of artistic, historical or archaeological value, belonging to the cultural heritage of the United Nation from whose territory such objects were removed by force or duress by Italian forces, authorities or nationals, Italy shall transfer to the United Nation concerned objects of the same kind as, and of approximately equivalent value to, the objects removed, in so far as such objects are obtainable in Italy."

b. Art. 77 des Friedensvertrages

Artikel 77 des Friedensvertrages schliesslich regelte das italienische Recht auf Restitutionen:

> "1. From the coming into force of the present Treaty property in Germany of Italy and of Italian nationals shall no longer be treated as enemy property and all restrictions based on such treatment shall be removed.
>
> 2. Identifiable property of Italy and of Italian nationals removed by force or duress from Italian territory to Germany by German forces or authorities after September 3, 1943, shall be eligible for restitution.
>
> 3. The restoration and restitution of Italian property in Germany shall be effected in accordance with measures which will be determined by the Powers in occupation of Germany.
>
> 4. Without prejudice to these and to any other dispositions in favour of Italy and Italian nationals by the Powers occupying Germany, Italy waives on its own behalf and on behalf of Italian nationals all claims against Germany and German nationals outstanding on May 8, 1945, except those arising out of contracts and other obligations entered into, and rights acquired, before September 1, 1939. This waiver shall be deemed to include debts, all intergovernmental claims in respect of arrangements entered into in the course of the war, and all claims for loss or damage arising during the war.

5. Italy agrees to take all necessary measures to facilitate such transfers of German assets in Italy as may be determined by those of the Powers occupying Germany which are empowered to dispose of the said assets."

3. Bedeutung der Regelung des Friedensvertrages

a. Bedeutung des Friedensvertrages für Italien

Für Italien waren die Bestimmungen des Friedensvertrages hart. Obschon die Vereinigten Staaten einen Vertrag gewünscht hatten, welcher Italien nicht bestrafte, setzte die Sowjetunion Reparationszahlungen Italiens durch, auf welche auch Grossbritannien und Frankreich verzichten wollten. Überdies verlor Italien seine Kolonien und musste den Grossteil von Venetisch-Julien an Jugoslawien abtreten.[357] Die Folgen des Vertrags wurden aber in seiner Umsetzung insbesondere von den Vereinigten Staaten gemildert: Nachdem eine einheitliche Vorgehensweise der Alliierten bei den Restitutionen an den unterschiedlichen Auffassungen der Siegermächte gescheitert war, beschlossen die Vereinigten Staaten einseitig die Beschleunigung der Rückgabe gewisser Güter, unter anderem von Kulturgütern, an die Verlierer des Krieges. Damit sollte einerseits die Situation für die besiegten Staaten erleichtert werden, anderseits bestand die Absicht auch darin, den kommunistischen Einfluss in den besiegten Staaten zurückzudrängen.[358]

b. Bedeutung der Restitutionsregelungen für Italien

Italien musste mit Inkrafttreten des Friedensvertrages erkennen, dass es bis auf weiteres mit seiner Absicht gescheitert war, auf direktem Weg von den Alliierten die Restitution von Kulturgütern zu erreichen, welche vor dem 3. September 1943 in deutsche Hände gelangt waren. Italien musste grundsätzlich auf alle Ansprüche gegenüber Deutschland verzichten, darüber hinaus musste sogar noch damit gerechnet werden, dass mit eigenen Kulturgütern allfällige Forderungen auf verloren gegangenes Kulturgut eines Mitgliedsstaates der Vereinten Nationen beglichen werden mussten. Von Grossbritannien und den Vereinigten Staaten war zwar signalisiert worden, dass eine Ausdehnung des italienischen Anspruches auf die Zeit zwischen Juli und September 1943 möglich war. Dennoch bedeutete die Regelung, wie sie im Friedensvertrag getroffen worden war, die Sanktionierung der deutschen Ankäufe in Italien während der Zeit der italienisch-deutschen Waffenbrüderschaft und damit den Verlust all jener Kulturgüter, die Italien seit Kriegsbeginn in Europa bis zum September 1943 verlassen hatten.

---

[357] Smith, S. 10ff.

[358] Kurtz, S. 155.

II. Alliierte Abklärungen über das Verhalten der Deutschen in Italien

1. Bericht der United Nations War Crimes Commission

Das *Research Office* der *United Nations War Crimes Commission* hatte in einem geheimen Memorandum vom Juli 1945 Berichte verschiedener Einheiten der US-Streitkräfte betreffend Kunstdiebstähle hoher Nazifunktionäre zusammengefasst.[359] Das Memorandum war in drei Teile aufgeteilt: In Teil I wurden Diebstähle für Baldur von Schierach erwähnt, Teil II behandelte vier Fälle von Diebstählen für Göring und Teil III handelte von Diebstählen von hohen Nazifunktionären in Italien. Dieser letzte Teil basierte auf einem 24-seitigen Bericht des MFA&A vom 30. Juni 1945, welcher die Funktion, Aufgaben und Tätigkeit des deutschen Kunstschutzes in Italien beleuchtete und Hinweise auf Kunstdiebstähle, in welche der Kunstschutz involviert war, lieferte. Dabei wurden die Diebstähle im Detail beschrieben und die dafür verantwortlichen Angehörigen der Wehrmacht und der SS namentlich aufgeführt. Gemäss Sivieros Angaben, der diesen Bericht unter eigenem Namen an das Erziehungs- und Aussenministerium weiterleitete,[360] war er das Ergebnis der Zusammenarbeit seines *Ufficios* mit den alliierten Kunstschutzbehörden.[361]

2. Newton-Report

a. Inhalt

Umfangreicher war ein Bericht des Majors des *Air Corps* Norman T. Newton an das Hauptquartier der alliierten Kommission vom 10. Januar 1946. Darin wurden die Kunstexporte von Italien nach Deutschland, welche vor dem September 1943 stattgefunden hatten, ausführlich dokumentiert.[362] Der Bericht war in fünf Kapitel aufgeteilt: Kapitel I ("Works of art illegally given away by Fascists") erwähnte neben dem Altar von Vipiteno den Dionysos von Sardanapolis, welchen Mussolini dem Nietzsche-Archiv in Weimar geschenkt hatte, sowie die Venus von Leptis Magna, welche der Gouverneur von Libyen, Marschall Balba,

---

[359] United Nations War Crimes Commission (Research Office), Summary of Information No. 34, July 1945, Looting by High German Officials, in CIR 172/Indagini Montagnana.

[360] Relazione su saccheggi di opere d'arte compiuti in Italia da alti funzionari tedeschi vom 22. August 1946 in CIR 37/3/476.

[361] "La presente relazione è stata compilata sulla base di indagini compiute da quest'Ufficio e con l'ausilio di informazioni avute dalla Commissione Alleata – Sottocommissione per i Monumenti e Belle Arti –, nonchè dalla Commissione delle Nazioni Unite per i crimini di Guerra-Ufficio Ricerche", Relazione in vorhergehender FN.

[362] "Submitted is herewith a report, subject and references as above, outlining the essential facts regarding works of art known or believed to have been exported to Germany from fascist Italy during the years immediately preceding the Armistice of 8 Sept. 43." Newton-Report, S. 1, zitiert in FN 29.

eigens nach Deutschland geflogen hatte, um sie Göring zu schenken. In Kapitel II ("Works of art sold and exported to Germany, despite opposition of Superintendencies and Consiglio Superiore, through political and personal pressure of Mussolini") wurden die Vorgänge um den Export von verschiedenen Kunstwerken beschrieben. Darunter befanden sich der Diskobol Lancellotti, das Deckengemälde Sebastiano Riccis aus der *Ca' Mocenigo* in Venedig und das Memling-Porträt, sowie insgesamt 101 Kisten voller Kulturgüter, welche Italien dank der Einflussnahme Mussolinis und Cianos verlassen hatten. Detailliert wurde zu jedem Kunstwerk ausgeführt, wie das Erziehungsministerium dazu gebracht worden war, dem Export zuzustimmen. Dies zeigt sich beispielhaft bei der Beschreibung des Exportes des Diskobols Lancellotti:

> "Lancellotti Discobolus. See photograph, Exhibit C. Antique marble copy of the Discobolus of Myron. Permission to sell and export was requested in 1937 by the Principi Lancellotti; this was refused by the Ministry of National Education. In answer to further insistence, a commission was appointed by the Ministry to render an expert opinion. The commission, composed of the Professors Anti, Maiuri and Pace, in July 1937 confirmed the prohibition to export. In May 1938 the German Embassy sent the Ministry a memorandum, pointing to Hitler's personal interest in the transaction, but the Ministry again refused the necessary permit, alluding instead to the possibility of purchase by the State, as provided by law. In June 1938 Mussolini personally ordered the Ministry of National Education to grant the export permit; this order was obeyed in letter No 4730 of 3 June 1938, addressed by the Minister to the Export Office of Rome. The statue was thereupon sold by the Principi Lancellotti to the Government of the Reich (for the Museum of Munich) for 5,000,000 Lire and the Export tax was paid on this basis."

Das Kapitel III ("Works of art believed exported without permit") erwähnte zehn Bilder, welche nie einem Exportbüro vorgelegt worden waren, während die drei Bilder und die Marmorstatue von Aphrodite, welche im Kapitel IV ("Works of art regularly exported under license") aufgeführt waren, legal exportiert worden waren. Die zwölf Bilder, Statuen und Mosaiken, die in Kapitel V ("Works of art exported to Germany legally without payment of tax") beschrieben wurden, waren über die Exportbüros ausgeführt worden, ohne dass die Exportsteuer hatte bezahlt werden müssen, da sie aus der gesetzlich aufgelösten *Fedecommesse Barberini* stammten oder erst vor dem Export nach Italien eingeführt worden waren. Unter den letztgenannten Werken befand sich auch die damals Leonardo da Vinci zugeschriebene "Leda mit dem Schwan", welche 1929 für eine Versteigerung im Ausland aus Italien aus- und später wiedereingeführt worden war.

b. Bedeutung

Die Besonderheit des *Newton-Reports* lag zunächst in seiner Herkunft und in der Detailliertheit seines Inhaltes. Erstmals wurde damit, soweit sich dies aus den vorhandenen Unterlagen ergibt, von amerikanischer Seite die Exportpraxis der faschistischen Behörden untersucht und teilweise als widerrechtlich erkannt. Allerdings wurde die Widerrechtlichkeit nur im Zusammenhang mit dem Kapitel I ("Works of art illegally given away by Fascists") offen bezeichnet. Die Rechtswidrigkeit ergab sich aus der Tatsache, dass die geschenkweise Überlassung von Kunstwerken in keinem italienischen Gesetz geregelt gewesen war. Bei den mit Exportlizenzen ausgeführten Kunstwerken zeigte Newton den Druck auf, der von Exponenten der faschistischen Regierung auf das Erziehungsministerium ausgeübt worden war. Dass der Druck direkt von deutscher Seite gekommen war, ergab sich lediglich bei wenigen der aufgeführten Kunstwerke. Aus dem Kontext wurde indes regelmässig klar, dass hinter den Befehlen, die dem Erziehungsministerium erteilt wurden, die Deutschen und ihre Kaufwünsche standen. So erlaubte der Bericht, gerade wegen seiner detaillierten Angaben, ein klares Bild über den Ablauf der Verkäufe an Deutschland und die Hintergründe der Transaktionen.

Die Bedeutung des Berichtes lag, neben seinem Inhalt, in seinem Zustandekommen. Gemäss Angaben von Siviero beruhte er auf den Angaben, welche seine Organisation dem amerikanischen *Art Looting Investigation Unit* eingereicht hatte.[363] In der Tat muss davon ausgegangen werden, dass Newton bei der Recherche für den Bericht auf die Unterstützung von Siviero und von anderen Organen des italienischen Erziehungsministeriums zählen konnte und auch auf sie angewiesen war. Anders könnte nicht erklärt werden, wie er die detaillierten Angaben über die verschiedenen Transaktionen und insbesondere über den Schriftverkehr der italienischen Behörden erhalten hatte. Dies wiederum zeigt, dass es der italienischen Regierung gelungen war, bei den amerikanischen Kunstschutztruppen ihre Sichtweise betreffend die Exporte und damit auch die eigene Ansicht über deren Widerrechtlichkeit einfliessen zu lassen. Offenbar konnte der Bericht den Entscheid der Alliierten, Italien im Friedensvertrag lediglich einen Restitutionsanspruch für die Zeit nach dem 3. September 1943 zuzugestehen, nicht beeinflussen. Dafür hatte er bei der Entwicklung der amerikanischen *Exceptional Return Order* (nachfolgend, § 8 C) eine überragende Bedeutung, weswegen davon auszugehen ist, dass es der italienischen Regierung gerade mit diesem Bericht gelang, einen nicht unerheblichen Einfluss auf die Festlegung der amerikanischen Politik bei der Behandlung italienischer Restitutionsforderungen auszuüben.

III. Wiesbaden Manifesto

1. Hintergrund

Am 11. Juni 1945 hatte die *Allied Commission for Reparations* in Moskau mit dem Versuch begonnen, die Durchführung der Restitutionen aus Deutschland zu organisieren. Nach einem Monat war absehbar, dass keine Regelung getroffen

---

363 Siviero, L'Arte e il Nazismo, S. 151.

werden konnte und dass jede der vier Besatzungsmächte für ihre Zone selbständig entscheiden würde. Im Juli trat General Clay seine Stelle als Gouverneur der amerikanischen Zone Deutschlands an. Eine seiner Absichten bestand darin, die Armee so schnell als möglich von der unerwünschten Verantwortung zu befreien, die ihr mit der Verwaltung der in der Zone aufgefundenen Kunstwerke zugefallen war. Um eine Rückgabe zu beschleunigen, teilte Clay die Kunstwerke in drei Kategorien ein. Die *Class A* umfasste Kunstwerke, welche aus öffentlichen und privaten Sammlungen derjenigen Länder stammten, die von Deutschland besetzt worden waren. In die *Class B* sollten diejenigen Kunstwerke fallen, welche aus privaten Sammlungen der besetzten Länder stammten, für welche eine Entschädigung bezahlt worden war. *Class C* schliesslich umfasste Kunstwerke aus deutscher Provenienz, welche in der US Zone aufgefunden worden waren.[364] Am 17. Juli hielt Clay in einem Memorandum fest, dass die Kunstwerke gemäss *Class A* und *B* in die Länder zurückgegeben werden sollten, von welchen sie stammten. Die Kunstwerke der *Class C* hingegen, deren sichere Unterbringung Clay in der amerikanischen Zone nicht gewährleistet glaubte, sollten treuhänderisch in die Vereinigten Staaten gebracht und dort ausgestellt werden, wobei klar gemacht werden sollte, dass "these works of art will be held in trusteeship for return to the German nation when it has reearned its right to be considered as a nation."[365] Vor dem Hintergrund dieser Einteilung wurde entschieden, dass mindestens 200 Gemälde aus dem Besitz deutscher Museen in die Vereinigten Staaten gebracht werden sollten. Nachdem dieser Plan ohne die zuständigen Offiziere des MFA&A entwickelt worden war und nachdem die neue Truman-Administration zunächst die Möglichkeit der Leistung von deutschen Reparationsleistungen mittels Kunstwerken nicht ausschloss, erhob sich ein Sturm der Entrüstung beim Personal des MFA&A, welcher in einem internen Protestschreiben vom November 1945 seinen Ausdruck fand. Das Protestschreiben, *Wiesbaden Manifesto* genannt, wurde von 32 MFA&A-Offizieren verfasst und von 24 unterschrieben.[366]

2. Text der Erklärung

"1. We, the undersigned, Monuments, Fine Arts and Archives Specialist Officers of the Armed Forces of the United States, wish to make known our convictions regarding the transportation to the United States of works of art, the property of German institutions or nationals, for purposes of protective custody.

---

[364] Nicholas, S. 384f

[365] Foreign Relations of the United States, 1945, vol. 1, Conference of Berlin, Washington, D.C., 1960, Clay memo, "Art Objects in the US Zone", Vol. 1, S. 924, zitiert nach Nicholas, S. 385 FN 32.

[366] Zum Zustandekommen des Wiesbadener Manifesto: Farmer, S. 55ff.; zum Hintergrund von Clays Plan, Bilder in die Vereinigten Staaten zu schicken: Nicholas, S. 369ff.

2.a. We are unanimously agreed that the transportation of these works of art, undertaken by the United States Army, upon direction from the highest national authority, establishes a precedent which is neither morally tenable nor trustworthy.

b. Since the beginning of United States participation in the war, it has been the declared policy of the Allied Forces, so far as military necessity would permit, to protect and preserve from deterioration consequent upon the processes of war, all monuments, documents or other objects of historic, artistic, cultural or archaeological value. The war is at an end, and no doctrine of "military necessity" can now be invoked for the further protection of the objects to be moved, for the reason that depots and personnel, both fully competent for their protection, have been inaugurated and are functioning.

c. The Allied Nations are at present preparing to prosecute individuals for the crime of sequestering, under the pretext of "protective custody", the cultural treasures of German-occupied countries. A major part of the indictment follows upon the reasoning that even though the individuals were acting under military orders, the dictates of a higher ethical law made it incumbent upon them to refuse to take part in, or countenance, the fulfillment of these orders. We, the undersigned, feel it our duty to point out that, though as members of the armed forces, we will carry out the orders we receive, we are thus before any candid eyes as no less culpable than those whose prosecution we affect to sanction.

3. We wish to state that from our own knowledge, no historical grievance will rankle so long, or be the cause of so much justified bitterness, as the removal, for any reason, of a part of the heritage of any nation, even if that heritage may be interpreted as a prize of war. And though this removal may be done with every intention of altruism, we are none the less convinced that it is our duty, individually and collectively, to protest against it, and that though our obligations are to the nation to which we owe allegiance, there are yet further obligations to common justice, decency, and the establishment of the power of right, not of expediency or might, among civilized nations."[367]

3. Bedeutung

Die zentrale Aussage des *Manifesto* lag in der Bedeutung, welche die Fachleute des MFA&A der Wahrung des kulturellen Erbes der Nationen als Ausdruck der Beachtung von Gerechtigkeit zumassen. Vordergründig bestand ihre Absicht in der Formulierung eines Protestes gegen die Verbringung von deutschem Kulturgut unter irgendwelchem Vorwand nach den Vereinigten Staaten, nachdem dieses Vorgehen offensichtliche Parallelen mit den Plünderungen der Nationalsozialisten in den von ihnen besetzten Ländern aufwies. Daneben sollte mit dem *Manifesto* klar gemacht werden, dass das Handeln der US-Regierung auch mit den Vorschriften der Haager Landkriegsordnung im Widerspruch stand, falls mit der Verbringung der Bilder nach den Vereinigten Staaten Reparationsforderungen beglichen werden sollten. Überdies sahen sie ihre eigene Tätigkeit kompromittiert, welche in der Organisation der Rückgabe von Kulturgut bestand, welches nachgewiesenermassen auf widerrechtliche Weise nach Deutschland gelangt war. Entscheidend aber war die im *Manifesto* ausgedrückte Überzeugung der MFA&A-Offiziere, dass die Verminderung des kulturellen Erbes eines

367 Abgedruckt bei Farmer, S. 58f. und 147f.

Landes, unter welchem Vorwand dies auch immer geschehen möge, zu nur langsam heilenden Wunden führte, weshalb die Aufgabe der amerikanischen Besatzungsarmee auch in der Wahrung des kulturellen Erbes von denjenigen Nationen bestehen musste, die militärisch besiegt worden waren. Auffällig ist auch hier der Schutz des kulturellen Erbes der Nationen, der von den Unterzeichnern des *Manifesto* als moralische Pflicht und als Ausdruck von Gerechtigkeit und Anstand bezeichnet wurde. Diese Begründung stimmte mit derjenigen überein, wie sie bezüglich der italienischen Restitutionsforderungen etwa zur selben Zeit im Memorandum des italienischen Erziehungsministeriums an die britische Regierung vorgebracht wurde (vgl. oben, § 6 D).

4. Konsequenzen des Manifesto

Zunächst wurde versucht, das *Manifesto*, welches seiner Natur nach als Befehlsverweigerung aufgefasst werden musste, geheim zu halten. Allerdings wurde die Überführung von 202 Bildern und die Tatsache, dass die Vorgehensweise derjenigen den versteckten Plünderungen der Nazis ähnelte, von amerikanischen Zeitungen aufgegriffen.[368] Nachdem schliesslich auch der gesamte Text des Manifesto in einer Zeitung in den USA veröffentlicht worden war, wandte sich die öffentliche Meinung gegen den Plan der Regierung, die Bilder in den USA aufzubewahren. Die negativen Reaktionen gipfelten im Mai 1946 in einer von 95 Kunsthistorikern unterzeichneten Petition an Präsident Truman, in welcher darauf hingewiesen wurde, dass eine grosse Ähnlichkeit zwischen der vorliegenden Situation und dem Vorgehen der Nazis bestehe.[369] Um die Situation zu beruhigen, schlug man in Washington die Rückführung der Bilder nach Deutschland vor, was Clay indessen mit dem Hinweis auf deren Herkunft – 200 der Bilder stammten aus dem Kaiser-Friedrich-Museum, welches sich sowjetischen Sektor Berlins befand – zurückwies. Die Bilder wurden schliesslich im März und April 1948 in der *National Gallery* in Washington öffentlich zugänglich gemacht und von über einer Million Besuchern gesehen. 52 Bilder wurden daraufhin sofort nach Deutschland zurückgeführt, der Rest wurde in Ausstellungen in zwölf amerikanischen Städten gezeigt, wobei der dabei erzielte Gewinn von einigen hunderttausend Dollar von UNICEF für Kinder in Deutschland verwendet wurde. Die letzten Bilder gelangten im Mai 1949 zurück nach Deutschland.[370]

Die Befürchtungen der MFA&A-Offiziere hatten sich nicht bewahrheitet, die Bilder gingen nach Deutschland zurück. Der Protest und dessen Begründung

---

[368] Nicholas, S. 395, mit Hinweis auf einen Bericht in *The New Yorker* vom 17. November 1945; dieselbe, S. 397, mit Hinweis auf einen Bericht des *Washington Times Herald* vom 24. November 1945.

[369] Nicholas, S. 399 f.

[370] A. a. O., S. 401 ff

hatte in der Kunstwelt und in der amerikanischen Öffentlichkeit eine grosse Aufmerksamkeit erfahren. Es ist sogar davon auszugehen, dass die Wahrung des kulturellen Erbes von Nationen, wie sie im *Manifesto* als moralische Pflicht und Ausdruck von Gerechtigkeit und Anstand propagiert worden war, bei der Festlegung der Grundzüge der Restitutionspolitik der Vereinigten Staaten nach 1948 eine nicht unbedeutende Rolle gespielt hat.

IV. Strategische Überlegungen Washingtons bezüglich Italien

Die Vereinigten Staaten waren der Überzeugung, die Sowjetunion beabsichtige, das durch den Zusammenbruch der Achsenmächte in Europa entstandene Machtvakuum zu füllen und betrachteten dies als Bedrohung ihrer Sicherheitsinteressen. Im Hinblick auf Italien befürchtete man eine Kontrolle des Landes über die kommunistische Partei Italiens, die grösste ausserhalb des Ostblocks, welche Washington als revolutionäre Kraft und Werkzeug der sowjetischen Aussenpolitik betrachtete.[371] Die Bedeutung Italiens für die amerikanische Regierung nahm im Zusammenhang mit dem Rückzug der Briten aus dem östlichen Mittelmeerraum, dem daraus folgenden griechischen Bürgerkrieg sowie dem sowjetischen Druck auf die Türkei hinsichtlich deren Kontrolle über die Wasserstrassen zum Schwarzen Meer zu. In seiner Rede vom 12. März 1947 verkündete Präsident Truman die nach ihm benannte Doktrin zur Eindämmung des Kommunismus, gemäss welcher die freiheitlich-demokratischen Regierungen in ihrem Kampf gegen den Kommunismus unterstützt werden sollten. Insbesondere im Hinblick auf die italienischen Wahlen von 1948 befürchtete Washington für den Fall eines kommunistischen Sieges einen sowjetischen Brückenkopf im Mittelmeer, von welchem aus der Kommunismus im Domino-Effekt sowohl das östliche Mittelmeer und damit den Nahen Osten mit seinen Ölfeldern, als auch Frankreich und damit Westeuropa überrollen könnte.[372]

Für Italien hatte der 2. Weltkrieg verheerende Folgen gezeitigt. Zwischen 1938 und 1945 war das Einkommen der Italiener um mehr als die Hälfte zurückgegangen, die industrielle Produktion hatte um 29 Prozent abgenommen und diejenige der Landwirtschaft um 63 Prozent. Noch im Juni 1947 hatte der US-Botschafter in Rom, James Clement Dunn, gewarnt, dass das politische Gleichgewicht in Italien, wie es zwischen der extremen Linken und den demokratischen Kräften bestehe, bedroht sei. Der Ausschlag zugunsten der demokratischen Elemente hänge davon ab, wie stark sie von aussen unterstützt würden.[373] Diese Unterstützung erfolgte in erster Linie durch den Marshall-Plan. Daneben nahmen die USA Einfluss auf die italienische Politik, indem sie die Kampagne der

---

[371] Smith, S. 18f. m.w.N.

[372] A.a.O., S. 24ff. m.w.N.

[373] Smith, S. 26f. m.w.N.

Democrazia Cristiana im Hinblick auf die Wahlen vom 18. April 1948 unterstützten.[374] Neben finanzieller Unterstützung versprach sich die Regierung in Washington auch von der Rückgabe von Kulturgütern einen positiven Effekt auf die öffentliche Meinung in Italien.[375]

V. Zusammenfassung

Der Friedensvertrag von 1947 sah einen Restitutionsanspruch Italiens für Kulturgüterverluste vor, welche nach der deutschen Besetzung eingetreten waren. Allerdings musste Italien auf alle direkten Forderungen gegenüber Deutschland verzichten. Daneben wurden Italien schwere Bürden im Bereich der Reparationszahlungen auferlegt, und das Land hatte bedeutende territoriale Verluste hinzunehmen. Aus diesem Grund befürchteten die Vereinigten Staaten, dass die kommunistische Partei Italiens die politische Macht übernehmen könnte. Dies erhöhte die Bereitschaft der Amerikaner, italienischen Forderungen nach Kulturgüterrestitutionen kulant entgegenzutreten. Dies umso mehr, als eine gemeinsame Restitutionspolitik der Alliierten bereits kurz nach Kriegsende gescheitert war. Unmittelbar nach der Einstellung der Feindseligkeiten wurden in Italien von Organen der Vereinten Nationen sowie dem amerikanischen MFA&A Abklärungen über Diebstähle und Exporte von Kulturgütern getroffen. Der MFA&A erstellte in Zusammenarbeit mit dem Büro Sivieros einen Bericht über die Exportpraxis der faschistischen Behörden. Darin wurden einige der Verkäufe offen als widerrechtlich bezeichnet, wodurch der Bericht im Ergebnis die italienische Position übernahm. Erstmals wurde mit dem *Newton-Report* in einer alliierten Publikation besonderes Gewicht auf die Tatsache gelegt, dass die deutschen Käufer an die Regierung in Rom gelangt waren, um negative Vorbescheide der Exportbehörden umzustossen. Das Wiesbadener *Manifesto* vom November 1945, mit welchem sich die Offiziere des MFA&A gegen den ihnen erteilten Befehl wandten, 202 Bilder aus den Beständen deutscher Museen auszusuchen und in die Vereinigten Staaten zu versenden, verhalf dem Prinzip der Wahrung und des Schutzes des kulturellen Erbes aller Nationen in der öffentlichen Diskussion in den Vereinigten Staaten zum Durchbruch. Die entscheidende Aussage des *Manifesto* bestand in der Aussage, dass Kulturgüter unter keinen Umständen aus ihrem Herkunftsgebiet entfernt werden durften und es die moralische Pflicht einer siegreichen Nation war, Kulturgüter zu schonen. Dieser Ansatz entsprach der italienischen Auffassung, wie sie auch zur Begründung des italienischen Restitutionsanspruchs bezüglich der angeblich unter Druck exportierten Kulturgüter herangezogen worden war. Dass diese Betrachtungsweise der Überzeugung vieler Fachleute entsprach, ergibt sich aus der Tatsache, dass 1948 die holländi-

---

[374] Für die Wahlen von 1948 überwies der CIA alleine 1 Million US-$, Smith, S. 35 m.w.N.

[375] Kurtz, S. 155.

sche Regierung bei den Vereinten Nationen den Entwurf eines Schutzabkommens für Kulturgüter einreichte, welcher auf derselben Prämisse aufbaute (vgl. oben, § 5 B).

B. Sivieros Verhandlungen mit den amerikanischen Besatzungsorganen

I. US-Organisation der Rückschaffungen: Einrichtung von Collecting Points

Für die Vorbereitung der Restitution von Kulturgütern liess das *Office of Military Government for Germany* (OMGUS) in der amerikanischen Zone Deutschlands *Collecting Points* in München, Wiesbaden, Marburg und Offenbach errichten, in welche die Kunstgegenstände aus ihren bisherigen Lagerstätten überführt wurden.[376] Der *Central Collecting Point* in München wurde im Juni 1945 eröffnet[377] und war auf Kunstwerke ausgerichtet, die von Museen und bei Privaten beschlagnahmt worden waren; er enthielt über eine Million Objekte.[378] Die im Central Collecting Point gelagerten Kulturgüter wurden nach Ländern geordnet über die Räume verteilt und mit den Rückforderungslisten der nationalen Restitutionsbeauftragten abgeglichen.[379] Ab September 1945 bezogen die Rückführungsbeauftragten Frankreichs, Italiens, Hollands, Belgiens, Polens, der Tschechoslowakei und der Sowjetunion ihre Büros im Gebäude des Münchener *Central Collecting Points* am Königsplatz und reichten Listen der an ihre Länder zu restituierenden Kulturgüter ein. Den Vertretern der ausländischen Regierungen am CCP war es nicht erlaubt, die Bilder in ihren Aufbewahrungsräumen zu sehen. Vielmehr war es die Aufgabe des Personals, anhand der eingereichten Listen und Dokumentationen das vorhandene Kulturgut allenfalls zuzuteilen. Dennoch gelang es Siviero, sich Anfangs 1948 Zugang zu den Aufbewahrungsräumen des *Central Collecting Points* zu verschaffen und sich eine Liste von insgesamt 600 Bildern zusammenzustellen, deren Restitution an Italien er in der Folge verlangte.[380]

---

376 Cornides/Volle, S. 56.

377 Smyth, S. 10.

378 Alford, S. 250.

379 Friemuth, S. 74.

380 Schreiben Dr. Notheis im Auftrag des Bundesschatzministers vom 26. April 1965, S. 3f. in BAK B126/19144/Italien Kunstgüter/Heft II; Memorandum einer Besprechung im Bundesamt für Äussere Restitution vom 27. November 1956 in BAK B 126/19143; Kubin, S. 53, welcher davon ausgeht, dass Siviero mit Walter Andreas Hofer in den Depots war.

II. Schreiben Sivieros an die US-Militärregierung vom 14. Juni 1948

1. Hintergrund: Italienische Überzeugungsarbeit bei den Amerikanern

a. Erste Ausstellung restituierter Kunstwerke

Bereits am 8. August 1947 hatte die italienische Vertretung in Frankfurt von der MFA&A Bilder zurückerhalten, welche aus den Museen in Neapel, Florenz und Venedig stammten und welche, da Kriegsbeute, ohne weiteres restituiert wurden.[381] Damit war aber noch nichts entschieden bezüglich denjenigen Kunstwerken, welche für Hitler und Göring in Italien aufgekauft worden waren und deren Rückschaffung die italienische Regierung seit 1944 mit verschiedenen Bittschreiben von den Alliierten verlangt hatte. Um sich bei der amerikanischen Regierung für deren Hilfe bei den ersten Restitutionen erkenntlich zu zeigen, veranstaltete die italienische Regierung eine Ausstellung der Kunstwerke in der *Villa Farnesina* in Rom, zu deren Eröffnung am 9. November 1947 neben dem US-Botschafter James Clement Dunn und den für die Restitutionen nach Italien zuständigen MFA&A-Offizieren auch General Lucius Clay und mit dem *Political Adviser* der ranghöchste Vertreter des *Department of State* in Europa, Robert Murphy, teilnahmen.[382] Diese Veranstaltung wurde von italienischer Seite genutzt, um die Amerikaner von der Notwendigkeit weiterer Restitutionen zu überzeugen, nachdem sich unter den deutschen Mitarbeitern am CCP in München erster Widerstand gegen eine Restitution von Kulturgütern, die Italien vor dem Juli 1943 verlassen hatten, gebildet hatte.[383] Erziehungsminister Guido Gonella brachte in seiner Eröffnungsrede ein weiteres Mal die bekannten italienischen Positionen zur Begründung des Restitutionsanspruchs vor und bezeichnete die deutschen Ankäufe als Teil eines politischen Plans, mit welchem die Nationalsozialisten im Rahmen der von ihnen angestrebten neuen Weltordnung die Vernichtung der lateinischen Kultur betrieben hätten. Die bereits erfolgten Restitutionen seien demgegenüber ein Ausdruck der Politik der Vereinten Nationen, Kulturgüter als unberührbares Gut zu betrachten.[384] Überdies machte Gonella klar, dass von italienischer Seite die Restitution weiterer Kunstwerke erwartet wurde:

> "Ora il popolo italiano attende con fiducia che quest'opera di ricerca e di recupero sia condotta a termine. Perciò il Governo italiano si è sentito incoraggiato a dichiarare apertamente illegale e giuridicamente nullo ogni trasferimento d'opera d'arte in Germania avvenuto in periodo bellico, anche se coperto da una parvenza d'acquisto."[385]

---

[381] Siviero, L'Arte e il Nazismo, S. 148; ders., Esodo, S. 17 mit detaillierten Angaben zu den Bildern.

[382] Schreiben Gonella an Dunn vom 30. August 1947 in CIR 15/3/95.

[383] Bericht Rupnik an Siviero vom 6. Dezember 1947 in CIR 24/3/240.

[384] Gonella, Rimpatrio, S. 4.

[385] A. a. O., S. 5f.

Dass bei den Amerikanern der italienische Wunsch nach weitergehender Unterstützung verstanden worden war, ergibt sich aus einem Schreiben General Clays an Siviero, in dem er sich für den Aufenthalt in Rom bedankte:

> "[It] will always be a memento of our visit to Rome where we witnessed first hand the great spirit of the Italian people and their determination to push forward to complete recovery."[386]

b. Italienische Einflussnahme bei der Zonenverwaltung in Berlin

Im Oktober 1947 bestand die Tätigkeit von Sivieros Mitarbeiter in Deutschland, Rupnik, im Zusammenstellen der italienischen *Claims*. Allerdings zögerte er damals noch, einen bereits vorbereiteten Restitutionsantrag an die amerikanische Zonenregierung in Berlin zu stellen, unter anderem auch weil er erfahren hatte, dass man dort nach wie vor wenig von den italienischen Ansprüchen hielt. Aus diesem Grund schlug er vor, dass die Restitutionsforderungen zuerst in Washington über die diplomatischen Kanäle geltend gemacht werden sollten.[387] In der Tat überreichte die italienische Botschaft in Washington dem *State Department* in der Folge Unterlagen bezüglich der italienischen Ansprüche.[388] Noch am 5. April 1948 hatte Siviero von der amerikanischen Zonenregierung erfahren, dass eine Restitution von Kunstwerken, welche von der faschistischen Regierung in Verletzung der einschlägigen Gesetze verkauft oder verschenkt worden waren, ausgeschlossen war. Nachdem er sich in Berlin mit dem *Political Adviser* des Aussenministeriums, Murphy, in Verbindung gesetzt hatte und den italienischen Standpunkt erneut eingebracht hatte, konnte er nach Rom melden, dass sich die Situation grundlegend verändert habe.[389] In der Tat hatte ihm der Leiter des MFA&A, Howard, mitgeteilt, dass die Frage des Exportes des Memling-Bildnisses weiterer Abklärungen bedürften, wobei klar sein müsse, dass hierbei nicht Restitution in Rede stehe, weder in Anwendung der Restitutionsvorschriften der amerikanischen Regierung, noch im Rahmen der Interpretation des Friedensvertrages.[390]

---

386 Schreiben Clay an Siviero vom 28. Dezember 1947 in CIR 14/3/93.

387 "Inopportunità di sollevare ufficialmente la questione presso queste Autorità della ‚Restitution', dato che il loro punto di vista è ancora esattamente quello già noto, come ho potuto constatare attraverso colloqui di questi giorni, se paralellamente [sic] o meglio con anticipo non si svolge un'azione diplomatica a Washington." Schreiben Rupnik an Siviero vom 29. Oktober 1947 in CIR 24/3/240.

388 Schreiben Department of the Army an OMGUS vom 13. März 1948 in BAK Z 45 F POLAD 793/57.

389 Schreiben Siviero an MAE und MPI vom 21. Mai 1948 in CIR, D.G.R.C., SIVIERO 21.5.1948–31.12.1949.

390 Italienische Übersetzung eines Schreibens Howards an Siviero vom 5. April 1948 als Beilage zum Schreiben Sivieros in vorhergehender FN.

Offenbar war Siviero bereits Ende April 1948 sicher, dass den italienischen Ansprüchen entsprochen würde. So teilte der amerikanische Botschafter in Rom, Dunn, am 29. April 1948 OMGUS mit, dass Siviero vorhabe, in zwanzig Tagen den Altar von Vipiteno und das Memling-Bildnis abzuholen.[391]

Siviero wandte sich schliesslich mit Schreiben vom 14. Juni 1948 an die amerikanische Militärregierung in Deutschland und reichte zwei Listen von zu restituierenden Kulturgütern ein.[392] Die erste Liste[393] war überschrieben mit "List of works of art removed clandestinely from Italy" und enthielt insgesamt 50 Bilder. Auf der zweiten Liste[394], "List of Italian works of Art sold unlawfully to Germany", waren insgesamt sieben Einzelposten aufgeführt, unter anderem der Diskobol Lancellotti, das Memling-Bildnis eines unbekannten Mannes, das Rubensgemälde aus der Sammlung Doria, aber auch – als Einzelposten und ohne detaillierte Angaben – die 34 Kisten, welche auf Geheiss Görings über die deutsche Botschaft exportiert worden waren. Überdies wurde auch die Statue *La Verità* von Bernini erwähnt, welche Italien allerdings nie verlassen hatte.

2. Inhalt des Begleitbriefes

Im Begleitbrief zu den beiden Listen argumentierte Siviero zur Begründung der Restitutionsansprüche mit dem Hinweis auf die italienische Kulturgüterschutzgesetzgebung, welche durch die Verbringung von Kulturgütern nach Deutschland verletzt worden sei:

> "In the name of the Italian Government, I have the honour to present to the U.S. Military Government in Germany the request for restitution of Italian works of art exported from Italy in a clandestine manner or sold or donated in violation of the Italian law from high Nazi officials with the help of officials of the Fascist Government. I have the honour of calling the attention of the U.S. Military Government on Germany to the following points:
>
> Works of art, property of Museums, Galleries, public organizations in Italy are not transferable under Italian law. Works of artistic and historical importance, declared to the proprietors as of "high national interest" are, in accordance with the law, not transferable abroad without previous and exceptional consent of the Superior Council of the Ministry of Public Education, which may cancel the qualification of "high interest" upon request of the proprietor.
>
> The Fascist Government never revoked the laws concerning paragraphes No. 1 and 2 for the protection of artistic national patrimony. These laws were repeatedly violated by dictatorship. It is specified in the inclosed documentation that the competent Ministry of that time opposed in each single case and in general the sale and export of untrans-

[391] Telegramm Dunn an OMGUS vom 29. April 1948 in BAK Z 45 F/1948/184/2.

[392] List of Italian works of Art sold unlawfully to Germany, Prot. No. 3220 B, June 14, 1948 in BAK B 323/442.

[393] Prot. Nr. 3220 A, Claim A in BAK a. a. O.

[394] Prot. Nr. 3220 B, Claim B in BAK a. a. O.

ferable objects into Germany. This policy was dropped due to the compulsion of those Fascist officials which had already prepared the "Axis" and had established an alliance and complicity with the Nazi chiefs against the will of the Italian people (see inclosed documentation and particularly the letters of the Minister of Public Education of that time, Giuseppe Bottai, as well as the decision of the Superior Council of the Ministry of Public Education).

The entire public opinion reacted against these alienations of the Italian artistic patrimony and there were disfavorable comments even in the German intellectual world. During the Nazi occupation the Italian partisans established a special organization to protect this patrimony from the systematical robbery on the side of the German officials. These robberies for Italy – as clearly proved – did not consist only in a drastic action, but also in other forms (illegal sales included) which the special German service directioning the looting in the occupied territories, considered to be of its convenience. The Italian public opinion is now awaiting the return of these works of art, in homage of that civil justice which must protect the spiritual patrimony of Nations, mistreated by Nazi-Fascism. The U.S. Forces in Europe have already shown repeatedly their interest in the recovery of this spiritual patrimony.

In the name of the Italian Government I have the honour of asking the U.S. Military Government in Germany to return these works of art (a list and documentation of which is inclosed hereby) to the Italian State, for the purpose of preserving them in national collection."

3. Begründung der Ansprüche

Die Begründung der italienischen Ansprüche verlief auf den zwei Ebenen, wie sie vom Erziehungsministerium seit 1944 benutzt worden waren. Zunächst wurden die Verkäufe als Verletzung der italienischen Gesetzgebung zum Kulturgüterschutz bezeichnet, die von den faschistischen Machthabern in Komplizenschaft mit den Nazis gegen den ausdrücklichen Willen des zuständigen Erziehungsministeriums durchgeführt worden waren. Auf der anderen Seite wurde eine Restitutionspflicht der Vereinigten Staaten in Huldigung jenes Gerechtigkeitsgrundsatzes postuliert, wonach das kulturelle Erbe der vom Nationalsozialismus missbrauchten Nationen zu schützen sei, ein Grundsatz, welchem die Armeen der Vereinigten Staaten in Europa bereits verschiedentlich zum Durchbruch verholfen hätten. Es ist anzunehmen, dass Siviero mit seinem letzten Argument Bezug auf die bereits erfolgten Restitutionen von Kulturgütern, die als Kriegsbeute nach Deutschland verbracht worden waren, nahm. Auch ist die Vermutung naheliegend, dass Siviero vom Wiesbadener *Manifesto*, welches diesen Grundsatz als Ausgangspunkt der Tätigkeit des MFA&A bezeichnete, Kenntnis hatte. Dies, nachdem er seiner Tätigkeit im Umfeld des MFA&A nachging und das *Manifesto* über die interessierten Kreise hinaus hohe Wellen geschlagen hatte. Überhaupt ist davon auszugehen, dass die Kulturgüterrestitution in Anwendung der Idee des Schutzes und der Bewahrung des kulturellen Erbes von Nationen unter den Fachleuten ein mittlerweile unbestrittener Teil der Wiedergutmachung nationalsozialistischen Unrechts darstellte, auch wenn die entsprechende UNESCO-Konvention erst 1954 in Kraft trat. Mit dem Hinweis auf die öffentliche Meinung in Italien, welche die Restitution erwarte, lieferte

Siviero einen Hinweis für die Bedeutung der eigenen Kulturgüter im Selbstverständnis des italienischen Volkes. Dass die Politik Washingtons 1948 darauf abzielte, die öffentliche Meinung in Italien auf einen prowestlichen Kurs einzustimmen, war sicherlich auch ihm klar, so dass seine Eingabe vom 14. Juni 1948 auch bezeichnend für sein Gespür war, die herrschenden politischen Strömungen richtig einzuschätzen. Nicht auszuschliessen ist auch, dass Siviero von der *Exceptional Return Order* erfahren hatte, welche bereits im April 1948 in Deutschland eingetroffen war und die Rückgabe von Kulturgütern nach Italien anordnete, die aufgrund aussergewöhnlichen Entgegenkommens der faschistischen Behörden an die Nationalsozialisten verkauft worden waren (nachfolgend, C).

C. Exceptional Return Order der Vereinigten Staaten

Bereits am 13. März 1948 hatte das *Department of the Army* dem Büro des Militärgouverneurs in Deutschland mitgeteilt, dass eine neue allgemeine Restitutionsdirektive für Italien in Vorbereitung sei, welche der Tatsache Rechnung trage, dass dort Wahlen angesetzt seien, bei welchen die derzeitige italienische Regierung unterstützt werden müsse.[395] Am 17. April 1948 – einen Tag vor den italienischen Wahlen – erging eine Direktive bezüglich der Restitution von Kulturgütern, welche eine Kehrtwende in der bisherigen US-Restitutionspolitik darstellte:

> "1. The fol[lowing] pos[ition] has been adopted by Army and State.
>
> 2. It is the policy of the US that the cultural heritage of all nations be protected. Where to do so appears to be equitable. You are auth[orized] to return to claimant Gov[ernmen]ts cultural objects acquired by [the] Nat[iona]l Socialist Gov[ernmen]t of Germany, its officers and Mil[itary] and civ[il] pers[onnel] from claimant countries in violation of law of such countries or by way of extraordinary exception to established laws of the claimant countries for the protection of cultural objects.
>
> 3. The term ‚extraordinary exception to the established laws' may be construed to include the granting of an unusual permit, license or exemption under circumstances which indicate that an exception to the general rule was made because of either close personal relationship between officials of the claimant country and officials of the Nazi Gov[ernmen]t, political reasons, or improper pressure or corruption.
>
> 4. Outstanding example of cases falling within above policy is Vipiteno Altarpiece. Other pieces mentioned (...) also would appear to come within this policy. If you agree,

---

[395] Schreiben Dept. of the Army an OMGUS vom 13. März 1948 in BAK Z 45 F/POLAD/793/57: "(...) Italian representations have not previously been brought to your att[entio]n by reason absence complete agreement here on policies re[garding] restitution to ex-enemies. New directive being prepared should resolve these questions. States feel Italian election 18 April makes very important all possible support be given present Gov[ernmen]t [of] Italy, and it would be helpful if, pending definite instructions (...) you could expedite action on clearly valid claims and examine sympathetically those which may be doubtful".

> suggest immediate action to return be instituted and announcement made before Italian election 18 Apr. State Dep[artment]t requests it and Amembassy, Rome, be promptly informed of any action through USPOLAD, Berlin for public info purposes.
>
> 5. Because of its unusual political and religious significance, St. Stephen's crown is not to be returned under this policy without prior ref[erence] to Army and State. If in your opinion other objects have similar special political or religious significance, it is requested that you consult Army and State, with regard to them."[396]

Dieser Befehl traf die zuständigen amerikanischen Stellen in Deutschland überraschend. Aus einer *Note for the Record* des *Directors Property Division* der OMGUS, Phillips Hawkings, vom 20. Juni 1948, ergibt sich denn auch das Unbehagen des Autors gegenüber der Direktive, deren Umsetzung ausserhalb der normalen Restitutionsvereinbarungen lag. Überdies befürchtete Phillips Hawkings, dass mit Widerstand von Seiten der deutschen Mitarbeiter am CCP gerechnet werden musste. Dennoch zeigt gerade Ziffer 3 dieses Dokuments auch die Bedeutung des *Newton-Reports* und damit die Folgen der italienisch-amerikanischen Zusammenarbeit für die Behandlung der italienischen Restitutionsforderungen:

> "2. (...) The implementation of this policy is outside the normal restitution agreements; and because of the importance of the objects involved, because of the failure to understand on the part of the responsible and conscientious German officials who have assisted whole-heartedly in the work of restitution, and because in general the director of the Munich Central Collecting Point is himself conscientious and cautious, the latter has requested that a clear directive be issued to him covering these exceptional cases. The letter (...) addressed to the Land Director of Land Bavaria, allows of no equivocation and places the responsibility at headquarters where it belongs.
>
> 3. All the objects on Schedule A (...) have been documented in detail with photostats of the refusal to export by the competent Italian authorities, and photostats of the documents of the orders over-ruling them. In addition, all of these objects are described and the circumstances detailed in the report ,Works of Art Exported to Germany [by] Fascists', Headquarters, Allied Commission (Italy), dated 5 January 1946.
>
> 4. The Italian Government has notified us informally of their intention to sequester these objects to the State, and to exhibit them as a unit (...)"[397]

Die *Exceptional Return Order* wurde dem für den *Central Collecting Point* in München zuständigen Direktor des *Office of Military Government for Bavaria (OMGB)* am 19. Juli 1948 mitgeteilt. Dabei wurde klar gemacht, dass diesem Befehl ohne weiteres zu folgen sei:

---

[396] Schreiben Dept. of the Army an CINCEUR PERSONAL, Ref. No. W-99722, vom 17. April 1948 in BAK Z 45 F/POLAD/794/5. Bezüglich dieses Befehls unkorrekt Kubin, S. 40, und Kienle, S. 149, welche das Schreiben mit Oktober 1947 datieren. Immerhin war die "new directive" bezüglich Italiens mit Schreiben vom 13. März 1948 erst als in Vorbereitung stehend angekündigt worden, vgl. vorhergehende FN.

[397] Memorandum Phillips Hawkings vom 20. Juni 1948 in BAK Z 45 F/POLAD/794/5.

"In implementation of these instructions, you will release and return immediately to the government of Italy the items included in Schedule A, attached hereto. The documentation for these items is on hand in this headquarters and careful study has indicated that all of them fall within the terms of the directive."[398]

In der Beilage befand sich das Verzeichnis italienischer Kunstwerke, welches Siviero als *Claim B*[399] in seinem Schreiben vom 14. Juni 1948 eingereicht hatte. Nachdem sich der italienische Generalkonsul in Frankfurt bereits am 18. Juni 1948 darüber beschwert hatte, dass Siviero gewisse Kunstwerke nicht erhalten habe,[400] führte der *Political Adviser* des *State Departments*, Murphy, in einem Memorandum vom 28. Juli 1948 die bekannten Gründe der *Exceptional Return Order* noch einmal auf und verfügte die Rückgabe der Kunstwerke aus Svieros *Claim B*, welche als "Memling-Bilder" bezeichnet wurden:

"(...) The Policy of the Government of the United States with regard to the restitution of cultural objects is designed to protect the cultural heritage of all nations and to return to claimant nations any cultural objects which were purchased or otherwise acquired by the Nazi Government of Germany, by its officers and soldiers, in violation of the laws for the protection of cultural objects or by unusual exceptions to such laws. These violations and exceptions would include the giving of special permits and licenses, or the making of unusual exceptions to customary procedure, particularly in the case of personal friendships between the officials of the assisting governments and the Nazis, or the evidence of political pressure, and the exercise of threats or bribery. Under these provisions many cultural objects have been returned to the Italian Government; while in other cases claims presented by the Italian Government for certain articles have not yet been sufficiently documented, and are being held pending the receipt of satisfactory documentation. (...) Instructions have been issued to the Office of Military Government for Bavaria to return to the Government of Italy the Memmling [sic] ,Portrait of a Man' from the Corsini collection, since documentation has been presented as evidence that this painting was unlawfully removed from Italy, and therefore should be returned under the established restitution procedure."[401]

I. Begründung der Exceptional Return Order

Die Direktive des *Department of the Army*, mit welcher der *Exceptional Return* veranlasst wurde, beruhte auf einer neuen Interpretation der Voraussetzungen, welche zur Rückgabe von Kulturgütern berechtigen sollten. Auffällig ist dabei, dass im Zusammenhang mit der Rückgabe der Memling-Bilder nie direkt die Rede von Restitution war. Dass bei der Restitution von Kulturgütern aus der Amerikanischen Zone auch ein freiwilliger Verkauf als "loot" qualifiziert wurde und neben diesem die Rückführung ermöglichte, ist bereits ausgeführt worden

[398] Schreiben Garde an den Direktor OMGB vom 19. Juli 1948 in BAK a. a. O.

[399] In den amerikanischen Unterlagen "Schedule A" genannt.

[400] Kopie des Memorandums des italienischen Generalkonsuls vom 18. Juni 1948 in BAK Z 45 F/POLAD/794/5.

[401] Memorandum des *Political Adviser* Murphy vom 28. Juli 1948 in BAK a. a. O.

(oben, § 4 C und D). Daneben wurden aber, als Untergruppe und einschränkend zu den "freiwilligen" Verkäufen, von der *Exceptional Return Order* auch Kulturgüter erfasst, welche zwar freiwillig und erst noch vor der militärischen Besetzung Italiens durch Deutschland verkauft worden waren, und bei welchen noch der Tatbestand der besonderen Nähe zwischen deutschen und italienischen Regierungsvertretern und eines dadurch bedingten Entgegenkommens bei den Verkäufen hinzukam. Damit wurde – jedenfalls im Anwendungsbereich der *Exceptional Return Order* – ein irgendwie geartetes Entgegenkommen von den mit der Naziregierung befreundeten Regierungen bei der Auslegung von Gesetzen zum Schutz von Kulturgütern als widerrechtlich bezeichnet, selbst wenn dies in Ausübung von gesetzlich eingeräumtem Ermessen und unabhängig von einer allfälligen militärischen Besetzung des Landes erfolgt war. Die auf den ersten Blick auffällige Neuerung dabei war die Einführung eines neuen Tatbestands, des widerrechtlichen Entgegenkommens, bei welchem die Widerrechtlichkeit darin bestand, dass "unusual exceptions to laws" gewährt worden waren. Der entscheidende Punkt war allerdings die Prämisse des Schutzes des kulturellen Erbes der Nationen, der die Grundlage amerikanischer (Restitutions-)Politik sein sollte. Damit stand die *Exceptional Return Order* in der Tradition der Sonderbehandlung, welche Kulturgüter in der alliierten Gesetzgebung im Zusammenhang mit dem 2. Weltkrieg erfahren hatten, welche aber erst seit den 60er Jahren im Friedensvölkerrecht eine grosse Rolle spielt.[402]

Dass die *Exceptional Return Order* weniger der juristisch korrekten Aufarbeitung der Verkäufe an die Nazis als vielmehr der Verfolgung politischer Ziele diente, zeigt sich in der schwammigen Formulierung der Voraussetzung der Rückgabe. Was genau eine "violation of the laws for the protection of cultural objects" darstellte und worin die "unusual exceptions" gegenüber diesen Gesetzen bestanden hatten, blieb unerwähnt. Entscheidend war insbesondere nicht, worin die Rechtsfolgen des Verhaltens der faschistischen Regierung Italiens bei der Gewährung der Exportlizenzen mit Bezug auf das nationale italienische Recht bestanden hatten. Vielmehr stand die Durchsetzung einer politischen Überzeugung der amerikanischen Regierung im Vordergrund. Dies, und davon kann ausgegangen werden, im Bewusstsein, dass im internationalen Recht keinerlei juristische Grundlage für die Rückgabe von Kunstwerken bestand, die den ehemaligen Eigentümern in rechtlich korrekten Transaktionen abgekauft worden waren und für welche von den zuständigen Instanzen Exportlizenzen ausgestellt worden waren. Die fehlende völkerrechtliche Grundlage mag auch eine Erklärung dafür sein, dass im Zusammenhang mit der *Exceptional Return Order* nie ausdrücklich die Rede von Restitution oder Reparation war. Vielmehr sollte vermutlicherweise gerade auch durch die Bezeichnung "Exceptional Return" dargetan wer-

---

402 Turner, Restitutionspraxis, S. 224.

den, dass diese Rückgabe ausserhalb der an sich im Umfeld der Restitutionen schon aussergewöhnlichen Kulturgüterrestitutionen lag.

Die *Exceptional Return Order* war offenbares Zeichen dafür, dass es der italienischen Regierung nach beinahe vier Jahren gelungen war, die Amerikaner von ihrer Sichtweise der bis 1943 erfolgten Kulturgüterexporte zu überzeugen. Dies war der gemeinsamen Anstrengung der Gremien des Aussen- und Erziehungsministeriums zu verdanken. Auf Seiten des Erziehungsministeriums war Sivieros *Ufficio* mit direkten Verhandlungen bei den Besatzungsbehörden in Deutschland im Einsatz, während das Aussenministerium die italienischen Forderungen auf diplomatischem Weg geltend machte. Schliesslich veranstaltete die Regierung im Herbst 1947 eine Ausstellung in Rom, zu welcher die militärische und politische Führung der amerikanischen Besatzungsmacht aus Deutschland eingeladen wurde. Nach dem Erfolg dieser Ausstellung war es nicht verwunderlich, dass General Clay, dem die Entscheidung für die Implementierung der *Exceptional Return Order* oblag, den italienischen Wünschen entgegenkam. In diesem Zusammenhang darf auch der Einfluss des amerikanischen Botschafters in Rom, James Clement Dunn, der den italienischen Forderungen wohlwollend gegenüberstand, nicht unterschätzt werden.

II. Widerstand gegen die Exceptional Return Order

1. Widerstand aus dem Central Collecting Point in München

Nachdem die Direktive zum *Exceptional Return* beim CCP in München eingetroffen war und umgesetzt werden sollte, erhob sich im Sommer 1948 beim deutschen und amerikanischen Personal des *Central Collecting Points* in München Widerstand gegen die Restitutionen an Italien. Dabei wurde in erster Linie die fehlende rechtliche Grundlage für einen italienischen Restitutionsanspruch kritisiert und vorgebracht, dass Kunstwerke, welche vor dem Sturz Mussolinis vom 25. Juli 1943 verkauft worden waren, nicht von den Restitutionsbestimmungen des *Military Government Title 18* erfasst würden und deshalb nicht zu restituieren seien. Überdies sei nicht klar, ob die nationalen Gesetze Italiens, auf welchen die Restitutionsforderungen beruhten, eine ausreichende juristische Grundlage darstellten, um Restitutionsansprüche zu stellen. Die Kunstwerke, welche angeblich rechtswidrig verkauft worden seien, hätten allesamt über die notwendigen Exportlizenzen verfügt, so dass offenbar die aktuelle italienische Regierung die offiziellen Entscheidungen, wie sie vom faschistischen Regime getroffen worden seien, als nichtig betrachte. Überdies sei die italienische Forderung zu wenig detailliert, es sei nicht klar, welche Kunstwerke als "von hohem Interesse" gesetzlich vinkuliert gewesen seien, zumal ein Grossteil der aufgeführten Kunstwerke normale Handelsware darstelle. Schliesslich wurde auch auf den früheren Erziehungsminister Bottai hingewiesen, welcher in seiner Rede vom 7. Mai 1942 die Exporte unter Hinweis auf die erteilten Lizenzen gerechtfertigt habe.[403] Der Leiter des Münchener *Central Collecting Point*, Herbert S. Leonard, trug diese Bedenken dem Büro der amerikanischen Militärregierung mit Schreiben vom 24. August 1948 vor und kam zum Ergebnis, dass nicht alle Kunstwerke der Liste Sivieros an Italien zurückzugeben seien. Bei zwölf Kunstwerken lägen Dokumente vor, welche das Datum der Erteilung der diesbezüglichen Exportlizenzen sowie den bezahlten Kaufpreis und die geleistete Steuer aufführten. Dasselbe gelte für die 34 Kisten, die über die deutsche Botschaft in Rom ausgeführt worden seien. Die *Verità* Berninis und ein Bildnis Piero della Francescas hätten sich nach der Besetzung Roms durch die alliierten Streitkräfte noch dort befunden.[404] Der Diskobol Lancellotti sei mit gültiger Lizenz nach Deutschland ausgeführt worden, nachdem die Statue zuvor dem *Metropolitan Museum* in New York angeboten worden sei.[405] In einem weiteren Schreiben vom 17. September 1948 an Richard F. Howard, den *Deputy Chief for Cultural Restitution*, wiederholte Leonard seine Bedenken.[406] In seiner Antwort vom 22. September 1948 erklärte Howard, dass es sich bei der *Exceptional Return Order* nicht um Restitution handle, sondern um eine politische Strategie der Vereinigten Staaten, die in Washington festgelegt worden sei und die zu befolgen sei. Alle Gegenstände auf der Liste B seien zurückzugeben, nachdem sich ergeben habe, dass die Verkäufe aufgrund von Zwang und gegen die Interessen des italienischen Staates erfolgt seien. Eine Überprüfung der Verkäufe von unabhängiger Seite habe ergeben, dass zwar keine Korruption im Spiel gewesen sei, dass es sich aber um aussergewöhnliche Verkäufe gehandelt habe. Überdies stehe es gemäss internationalem Recht einer neuen Regierung zu, Akte der vorherigen Regierung aufzuheben, insbesondere wenn ein revolutionärer Umsturz stattgefunden habe. Schliesslich stimme die Rückgabe mit dem allgemeinen Geist der Restitution überein, indem alles zurückgegeben werde, was die Deutschen, während dem Zeitraum, den sie in einem fremden Land verbracht hätten, durch Ankauf, Zwang oder sonst wie verdeckte Ankäufe mitgenommen hätten.[407]

2. Widerstandsaktionen deutscher Kunsthistoriker

Am 30. Juni 1948 kritisierten sechs deutsche Wissenschafter in einem Schreiben an General Clay die Restitution von Kulturgut nach Italien.[408] Dieses Schreiben, welches Clay an Siviero weitergeleitet hatte, beantwortete dieser am 15. Septem-

---

[403] Interoffice Memorandum, MFA&A Section, Dr. Hanfstaengl vom 19. August 1948 in BAK B 323/442.

[404] Vgl. dazu Siviero, L'Arte e il Nazismo, S. 157f., der, etwas unklar, von der Manipulation der Listen durch das deutsche Personal des CCP spricht.

[405] Schreiben Leonard an Howard vom 24. August 1948 in BAK B 343/442.

[406] Schreiben Leonard an Howard vom 17. September 1948 in BAK a. a. O.

[407] Schreiben Howard an Leonard vom 22. September 1948 in BAK B 323/442.

[408] Siviero, L'Arte e il Nazismo, S. 154. Es ist nicht klar, um wen es sich dabei handelte.

ber 1948 und wies erneut auf die Auffassung der italienischen Regierung bezüglich der illegalen Exporte von Kunstwerken hin.[409] In seinem Antwortschreiben vom 5. November 1948 an Siviero erklärte Clay, dass auf die Ansicht der Wissenschafter nicht eingegangen werde, zumal es sich nicht um einen Fall von Restitution handle, da die Rückgabe im Rahmen einer Einzelfallentscheidung der amerikanischen Regierung – der *Exceptional Return Order* – erfolgt sei.[410] Am 16. November 1948 erfolgte in Umsetzung der *Exceptional Return Order* die Übergabe von 18 Kunstwerken – unter anderem dem Memling-Bildnis und dem Diskobol Lancellotti[411] – an die italienische Restitutionskommission. Dies bewog einige deutsche Mitarbeiter am CCP in München, eine Protestnote an Präsident Truman zu senden:

> "Die Unterzeichneten nehmen sich die Freiheit, den folgenden Bericht, die "Ausnahmsweise Rückführung von Kunstwerken vom Central Collecting Point München nach Italien" betreffend, zu unterbreiten, die am 16. November 1948 stattfand und die Stücke umfasst, die auf der beigefügten Liste erwähnt sind.
>
> 1. Im Hinblick auf die Idee des Friedens hat der deutsche Stab des Central Collecting Point München mit äusserster Korrektheit und Objektivität an der Restitutionsarbeit der Amerikanischen Militärregierung mitgearbeitet. Diese Tatsache ist von allen MFA & A Offizieren und allen Vertretern der Alliierten Länder anerkannt worden.
>
> 2. Sie haben selbst dann diese Arbeit ausgeführt, wenn sie wussten, dass die Restitution in dem Ausmass, das sie schliesslich annahm, vom Standpunkt des internationalen Rechts als strittig angesehen werden konnte.
>
> 3. Jetzt, da der US Gouverneur für Deutschland den Befehl zur Rückführung gewisser Kunstwerke gegeben hat, die nicht unter die Restitutionsbestimmungen fallen, möchten sie ihr Bedauern und ihre Missbilligung einer solchen Politik ausdrücken. Sie haben das Gefühl, dass durch eine solche Handlungsweise die moralische Basis der Restitutionsarbeit ernstlich gefährdet wird. Daher bitten die Unterzeichneten Eure Excellenz, die Ausnahmsweise Rückführung nach Italien noch einmal zu erwägen."[412]

Am 24. Februar 1949 schliesslich unterzeichneten 88 Mitglieder des Verbandes Deutscher Kunsthistoriker einen Brief, mit welchem sie bei General Clay gegen die *Exceptional Return Order* protestierten:

> "1. Der amerikanische Militärgouverneur für Deutschland hat die ‚ausnahmsweise Rückgabe' einer Anzahl von Kunstwerken aus dem Central Collecting Point, München, an die italienische Regierung befohlen.

---

409 Schreiben Siviero vom 15. September 1948 in BAK Z 45 F/1948/184/2.

410 "Since restitution under agreed policy is not involved and the return of the panels was the result of special consideration of the case by my Government, I consider the matter closed insofar as U.S. Military Government is concerned." Schreiben Clay an Siviero vom 5. November 1948 in BAK a. a. O.

411 Kopie der Liste bei Kubin, S. 48ff.

412 Kopie des Schreibens deutscher Kunsthistoriker an Präsident Truman vom 14. Dezember 1948 in BAK B 323/442.

> 2. Keines der betroffenen Kunstwerke fällt unter die Restitutionsbestimmungen des Alliierten Kontrollrates, da sie vor dem vom Alliierten Kontrollrat festgesetzten Termin, dem 23. Juli 1943, im Einklang mit den italienischen Gesetzen auf dem normalen Handelsweg erworben worden sind.
>
> 3. Die unterzeichneten deutschen Kunsthistoriker und Archäologen erheben hiermit Einspruch gegen diesen Rückgabebefehl und erbitten eine erneute Prüfung.
>
> 4. Dieser Einspruch beruft sich auf die Unantastbarkeit von Kunstwerken, wie sie im Artikel 56 der Haager Konvention definiert ist und stützt sich auf das Vertrauen in die Integrität und Gerechtigkeit der Regierung der Vereinigten Staaten von Amerika."[413]

Siviero seinerseits nutzte seinen Einfluss auf die einflussreiche und angesehene *Accademia dei Lincei*, deren Mitglieder in einer Erklärung vom 12. November 1949 das Verhalten der deutschen Wissenschafter scharf verurteilten[414] sowie auf die italienische Presse, welche die Problematik in polemischer Weise aufnahm.[415]

III. Ende der Exceptional Return Order

Sensibilisiert durch den Widerstand gegen die *Exceptional Return Order* stellte Richard Howard, *Deputy Chief for Cultural Restitution*, bereits am 22. Dezember 1948 in einem Memorandum zu Handen des Leiters des CCP die Voraussetzungen für die Restitution von Kulturgut nach Italien klar. Insbesondere verfügte er, dass jeder Fall nur noch mit schriftlicher Einwilligung des *Chief Reparations & Restitution Branch* erledigt werden dürfe.[416] Mit Telegramm vom 22. und 24. Juni 1949 drängte der amerikanische Botschafter in Rom auf rasches Handeln bezüglich der Restitutionen.[417] In einem Memorandum vom 5. Juli 1949 des *Acting Chief Reparations and Restitution Section* wurde daraufhin festgehalten, dass sich die Direktive des *State Department* lediglich auf die mittlerweile restituierten "Memling-Kunstwerke" bezogen habe:

> "(...) The directive of the State Department (...) pertained only to 19 works of art known by the name of Memling. The telegram incorrectly reflects this directive as pertaining to all works of art at the collecting point catalogued by the Italian Mission as illegally acquired and therefore subject to restitution. All works of art of Italian origin and catalogued by Italy and which have been located and identified have been restituted when such was in conformity with existing restitution policy. (...)"[418]

---

[413] Schreiben der deutschen Kunsthistoriker an General Clay vom 24. Februar 1949 in BAK Z 45 F/1949/92/3.

[414] Text wiedergegeben bei Siviero, L'Arte e il Nazismo, S. 161 f.

[415] "Rivogliamo dalla Germania tutte le nostre opere d'arte", in: *Il Tempo*, 13. November 1949; "Ci vengano restituite le nostre opere d'arte", in: *L'Umanità* ,13. November 1949.

[416] Memorandum Howard an Munsing vom 22. Dezember 1948 in BAK B 323/442.

[417] Kubin, S. 53.

[418] Memorandum Draper zu Handen Phillips Hawkins vom 5. Juli 1949 in FN 179.

Dass auch in den Vereinigten Staaten nachträglich Zweifel bezüglich der Begründetheit der italienischen Restitutionsforderungen entstanden waren, ergab sich aus einer Bemerkung von Ardelia Hall, der 1952 im *State Department* für Restitutionen zuständigen Sachbearbeiterin. Sie kündigte gegenüber Siviero eine Überprüfung der *Exceptional Return Order* an und erklärte – wohl in Unkenntnis der Hintergründe –, dass die Order ohnehin ohne Anweisung des State Department ergangen sei.[419]

Auf die *Exceptional Return Order* wurde von Seiten der Amerikaner nicht mehr zurückgekommen. Allerdings erfolgten auch keine weiteren Rückgaben von Kulturgütern an Italien, welche unter die *Exceptional Return Order* gefallen wären. So war es an den Vertretern der Bundesrepublik Deutschland, mit Italien über die Restitution derjenigen in Deutschland verbliebenen Kunstwerke zu verhandeln, die für Hitler und Göring vor 1943 in Italien erworben worden waren.

IV. Zusammenfassung: Restitutionen der Vereinigten Staaten und Exceptional Return Order

Dass Kulturgüter bei den Restitutionen nach dem 2. Weltkrieg eine Sonderbehandlung erfuhren, ist bereits ausgeführt worden. Innerhalb dieser Sonderbehandlung stellte die *Exceptional Return Order* Washingtons eine weitere Ausnahmeerscheinung dar, indem Kunstwerke zurückgegeben wurden, welche vor der militärischen Besetzung und während der Zeit, als Deutschland und Italien als Bundesgenossen auf derselben Seite kämpften, nach Deutschland verkauft worden waren. Die Rückgabe sollte dann erfolgen, wenn beim seinerzeitigen Ankauf die Tatsache der besonderen Nähe zwischen den Führern der Nationalsozialisten und der faschistischen italienischen Regierung zu einer ausserordentlichen Gewährung von Exportlizenzen geführt hatte. Aus der Tatsache, dass sich untergeordnete Expertengremien während des Exportverfahrens gegen den Export von Kunstwerken ausgesprochen hatten, wurde geschlossen, dass die nachfolgenden Exportlizenzen, welche von der zuständigen Stelle ausgestellt worden waren, widerrechtlich, da ausserordentlich waren. Dabei blieben die in der amerikanischen Zone geltenden Rechtsnormen zur Kulturgüterrestitution

---

419 Aufzeichnung vom 19. Juni 1952 eines Gesprächs von Metternichs mit Hall vom Vortag in BAK B 323/442. Anlässlich zweier Treffen Halls in Rom mit Siviero am 23. und 27. Mai 1952 kam Siviero zum Schluss, dass Hall von der Materie wenig Ahnung hatte, nachdem sie Unterlagen bezüglich heimlicher Exporte Hitlers und Görings, welche Siviero der amerikanischen Militärregierung in Deutschland eingereicht hatte, nicht kannte, Schreiben Siviero an MAE (Segreto) vom 3. Juni 1952 in CIR 173/3/590. Sivieros Kommentare zu Hall in Siviero, L'Arte e il Nazismo, S. 169: "La signorina, con il beneplacito di tutti, partì per gli Stati Uniti senza avere accettato neanche una colazione. Era puritana." S. 177: "(...) la Signorina Ardelia Hall, che i tedeschi erano riusciti a conquistare alla loro causa e lei, per ragioni religiose, si sentiva in dovere di difendere gli sconfitti."

unbeachtet, was sich vor dem Hintergrund politischer Überlegungen im Hinblick auf die italienischen Wahlen von 1948 erklärte. Auch nach aussen hin wurde von amerikanischer Seite aus klar gemacht, dass es sich bei der *Exceptional Return Order* um eine Sonderbehandlung bezüglich einer bestimmten Gruppe von Kulturgütern handelte. Entsprechend war nie von Restitution, sondern lediglich von (exceptional) *return* die Rede.

Entscheidend für den italienischen Erfolg war die Überzeugungsarbeit, wie sie von der italienischen Regierung und Sivieros *Ufficio* geleistet wurde. So beruhten die amerikanischen Untersuchungen, welche zum *Newton-Report* und damit zur wissenschaftlichen Begründung der *Exceptional Return Order* beitrugen, auf den Unterlagen des italienischen Erziehungsministeriums, in dessen Organisation Sivieros *Ufficio* eingegliedert war. Was Siviero alles unternahm, um einen für seine Sache günstigen Entscheid zu erhalten, lässt sich heute nicht mehr abschliessend feststellen. Seiner Angabe nach ist er beispielsweise im Sommer 1948 mit dem *Political Adviser* des *State Department* in Deutschland, Murphy, nach Washington gereist, um die amerikanische Regierung von der Notwendigkeit der Restitution der an Hitler und Göring verkauften Kunstwerke zu überzeugen.[420] Ob diese Reise tatsächlich stattfand und ob sie für *die Exceptional Return Order* ausschlaggebend war, darf zu Recht angezweifelt werden. Immerhin war der entscheidende Befehl aus Washington bereits am 17. April 1948 in Deutschland eingetroffen und war Ausdruck des amerikanischen Machtkalküls für Europa.

Die Exceptional *Return Order* stellt einen entscheidenden Wendepunkt in der rechtlichen Behandlung von Kulturgütern dar, indem sich darin die Vereinigten Staaten zum Schutz des kulturellen Erbes der Nationen bekannten. Diese Neuausrichtung erfolgte zum Nachteil Deutschlands, das unmittelbar von der Direktive betroffen war und den entschädigungslosen Verlust von Kulturgütern akzeptieren musste, welche in Italien gekauft worden waren. Der Schutz des kulturellen Erbes von Staaten auch ausserhalb militärischer Besetzung, wie ihn das *Department of the Army* als Rechtfertigung der *Exceptional Return Order* deklarierte, war 1948 noch in keiner Weise anerkannte Grundlage für Restitutionen von Kulturgut. Nach dem Sturm der Entrüstung, der sich gegen die Rückgabe der Memling-Kunstwerke erhoben hatte, sahen die Amerikaner von weiteren Restitutionen von Kunstwerken aus dem Hitler/Göring-Komplex ab, überliessen in der Folge des De Gasperi-Adenauer-Abkommens (nachfolgend, § 9 A I 2) die entsprechenden Verhandlungen den Restitutionsbeauftragten der bundesdeutschen Regierung und beschränkten sich auf die Gutheissung der zwischen der Bundesrepublik und Italien vereinbarten Ergebnisse.

---

[420] Siviero, Esodo, S. 18.

§ 9: Restitutionen der Bundesrepublik an Italien

A. Vom Aufbau der direkten Kontakte 1950 bis zum Ende der ersten Verhandlungsphase im September 1954

I. Erste direkte Kontakte

1. Überwindung des Verhandlungsstillstands

Solange die amerikanische Besatzungsmacht für die Restitutionen zuständig war, wurden keine der umstrittenen Bilder aus dem Hitler/Göring-Komplex mehr an Italien zurückgegeben. Eine Restitution blieb auch deswegen aus, weil Siviero, die treibende Kraft hinter den italienischen Restitutionsforderungen, von den Amerikanern nicht mehr als Repräsentant der italienischen Regierung anerkannt wurde. 1950 gingen beim Collecting Point in Wiesbaden zwar zwei neue italienische Restitutionslisten, überschrieben mit *C-* und *D-Claims*, ein. Siviero überreichte diese Listen 1952 auch der deutschen Botschaft in Rom.[421] Offizielle Verhandlungen auf Regierungsebene wurden indessen nicht geführt. Die Frage, was mit den Bildern im CCP in München geschehen sollte, blieb indes ein Thema, welches die Öffentlichkeit beschäftigte.[422] Am 31. März 1950 trafen sich in Frankfurt Babuscio Rizzo, der italienische Botschafter beim alliierten Hochkommissariat, Nicola Taccone und Andrea Orsini Baroni vom *Ufficio* Sivieros mit Professor Ludwig Heinrich Heydenreich, dem Direktor des Münchner Zentralinstitutes für Kunstgeschichte.[423] Für die italienische Seite sollte das Treffen dazu dienen, die offenen Fragen bezüglich der Frage der Restitutionen zu klären, wobei dies idealerweise durch direkte Verhandlungen zwischen deutschen und italienischen Kommissionen geschehen sollte. Dabei wurde klar gemacht, dass eine Erledigung der Restitutionen nur möglich sei, wenn dem moralischen Aspekt der Angelegenheit mehr Beachtung geschenkt werde als dem juristischen.[424] Allerdings wurde nicht ausgeführt, worin die moralischen Überlegungen bestehen sollten. Heydenreich demgegenüber wollte die Tätigkeit der Kommission zunächst auf die Frage der *Exceptional Return Order* beschränken, was von italienischer Seite strikte abgelehnt wurde.[425] Beide Parteien waren sich

---

[421] Schreiben Dr. Notheis in FN 380.

[422] "Schwerverdauliche ‚Linzer-Torte'. Die Reste von Hitlers Kunstschätzen als herrenloses Gut im Münchner Collecting Point", in: *Süddeutsche Zeitung*, 13. August 1951.

[423] Verbale della riunione tenutasi in Francoforte il giorno 31 marzo 1950 vom 10. April 1950, Prot. N. 5476, in MAE Aff. Pol. 1946–50, Italia, 237/9. Heydenreich war 1943 Direktor des Kunsthistorischen Instituts in Florenz und später Angehöriger des deutschen militärischen Kunstschutzes in Italien, Kubin, S. 229.

[424] A. a. O., S. 1.

[425] A. a. O., S. 2.

darin einig, dass sich die zukünftige Tätigkeit der Kommission in einem ruhigen Umfeld, frei von Polemiken, entwickeln sollte. Allerdings führte bereits ein Bericht Heydenreichs über die Ergebnisse des Gesprächs[426] auf italienischer Seite zu negativen Reaktionen, und es wurde der Vorwurf erhoben, der Bericht entspreche nicht dem Ergebnis der Gespräche.[427] Weitere Schritte zur Annäherung wurden in der Zeit vom Oktober bis Dezember 1951 unternommen, als Sivieros *Ufficio* auf Anweisung der *Direzione Generale per gli Affari Politici* – ausserhalb der offiziellen Politik des Aussenministeriums – Kontakt mit dem deutschen Botschafter in Rom, Clemens von Brentano, aufnahm, die zu Gesprächen mit Botschaftsrat Heinz Heggereiner führten. Als Ergebnis der Vorgespräche mit Heggereiner wurde, nach der Bezeichnung Sivieros, im April 1952 ein *gentlemen's agreement* getroffen, in welchem die Parteien unter Punkt 1 erklärten, dass die erfolgten Exporte von Kunstwerken sowohl dem deutschen als auch dem italienischen Volk einen schweren Schaden zugefügt hatten. Punkt 2 enthielt die Prämisse, wonach die Unklarheiten bezüglich der Exporte vor dem Hintergrund der damals geltenden italienischen Gesetze zu klären seien. In Anwendung dieser Prämisse werde auch Italien Deutschland diejenigen Kunstgüter restituieren, welche aufgrund des Krieges nach Italien gelangt seien. Abschliessend wurde unter Punkt 3 die Konstituierung einer gemischten Kommission als Ziel der Verhandlungen vorgesehen. Im Anhang wurde schliesslich noch der Vorschlag beider Seiten auf Einrichtung einer gemeinsamen Behörde zum Schutz des Kulturgutes beider Länder in Krieg und Frieden aufgenommen.[428] Die Vorgespräche verliefen aus italienischer Sicht derart positiv, dass Siviero im Mai 1952 davon ausging, dass alle Kulturgüter aus den Ankäufen Görings und Hitlers ohne weiteres und bald restituiert würden.[429] Entsprechend war er auch bereit, einem deutschen Ansinnen entsprechend bei der Eröffnung einer weiteren Ausstellung von restituierten Kunstwerken auf die Tatsache hinzuweisen, dass sowohl Italien als auch Deutschland wünschten, die noch offenen Fragen in freundschaftlicher Atmosphäre zu lösen.[430]

Offenbar ging der Inhalt der Vereinbarung vom April 1952 den Verantwortlichen des Auswärtigen Amtes zu weit. Nachdem das Protokoll nach Bonn gesandt worden war, traf sich am 8. November 1952 eine erweiterte deutsche Delegation[431] mit Siviero. Der Inhalt des Protokolls wurde dahingehend abgeschwächt,

---

426 Italienische Übersetzung des undatierten Rapportes in MAE Aff. Pol. 1946–50, Italia, 237/9.

427 Rapporto Taccone al Capo della Missione Italiana per le Restituzioni dalla Germania e dall'Austria vom 3. Juli 1950 in MAE a. a. O.

428 Abschrift des "Gentlemen's Agreement" in CIR 173/3/590; weitere Abschrift bei Siviero, L'Arte e il Nazismo, S. 168.

429 Schreiben Siviero an MAE vom 9. Mai 1952, Prot. No. 6749, in CIR 173/3/590.

430 Schreiben Heggereiner an Siviero vom 11. Juni 1952 in CIR a. a. O.

431 Auf deutscher Seite nahmen neben Heggereiner Prof. Franz Graf Wolff Metternich und Dr. Dieter Sattler teil, vgl. nachfolgende FN.

als die Einsetzung einer gemischten Kommission vorgesehen wurde, welche sich "um die anstehenden Fragen kümmern" sollte.[432]

2. Vereinbarung zwischen De Gasperi und Adenauer

Im Februar 1953, noch vor Unterzeichnung des Überleitungsvertrages, welcher die Zuständigkeit zur Durchführung der Restitutionen auf die Bundesrepublik Deutschland übertragen sollte, trafen sich in Rom der italienische Ministerpräsident und Aussenminister Alcide De Gasperi mit seinem deutschen Amtskollegen, Bundeskanzler Konrad Adenauer. Anlässlich dieses Treffens wurde einerseits über die Restitution von Kulturgütern nach Italien verhandelt, anderseits über die Rückgabe deutscher Kulturinstitute in Italien an die Bundesrepublik.[433] Bezüglich der Kulturgüter wurde in einem Briefwechsel zwischen De Gasperi und Adenauer vom 27. Februar 1953 folgendes festgehalten (nachfolgend: Vereinbarung von Rom):

> "Herr Ministerpräsident, In Anschluss an unsere heutigen Gespräche, im Laufe welcher die Frage der Rückgabe der italienischen Kunstwerke berührt wurde, beehre ich mich, Ew. Exzellenz folgendes mitzuteilen: Wie schon in einem Schreiben des Botschafters der Bundesrepublik vom 23. Januar 1953 festgelegt, ist die Bundesrepublik Deutschland damit einverstanden, dass eine gemischte deutsch-italienische Kommission von Fachleuten gebildet wird, die sich mit den oben genannten Fragen beschäftigen soll. Die Zuständigkeit für die Restitution der Kunstwerke liegt noch ganz in den Händen der Alliierten. Trotzdem erklärt sich die Bundesrepublik bereit, soweit es in ihrer Macht steht, die Arbeiten dieser Kommission zu erleichtern und zu beschleunigen und alles zu tun, um die Rückgabe der schon aufgefundenen oder noch aufzufindenden Kunstwerke und bibliographischen Materialien zu ermöglichen, die während der nationalsozialistischen Regierung zu Unrecht aus Italien entfernt wurden. (...)"[434]

In einem gleichentags abgeschlossenen Parallelabkommen erlaubte Italien den deutschen Bibliotheken und Instituten in Rom und Florenz die Wiederaufnahme der wissenschaftlichen Tätigkeit.[435] Die Vereinbarung von Rom stellte den

---

432 Unterzeichnetes Protokoll No. 6956 in CIR 173/SEGRETO; Abschrift des Protokolls bei Siviero, L'Arte e il Nazismo, S. 169.

433 Auf Befehl Hitlers waren im September 1943 die deutschen Kulturinstitute in Italien geschlossen und deren Bibliotheksbestände nach Deutschland überführt worden. Bei den Kulturinstituten es sich um die Hertziana, das Deutsche Archäologische Institut und die Bibliothek des Deutschen Historischen Institutes in Rom, die Bibliothek des Deutschen Kunsthistorischen Institutes in Florenz, die Villino Amelung und der Palazzo Zuccari in Rom, vgl. die Präambel des Accordo in FN 497. Zu den Verhandlungen bezüglich der deutschen Institute: Siviero, L'Arte e il Nazismo, S. 169ff.

434 Schreiben Adenauer an De Gasperi vom 27. Februar 1953 in BAK B 126/19144. Die deutsche Übersetzung der Antwort De Gasperis in BAK B 323/442, wo der Text des Schreibens Adenauers wiederholt wird und mit folgendem ergänzt wird: "Indem ich hiervon Kenntnis nehme, beehre ich mich Eurer Exzellenz zu versichern, dass die italienische Regierung ihrerseits bereit ist, an Deutschland diejenigen Kunstwerke deutscher Zugehörigkeit zurückzuerstatten, die infolge der Kriegsereignisse auf italienischen Boden gelangt sind."

435 Schreiben De Gasperi an Adenauer vom 27. Februar 1953, abgedruckt bei Kienle, S. LX.

Durchbruch der durch die *Exceptional Return Order* und die nachfolgenden Polemiken ins Stocken geratenen Restitutionsbemühungen Italiens dar. Auch in der deutschen Presse fand das Thema grosse Beachtung.[436]

II. Verhandlungen in Rom vom 17. und 18. September 1953

Ein erstes Treffen der gemischten deutsch-italienischen Kommission vom September 1953 war ein Misserfolg. Die Verhandlungen wurden auf deutscher Seite vom Generaldirektor der Bayerischen Staatsgemäldesammlungen, Dr. Eberhard Hanfstaengl, geleitet. Unter den Vertretern Deutschlands befand sich auch Prof. Dr. Erich Kaufmann, der Rechtsberater der Bundesregierung. Gemäss Ausführungen Sivieros wurden die ersten beiden Sitzungen am 17. September von italienischer Seite dazu benutzt, die Tätigkeit der deutschen Kunstschutzeinheiten in Italien und die illegalen Kunstexporte Hitlers und Görings darzustellen.[437] Am nächsten Tag teilte Hanfstaengl die Bereitschaft der Bundesregierung für eine baldige Einigung mit. Danach folgten juristische Ausführungen Kaufmanns über die Rechtsgültigkeit der Exporte.

1. Deutsche Verhandlungsposition

In den Unterlagen im Archiv von Sivieros Dienststelle befindet sich ein von Siviero abgefasster Bericht über die Verhandlungen und die von Professor Kaufmann geäusserten Rechtsansichten.[438] Kaufmann sei äusserst gut dokumentiert gewesen, ihm hätten alle einschlägigen italienischen Gesetze in deutscher Übersetzung sowie Dokumente über die illegalen Exporte der Jahre 1939 bis 1943 vorgelegen. Ausführlich habe er unter Hinweis auf den Friedensvertrag dargetan, dass Italien auf alle Forderungen gegenüber Deutschland verzichtet habe, weswegen die bisher an Italien geleisteten Restitutionen ohne rechtliche Grundlage

---

[436] "Vor dem Ende des deutsch-italienischen Bilderkriegs. Verständnisvolle Regelung in Vorbereitung", in *Süddeutsche Zeitung* Nr. 49, 28. Februar 1953; "Der deutsch-italienische Bilderkrieg. Vor einem Friedensschluss – Die Probe guten Willens", in *Neue Presse*, 7. März 1953.

[437] Vgl. Piano di Lavoro Sivieros in CIR 175/3/590/9, gemäss welchem sechs Formen der Verbringung von Kulturgütern nach Deutschland aufgezählt wurden: "1. Asportazioni da parte delle truppe (rapine e furti) 2. Asportazioni clandestine con i treni speciali di Hitler e di Goering di opere d'arte vendute da proprietari italiani 3. Asportazioni di opere d'arte che si trovavano in importazione temporanea in Italia, vendute da proprietari italiani 4. Esportazioni di opere d'arte con permessi rilasciati dietro pressione politica 5. Donazioni di oggetti appartenenti al patrimonio artistico italiano (Vipiteno, Pannini) in aperta violazione alle leggi allora vigenti (legge sulla tutela del patrimonio artistico nazionale) 6. Importazione clandestina in Italia da parte del Sig. Andrea Walter Hofer col treno speciale di Goering del Masaccio occultato poi a Firenze".

[438] Relazione per S. E. il Ministro della Pubblica Istruzione sulle trattative italo-tedesche per la restituzione delle opere d'arte, Prot.No. 7289, vom 21. September 1953 in CIR 175/3/590.

erfolgt seien. Die italienischen Gesetze hätten, anders als von der italienischen Delegation ausgelegt, den Export nur derjenigen Meisterwerke verboten, die in einem Verzeichnis aufgeführt gewesen seien. Aus diesem Grund seien von den Kunstwerken, die das Land vor dem 6. November 1941 (dem Datum des Exportverbotes durch Bottai, siehe oben, § 1 C II) verlassen hätten, nur diejenigen zurückzugeben, die als Meisterwerke in Verzeichnissen aufgeführt gewesen seien. Am Nachmittag des 17. September habe Hanfstaengl beantragt, die *Exceptional Return Order* der Amerikaner zu überprüfen und der Bundesrepublik als Entschädigung für die restituierten Kunstwerke ebenso viele Kunstwerke aus italienischen Beständen zu überlassen. Danach habe Kaufmann auf die Rede Bottais von 1942 Bezug genommen und ausgeführt, dass damit der Export der Kunstwerke gerechtfertigt worden sei.

Um der deutschen Delegation entgegenzukommen, habe die italienische Seite vorgeschlagen, einige Kunstwerke aus Deutschland, welche sich in Italien befunden hätten, in Anwendung der Vereinbarung von Rom an Deutschland zurückzugeben. Dies sei von der deutschen Delegation gerne angenommen worden. Allerdings sei diese nicht genügend instruiert gewesen, um ihrerseits etwas zu restituieren, da eine Restitution nur erfolgen könne, wenn eine Dokumentation eines jeden Kunstwerks eingereicht werde, worauf, falls der Anspruch zu Recht bestehe, die Bundesregierung, das Parlament und die Regierungen der Länder der Rückgabe noch zustimmen müssten.[439] In einem von der deutschen Delegation eingereichten "Protokollkonzept" sei neben den oben erwähnten Punkten verlangt worden, dass der deutschen Delegation die Dokumente, welche den deutschen Kunstschutz in Italien betrafen, ausgehändigt werde, damit diese die italienischen Forderungen überprüfen könne.[440]

2. Italienische Reaktion

Gemäss Siviero habe die italienische Delegation die Rechtsauffassung, wie sie von Kaufmann vertreten worden sei, zurückgewiesen. Man habe auf die Anweisung der alliierten Militärregierung hingewiesen, welche die Rückführung von Kunstwerken nach Italien ermöglicht habe und auf welche von italienischer Seite nicht zurückgekommen werde. Die Ansicht Kaufmanns, wonach nur die in Listen aufgeführten Kunstwerke als Meisterwerke nicht exportierbar gewesen seien, treffe nicht zu. Einerseits stehe es dem italienischen Staat zu, jedes Kunstwerk an der Grenze aufzuhalten und dannzumal den Export unter Hinweis auf den künstlerischen Wert zu verbieten. Anderseits bedeute die Eintragung von gewissen Kunstwerken in Verzeichnissen nicht, dass andere Kunstwerke, welche nicht aufgeführt gewesen seien, das Land illegal verlassen dürften. Schliesslich

---

439 A. a. O., S. 3ff.

440 Protokollkonzept, undatiert, in CIR 175/3/590/9.

habe die Verletzung nicht nur der Kulturschutz-, sondern auch der Steuer- und Zollgesetze die Konfiskation des Gegenstandes zur Folge. Entscheidend sei allerdings, dass nun Restitutionen in Anwendung der Vereinbarung von Rom zu erfolgen hätten. Diese Vereinbarung sehe keinen innerstaatlichen Instanzenzug bei gerechtfertigtem Restitutionsanspruch vor und sei auch nicht neu zu verhandeln. Immerhin habe Italien die deutschen Kulturinstitute vereinbarungsgemäss bereits zurückgegeben. Der Hinweis auf die Rede Bottais sei unbehelflich, nachdem damit lediglich die öffentliche Meinung habe beeinflusst werden sollen, zumal die genannten Bilder allesamt illegal ausgeführt worden seien. Eine Rückgabe der Kunstschutzakten schliesslich komme frühestens nach erfolgter Rückgabe der Kunstwerke in Frage.[441]

3. Intervention Clemens von Brentanos

Nachdem sich die Positionen der beiden Delegationen in keiner Weise vereinbaren oder auch nur annähern liessen, wurden der deutsche Botschafter in Rom, Clemens von Brentano, und der Kulturattaché der deutschen Botschaft, Dieter Sattler, beigezogen. Gemäss Siviero sei die Haltung der deutschen Delegation bei von Brentano, welcher die Vereinbarung De Gasperis mit Adenauer als klar und in Widerspruch mit den Forderungen der deutschen Delegation bezeichnet habe, auf Unverständnis gestossen.[442] Aufgrund der Intervention von Brentanos konnte in der Folge wenigstens ein gemeinsames Pressecommuniqué verfasst werden. Gegenüber dem Auswärtigen Amt berichtete von Brentano über Siviero, der sich bei ihm über die deutsche Delegation beklagt habe. Von Brentano kritisierte das Scheitern der Verhandlungen und beantragte, die weiteren Verhandlungen einem erfahrenen Diplomaten, idealerweise Ministerialdirektor Friedrich Janz vom Auswärtigen Amt, zu übertragen:

> "Ich halte es für richtig, diese ganzen Beschwerdepunkte des Herrn Siviero hier aufzuzählen, nicht dass ich mich mit seiner Ansicht identifizieren will, aber es scheint mir doch notwendig, dass das Auswärtige Amt hierüber genauestens informiert wird. Die menschlich begreifliche Einstellung der deutschen Kommission und der hinter ihnen stehenden Museumsdirektoren und Kunstsachverständigen ist in ihren Auswirkungen meiner Ansicht unter Umständen dazu geeignet, die politische Atmosphäre in Italien ernsthaft zu gefährden und dies ist der Hauptgrund, warum ich mich verpflichtet fühle, die Sache aufzugreifen, da ich dafür verantwortlich bin, dass die italienisch-deutschen politischen Beziehungen, ganz besonders im gegenwärtigen Moment, nicht gestört werden. (...) Ich habe durchaus volles Verständnis dafür, wenn die Herren der deutschen Museen den Wunsch haben, alle Fälle mit deutscher Gewissenhaftigkeit, Gründlichkeit und Methode nachzuprüfen; trotzdem halte ich ihre Methode nicht für unbedingt glücklich. (...) Die Tatsache, dass diese Bilder [im Central Collecting Point in München] aus Italien stammen und nach Deutschland überführt wurden, wird von keiner Seite bestritten. Ich meine daher, dass man hier keine allzu umständlichen Feststellungen

441 Relazione in FN 438, S. 2ff.

442 A. a. O., S. 5f.

treffen, diese Bilder vielmehr möglichst bald den Italienern zurückgeben sollte. (...) Die Sache liegt meiner Ansicht nach doch einfach. Man kann doch wohl sagen, dass für den Fall der Überführung italienischer Kunstgegenstände nach Deutschland die moralische und juristische Vermutung dafür spricht, dass sie rechtswidrig nach Deutschland geschafft worden sind."[443]

4. Ergebnis der Verhandlungen

Das erste Treffen der beiden Kommissionen war ein Misserfolg. Siviero kam zum Ergebnis, dass die deutsche Bundesregierung vermutlich durchaus bereit sei, einen Teil der von Italien zurückgeforderten Kunstwerke auch tatsächlich zurückzugeben, eine Position, die auch vom deutschen Botschafter in Rom geteilt werde. Demgegenüber behinderten untergeordnete Regierungsstellen aus dem kulturellen Bereich, in welchen Exponenten des früher in Italien eingesetzten deutschen Kunstschutzes tätig seien, die Durchführung der Vereinbarung von Rom. Jedenfalls sei aber heute die Situation für Verhandlungen deutlich besser als in der Vergangenheit, als neben der öffentlichen Meinung in Deutschland auch die Regierung eine Restitution abgelehnt habe.[444]

Von Seiten des Auswärtigen Amtes wurde das Scheitern des Treffens unter anderem der mangelnden Vorbereitung der eigenen Delegation, aber auch dem taktlosen Auftreten Sivieros zugeschrieben, welcher die Verhandlungen mit einem Monolog über deutsche Gräueltaten in Italien begonnen habe.[445] Das Scheitern des ersten Treffens führte zu heftigen Reaktionen in der italienischen Presse mit dem Vorwurf an die deutsche Seite, kein Interesse an Restitutionen zu haben.[446] Siviero seinerseits ging von einer konzertierten Aktion der Deutschen mit den Amerikanern aus. Dabei war er über restitutionsrelevante Vorgänge innerhalb der US-Botschaft in Rom informiert. In einer geheimen Notiz vom 1. Oktober 1953 hielt er fest, dass sich der deutsche Delegationsleiter Hanfstaengl, der während der Verhandlungen in stetem Kontakt mit der amerikanischen Botschaft gestanden habe, dort über die exzessiven italienischen Forderungen beklagt habe, die von einer italienischen Delegation aus Aufwieglern statt Fachleuten vorgebracht worden sei. Hanfstaengl habe um eine Intervention der amerikanischen Regierung, die ja immer noch zuständig sei, gebeten, was einer teilweisen Aufhebung der Vereinbarung von Rom gleichkomme.[447] In einem weiteren Promemoria vom 9. Oktober 1953 führte er überdies aus, dass der für die

443 Schreiben von Brentano an das AA vom 22. September 1953 in AA B 95 Nr. 646; dieses – geheime – Dokument war Siviero zugespielt worden, der dessen Inhalt in einem Promemoria vom 9. Oktober 1953 festhielt, CIR 175/3/590/16.

444 Relazione in FN 438, S. 6.

445 Aufzeichnung Salat vom 22. Oktober 1953 in AA B 95 Nr. 646.

446 "Adenauer non esporta Madonne", in *L'Europeo*, Nr. 41, 4. Oktober 1953.

447 Promemoria (Segreto) Siviero vom 1. Oktober 1953 in CIR 175/3/590/16.

Restitutionen von Deutschland nach Italien zuständige Mitarbeiter der Botschaft, Mc Ivor, die deutsche Ansicht teile, wonach die Verantwortung für die Kunstexporte allein Italien zufalle. Obschon diese Ansicht innerhalb der Botschaft umstritten sei, weigere sich Mc Ivor, seine Vorbehalte mit italienischen Regierungsstellen zu besprechen. Hingegen unterhalte er Kontakte mit Hanfstaengl und Sattler von der deutschen Botschaft. Die Presseartikel, welche sich negativ über die deutsche Haltung an den Verhandlungen geäussert hätten, habe er unter dem Hinweis, dass sie falsch seien, "nach Washington weitergeleitet".[448]

5. Konsequenz des Scheiterns

Nach dem Scheitern der ersten Verhandlungen unternahm die italienische Diplomatie Schritte, um den Weg zu erfolgreichen Verhandlungen zu ebnen. Am 6. November 1953 teilte der italienische Botschafter dem italienischen Aussenministerium mit, dass er sich mit Bundeskanzler Adenauer über die italienisch-deutschen Restitutionsverhandlungen betreffend Kulturgüter unterhalten habe. Adenauer habe für das Anliegen des Botschafters, die Angelegenheit so schnell als möglich und in gerechter Weise zu erledigen, vollstes Verständnis gezeigt. Rückfragen bei Staatssekretär Walter Hallstein hätten ergeben, dass das persönliche Interesse des Bundeskanzlers an baldigen Erfolgen den zuständigen Stellen auch mitgeteilt worden sei. Auch sei dem italienischen Wunsch entsprochen worden, die deutsche Delegation mit grösseren Kompetenzen zu versehen, wobei deren Leiter bei den Verhandlungen nun auch politische Überlegungen einfliessen lassen werde. Auf deutscher Seite sei man bereit, dem moralischen Aspekt der Angelegenheit grössten Raum einzuräumen, indem die Restitution des Gestohlenen und die Nichtigerklärung der illegalen Verkäufe einherzugehen habe mit der Rehabilitation derjenigen Mitglieder des deutschen Kunstschutzes, die während des Krieges zur Verteidigung des künstlerischen Erbes Italiens beigetragen hätten. Abschliessend wurde auf das Unverständnis auf deutscher Seite gegenüber Sivieros Ausführungen anlässlich der Verhandlungen betreffend des deutschen Verhaltens in Italien hingewiesen, nachdem die Restitution von gestohlenem Kulturgut unbestritten sei. Um zu einer Lösung der verfahrenen Situation zu gelangen, wurde ein Treffen im Dezember 1953 in Bonn vereinbart.[449]

---

448 Promemoria (Segreto) Siviero vom 9. Oktober 1953 in CIR a. a. O.

449 Kopie des Schreibens Babuscio Rizzos an Vittorio Conte Zoppi vom 6. November 1953 in CIR 173/Monaco di Baviera.

III. Verhandlungen in Bonn vom 14. bis 16. Dezember 1953

1. Vorbereitendes Treffen der deutschen Delegation

Unter dem Vorsitz des neuen Delegationsleiters Dr. Friedrich Janz traf sich die deutsche Delegation am 9. und 10. November 1953 zu Vorgesprächen in München. Dabei wurde vereinbart, dass die Kunstwerke, welche in der Rede Bottais erwähnt worden waren, nicht restituiert würden. Alle übrigen Erwerbungen Görings aber, ob sie nun von italienischer Seite zurückverlangt worden waren oder nicht, sollten zurückgegeben werden. Über die Bilder aus den Ankäufen für das Führermuseum in Linz wollte man noch nicht verhandeln. Überdies sollte Siviero dazu angehalten werden, eine Ehrenerklärung abzugeben, wonach die Kunstwerke aus dem Besitz Hitlers und Görings ordnungsgemäss gekauft und nicht geraubt worden waren. Schliesslich wies Janz darauf hin, dass der politische Akzent bei der Angelegenheit berücksichtigt werden müsse.[450] Die Position, auf welche sich die deutsche Delegation geeinigt hatte, war dem italienischen Aussenministerium noch vor dem Treffen der Delegationen mitgeteilt worden. Mit Telespresso No. 17938 vom 20. November 1953 informierte der italienische Botschafter in Bonn das Aussenministerium detailliert über die Bereitschaft der Deutschen, Bilder aus dem Göring-Komplex herauszugeben.[451] Die deutsche Seite werde allerdings darauf insistieren, dass von italienischer Seite formell anerkannt werde, dass es sich nicht um gestohlene Bilder handle, sondern dass sie lediglich illegal ausgeführt worden seien.

2. Vorgespräche Sivieros mit Friedrich Janz und Salat

Siviero begab sich am 5. Dezember 1953 nach Bonn, um sich der deutschen Haltung zu versichern, über die er mit Schreiben des italienischen Botschafters vom 20. November informiert worden war. Seine Treffen mit Salat, dem Leiter der Kulturabteilung des Auswärtigen Amtes, und Janz ergaben, dass man sich auf Seiten der Deutsche nicht mit einer Erklärung bezüglich der Art und Weise der Verbringung der Bilder nach Deutschland zufrieden geben würde, sondern dass die Rückzahlung dessen erwartet wurde, was Hitler und Göring für die Kunstwerke ausgegeben hatten. Siviero wies dieses Ansinnen unter Hinweis auf die Anordnungen in der Vereinbarung von Rom zurück. Auch der Vorschlag Salats, die Bilder zwar nach Italien zurückzuschicken, diese dort aber in der deutschen Botschaft und den Konsulaten zu belassen, wodurch die illegale Ausfuhr gleichsam geheilt würde, wies Siviero zurück, da ein solcher Plan unmittelbar nach den Ankäufen, aber nicht zum jetzigen Zeitpunkt überhaupt denkbar sei. Zudem sei

---

[450] Protokoll über die Besprechung der Deutschen Delegation für die Rückgabe von Kunstgut an Italien in München am 9. bis 10. November 1953 in AA B 95 Nr. 646.

[451] Telespresso No. 17938 vom 20. November 1953 in CIR 173/Monaco di Baviera.

der damalige Ankauf bei einigen der Bilder gänzlich verboten gewesen, da sie zu öffentlichen Sammlungen gehört hätten. Nach diesen Vorgesprächen teilte Siviero der Gegenseite mit, dass er nicht beabsichtige, von den Bestimmungen der in Rom gefassten Vereinbarung abzuweichen, weswegen, sollte die deutsche Delegation nicht von ihren Forderungen ablassen, die Verhandlungen gar nicht erst angetreten werden müssten. Janz schlug nach Rücksprache mit seiner Regierung vor, dass die Rückzahlung, welche ohnehin lediglich symbolischen Charakter haben sollte, durch zwei Bilder aus italienischen Museen, eines davon ein Baldung Grien aus Vercelli, geleistet werden solle. Siviero trat auch auf diesen Vorschlag nicht ein;[452] trotz des Ergebnisses der Vorbesprechungen, die keine Seite zufrieden stellte, wurden die Verhandlungen angetreten.

3. Verlauf der Verhandlungen

Während des ganzen ersten Tages der Verhandlungen wurde um die sieben Bilder, die von Bottai in seiner Rede erwähnt worden waren, gerungen. Die deutsche Delegation bestand auf der Rechtmässigkeit der Exporte, was von der italienischen Seite mit dem Hinweis auf die Tatsache, dass eine politische Rede kein Verwaltungsakt sei, zurückgewiesen wurde.[453]

Der zweite Tag brachte insofern eine Annäherung, als auf italienischen Vorschlag hin Grundsatzfragen – insbesondere bezüglich der Bedeutung der Rede Bottais – ausgeklammert wurden. Vielmehr sollte sondiert werden, bei welchen Kunstwerken die deutsche Delegation die Restitution akzeptierte. Eine Lösung ergab sich aber auch hier nicht, nachdem die deutsche Seite die Rückgabe von 42 Kunstwerken von der Bezahlung des beim Ankauf geleisteten Gegenwertes abhängig machen und überdies nach Erfüllung des Geschäfts die Restitutionen als definitiv erledigt betrachten wollte. Ein Durchbruch wurde erst erreicht, als Siviero versprach, seine Regierung werde nach Beendigung der Restitutionen auf dem italienischen Kunstmarkt ein Bild erwerben, welches der Bundesregierung zum Geschenk gemacht werden sollte.[454] Der Rest des Tages wurde für die Abfassung eines Protokolls verwendet.

Der Text des Protokolls lieferte zwar keine Hinweise auf den Rechtsgrund der Restitutionen. Immerhin wurde aber festgehalten, dass die Bilder, Plastiken und Textilien zu Unrecht exportiert worden waren:

> "I. Die Regierung der Bundesrepublik Deutschland ist damit einverstanden, dass die in der beigefügten Liste enthaltenen Bilder, Plastiken und Textilien, die während der Hit-

---

[452] Relazione sulle trattative svolte a Bonn per la restituzione delle opere d'arte, Prot. No. 7392, vom 21. Dezember 1953, S. 1ff., in CIR 126/3/590.

[453] A. a. O., S. 3f.

[454] A. a. O., S. 5.

lerzeit von Göring käuflich erworben und zu Unrecht ausgeführt wurden, an die Italienische Regierung zurückgegeben werden (...).

II. Im Laufe der auf der Grundlage freundschaftlicher Haltung geführten Verhandlungen über den Komplex der zu Unrecht entfernten Kunstwerke erklärt die Regierung der Italienischen Republik, dass sie ihrerseits der Regierung der Bundesrepublik Deutschland ein Kunstwerk übergeben wird, das von der Italienischen Regierung auf dem einheimischen Markt käuflich erworben wird (...)."[455]

Insgesamt wurde die Restitution von 43 Kunstwerken und 35 Textilien (Samt, Damast, Seide) aus dem 16. bis 18. Jahrhundert an Italien vereinbart. Auf der Liste befanden sich auch acht Bilder, die sich nicht mehr in Deutschland befanden, nachdem sie die Amerikaner am 2. Juni 1949 fälschlicherweise an einen angeblichen Vertreter der jugoslawischen Regierung herausgegeben hatten, obschon sie aus Italien stammten.[456]

IV. Verhandlungen in Perugia vom 19. bis 21. Januar 1954

1. Ziel der Verhandlungen

Gegenstand der Verhandlungen in Perugia bildete der "Bottai-Komplex", diejenigen Kulturgüter, deren Export Bottai anlässlich seiner Rede vom 7. Mai 1942 gerechtfertigt hatte und deren Behandlung in Bonn im Dezember 1953 ausgeklammert worden war. Noch vor ihrer Abreise war der deutschen Delegation der Wunsch Adenauers mitgeteilt worden, "bei den Verhandlungen nicht den politischen Gesichtspunkt ausser Acht zu lassen, da das gute Verhältnis zu Italien mit Rücksicht auf die bevorstehenden Verträge nicht getrübt werden soll", weshalb bereits vor der Abreise entschieden worden war, die Bilder Italien geschenkweise zu überlassen, "um dem Politicum auch Rechnung zu tragen".[457]

2. Verlauf der Verhandlungen

Obschon durch den Entscheid der deutschen Delegation das Ergebnis der Verhandlungen bereits vorweggenommen worden war, verliefen die Verhandlungen in zwei Bereichen äusserst harzig. Das erste Problem stellte sich bezüglich der

---

[455] Protokoll vom 16. Dezember 1953, signiert von Siviero und Janz, in deutscher und italienischer Ausführung in CIR 173/Accordo a Bonn, 16.12.1953.

[456] "Verzeichnis der Kunstwerke, die von Göring in Italien erworben und in Sondertransporten nach Deutschland versandt worden sind" als Beilage des italienischen Textes des Protokolls in vorhergehender FN. Bei den an Jugoslawien herausgegebenen Bildern handelte es sich unter anderem um Werke von Paolo Veneziano, Carpaccio, Tintoretto und Tizian, welche einem angeblichen Vertreter der jugoslawischen Regierung übergeben worden waren. Nachträglich stellte sich heraus, dass die Amerikaner einem Betrüger aufgesessen waren, vgl. Kienle, S. 172 FN 589 und Siviero, L'Arte e il Nazismo, S. 173.

[457] Niederschrift über die Vorbesprechung der deutschen Delegation in München vom 17. Januar 1954 in AA B 95 Nr. 647.

Behandlung der *Natività* von Antoniazzo Romano, das andere war die Formulierung des Abschlussprotokolls.

a. Natività von Antoniazzo Romano aus der Collezione Barberini

Das Gemälde gehörte ursprünglich der Familie Barberini und war Teil ihrer Fideikommisse. Mit Gesetzen von 1871 und 1883 wurde vom italienischen Staat die Auflösung der Fideikommissen bestimmt, worauf mit *decreto legge 26 aprile 1934, n. 705*[458], zwischen dem Staat und der Familie Barberini die Aufteilung der Kunstwerke geregelt wurde. Es wurde vereinbart, dass ein Teil der Kunstwerke in das Eigentum des Staates übergehen sollte, während ein anderer Teil, darunter die *Natività* Romanos, der Familie Barberini verblieb. Diese letztgenannten Kunstwerke waren auf der Rückseite mit dem Vermerk versehen, dass sie frei exportiert werden durften.[459] Die Haupterbin, *Principessa* Maria Barberini, verkaufte die *Natività* 1935 an den Kunsthändler Contini, der sie wiederum 1942 an Göring weiterverkaufte.[460] Unter Hinweis auf das eigens dafür erlassene Gesetzesdekret und die Tatsache, dass das Bild Romanos demgemäss frei exportierbar gewesen sei, weigerte sich die deutsche Delegation, das Bild herauszugeben. Die italienische Seite war demgegenüber der Ansicht, dass sich die Exportgenehmigung lediglich auf die Erben Barberini bezogen habe, ein Privileg, welches mit dem Weiterverkauf an Contini untergegangen sei.[461] Schliesslich wurde nach zähen Verhandlungen vereinbart, dass die Frage, nach weiteren Abklärungen seitens der italienischen Delegation, von einer Unterkommission behandelt werden solle.[462]

b. Schwierigkeiten mit der Abfassung des Protokolls

Nachdem die Angelegenheit um das Gemälde Romanos auf später verschoben worden war, erklärte Janz die Bereitschaft der Bundesrepublik, die Kunstwerke aus dem Bottai-Komplex an Italien zurückzugeben. Eine Skulptur Della Robbias und ein Gemälde Veroneses sollten überdies restituiert werden, obschon sie auf den italienischen Listen nicht verzeichnet gewesen waren. Dieses deutsche Entgegenkommen wurde von der italienischen Delegation sehr geschätzt.[463] Dennoch gerieten die Verhandlungen ins Stocken, als ein abschliessendes Proto-

---

458 G. U. No. 107 del 5 maggio 1934.

459 "Ex Fidei-Commisso Barberini-Corsini – libero per l'esportazione".

460 Perizia Legale del Consigliere Legale del Ministero degli Esteri, Kaufmann, vom 26. Mai 1954 in CIR 175/3/590/4.

461 Verbale del Convegno delle Delegazioni Italo-tedesca del Giorno 20/1/1954 in CIR 126/Testi stenodattilografati sulla conferenza a Perugia, S. 1–16.

462 Relazione Siviero vom 27. Januar 1954, Prot. n. 7435, in CIR 126/Relazione sulla conferenza di Perugia.

463 Kienle, S. 173 f.

koll der Verhandlungen aufgesetzt werden sollte. Bereits zu Beginn der Verhandlungen am 19. Januar hatte Siviero der deutschen Delegation die Erklärungen eines ehemaligen Direktors der *Direzione delle Belle Arti* über die Bedeutung der Rede Bottais,[464] eine eigene diesbezügliche Erklärung Bottais von 1953[465] sowie ein Bericht des *Ispettore Centrale delle Arti*[466] überreicht. Gemäss diesen Darstellungen handelte es sich bei der Rede Bottais vom Mai 1942 um eine unwahre Darstellung der Kulturexporte ohne rechtliche Bedeutung, eigens gehalten, um die öffentliche Meinung zu beruhigen. Obschon die deutsche Seite davon ausging, dass mit der Rede die Rechtmässigkeit der Exporte bestätigt worden war und sich die aktuelle italienische Regierung Rechtsakte ihrer Vorgängerregierungen anrechnen lassen müsse, schlug Janz vor, einen Kompromiss zu finden. Die Grundlage des Kompromisses sollte in der Feststellung bestehen, dass sich die Delegationen über die Bedeutung der Rede Bottais nicht hatten einigen können.[467] Dieser Vorschlag, auf den Siviero nicht vorbereitet war, verstand sich vor dem Hintergrund der deutschen Absicht, die Bilder des Bottai-Komplexes der italienischen Regierung ohnehin als Geschenk zu überlassen. Für Siviero musste dennoch im abschliessenden Protokoll ein Hinweis enthalten sein, dass die Bilder illegal exportiert worden waren. Zur Begründung brachte er vor, dass das Abkommen von Rom auf dieser Tatsache aufbaue. Für Janz war es demgegenüber klar, dass das Wort ‚illegal' nicht im Text erscheinen durfte.[468] Die Delegationsleiter waren in ihren Standpunkten derart unbeweglich, dass ein gemeinsames Protokoll beinahe gescheitert wäre. Schliesslich einigte man sich auf eine Formulierung, gemäss welcher beide Delegationen ihre jeweilige Auffassung über die Bewertung der Rede Bottais aufrechterhielten, die deutsche Delegation aber im Geiste der Vereinbarung von Rom die in der Beilage zum Protokoll verzeichneten Bilder Italien überliess:

> "I. Zwischen der Delegation der Bundesrepublik Deutschland und der Delegation der Italienischen Republik ist Einverständnis darüber erzielt worden, dass die in der als Anlage beigefügten Liste aufgeführten Kunstwerke von der Regierung der Bundesrepublik Deutschland der Regierung der Republik Italien überlassen werden.
>
> II. Obwohl beide Delegationen ihre jeweilige Auffassung über die Bewertung der Rede aufrechterhalten, die der damalige Staatsminister Bottai vor der "Camera dei Fasci e delle Corporazioni" am 7. Mai 1942 gehalten hat, überlässt die Deutsche Delegation im

---

[464] Processo Verbale di interrogatorio del Prof. Dr. Lazzari Marino vom 15. Oktober 1953 in CIR 4/3/623.

[465] Dichiarazione Bottai vom 28. November 1953 in FN 67.

[466] Relazione dell'Ispettore Centrale nella Direzione Generale delle Antichità e Belle Arti, Argan, del 15 gennaio 1948, Prot. No. 4170, in CIR 126/III. Conferenza.

[467] Verbale del Convegno delle Delegazioni Italo-tedesca del Giorno 19/1/1954 in CIR 126/Testi stenodattilografati sulla conferenza a Perugia, S. 4.

[468] A. a. O., S. 19ff.

> Geiste der in Rom am 27. Februar 1953 zwischen dem Bundeskanzler der Bundesrepublik Deutschland un [sic] dem Präsidenten des Ministerrats der Republik Italien getroffenen Vereinbarung, die im Artikel I bezeichneten Kunstwerke.
>
> Die vorbezeichneten Kunstwerke stammen nicht aus öffentlichen Sammlungen und sind nicht in dem Verzeichnis der Werke aufgeführt, die die Italienische Regierung als Werke von hohem nationalen Interesse gekennzeichnet hat (...)".[469]

Damit enthielt das Protokoll zwar einen Hinweis auf das Abkommen von Rom und somit die Illegalität der Ausfuhr, zugleich aber auch den verklausulierten Hinweis, dass die Kunstwerke legal in Italien erworben worden waren, da sie nicht aus öffentlichen Sammlungen gestammt hatten.

3. Ergebnis der Verhandlungen

Das Treffen von Perugia stellte einen Höhepunkt in den bisherigen Restitutionsverhandlungen zwischen der Bundesrepublik und Italien dar. Beiden Seiten war es gelungen, die Polemiken vergangener Jahre und den Scherbenhaufen der gescheiterten Verhandlung in Rom zu überwinden und im Sinne eines Neubeginns der gegenseitigen kulturellen Beziehungen einen Teil der offen gebliebenen Fragen im Restitutionsbereich zu lösen. Der Erfolg der Verhandlungen war insbesondere dem taktischen Geschick des deutschen Verhandlungsleiters zu verdanken, dem es gelang, Kompromisslösungen vorzuschlagen, auf die Siviero schliesslich einging. Allerdings war der Erfolg des Treffens durch die deutsche Entscheidung, den italienischen Forderungen weitestgehend entgegenzukommen, bereits vorgegeben. Auch waren strittige juristische Fragen wie die Exportierbarkeit der *Natività* aus der ehemaligen Sammlung Barberini aus dem Verhandlungskomplex ausgeklammert worden. Bei den übrigen Anständen konnten nicht zuletzt auch darum beiderseits akzeptable Lösungen gefunden werden, weil von deutscher Seite, wie das von Siviero stets gefordert worden war, bewusst juristischen Fragestellungen ausgewichen und auf die Vereinbarung von Rom verwiesen wurde, welche eine rasche Erledigung der offenen Fragen forderte.[470] Somit waren einmal mehr die Restitutionsfragen nicht aufgrund von juristischen Lösungen, sondern als Folge von politisch begründeten Rücksichtnahmen gelöst

---

[469] Niederschrift über das Ergebnis der Verhandlungen über Kunstgut zwischen der Deutschen und Italienischen Regierungsdelegation, die in Perugia vom 19. bis 21. Januar 1954 stattfanden, in CIR 174/Accordi vari con la Germania; Italienische Version in Trattati e Convenzioni 1953/1954, Protocolli fra la Repubblica Italiana e la Repubblica Federale di Germania Relativi alla Riconsegna di Opere d'Arte all'Italia, Roma: Tipografia Riservata del Ministero degli Affari Esteri, 1954, S. 9f.

[470] Vgl. die Ausführungen von Janz im Verbale del 19/1/1954 in FN 467, S. 7: "Ci troviamo sul punto limite della questione giuridica (...). Per esaminare la questione a fondo ci si dovrebbe fermare qui tre mesi, ma non so se questa è la via giusta da seguire." und S. 9: "Ritengo l'addentrarsi nel campo delle opinioni giuridiche delle due delegazioni non possa che rinforzare le reciproche opinioni, e ritengo che su questa strada non si possa andare avanti con esito favorevole."

worden. In den italienischen Presseberichten wurde neben der ausführlicher Darlegung der Verdienste Sivieros insbesondere auf das gute Einvernehmen der beiden Delegationen und den neuen Geist der kulturellen Zusammenarbeit zwischen den beiden Ländern hingewiesen.[471]

Dass man auch auf deutscher Seite mit dem Ergebnis zufrieden war, ergibt sich aus einem Schreiben des Deutschen Botschafters in Rom, welcher ebenfalls davon ausging, dass der Erfolg auf Janzens Verhandlungsgeschick zurückzuführen sei. Trotz gewisser Schwächen der italienischen Position habe die deutsche Delegation der Rückführung der betreffenden Kunstwerke zugestimmt, da sie politische Schwierigkeiten habe vermeiden wollen, welche die deutsch-italienischen Beziehungen hätten trüben können, "und zwar gerade in einem Moment, wo die italienische Mitarbeit für den europäischen Aufbau besonders wichtig ist".[472] Mit Schreiben vom 17. Februar 1954 teilte der deutsche Botschafter dem italienischen Aussenminister mit, dass die Vereinigten Staaten der Rückführung der Kunstwerke gemäss Vereinbarungen von Bonn und Perugia zugestimmt hätten,[473] worauf Siviero am 17. März 1954 die Kunstwerke in München entgegennehmen konnte.[474]

V. Verhandlungen in Baden-Baden vom 3. bis 7. September 1954

1. Verstimmungen im Vorfeld der Verhandlungen

Das gute Einvernehmen, das zwischen der deutschen und italienischen Delegation während der Verhandlungen in Perugia geherrscht hatte, wurde für die deutsche Seite durch eine Ausstellung von restituierten Kunstwerken, die Siviero im Frühjahr 1954 in der *Villa Borghese* organisierte, beeinträchtigt. Ursprünglich, so ging man bei der deutschen Delegation aus, sei geplant gewesen, zur Ausstellung lediglich einen kleinen Kreis von Behördenvertretern und Journalisten einzuladen. In der Tat habe es sich indessen um eine Veranstaltung gehandelt, zu deren Eröffnung sechs- bis achthundert Personen erschienen seien, darunter der stellvertretende Ministerpräsident und der Erziehungsminister. Anlässlich der eröffnenden Pressekonferenz, welche ohne Vertreter der deutsche Botschaft

---

471 "Ritorneranno in Italia le opere d'arte asportate", in: *Il Popolo,* 2. Februar 1954; "Quali sono i capolavori che la Germania restituirà all'Italia", in: *Giornale del Mattino,* 22. Januar 1954; "La conferenza italo-tedesca per la restituzione delle opere d'arte. Il capo delegazione ha espresso la sua fiducia che la spinosa questione possa essere felicemente risolta", in: *Il Giornale d'Italia,* 21. Januar 1954.

472 Schreiben von Brentano an das AA vom 29. Januar 1954 in AA B 95 Nr. 647.

473 Schreiben von Brentano an Attilio Piccioni vom 17. Februar 1954 in CIR 130/Riservato-Pratica da restituire alla D. G. R. C.-Min. Est.

474 Übergabe-Protokoll vom 17. März 1954 mit Anlage in CIR 174/Accordi vari con la Germania; Italienische Version in CIR 173/Monaco di Baviera.

stattgefunden habe, sei mit keinem Wort darauf hingewiesen worden, dass die Kunstwerke auch dank des Entgegenkommens der Bundesregierung schnell nach Italien zurückgelangt seien.[475] Das Auswärtige Amt forderte die deutsche Botschaft in Rom auf, sich beim Aussenministerium über Siviero wegen dessen wenig objektiver Unterrichtung der italienischen Öffentlichkeit zu beschweren.[476] Die nächste Verhandlungsrunde, welche bezüglich der Ankäufe für Hitlers Führermuseum für Mitte Mai geplant gewesen war, wurde auf Oktober 1954 verschoben, nachdem weitere, bei Siviero einverlangte Unterlagen der deutschen Delegation erst mit zeitlicher Verzögerung übergeben worden waren. Anlässlich eines Gesprächs Sivieros mit dem deutschen Kulturattaché Sattler beklagte letzterer die Verzögerungen und wies darauf hin, dass sich die Stimmung in Deutschland gegenüber Italien spürbar verschlechtert habe.[477] Im Mai 1954 bot Siviero in Erfüllung der Vereinbarung von Bonn der deutschen Delegation eine Auswahl von Kunstwerken an, die auf dem italienischen Kunstmarkt erhältlich waren. Janz wies das Geschenk als nicht dem Geist der Vereinbarung entsprechend zurück.[478]

In einem Promemoria vom 18. Juni 1954 begründete Siviero die Verzögerung bei der Übergabe von Dokumenten mit dem Wunsch der deutschen Delegation, weitere Belege bezüglich der angeblich illegalen Vorgehensweise bei den Ankäufen für Hitler zu erhalten.[479] Die daraufhin vom Erziehungsminister eingeleitete Untersuchung, welche im übrigen von der italienischen Delegation verschiedentlich angemahnt worden sei, habe einige Zeit in Anspruch genommen.[480] Bereits am 18. Februar 1954 sei der deutschen Delegation die Dokumentation über die *Natività* Antoniazzo Romanos übergeben worden, doch habe das vereinbarte Treffen der Unterdelegationen nicht durchgeführt werden können, weil von deutscher Seite keine Bestätigung über das Datum eingetroffen sei. Das Geschenk der italienischen Regierung, welches übrigens in der Vereinbarung von Rom nicht vorgesehen gewesen sei, sei alles andere als symbolisch gewesen. Es habe sich um einen Akt der Freundschaft der italienischen Regierung gehandelt,

---

475 Kienle, S. 175.

476 Schreiben AA an deutsche Botschaft Rom vom 11. Mai 1954 in AA B 95 Nr. 648, abgedruckt bei Kienle, S. LXIV.

477 Schreiben Siviero an die Aussen- und Erziehungsminister vom 21. Mai 1954, Prot. No. 7590, in CIR 175/3/590/17.

478 "Nach Ansicht der deutschen Delegation entspricht die künstlerische Qualität der angebotenen Objekte leider nicht den Erwartungen, die die deutsche Öffentlichkeit an ein Geschenk der Italienischen Regierung stellt, das gleichsam als symbolische Gegengabe für die an Italien überlassenen, nicht unbedeutenden Werte zu gelten hat." Schreiben Janz an Siviero vom 3. Juni 1954 in CIR 44/3/627.

479 Promemoria Siviero vom 18. Juni 1954 in CIR 175/3/590/17.

480 A. a. O., S. 1; die entsprechende Dokumentation wurde der deutschen Botschaft erst am 11. Juni übergeben, Schreiben Sattler an Siviero vom 15. Juni 1954 in CIR a. a. O.

nachdem in der Vereinbarung von Rom als Gegenstück zur deutschen Restitution die Rückgabe der Bestände der deutschen Kulturinstitute in Italien gestanden habe. Die Ausstellung in der *Villa Borghese*, welche keine politische Bedeutung gehabt habe, sei auf Anraten von deutscher Seite, sowohl aus Bonn als auch aus der Botschaft, erfolgt, um die Tatsache kund zu tun, dass die Bundesregierung diejenigen Kunstwerke, deren Export als illegal erkannt worden sei, gerne zurückgegeben habe. Auch sei nicht richtig, dass die italienische Presse in negativem Ton über Deutschland berichtet habe, vielmehr sei das Gegenteil zutreffend.

2. Verlauf der Verhandlungen

Der Gegenstand der Verhandlungen waren die Bilder aus dem Hitler-Komplex. In internen Besprechungen der deutschen Delegation wurde festgehalten, dass es sich bei den für das Linzer Projekt erstandenen Bildern um legales Eigentum Deutschlands handelte. Dies im Unterschied zu den Kunstwerken, die von Göring auf zweifelhafte Weise exportiert worden waren.[481] Beide Delegationen hatten weitere Belege gesammelt, welche die jeweilige Position unterstützen sollten. Die italienische Delegation reichte Zeugenaussagen von Kunsthändlern ein, wonach die Kunstwerke vom Prinzen von Hessen jeweils bar bezahlt worden waren, ohne dass Kaufquittungen ausgestellt worden waren. Dies stellte eine Verletzung der damals vorgeschriebenen Clearingmethode dar. Auf deutscher Seite versuchte man unter Hinweis auf eine Gesamtabrechnung aus der Reichskanzlei für die Linzer Ankäufe, in welcher die Exporttaxen und Transportkosten summarisch aufgeführt waren, die Darstellungen der Händler zu widerlegen.[482] Den juristischen Beweis für die Legalität der Ankäufe Hitlers führte die deutsche Delegation mit einem Rechtsgutachten Professor Menzels, welcher zum Ergebnis kam, dass die Verkäufe sowohl vor dem Hintergrund des damals anwendbaren italienischen Verwaltungsrechts, als auch vom Völkerrecht aus legal gewesen seien, weshalb keine Bilder aus dem Hitlerkomplex zu restituieren seien[483] (zum detaillierten Inhalt des Gutachtens nachfolgend, § 10 B). Ein Gutachten von Professor Kaufmann kam mit Bezug auf die Frage des italienischen Restitutionsanspruchs betreffend das Gemälde Antoniazzo Romanos aus der ehemaligen Sammlung Barberini zum Ergebnis, dass das italienische Begehren aufgrund eines fehlenden Exportverbotes ebenfalls nicht fundiert war.[484] Demgegenüber blieb die italienische Delegation bei ihrer Ansicht, dass die Ankäufe Hitlers ent-

---

[481] Kienle, S. 178.

[482] Protokoll der Sitzung von Baden-Baden in AA B 95 Nr. 648.

[483] "Rechtsgutachten über die Nichtigkeit oder Anfechtbarkeit italienischer Ausfuhrgenehmigungen bei deutschen Käufen von Kunstwerken in Italien von 1938 bis 1941" vom August 1954 in AA B 95 Nr. 649.

[484] Perizia legale circa l'obbligo di restituzione della "Natività" di Antoniazzo Romano in FN 460.

weder wegen Rechtsverletzungen oder wegen des Drucks, der auf italienische Amtsträger ausgeübt worden war, illegal waren.[485] Die Standpunkte der beiden Delegationen liessen sich im Verlauf der Verhandlungen nicht annähern, so dass Janz vorschlug, dass sich die Delegationsführer am 7. September zu einem Gespräch unter vier Augen treffen sollten. Anlässlich dieses Gesprächs schlug Janz vor, die Frage der Legalität der Exporte einem Ad-hoc-Schiedsgericht, bestehend aus je einem Kulturexperten der beiden Delegationen unter holländischem Vorsitz, zu unterbreiten. Siviero wies den Vorschlag als gegen die Vereinbarung von Rom gerichtet zurück, zumal Italien seinen Teil der Vereinbarung, die Rückgabe der Bestände der deutschen Institute und Bibliotheken, bereits erfüllt habe.[486] Ein Ausweg aus der verfahrenen Situation ergab sich gemäss Siviero erst, als er, um den Deutschen den Eindruck zu verschaffen, er komme ihnen entgegen, das Geschenk der italienischen Regierung an die Bundesrepublik, wie es in den Verhandlungen von Bonn vereinbart worden war, erneut thematisiert habe. Er habe vorgeschlagen, die deutsche Delegation solle aus den Bildern, über die verhandelt werde, eines aussuchen, auf welches Italien in der Folge verzichte, womit auch die Vereinbarung von Bonn erfüllt sei. Nach einer Unterbrechung der Verhandlungen habe Janz den Vorschlag unter der Bedingung akzeptiert, dass Deutschland fünfzehn Bilder eigener Wahl als Ersatz für das versprochene Geschenk und in definitiver Erledigung der laufenden Verhandlungen behalten dürfe. Nachdem Siviero sich lediglich bereit erklärt habe, auf legal exportierte Bilder zu verzichten, habe Janz zehn Bilder verlangt. Siviero habe auf kein Meisterwerk verzichten, Janz aber habe deren zwei behalten wollen. Schliesslich habe Siviero vorgeschlagen, entweder ein Meisterwerk zu überlassen oder eine Liste von weniger bedeutenden Bildern zusammenzustellen, aus welchen die deutsche Delegation einige auswählen könne. Damit sei die Gegenseite einverstanden gewesen, und der Wert der Bilder, welche die Bundesrepublik schliesslich erhalten habe, sei geringer gewesen als derjenige eines Meisterwerkes oder des vereinbarten italienischen Geschenkes. Durch diese Vereinbarung sei auch erreicht worden, dass nicht mehr über den Rechtsgrund der bisher erfolgten Restitutionen diskutiert werde, was die zukünftigen Verhandlungen über die immer noch im *Collecting Point* verbliebenen italienischen Bilder vereinfache.[487]

3. Ergebnis der Verhandlungen

In der abschliessenden Niederschrift zum Ergebnis der Verhandlungen verpflichtete sich die deutsche Bundesregierung zur Rückgabe von insgesamt 37 Bildern. Wie bereits das Abschlussprotokoll von Perugia enthielt auch die Niederschrift

---

485 Relazione Siviero sulla Conferenza italo-tedesca a Baden Baden per la restituzione delle opere d'arte del gruppo "Hitler" vom 15. September 1954, Prot. No. 7742, in CIR 175/3/590, S. 4.

486 A. a. O., S. 6f.

487 A. a. O., S. 8ff.

von Baden-Baden als Prämisse den Hinweis, wonach die Restitutionen in Ausführung der Vereinbarung von Rom durchgeführt wurden und dass die Rechtslage nicht vollständig hatte geklärt werden können:

> "Die Deutsche Delegation und die Italienische Delegation haben in Verfolg der Besprechungen, die in Baden-Baden in der Zeit vom 3. bis 7. September 1954 in Ausführung des Notenwechsels vom 27. Februar 1953 zwischen dem Bundeskanzler der Bundesrepublik Deutschland und dem Präsidenten des Ministerrates der Republik Italien unter Berücksichtigung der Tatsache, dass die Rechtslage nicht vollständig geklärt werden konnte, folgendes vereinbart:
>
> I.
>
> Die Bundesregierung wird der Italienischen Regierung sobald als möglich die Kunstwerke übergeben, die in der Anlage (I) dieser Niederschrift aufgeführt sind.
>
> II.
>
> Der Bundesregierung verbleiben die in der Anlage (II) dieser Niederschrift aufgeführten Gemälde.
>
> III.
>
> Die Deutsche Delegation erklärt, dass sie auf das unter II der in Bonn am 16. Dezember 1953 unterzeichneten Niederschrift aufgeführte Kunstwerk verzichtet.
>
> IV.
>
> Beide Delegationen stimmen überein, dass mit dieser Niederschrift alle gegenseitigen Fragen geklärt sind, die sich auf den oben bezeichneten Notenwechsel vom 27. Februar 1953 über die in der Treuhandverwaltung München verwahrten Gegenstände beziehen, mit Ausnahme derer, die den amerikanischen Restitutionsbestimmungen unterliegen, und mit Ausnahme der unter V bezeichneten Gegenstände.
>
> V.
>
> Die Bundesregierung wird der Italienischen Regierung sonstige gesetzwidrig ausgeführte Kunstgegenstände übergeben, die etwa nachträglich aufgefunden werden sollten. (...)"[488]

4. Einschätzung des Verhandlungsergebnisses durch die Delegationen

a. Italienische Delegation

Wie bereits in den früheren Verhandlungen hatte sich keine der Delegationen mit ihrer Auffassung über der Legalität der Ankäufe und Exporte durchsetzen können. Dies war insofern erstaunlich, als bei den für Hitler erworbenen Kunstwerken, im Unterschied zu den Erwerbungen Görings, die notwendigen Formalitäten eingehalten worden waren und die Rechtslage klar für den deutschen Standpunkt sprach (vgl. nachfolgend, § 10 B). Obschon die Vereinbarung auf der

---

[488] Niederschrift vom 8. September 1954 in CIR 174/Accordi vari con la Germania.

Tatsache gründete, dass sich die Parteien in rechtlicher Hinsicht nicht hatten einigen können, hielt Ziffer V. der Niederschrift fest, dass inskünftig aufgefundene Kunstgegenstände von der Bundesrepublik an Italien zurückgegeben würden, falls sie gesetzwidrig ausgeführt worden waren. Vom Ergebnis der eigentlichen Verhandlungen in Baden-Baden her war es erneut Italien und damit Siviero, der letztlich als Sieger aus den Verhandlungen hervorging, indem er die Restitution einer grossen Anzahl an Meisterwerken ersten Ranges nach Italien erreichte, unter anderem auch die *Natività* Antoniazzo Romanos, welche gemäss dem Gutachten Prof. Kaufmanns legal exportiert worden war. Der Vertreter des italienischen Aussenministeriums bei den Verhandlungen, Gennaro de Novellis, sprach den Erfolg ebenfalls Siviero zu, der die Verhandlungen "con notevole energia e abilità" geleitet habe. Dabei habe Siviero mit starkem Druck die Gegenseite zu Konzessionen gebracht, indem er keinen Zweifel daran gelassen habe, dass mit lebhaften Reaktionen seitens des italienischen Parlaments und der Presse zu rechnen sei, sollten die Kunstwerke nicht nach Italien zurückkehren. Überdies habe er einfliessen lassen, dass die deutsche Botschaft in Rom im Zusammenhang mit den Exporten, welche unter Umgehung der Devisenvorschriften der beiden Länder vorgenommen worden seien, eine zweifelhafte Rolle gespielt habe. Denn die Beträge, welche den italienischen Kunsthändlern bezahlt wurden, seien um einiges geringer gewesen seien, als die Bezüge, die sich aus den offiziellen deutschen Dokumenten ergeben hätten. Es müsse daher vermutet werden, dass hohe Persönlichkeiten wie Prinz von Hessen und Otto Bismarck, welche mit den Ankäufen in Italien befasst gewesen waren, auch in die eigenen Taschen gearbeitet hätten.[489] Das Verhalten der deutschen Delegation – zunächst unnachgiebig, danach fügsam – lasse Raum für Spekulationen über die gewählte Taktik. Offenbar habe man sich gegen die Restitutionen gewehrt, habe dann aber aus Angst vor Pressepolemiken und Repressalien nachgegeben. In der Tat scheine man auf deutscher Seite um jeden Preis verhindern zu wollen, dass die Vorgehensweise der Agenten der Naziregierung offen verurteilt oder zumindest bedauert werde, um so zu verhindern, dass sich wieder Gerüchte über diese zweifelhaften Geschäfte verbreiteten. Immerhin bekleideten einige der damals in diese Geschäfte involvierten Personen nun teilweise hohe Ämter. Erstaunlich sei auch das Verhalten des deutschen Delegationsleiters Janz, der in den lebhaften Phasen jeweils den herzlichen Charakter der Verhandlungen gepriesen und seine Wertschätzung für die italienische Regierung und den Leiter der italienischen Delegation ausgesprochen habe. In der Sache habe er die italienische Rechtsauffassung

---

489 Appunto de Novellis (Segreto) vom 10. September 1954 in 174/Accordi Vari con la Germania. Ein Hinweis auf die Bemerkung de Novellis' ergibt sich auch in der Relazione Siviero (FN 485), S. 6, wo er ausführt, dass "avendo compreso che per distruggere la tesi tedesca (…) bisognava demolire questi documenti, il sottoscritto iniziò il contrattacco e riuscì a dimostrare come proprio la stessa documentazione germanica costituisse la prova migliore della giustizia e lealtà delle nostre richieste."

bezüglich des Restitutionsanspruchs zwar zurückgewiesen, dennoch am Ende fast alles zurückgegeben. Niemals habe er das Vorgehen der Agenten Hitlers als illegal anerkennen oder verurteilen wollen, die diesbezüglichen schweren Angriffe von italienischer Seite habe er sich indessen ohne eine Miene zu verziehen angehört und sich in keiner Weise dagegen gewehrt. Dass Janz schliesslich den italienischen Forderungen fast gänzlich zugestimmt habe, sei, wie er selbst ausgeführt habe, in Absprache mit Adenauer erfolgt, den er kurz vor dem Treffen telephonisch gesprochen habe.

b. Deutsche Delegation

Auch die deutsche Delegation war mit dem Ergebnis der Verhandlungen von Baden-Baden zufrieden und war der Ansicht, dass damit die Vereinbarung von Rom erfüllt sei.[490] Die Schwierigkeiten in den Verhandlungen sah man darin begründet, dass die mangelhafte italienische Dokumentation keine Beweise für die illegale Ausfuhr der für Hitler getätigten Kunsteinkäufe ergeben habe:

> "Den von deutscher Seite an Hand von Akten der Reichskanzlei vorgebrachten eindeutigen Widerlegungen der italienischen Behauptungen wich Herr Siviero stets in unsachlicher und unlogischer Weise aus. Er war aus naheliegenden Gründen bestrebt, eine präzise Überprüfung seiner Unterlagen zu umgehen und den Schwerpunkt der Diskussion auf die allgemeinen politischen Verhältnisse in den Kriegsjahren in Italien zu verlegen, wobei er immer die gleichen Anschuldigungen gegen die damaligen Regime und die angeblichen Manipulationen der damaligen deutschen Botschaft in Rom erhob. Somit konnte eine Einigung in rechtlicher und tatsächlicher Hinsicht nicht gefunden werden. Um die Verhandlungen nicht zum Scheitern zu bringen, verlegte der deutsche Delegationsführer das Gewicht der Sitzung auf die politische Ebene. Es gelang ihm, im persönlichen Gespräch Herrn Siviero von der politischen Notwendigkeit einer gegenseitigen befriedigenden Lösung zu überzeugen und einen Vergleich zu finden. Nach längeren schwierigen Einzelverhandlungen und gemeinsamen Debatten wurde schliesslich das im anliegenden Protokoll festgehaltene Ergebnis erzielt, wonach die in dem Briefwechsel Adenauer – De Gasperi eingegangenen Verpflichtungen bis auf eine Einschränkung erfüllt sind (Art. IV und Art. V)"[491]

Von Seiten des Auswärtigen Amtes wurde Janz für seine Verhandlungsführung gratuliert,[492] entsprach doch das Ergebnis dem vor den Verhandlung mitgeteilten

[490] Siviero ging demgegenüber erst nach einer weiteren Verhandlungsrunde in Trier im Dezember 1957 von der Erfüllung eines Teils dieser Vereinbarung aus, vgl. Siviero, L'Arte e il Nazismo, S. 188.

[491] Schreiben Frahne an Deutsche Botschaft in Rom vom 14. September 1954 in AA B 95 Nr. 649.

[492] "Es galt, im politischen Interesse der Bundesrepublik, den italienischen Wünschen entgegenzukommen und die ernsthafte Verstimmung auszuräumen, die auf italienischer Seite nach der gescheiterten Sitzung in Rom eingetreten war. Dagegen war die rechtlich und moralisch Deutschland belastende Begründung der italienischen Rückgabeansprüche abzulehnen. Die Aufgabe war durch die hinlänglich bekannte Persönlichkeit des italienischen Verhandlungspartners noch besonders belastet." Schreiben Staatssekretär Hallstein an Janz vom 6. Oktober 1954 in AA a. a. O.

Wunsch der politischen Abteilung, eine Verhärtung der Fronten zu vermeiden, um politischen Schaden zu verhindern.[493] Mit diesem Wunsch befand sich die deutsche Delegation in einer ungünstigen Ausgangslage. Konfrontiert mit den unverhohlenen Drohungen Sivieros blieb letztlich nur der Weg des Kompromisses, nachdem die zunächst eingeschlagene Richtung der Rückweisung der italienischen Forderungen mittels Gutachten und auch der Vorschlag der Einsetzung eines Schiedsgerichts an der unnachgiebigen Haltung Sivieros gescheitert waren. Allerdings ist die Tatsache, dass den Italienern immerhin acht Bilder abgerungen werden konnten, vor diesem Hintergrund als Sieg zu werten. Dies um so mehr, als das Entgegenkommen Sivieros auch als Eingeständnis der Tatsache zu werten ist, dass die zweifelhaften Geschäfte der deutschen Ankäufe von ebenso undurchsichtigem Verhalten auf Seiten der damaligen Behörden Italiens begleitet wurden. Dass beide Seiten mit diesem Kompromiss durchaus gut leben konnten, belegt auch die Tatsache, dass Siviero für seinen Einsatz zugunsten der glücklichen Beendigung der Restitutionsverhandlungen mit dankbaren Worten von Bundeskanzler Adenauer bedacht wurde,[494] während Janz die Ehrendoktorwürde der Universität Messina verliehen wurde (nachfolgend, B I 1).

VI. Zusammenfassung: Erste Phase der italienisch-deutschen Verhandlungen vom September 1953 bis zum September 1954

1. Voraussetzung: Vereinbarung von Rom zwischen De Gasperi und Adenauer

Die erste Phase der direkten italienisch-deutschen Verhandlungen war geprägt vom Wunsch der beiden Regierungen, die verbliebenen Anstände aus dem Krieg so schnell als möglich aus dem Weg zu schaffen, um die Beziehungen zwischen den beiden Ländern zu normalisieren. In diesem Geist war die Vereinbarung von Rom entstanden, die als Geste beiderseitigen guten Willens den Weg zu direkten Verhandlungen ebnete. Bei der Vereinbarung von Rom handelte es sich um ein Verwaltungsabkommen, eine Vereinbarung, welche dem Regierungsbereich angehört und daher keiner Mitwirkung durch das Parlament bedurfte.[495] Gemäss

---

[493] Schreiben Politische Abteilung an Kulturabteilung vom 30. August 1954 in AA B 95 Nr. 648.

[494] "Il Cancelliere Conrad Adenauer ha voluto esprimere il riconoscimento del Governo Federale per il Suo contributo ad una felice conclusione delle trattative per la restituzione delle opere d'arte illegalmente acquistate ed esportate dall'Italia. Questo accordo ha avuto una importanza politica e morale ed ha rimosso un ultimo ostacolo sulla via verso una collaborazione amichevole dei due popoli. Io ho potuto apprezzare al suo valore questa Suo opera ispiratasi ai sentimenti di lealtà e di moderazione." Siviero, Esodo, S. 22.

[495] Maurer, § 14 N. 7. Die systematische Einordnung im italienischen Recht erfolgt in Anwendung von Art. 80 e contrario der italienischen Verfassung auf gleicher Stufe wie das deutsche Verwaltungsabkommen, mithin ohne Ratifikation durch das Parlament: "Le Camere autorizzano con legge la ratifica dei trattati internazionali che sono di natura politica o preve-

dem Inhalt der Vereinbarung erklärte sich die Bundesrepublik damit einverstanden, dass eine gemischte Kommission gebildet werden sollte, die sich mit der Frage der Rückgabe der illegal ausgeführten italienischen Kunstwerken beschäftigen sollte. Sie erklärte sich lediglich bereit, die Tätigkeit der Kommission "zu erleichtern und [zu] beschleunigen und alles zu tun, um die Rückgabe derjenigen Kunstwerke zu ermöglichen, die zu Unrecht aus Italien entfernt worden waren". Italien erklärte sich seinerseits bereit, allfällig auf sein Territorium gelangte Kulturgüter nach Deutschland zurückzugeben. Die Vereinbarung bezüglich der Restitution der Kunstwerke enthielt keinerlei Hinweis darauf, welches das anwendbare Recht sein sollte, das die Unrechtmässigkeit der Verbringung der Kunstwerke bestimmte, und wie sich überhaupt die Illegalität definieren liess. Genau an dieser Frage aber hatten sich in der Vergangenheit im Zusammenhang mit der *Exceptional Return Order* die Gemüter erhitzt, was denn auch zum Stillstand der Kulturgüterrestitutionen durch die Amerikaner geführt hatte. Allerdings ist davon auszugehen, dass aus politischen Überlegungen die Absicht von De Gasperi und Adenauer gerade darin bestand, mit dem Briefwechsel im Rahmen der gegenseitigen Annäherung lediglich den guten Willen zu einer intensiven Zusammenarbeit festzuhalten. Weitergehende Verpflichtungen konnte Adenauer auch gar nicht eingehen, nachdem die Zuständigkeit für die Restitutionen zur Zeit des Verwaltungsabkommens noch bei den Alliierten lag. Dennoch beriefen sich in den Restitutionsverhandlungen beide Parteien auf die Vereinbarung von Rom als Grundlage für die Restitutionen und fanden damit regelmässig einen Ausweg aus der Pattsituation, in die sie sich aufgrund unterschiedlicher Tatbestands- und Rechtsauffassungen bezüglich der Kunstverkäufe und -exporte manövrierten. Denn auch in den direkten italienisch-deutschen Verhandlungen stellte sich die Frage der Legalität der Erwerbungen und Exporte regelmässig als Stolperstein heraus. Die Anerkennung der Vereinbarung von Rom als Grundlage für die weitreichende Rückgabe erlaubte es den Parteien sogar, in den jeweiligen Abschlussprotokollen ihren grundsätzlichen Dissens festzuhalten, dennoch aber zu einer beide Seiten zufriedenstellenden Lösung zu gelangen, indem als einziger gemeinsamer Nenner erkannt wurde, dass die Parteien *agreed to disagree*. Wie der Verlauf der direkten Verhandlungen zeigte, war denn mit der Frage der Legalität auch keine juristische, sondern eine moralische Implikation verbunden, auch wenn nicht klar ausgesprochen wurde, welches genau die moralischen Überlegungen sein könnten, die die rechtlichen Fragen in den Hintergrund drängten. Auf Seiten der Deutschen war man nicht bereit, dass alle Handlungen der Deutschen in Italien unmittelbar vor und während des Krieges den Makel der Illegalität tragen sollten, während gerade dies für Italien wünschenswert war, weil es von der eigenen Verantwortung ablenkte. Somit ist davon auszugehen, dass die

---

dono arbitrati o regolamenti giudiziari o importano variazioni del territorio od oneri alle finanze o modificazioni di leggi." Vgl. dazu Promemoria Siviero (Riservato) del 2 maggio 1970 in CIR 174/Accordi vari con la Germania.

moralischen Prinzipien, welche insbesondere von der italienischen Seite zur eigenen Anspruchsbegründung herangezogen wurden, nicht definiert waren und absichtlich diffus und unbestimmt blieben. Der Hintergrund dieses Prinzips kann in der unbestreitbaren Verantwortung gesehen werden, die sich Hitler und Göring mit ihren Gräueltaten aufgeladen hatten. Diese Verantwortung konnte herangezogen werden, um ihren Erwerbungen den Anstrich der Illegitimität zu geben, selbst wenn sie legal erfolgt waren. Dies wiederum konnte genügen, um Italien einen Restitutionsanspruch auf moralischer Grundlage einzuräumen, wenn die deutsche Seite bereit war, dieses Prinzip zu anerkennen. Diese geschickte italienische Argumentation stellte sich für die Bundesrepublik als ausweglose Falle heraus, da von deutscher Seite in den fünfziger und sechziger weder die Möglichkeit noch das Interesse bestand, die Kaufgeschäfte Hitlers und Görings in der Öffentlichkeit zu verteidigen, selbst wenn und soweit sie nach deutscher Auffassung legal erfolgt waren.

Die Vereinbarung von Rom stellte die wichtigste Grundlage für die italienisch-deutschen Rückgabeverhandlungen dar, welche aus deutscher Sicht indes nicht primär dem Ziel der juristischen Aufarbeitung der Kunstverkäufe zwischen faschistischer und nationalsozialistischer Regierung dienen sollten, sondern der jungen Bundesrepublik den Ausweg aus der politischen Isolation in die europäische Staatengemeinschaft ebnen sollte. Wie bereits die *Exceptional Return Order* als Grundlage eines Teils der Kulturgüterrestitutionen der Amerikaner, war die Vereinbarung von Rom für die Bundesrepublik Ausdruck einer strategischen Überlegung, bei welcher nicht die juristischen Aspekte, sondern rein politische Ziele entscheidend waren. Im Unterschied zur amerikanischen Direktive spielte indessen die Prämisse der Wahrung des kulturellen Erbes Italiens bei den Überlegungen Adenauers keine Rolle und wurde dementsprechend auch nie erwähnt.

Die Vereinbarung von Rom ist auch vor dem Hintergrund der Bestände der deutschen Institute und Bibliotheken zu verstehen, die, von Hitler nach dem September 1943 nach Deutschland überführt, der Bundesrepublik Zug um Zug gegen die Restitution der Kulturgüter zurückgegeben werden sollten. Allerdings waren die Bibliotheken und Institute bereits in Anwendung von Art. 77 Abs. 5 des Friedensvertrags der Alliierten mit Italien[496] mit Staatsvertrag vom 30. April 1953 zwischen Frankreich, Grossbritannien, den Vereinigten Staaten, Italien und Deutschland an die bisherigen deutschen Eigentümer, deren Rechtsnachfolger oder subsidiär in die Obhut der Regierung der Bundesrepublik übergegangen.[497] Sivieros Hinweis auf das italienische Entgegenkommen in diesem Zusam-

---

[496] "Italy agrees to take all necessary measures to facilitate such transfers of German assets in Italy as may be determined by those of the Powers occupying Germany which are empowered to dispose of the said assets."

[497] Accordo tra la Francia, la Gran Bretagna, gli Stati Uniti d'America, l'Italia e la Germania

menhang verstand sich somit lediglich als Erinnerung an die italienische Geste des guten Willens. Allenfalls kann darin die Drohung gesehen werden, dass sich die Umsetzung der Übergabe verzögern könnte oder – wie bei Siviero üblich – dass mit Polemiken in der italienischen Presse gerechnet werden müsste. Als Hypothese kann auch vertreten werden, dass die moralischen Überlegungen, welche die Bundesrepublik in den Augen Sivieros zu weiteren Restitutionen veranlassen sollten, nun auch im Ausgleich zum italienischen Entgegenkommen bei der Wiederaufnahme der Tätigkeit der deutschen Institute in Italien bestanden.

2. Erfolg für Italien und Siviero

Die erste Phase der Verhandlungen erwies sich vom Ergebnis her für Italien und damit für Siviero als grosser Erfolg. Es gelang ihm, einen grossen Teil der Kunstwerke, die vor und während des Krieges nach Deutschland gelangt waren, nach Italien zurückzubringen. Dies erfolgte weitgehend entschädigungslos und war der Tatsache zu verdanken, dass juristische Fragestellungen ausgeklammert wurden. Dieser Erfolg war um so bedeutender, als die Amerikaner, die nach der *Exceptional Return Order* das heikle Thema der Restitutionen nicht mehr behandelt hatten, anfangs der 50er Jahre weiteren Restitutionen nach Italien ablehnend gegenüber standen. Diese Haltung war mit ein Grund für Siviero, den direkten Kontakt mit Deutschland zu suchen, nachdem Gespräche mit der amerikanischen Restitutionsbeauftragten Ardelia Hall erfolglos geblieben waren und sogar zu befürchten war, dass sie für Italien ungünstige Entscheidungen treffen könnte.[498] Der Erfolg für Italien bestand insbesondere darin, dass Kunstwerke zurückgegeben wurden, bei welchen die Rechtslage bezüglich der Verkäufe und Exportverfahren sehr umstritten war, was zuvor für die Amerikaner ein Grund gewesen war, von weiteren Restitutionen abzusehen. Allerdings kommt Siviero nicht alleine das Verdienst am Erfolg zu. Seine Arbeit war lediglich ein Teil der Restitutionsbemühungen Italiens; die diplomatischen Vertreter Italiens in Deutschland setzten sich mit direkten Kontaktnahmen in Bonn für eine speditive Behandlung der Rückführungen ein und bereiteten ihm so den Weg. Überdies spielte Siviero die Bereitschaft der bundesdeutschen Regierung in die Hände, die Beziehungen mit Italien um den Preis der weitgehend entschädigungslosen Rückgabe der Kunstwerke zu verbessern. Sivieros Bedeutung für den Erfolg lag in der Art und Weise begründet, wie er die Verhandlungen führte. Für ihn waren die Restitutionen eine Frage der Moral, indem von der demokratischen Bundes-

Relativo ad Alcune Biblioteche e Proprietà Tedesche in Italia, Roma: Tipografia Riservata del Ministero degli Affari Esteri, 1953.

[498] "Il sottoscritto conferma la necessità di un passo presso l'Ambasciata degli Stati Uniti e ritiene che debbano essere potenziati i buoni rapporti con le autorità tedesche per evitare decisioni inopportune della Signorina Hall (...)" Schreiben Siviero an MAE vom 3. Juni 1952, Prot.No. 6772, in CIR 173/3/590.

republik nicht sanktioniert werden durfte, was durch die in seinen Augen nationalsozialistischen Erpressungen und Gesetzesverletzungen in Italien erworben worden war. Für die Durchsetzung dieses Ziels setzte er seine gesamte Energie ein, wobei er nicht davor zurückschreckte, die Gegenseite mit offenen Drohungen unter Druck zu setzen. Dies mag auch ein Grund dafür gewesen sein, dass die Frage einer geldwerten Entschädigung für die Rückgabe von Kunstwerken, deren Ankauf Millionen gekostet hatte, ausgeklammert blieb. Zwar erhielt die Bundesrepublik durch die Niederschrift von Baden-Baden einige Bilder zugesprochen. Deren Wert stand allerdings in keinem Verhältnis zu den Summen, die von deutscher Seite beim Erwerb der Kunstwerke für Hitler und Göring aufgewendet worden waren. Sivieros Behauptung, wonach die Kunstwerke im Austausch mit den deutschen Bibliotheken und Institute an Italien zurückgingen, stimmt zwar insofern, als sich ein Teil der Vereinbarung von Rom auch auf diese bezog. Allerdings oblag jene Restitution den Alliierten, welche den diesbezüglichen Rechtsgrund im Friedensvertrag mit Italien festgehalten hatten, weshalb Sivieros Argument nur als Kriegslist zu verstehen ist. So konnte er die öffentliche Meinung einfach davon überzeugen, dass die Bundesrepublik die italienische Grosszügigkeit ausgenützt hatte und ihren Teil der Vereinbarung einzuhalten schuldig geblieben war. Italien ging auch finanziell als Siegerin aus den Verhandlungen hervor: Von den Verkäufern über die italienischen Kunsthändler bis hin zum italienischen Staat, der Exporttaxen erhalten hatte und der aufgrund der Nachkriegsgesetzgebung schliesslich Eigentümer derselben wurde – sie alle profitierten letztlich vom Kunsttransfer.

3. Erfolg für die Bundesrepublik

Der Verhandlungstaktik von Friedrich Janz war es zu verdanken, dass die Verhandlungen auch für die Bundesrepublik zufriedenstellend verliefen. Seine Aufgabe bestand darin, so wenig wie möglich zurückzugeben, ohne die Verhandlungen daran scheitern zu lassen und gleichzeitig die Beziehungen mit Italien zu verbessern. Dabei musste er einen Mittelweg finden zwischen den Ansprüchen der Italiener und den Forderungen der Kunstexperten seiner Delegation, welche den Restitutionen ablehnend gegenüberstanden und eine Rückgabe von einer Entschädigung abhängig machen wollten. Seine häufigen Kontakte mit Adenauer sind vermutlich auch vor dem Hintergrund der Überzeugungsarbeit zu verstehen, die er gegenüber der eigenen Delegation zu leisten hatte. Im Ergebnis gelang es ihm, eine Kompensation für die restituierten Kunstwerke durchzusetzen, wodurch indirekt auch festgehalten wurde, dass das teilweise zweifelhafte Gebaren der deutschen Kunsteinkäufer in Italien begleitet war von entsprechendem Verhalten auf Seiten der Behörden des faschistischen Italien. Eine wichtige Rolle spielte auch der deutsche Botschafter in Rom, Clemens von Brentano, welcher früh auf die Bedeutung der Restitutionsfrage für die italienisch-deutsche Verständigung hinwies und auf einen Ausgleich drängte, weil er erkannte, dass das

Festhalten am zweifelhaften Erbe aus der Nazizeit vor dem Hintergrund moralischer Überlegungen der Wahrung der Interessen der Bundesrepublik entgegenstand.

B. Zweite Phase der italienisch-deutschen Restitutionsverhandlungen: Erste gemischte Kommission

I. Unterbruch der Verhandlungen von September 1954 bis Dezember 1957

1. Treffen in Locarno vom 29. Juli bis zum 1. August 1956

Nach den Verhandlungen von Baden-Baden übergab Janz Siviero am 16. November 1954 insgesamt 36 Kunstwerke.[499] In Anerkennung seiner Leistungen um die Rückführung der Kulturgüter nach Italien wurde Janz am 14. Mai 1956 von der Universität Messina die Ehrendoktorwürde verliehen.[500] Anlässlich dieser Verleihung kontaktierte Siviero Janz bezüglich neuer Verhandlungen in Weiterführung der Vereinbarung von Rom, welche nach italienischer Auffassung noch nicht vollumfänglich umgesetzt war. In einem Schreiben vom 22. Juni 1956 schlug Siviero vor, die Tätigkeit der bisherigen Delegationen zusammenzufassen und eine gemischte Kommission mit der Wiederauffindung des verlorenen Kulturgutes beider Länder zu beauftragen. Anlässlich eines Treffens im Juli sollte überdies die Suche nach den von Italien weiterhin vermissten 600 Kunstwerken besprochen werden.[501] Janz, begleitet von Legationsrat von Hackwitz, traf Siviero vom 29. Juli bis zum 1. August 1956 in Locarno. Gemäss Angaben Sivieros seien zwar sein Vorschlag bezüglich einer gemeinsamen Kommission und die noch offenen Restitutionsforderungen Italiens besprochen worden. Die deutsche Delegation – er sei auf Wunsch der deutschen Botschaft alleine nach Locarno gefahren – habe sich aber vor allem für die Rückgabe eines kleinen Bildes von Masaccio eingesetzt und diese als wichtige Voraussetzung für weitere Verhandlungen bezeichnet, wobei die Bundesrepublik auch bereit sei, das Bild zu kaufen.[502] Über die Restitutionen wurde in Locarno nichts Konkretes beschlossen.

---

[499] Protocollo di consegna vom 16. November 1954 in CIR 174/Accordi vari con la Germania.

[500] Zunächst hatte man sich bei den Universitäten von Perugia, Neapel, Rom, Florenz und Bologna geweigert, die Rückgabe von gestohlenem Gut als Voraussetzung zur Verleihung der Ehrendoktorwürde anzuerkennen, Promemoria Siviero per il Signor Ministro vom 20. November 1957, Prot. No. 8643, in CIR 176/3/590/35, S. 2.

[501] Schreiben Siviero an Janz vom 22. Juni 1956, Prot. No. 8147, in CIR 176/3/590/24.

[502] Relazione a S. E. il Ministro per gli Affari Esteri sulla Settima Riunione con la Delegazione Tedesca per la Restituzione delle Opere d'Arte del 9 agosto 1956, Prot. No. 8201, in CIR 176/3/590/26. Das Bild Masaccios hatte Hofer ursprünglich dem Florentiner Kunsthändler Contini für ein Gutachten überlassen. Als Contini das Bild für seine Frau im Tausch gegen zwei andere Gemälder habe erwerben wollen, habe er nach einiger Zeit eingewilligt. Doch sei

Allerdings vereinbarte man weitere Treffen im September desselben Jahres. Am 9. August 1956 teilte Siviero Janz mit, dass die Veräusserung des Bildes von Masaccio nur möglich sei, wenn dies durch ein Gesetz bestimmt werde, da das Bild in staatlichem Eigentum stehe. Allerdings befürchte man eine Diskussion der Angelegenheit in der Öffentlichkeit, weshalb von italienischer Seite von einem solchen Schritt abgesehen werde.[503]

2. Deutsche Zurückhaltung gegenüber weiteren Verhandlungen

In der Folge des Treffens in Locarno schlug Janz, wie er dies Siviero zugesagt hatte, dem Auswärtigen Amt eine neue Verhandlungsrunde mit dem Ziel vor, eine abschliessende Regelung bezüglich der Restitutionen zu treffen. Dies wurde vom Auswärtigen Amt abgelehnt.[504] Mit Unterzeichnung des Überleitungsvertrages der Pariser Verträge war die Zuständigkeit für die Behandlung der Restitutionen per 3. Mai 1955 auf die Bundesrepublik übergegangen, welche die Organisation dem Bundesamt für Äussere Restitutionen übertragen hatte (oben, § 5 A). Die Zurückhaltung des Auswärtigen Amtes lag indessen nicht nur in seiner neuerdings fehlenden organisatorischen Zuständigkeit begründet. Gemäss Art. 6 des V. Teils des Überleitungsvertrages hatte sich die Bundesrepublik verpflichtet, allfällige Vergünstigungen, die einem Land mit Bezug auf Restitutionen gewährt wurden, automatisch auch allen anderen Ländern einzuräumen (Meistbegünstigungsklausel). Nun wurde befürchtet, dass Frankreich, Holland, Belgien und weitere Länder die Forderung nach Führung von direkten Verhandlungen stellen könnten, was unbedingt vermieden werden sollte.[505] Auf ein Schreiben des italienischen Aussenministers Martino vom 20. Oktober 1956, mit

---

die Übergabe von Continis Gegenleistung wegen der Kriegsereignisse nie erfolgt, Schreiben Hofer vom 9. Dezember 1946 in CIR 3/23. 1955 erklärte Hofer, das Bild zur Erfüllung eines Kaufwunsches Görings bei Contini getauscht zu haben. Nach dem Krieg habe er Siviero, der ihm versprochen habe, den Masaccio zurückzugeben, geholfen, italienische Kulturgüter in Deutschland ausfindig zu machen. Am 15. Juli 1954 wurde Hofer wegen illegaler Einfuhr des Bildes mit einer Geldbusse bestraft, der Masaccio wurde konfisziert. In der Berufungsverhandlung vom 12. Januar 1955 wurde Hofer wegen Verjährung freigesprochen, das Bild blieb indessen beschlagnahmt, Schreiben Hofer an Offie vom 8. November 1955 in CIR 3/23. Gemäss Angaben Sivieros habe ihm Hofer fünf Millionen geboten, wenn er sich für die Rückschaffung einsetze, Relazione am Anfang dieser FN, S. 2. Das Bild wurde zusammen mit Memlings Bildnis eines Unbekannten am 10. oder 11. März 1971 aus dem Palazzo Vecchio in Florenz gestohlen. Siviero gelang es, die Bilder in Zürich zurückzuerhalten, und es stellte sich heraus, dass Hofer der Auftraggeber des Diebstahls gewesen war, *Der Spiegel*, 26. November 1973.

[503] Schreiben Siviero an Janz vom 9. August 1956, Prot. No. 8203 in CIR 176/3/590/26. Das Schreiben war auf Wunsch von Janz an dessen Privatadresse in Freiburg adressiert.

[504] Kienle, S. 185 mit Hinweis auf ein Schreiben Janz' an Hallstein vom 31. August 1956 in AA B 86 Nr. 841.

[505] Relazione Siviero per S. E. il Ministro vom 21. Dezember 1957, Prot. No. 8660, in CIR 176/3/590/35.

welchem er die Ansetzung von Verhandlungen monierte, teilte ihm Botschafter von Brentano am 30. November mit, dass sich die Bundesregierung zwar nach wie vor an die Vereinbarung von Rom gebunden fühle. Die italienischen Forderungen indessen, soweit sie bereits gegenüber OMGUS erhoben worden waren, würden neu vom Bundesamt für Äussere Restitution erledigt; italienische Ansprüche, die sich erst nachträglich ergeben hätten, würden weiterhin vom Auswärtigen Amt behandelt, wobei dort noch Abklärungen juristischer Art zu treffen seien, bevor weitere Verhandlungen möglich seien.[506] Am 25. März 1957 wiederholte Martino in einem Schreiben an Adenauer seine Forderung nach Einsetzung einer gemischten Kommission und drohte mit negativen Kommentaren in der Presse.[507] Ein Treffen, welches für Juli in Brügge angesetzt worden war, wurde von deutscher Seite auf September verschoben. Im Sommer 1957 gaben zwei Mitglieder der italienischen Delegation, Roberto Longhi und Giuliano Briganti, wegen der deutschen Haltung ihren Rücktritt aus der Delegation, was zu heftigen antideutschen Polemiken in der italienischen Presse führte[508]. Im Herbst erfuhr Siviero, dass Aussenminister Heinrich von Brentano[509] die Frage der Restitutionen als erledigt betrachtete.[510] Schliesslich war es Bundespräsident Heuss, welcher sich in Vorbereitung seines Staatsbesuchs in Rom am 23. Oktober 1957 bei Aussenminister von Brentano darüber beklagte, dass nach Angabe eines italienbegeisterten Freundes der Vereinbarung von Rom von deutscher Seite keine Folge geleistet werde.[511] Schliesslich wurde ein Treffen der beiden Delegationen für Mitte Dezember in Trier angesetzt.

II. Verhandlungen in Trier vom 12. bis 15. Dezember 1957

1. Verlauf der Verhandlungen

Der Beginn der Verhandlungen war geprägt von gegenseitigen Vorwürfen bezüglich der deutschen Verzögerung in der Anhandnahme von Verhandlungen einerseits und den italienischen Pressepolemiken anderseits. Gegenseitig wurde eine Entschuldigung als Voraussetzung für eine Fortsetzung der Gespräche gefordert.

---

[506] Schreiben von Brentano an Martino vom 30. November 1956 in CIR 173/3/590.

[507] Memorandum Martino vom 25. März 1957 in AA B 95 Nr. 650.

[508] "Unerfreulicher Auftakt für Heuss. Die Italiener stellen erstaunliche Forderungen", in *Die Zeit*, 21. November 1957.

[509] Der deutsche Aussenminister von 1955–61, Heinrich von Brentano, ist nicht identisch mit dem deutschen Botschafter in Rom, Clemens von Brentano.

[510] Promemoria in FN 500, S. 6. Von Brentano hatte in der Tat Janz aufgefordert, die italienische Regierung dementsprechend zu informieren, Promemoria von Brentano an Janz vom 8. Oktober 1957 in AA B 86 Nr. 841.

[511] Schreiben Heuss an Heinrich von Brentano vom 23. Oktober 1957 in AA B 86 Nr. 841, abgedruckt bei Kienle, S. LXXII.

In der Sache brachte die italienische Seite ihren Wunsch nach Einsetzung einer gemischten Kommission vor. Die deutsche Delegation stand diesem Ansinnen ablehnend gegenüber, weil die Tätigkeit einer gemischten Kommission als Einmischung in die inneren Angelegenheiten der Bundesrepublik betrachtet wurde und überdies zu befürchten stand, dass weitere von den Nationalsozialisten überfallene Ländern die Einrichtung entsprechender Kommission verlangen könnten.[512] Immerhin gab die deutsche Delegation, einem italienischen Wunsch entsprechend, die Erklärung ab, dass die Grundlage für die neuerlichen Verhandlungen immer noch die Vereinbarung von Rom bildete, in welcher tatsächlich die Einsetzung einer gemischten Kommission für die Suche nach vermissten Kulturgütern vorgesehen war.[513]

2. Ergebnis der Verhandlungen

Die Delegationen kamen schliesslich überein, dass die Nachforschungen nach verschwundenen Kulturgütern von Italienern und Deutschen gemeinsam angegangen werden sollten. Aus der abschliessenden Niederschrift der Verhandlungen von Trier ergibt sich in Ziff. I das beidseitige Bedauern der Verhandlungsparteien bezüglich der deutschen Verzögerung, beziehungsweise der italienischen Pressepolemiken. Der entscheidende Passus der Niederschrift (Ziff. II) hielt fest, dass die Vereinbarung von Rom weiterhin die Grundlage der Restitutionsverhandlungen bot und dass eine gemischte Kommission eingesetzt werden sollte, um nach den verschwundenen Kulturgütern zu forschen:

> “I.
>
> Die Deutsche Delegation bedauert, dass die Ermittlungen nach den im Kriege abhandengekommenen italienischen Kunstwerken nicht mit der wünschenswerten Beschleunigung haben geführt werden können und dass diese Verzögerung Äusserungen in der italienischen Presse verursacht hat.
>
> Die Italienische Delegation nimmt von Vorstehendem Kenntnis und spricht ihr Bedauern darüber aus, dass es in den italienischen Presseverlautbarungen zu Exzesse gekommen ist.
>
> II.
>
> Beide Delegationen anerkennen übereinstimmend, dass der Briefwechsel zwischen dem Bundeskanzler und Bundesminister des Auswärtigen der Bundesrepublik Deutschland Dr. Konrad Adenauer und dem Ministerpräsidenten und Minister des Äusseren der Italienischen Republik Alcide De Gasperi vom 27. Februar 1953 weiterhin die Grundlage für die Fortsetzung der Nachforschungen nach den bisher nicht gefundenen Kunstwerken bleibt.

[512] Relazione per S. E. il Ministro vom 21. Dezember 1957, Prot. No. 8660, in CIR 176/3/590/35.

[513] Vermerk Dr. Andrae vom 18.12.1957 in BAK B 126/19144.

III.

Auf Grund des unter Ziffer (II.) bezeichneten Briefwechsels beschliessen beide Delegationen die Errichtung einer Gemischten Kommission. Sie soll in der Bundesrepublik Deutschland und in Italien tätig werden und die Aufgabe haben, die Rückgabe solcher noch aufzufindender Kunstwerke zu ermöglichen, die während des nationalsozialistischen Regimes rechtswidrig aus Italien entfernt worden waren. (...)"[514]

Die Wiederaufnahme der Verhandlungen war ein erneuter Erfolg für die italienische Delegation und für Siviero gegenüber der deutschen Seite, welche die Vereinbarung von Rom als erfüllt betrachtet und sich gegen weitere Verhandlungen gestellt hatte.

III. Durchsetzung der Vereinbarung von Trier

1. Schwache Position Sivieros

Obschon Siviero die schnellstmögliche Aufnahme der Tätigkeit der gemischten Kommission gefordert hatte, wurden von italienischer Seite innert Frist keine Delegationsmitglieder bestimmt. Offensichtlich hing dies mit einer Auseinandersetzung zusammen, die nach dem Abschluss der ersten Phase der direkten italienisch-deutschen Verhandlungen zwischen Sivieros *Delegazione* und dem Aussenministerium entstanden war. Siviero war zwar formell weiterhin Delegationsleiter, er hatte aber keinen Einfluss auf die Konstituierung der italienischen Unterkommission. Seine Schritte musste er mit der *Direzione Generale delle Relazioni Culturali* des Aussenministeriums absprechen, welche ihrerseits über den italienischen Botschafter in Bonn mit Janz in Kontakt stand.[515] Siviero beklagte gegenüber Staatssekretär Guglielmo Folchi vom Aussenministerium seine schwache Position innerhalb des Ministeriums, die zu einer unerträglichen Situation gegenüber den Deutschen führe, bei welchen er doch darauf angewiesen sei, über eine Position von hohem Prestige zu verfügen.[516] Der deutschen Delegation war bekannt geworden, dass Siviero in Italien unter Druck geraten war. Professor Martin, ehemaliges deutsches Delegationsmitglied, hatte erfahren, dass das Erziehungsministerium jede Zusammenarbeit mit Siviero ablehne, welcher die Daseinsberechtigung für seine Delegazione lediglich der Tatsache verdanke, dass ihn die Deutschen als Ansprechpartner betrachteten.[517] Das italie-

---

[514] Niederschrift der Vereinbarung von Trier in CIR 176/3/590/35.

[515] Promemoria Siviero vom 23. Juni 1959, Prot. No. 9026, in CIR 176/3/590/33.

[516] "La mia posizione personale crea (...) una situazione insostenibile coi tedeschi, di fronte ai quali sarebbe invece indispensabile una posizione di elevato prestigio, quale io avevo una volta come cittadino, quando fui incaricato di questo lavoro, e che ho perduto oggi come funzionario." Schreiben Siviero an Folchi vom 23. Mai 1959, Prot. No. 8989, in CIR 173/Trattative Italo-tedesche, Corrispondenza varia: 1959.

[517] Schreiben Martin an Münscher vom 27. März 1957 in AA B 95 Nr. 650.

nische Aussenministerium beorderte schliesslich per 1. April 1958 den italienischen Konsul in Köln, Mayr, in die Delegation, was Siviero wegen dessen Unerfahrenheit in Restitutionsangelegenheiten kritisierte.[518] Begleitet wurde Mayr von Del Ponte, einem Hauptmann der Carabinieri, welcher in der Kommission indessen lediglich vom 20. März bis zum 26. April 1958 tätig war.[519]

Daneben hatte Siviero im Frühjahr 1959 einmal mehr mit dem Aussenministerium zu kämpfen, damit genügend Geld zur Verfügung gestellt wurde, um die angestammte Tätigkeit der *Delegazione* weiterzuführen.[520] Erstmals wurde die *Delegazione* auch in italienischen Presseberichten wegen ihrer angeblichen Untätigkeit angegriffen, was Siviero erneut denjenigen italienischen Kräften zuschrieb, welche seine Tätigkeit angeblich hintertrieben.[521]

2. Tätigkeit der gemischten Kommission vom Februar 1958 bis zum April 1959

Auf deutscher Seite hatte das Bundesamt für äussere Restitution mit Hilfe der früher von Italien erhaltenen Unterlagen bereits Nachforschungen betrieben und Zeugen vernommen, ohne allerdings irgendeinen Erfolg erzielt zu haben.[522] Siviero kritisierte dieses einseitige Vorgehen der Deutschen, welche die Abwesenheit der italienischen Delegation benutzt hätten, um alleine und nach eigener Vorstellung Nachforschungen zu betreiben.[523]

Um die Untersuchungen abzuschliessen schlug die deutsche Delegation vor, dass die Ergebnisse der Untersuchungen anlässlich eines Treffens im November 1958 präsentiert werden sollten. Damit war Siviero nicht einverstanden und beantragte beim Aussenminister eine Neukonstituierung der italienischen Delegation und eine Verschiebung des geplanten Treffens, da seiner Ansicht nach die Erfolg-

---

518 Promemoria Siviero per S. E. il Presidente del Consiglio e Ministro degli Affari Esteri vom 20. Oktober 1958, Prot. No. 8868, in CIR 176/3/590/35.

519 Resoconto Mayr dell'attività svolta dalla Commissione mista italo-tedesca istituita il 1° aprile 1958 per la ricerca delle opere d'arte a suo tempo asportate dall'Italia vom 25. Juni 1959 in CIR (ohne Nummer)/Telespresso No. 10703/389.

520 Promemoria Siviero vom 13. Mai 1959, Prot. No. 8982, in CIR 176/3/590/28.

521 "Dopo quindici anni di lavoro (...) sono profondamente stanco delle inaudite difficoltà che mi si fanno da parte italiana, delle continue denigrazioni di persone che hanno un solo interesse: quello che non si scoprano le loro complicità nelle esportazioni clandestine di opere d'arte, prima perpetrate coi nazisti e poi continuate impunemente fino ad oggi (...). Mi sembra, anche, che io, responsabile del ritorno delle opere d'arte sia, di fronte alla burocrazia italiana, molto più colpevole di coloro che le hanno fatto espatriare." Schreiben Siviero an Folchi vom 23. Mai 1959 in CIR 173/Trattative Italo-tedesche, Corrispondenza Varia: 1959.

522 Kienle, S. 193.

523 Promemoria Siviero per S. E. il Presidente del Consiglio e Ministro degli Affari Esteri vom 20. Oktober 1958, Prot. No. 8868, in CIR 176/3/590/35.

losigkeit mit dem mangelnden Interesse und der Fehlbesetzung der italienischen Delegation begründet war. Ein Treffen sei erst dann angezeigt, wenn erste positive Ergebnisse vorlägen.[524]

IV. Treffen in Bonn vom April 1959

Schliesslich wurde das Treffen Ende April 1959 in Bonn abgehalten. Es sollte zur Vorbereitung einer in Kürze abzuhaltenden Konferenz zum Abschluss der Untersuchungen in Deutschland dienen, endete aber mit einem Eklat. Anlässlich einer Besprechung mit Janz am 29. April 1959 bezeichnete Siviero das deutsche Vorgehen bei den Nachforschungen nach Kunstwerken als nutzlos. Gemäss den Vereinbarungen von Trier habe es der gemischten Kommission oblegen, die Kunstwerke in Deutschland zu suchen. Statt dessen habe man sich auf deutscher Seite damit begnügt, aus Italien überstellte vertrauliche Dokumente den für die Kunstdiebstähle Verantwortlichen vorzulegen. Diese hätten sich lediglich über die in ihren Augen vorhandene oder nicht vorhandene Echtheit der Dokumente ausgelassen. Als Konsequenz dieser Vorgehensweise, die jedem Rechtsgrundsatz spotte, habe man lediglich die Dementi der Befragten protokolliert und die Nachforschungen damit beendet.[525] Gemäss Sivieros Darstellung habe Janz die Kritik zurückgewiesen und erklärt, dass es nicht ihm angelastet werden könne, wenn es von italienischer Seite unterlassen worden sei, die gemäss der Vereinbarung von Trier vorgesehene Delegation zu ernennen. Jedenfalls seien für ihn die Nachforschungen auf deutschem Territorium zur Zufriedenheit beendet. Am Nachmittag desselben Tages habe Siviero Janz auf die moralische Bedeutung der Verhandlungen aufmerksam gemacht, aufgrund welcher Italien von Deutschland wenigstens guten Willen beim Erfüllen des Vereinbarten verlangen dürfe. Janz habe geantwortet, dass er sich mit Adenauer über die Angelegenheit unterhalten habe, welcher sich erstaunt gezeigt habe, dass anlässlich seines Ferienaufenthaltes in Italien weder der italienische Ministerpräsident noch der Aussenminister ein Problem bezüglich Restitutionen erwähnt habe. Nach Sivieros Hinweis, dass die Vereinbarungen in diesem Bereich nicht eine persönliche Angelegenheit zwischen Adenauer und Mitgliedern des italienischen Kabinetts darstellten, habe er Janz aufgefordert, die Möglichkeit der Wiederaufnahme der Nachforschungen in Erwägung zu ziehen. Die Mitglieder der deutschen Kommission müssten allerdings aufgrund ihres einseitigen Vorgehens ausgetauscht werden. Erst am nächsten Tag habe sich Janz einverstanden erklärt, neue Nachforschungen in Deutschland und in Italien durchzuführen, sofern das bisher Erarbeitete weiterhin Gültigkeit habe. Als am nächsten Tag weitere Details des Vorschlags hätten besprochen werden sollen, habe sich ergeben, dass Janz eigenmächtig und

---

[524] Promemoria Siviero in vorhergehender FN.

[525] Relazione Siviero vom 13. Mai 1959, Prot. No. 8981, in CIR 176/3/590/28, S. 1f.

ohne Absprache mit anderen deutschen Kommissionsmitgliedern entschieden habe. Janz habe vorgeschlagen, sich am Nachmittag zu treffen, was allerdings Siviero aufgrund eines vereinbarten Treffens mit dem italienischen Botschafter Pietro Quaroni nicht möglich gewesen sei. Janz sei darauf noch vor dem vereinbarten Frühstück abgefahren. Zurück in Rom habe Siviero vom deutschen Botschafter erfahren, dass sich Janz über das Scheitern der Verhandlungen verbittert gezeigt habe. Siviero habe ihn darauf in Anwesenheit von Kulturattaché Sattler angerufen, und man habe ein erneutes Treffen vereinbart.[526]

V. Verhandlungen in Rom vom 30. Juni bis zum 3. Juli 1959

1. Vorgespräche

Am 18. Juni 1959 trafen sich Siviero und der deutsche Kulturattaché Sattler, um den Stillstand in den Verhandlungen, der nach dem Treffen in Bonn eingetreten war, zu überwinden. Dabei wurde entschieden, den von der gemischten Kommission erstellten Bericht nicht offiziell entgegenzunehmen, sondern lediglich in der italienischen und deutschen Kommission getrennt intern zu besprechen. Daraufhin sollten sich am 30. Juni zunächst die Delegationsleiter und danach die Delegationen in Rom treffen.[527] Am 23. Juni erfuhr Siviero, dass Janz mit diesem Vorgehen nicht einverstanden war, obschon ihm Sattler früher dessen Einverständnis mitgeteilt hatte.[528]

2. Abschlussbericht der gemischten Kommission vom 20. Juni 1959

Der Grund für die Meinungsänderung von Janz lag im Bericht der gemischten Kommission vom 20. Juni 1959 begründet. Dieser Bericht war bereits von den Mitgliedern der gemischten Kommission unterzeichnet worden.[529] Dies widersprach der Absicht Sivieros, den Bericht, dessen Inhalt er wegen der fehlenden Sachkompetenz Mayrs fürchtete, vor seiner Unterzeichnung lediglich delegationsintern zur Kenntnis zu bringen.

a. Inhalt des Abschlussberichts

Der Abschlussbericht umfasste eine fünfseitige einführende Darstellung über Zustandekommen, Aufgaben und Tätigkeit der gemischten Kommission (Hauptbericht). Dazu kamen drei Bände mit Dokumenten als Ergebnis der Ermitt-

---

526 A. a. O., S. 3f.

527 Promemoria Siviero vom 18. Juni 1959 in CIR 176/3/590/33.

528 Promemoria Siviero vom 23. Juni 1959, Prot. No. 9026, in CIR a. a. O.

529 Bericht der deutsch-italienischen Kommission für die Restitution von Kunstgut vom 20. Juni 1959 in CIR 192; Rapporto della Commissione italo-tedesca per le Restituzioni di opere d'arte del 20 giugno 1959 in CIR 193.

lungen (Unterberichte). Als Grundlage der Verhandlungen zur Rückführung von Kunstgut bezeichnete der Hauptbericht die Vereinbarung von Rom vom 27. Februar 1953 zwischen De Gasperi und Adenauer, welche zu Treffen in Bonn, Perugia, Baden-Baden und Trier geführt habe. Weiter wurde der Weg zur Konstitutionierung der gemischten Kommission sowie deren erste Sitzung vom 1. April 1958 beschrieben. Anlässlich dieser Sitzung, an welcher teilzunehmen Siviero krankheitshalber verhindert gewesen sei, habe Janz vorgeschlagen, für die Nachforschungen das Bundesamt für äussere Restitutionen beizuziehen. Das Bundesamt für äussere Restitution sollte seinerseits die Rechtshilfe von Gerichten in Anspruch nehmen, falls Zwangsmittel zur Zeugeneinvernahme notwendig sein sollten. Diesem Vorschlag hätten die italienischen Kommissionsmitglieder zugestimmt. Bei allen Einvernahmen habe die Möglichkeit der Teilnahme für die Kommissionsmitglieder bestanden, überdies hätten sie Zusatzfragen an die Zeugen stellen können. Insgesamt hätten in der Zeit zwischen dem 12. April und dem 28. Oktober 1958 neun Zeugenvernehmungen stattgefunden; bereits vor der Konstituierung der Kommission habe das Bundesamt für äussere Restitutionen fünf Vernehmungen durchgeführt. Im Bericht wurde die Tatsache erwähnt, dass das zweite italienische Delegationsmitglied del Ponte bald nach der ersten Sitzung nach Italien zurückgerufen worden und nie ersetzt worden sei, so dass man sich seitens der gemischten Kommission lediglich auf die ursprünglich eingereichten Unterlagen habe stützen können, die sich auf insgesamt neun Fälle von verschwundenem Kulturgut bezogen hätten.

b. Sivieros Kritik am Abschlussbericht

In einem Memorandum vom 23. Juni 1959 kritisierte Siviero den Bericht scharf und bezeichnete dessen Zustandekommen und mangelhaften Inhalt als Konsequenz der Tatsache, dass die Kontakte zur deutschen Delegationsleitung nicht durch seine *Delegazione* gepflegt worden seien.[530] Durch die Tatsache, dass der Bericht von Mayr als italienischem Vertreter unterschrieben worden sei, werde die bisherige und zukünftige Tätigkeit der *Delegazione* aufs Spiel gesetzt. Diese Gefahr sah Siviero insbesondere durch die Formulierung des ersten Teils des Berichts, wonach "im September 1953 zwischen einer deutschen und einer italienischen Delegation Verhandlungen über die Rückführung von Kulturgut aufgenommen [wurden], von dem die italienische Regierung annimmt, dass es zur Zeit des nationalsozialistischen Regimes unrechtmässig in das Gebiet der heutigen Bundesrepublik Deutschland gebracht worden ist."[531] Durch diese Passage werde die Vereinbarung von Rom und alle darauffolgenden italienisch-deutschen Übereinkommen in diesem Bereich aufgehoben, welche allesamt von der Prä-

[530] Promemoria Siviero in FN 528 S. 1 ff.

[531] Bericht in FN 529, S. 1.

misse der deutschen Verantwortung ausgegangen seien. Unzutreffend sei auch die Darstellung, dass der italienische Delegationsleiter aus gesundheitlichen Gründen an der ersten Sitzung nicht habe teilnehmen können. Er sei vielmehr wegen der zu spät erfolgten Ernennung der eigenen Delegation nicht nach Deutschland gefahren. Schlimmste Konsequenzen habe das italienische Einverständnis, die Untersuchungen an das Bundesamt für äussere Restitution zu delegieren. Gerade dies habe man durch die Vereinbarung von Trier verhindern wollen, zumal, wie sich aus dem Bericht ergebe, das Bundesamt nicht einmal die Möglichkeit habe, selber Zeugen unter Eid einzuvernehmen. Die drei Bände mit Beilagen sollten als Beweis für die Deutschen dienen, dass man, der falschen Prämisse folgend, die gestellte Aufgabe erfüllt habe. Die *Delegazione* habe nun die schwierige und heikle Aufgabe, der deutschen Delegation das Einverständnis abzuringen, dass der Bericht vom 20. Juni unbeachtet bleibe. Offen bleibe für Siviero die Frage, ob Mayr aus eigener Initiative gehandelt habe oder ob er entsprechend instruiert gewesen sei. Nachdem der grösste Teil der Verhandlungen ohne die *Delegazione* geführt worden sei, könne er lediglich vorschlagen, inskünftig nicht mehr diejenigen mit den Verhandlungen zu beauftragen, welche die bisher eingeschlagene Richtung der Wahrung der italienischen Interessen in Anwendung moralischer Prinzipien verlassen hätten.

In einem Gutachten der *Delegazione* vom 24. Juni 1959, welches zu Handen des Aussenministers unter anderem vom stellvertretenden Generalstaatsanwalt unterfertigt war, wurde der Bericht der Kommission wiederum schart kritisiert.[532] Es wurde erneut bemängelt, dass keine Kunstwerke gefunden worden seien, sondern die Kommission im Ergebnis lediglich die Sachverhaltsdarstellungen, wie sie sich bereits aus der italienischen Dokumentation ergeben hätten, bestätigt habe. Dies widerspreche der Vereinbarung von Trier, gemäss welcher man übereingekommen sei, in Zusammenarbeit mit den deutschen Behörden verschwundene Kulturgüter ausfindig zu machen. Das ungenügende Ergebnis sei auch bedingt durch schwerwiegende Verfahrensmängel. So seien viele Zeugen lediglich schriftlich befragt worden, was keine effiziente Form der Befragung darstelle. Bei einigen Zeugen, welche rechtshilfeweise einvernommen worden seien, habe das Bundesamt den Richter beauftragt, dem Zeugen nicht nur vorgängig die Fragen bekanntzugeben, sondern er habe auch Auskünfte über das Belastungsmaterial gegeben. Diejenigen Zeugen, die bereits vor der Vereinbarung von Trier gehört worden seien, habe man nicht noch einmal befragt. Teilweise hätten sich aus Befragungen weitere Hinweise auf Zeugen und deren Adressen ergeben, denen nicht nachgegangen worden sei. Zusammenfassend lasse sich sagen, dass die substanzielle Zusammenarbeit, wie sie in der Verein-

---

[532] Relazione riservata per S. E. il Ministro vom 24. Juni 1959, Prot. No. 9027, in CIR 176/3/590/31.

barung von Trier beschlossen worden sei, nicht stattgefunden habe, weswegen von Seiten der *Delegazione* grösste Vorbehalte gegenüber den Methoden und Resultaten der erfolgten Untersuchungen bestünden.

3. Ergebnis der Verhandlungen

a. Wiedererteilung des Verhandlungsmandates an Siviero

Die scharfe Kritik, die von Seiten Sivieros und der *Delegazione* am Bericht und an der Erfolglosigkeit der gemischten Kommission geübt worden war, hatte zur Folge, dass Siviero am Tag vor dem Beginn der Verhandlungen in Rom von Aussenminister Antonio Segni die volle Kompetenz zur Leitung der italienischen Delegation erteilt wurde.[533] Ausdrücklich wurde festgehalten, dass sowohl die Führung der Verhandlungen als auch die Durchführung der getroffenen Vereinbarungen ausschliesslich durch die von Siviero geleitete *Delegazione* erfolgen sollten. Auch würden die Vorschläge Sivieros bei der Nominierung der italienischen Vertreter für die gemischte Kommission soweit als möglich berücksichtigt. Die Bedeutung der anstehenden Verhandlungen für Italien sowie die Tatsache, dass Siviero der vom Aussenministerium bevollmächtigte Verhandlungsleiter sei, habe man der deutschen Botschaft mitgeteilt. Weiter stellte der Aussenminister in Aussicht, dass er die finanziellen Anliegen der Delegazione beim Finanzministerium unterstütze. Siviero war es somit einmal mehr gelungen, sich gegenüber dem Aussenministerium durchzusetzen und die Übernahme der Tätigkeit seiner *Delegazione* durch dessen Administration zu verhindern.

b. Ergebnis der Verhandlungen

Siviero konnte sich auch in den Verhandlungen mit den Deutschen weitgehend durchsetzen und erreichen, dass die Nachforschungen von neuem aufgenommen wurden, ohne dass dem Abschlussbericht der gemischten Kommission eine verbindliche Wirkung zukam. Diesen Erfolg verdankte er weitgehend der Tatsache, dass die Unterstützung, die er vom Aussenministerium neuerdings erfuhr, auch den Deutschen bekannt war.[534] Im Ergebnis wurde der Bericht der gemischten Kommission, welcher deren Tätigkeit von über einem Jahr dokumentierte, lediglich als "Nachschlagematerial" zu den Akten genommen.[535] Überdies hielt die Niederschrift in Ziff. I fest, dass die Vereinbarungen von Rom und Trier weiterhin die Grundlage für die Fortsetzung der Nachforschungen nach den bisher nicht aufgefundenen Kunstwerken bleiben sollten. Gemäss Ziff. III waren die

---

[533] Schreiben Segni an Siviero vom 28. Juni 1959 in CIR 248/Relazione in data 28 giugno 1959.

[534] Relalzione Siviero a S.E. il Ministro vom 7. Juli 1959, Prot. No. 9038, in CIR 176/3/590/31.

[535] Niederschrift der Verhandlungen vom 3. Juli 1959 und Protocollo delle trattative vom 3. Juli 1959 in CIR 176/3/590/32.

vorzunehmenden Ermittlungen ausschliesslich aufgrund der Vereinbarung von Trier weiterzuführen, wobei die Möglichkeit einer Übertragung der Tätigkeit der Kommission an andere Stellen ausgeschlossen war. Weiter wurde vereinbart, dass sich die gemischte Kommission bei ihren Nachforschungen, welche in beiden Ländern vorgenommen werden sollten, der jeweiligen Polizeikräfte bedienen konnte (Ziff. V).

VI. Zusammenfassung: Das erste Jahr der Tätigkeit der gemischten Kommission

Der Erfolg, den sich die italienische und deutsche Delegation in Trier im Dezember 1957 von der Einsetzung der gemischten Kommission zur Nachforschung nach verschwundenen Kulturgütern versprochen hatten, war bis Mitte 1959 nicht eingetreten. Von deutscher Seite hatte man gehofft, damit einen Schlussstrich unter das ungelöste Problem der Kulturgüterrestitutionen zu ziehen, während sich Italien davon weiterhin die Auffindung und Rückführung von Kunstwerken versprach. Für beide Seiten sollten die Hoffnungen enttäuscht werden, allerdings aus unterschiedlichen Gründen. Der Wunsch von Teilen der Administration des italienischen Aussenministeriums, Sivieros *Delegazione* zu entmachten und die Verhandlungen durch das diplomatische Korps führen zu lassen, mündeten in einen Stillstand der italienischen Restitutionsbemühungen durch gegenseitige Blockierung. Die *Delegazione* war in ihrer Tätigkeit verhindert, da ihr direkte Kontaktnahme mit Janz untersagt war und sie überdies über zu wenig Geld verfügte, um ihren Betrieb aufrecht zu erhalten. Die Diplomatie wiederum erhielt keinerlei fachliche Unterstützung von der *Delegazione.*[536] Auf deutscher Seite wurde die Nichtbesetzung der italienischen Sitze in der gemischten Kommission als fehlendes Interesse an der Sache betrachtet, durch welches man sich aber nicht davon abhalten liess, die Untersuchungen auf eigene Faust zu beginnen, beziehungsweise die bereits vom Bundesamt für äussere Restitution begonnenen Nachforschungen weiterzuführen. Siviero konnte sich beim Aussenministerium mit seiner Ansicht durchsetzen, dass der Abschlussbericht die bisherige Arbeit der *Delegazione* kompromittierte und die deutsche Verantwortung für die illegalen Exporten tendenziell in Abrede stellte. Dem am 20. Juni 1959 vorgelegten Abschlussbericht kam dann keine grosse Bedeutung mehr zu. Er durfte gemäss Instruktionen des italienischen Aussenministeriums von Mayr erst unterschrieben werden, nachdem jene Passagen gestrichen worden waren, welche

---

[536] Konsul Mayr beklagte sich darüber, dass er auf seine 34 Schreiben mit insgesamt 494 Beilagen, welche er an die *Delegazione* geschickt hatte, keine Reaktion erhalten hatte. Auch habe die *Delegazione* seine Schreiben, in welchen er um Zusendung weiterer Unterlagen zur Bekräftigung italienischer Forderungen gebeten habe, nie beantwortet. Resoconto Mayr in FN 519, S. 2ff.

ein Ende der Untersuchungen nahelegten.[537] Die deutschen Mitglieder der Kommission liessen sich in der Verhandlungsrunde von Rom vom Sommer 1959 von der Notwendigkeit neuer Recherchen überzeugen, was zweifellos als Erfolg für die italienische Seite zu werten ist. Diese Nachforschungen wurden dann allerdings wegen verschiedenen Verzögerungen, die beiden Seiten zuzurechnen waren, erst nach der Konstituierung der neuen gemischten Kommission Ende Juni 1960 angegangen.

Für die deutsche Seite war das Ergebnis der Tätigkeit der ersten gemischten Kommission insofern enttäuschend, als der Bericht lediglich zu den Akten genommen wurde und nicht zur erhofften Beendigung der Nachforschungen führte. Immerhin enthielten die Niederschriften von Trier und Rom den klaren Hinweis, dass die Nachforschungen nach wie vor ihre Grundlage in der Vereinbarung von Rom vom Februar 1953 hatten. Dies war vermutlich der entscheidende Punkt für die Bereitschaft der deutschen Delegation, die Nachforschungen erneut durchzuführen, da man verhindern wollte, dass die Verhandlungen als Anerkennung einer Sonderregelung im Sinne von Art. 6 Teil V des Überleitungsvertrags betrachtet wurden. Nachdem allerdings jene Vorschrift, welche eine Günstigkeitsklausel automatisch auch bezüglich allen anderen geschädigten Nationen vorsah, sich auf Vereinbarungen nach Inkrafttreten des Überleitungsvertrages (5. Mai 1955) bezog und von italienischer Seite her stets die Vereinbarung von Rom als Grundlage der Verhandlungen betrachtet wurden, bestand diese Gefahr nicht.[538]

C. Zweite Phase der italienisch-deutschen Restitutionsverhandlungen: Zweite gemischte Kommission

I. Festlegung der Ziele durch die gemischte Kommission

1. Treffen in Rom vom 27. und 28. Juni 1960

Am 27. und 28. Juni 1960 trafen sich die beiden Delegationen der zweiten gemischten Kommission in Rom zu ihrem ersten Treffen. Dabei wurde erstmals der Plan besprochen, einen Katalog zu publizieren, welcher detaillierte Angaben und Photographien der vermissten Kunstwerke enthalten sollte. Geplant war überdies ein Verzeichnis derjenigen Kunstwerke, die von Deutschland bereits zurückgegeben worden waren. Vereinbart wurde schliesslich ein nächstes Treffen in Hei-

537 Schreiben von Betz an die deutsche Botschaft vom 22. Juni 1959 in AA B 95 Nr. 652, S.1, abgedruckt bei Kienle, S. LXXV.

538 Bericht Dr. Andrae (Bundesamt für äussere Restitution) an den Herrn Bundesminister der Finanzen vom 16. Juli 1959 in BAK B 126/19144.

delberg zur Besprechung der Einzelheiten.[539] Nach den Verhandlungen wurde die Presse über die gemeinsame Suche und die Tatsache informiert, dass weiterhin 600 Kunstwerke vermisst wurden.[540] Das Treffen in Heidelberg konnte dann allerdings nicht stattfinden, nachdem der neue Aussenminister Segni die Durchführung der Vereinbarungen, wie sie in Rom festgelegt worden waren, suspendierte und die der Delegazione zustehenden Gelder sperrte (vgl. dazu oben, § 3 B III 3).[541] Nach Svieros Ansicht war Segni der *Delegazione* gegenüber negativ eingestellt, weil er von jenen Kreisen beeinflusst war, welche sich für eine Rückgabe der aus Deutschland restituierten Kulturgüter an die ehemaligen Eigentümer einsetzten und damit die italienische Gesetzgebung, welche die Kunstwerke dem Staat zusprach, umgehen wollten.[542]

2. Treffen in Bonn vom 17. Oktober 1960

Schliesslich konnte in Bonn im Oktober 1960 ein weiteres Treffen der gemischten Kommission stattfinden, bei dem in einem Plan detailliert die Vorgehensweise zur Abklärung der noch offenen Fragen festgelegt wurde. Es wurde vereinbart, zunächst die die Toskana betreffenden Fälle und dabei zuerst dem Diebstahl von Bildern aus Montagnana nachzugehen. Bezüglich jedes einzelnen Diebstahls wurden die Personen bezeichnet, welche einzuvernehmen waren und die Abklärungen festgelegt, die zu treffen waren.[543]

II. Tätigkeit der gemischten Kommission

Gemäss dem Plan waren insgesamt neun Fälle von grossen Diebstählen aufzuklären. Der erste Fall betraf die *Villa Bossi Pucci* in Montagnana. In dieser Villa befanden sich gegen 300 Meisterwerke aus den Uffizien und dem *Palazzo Pitti*, welche zu ihrem Schutz aus Florenz evakuiert worden waren. Nach der Überführung der Kunstwerke ins Südtirol und der Rückführung nach Florenz fehlten

---

[539] Relazione Siviero per S. E. il Ministro vom 30. Juni 1960, Prot. No. 9208, in CIR 174/Accordi Vari con la Germania.

[540] "Gli accordi per la restituzione delle opere rubate dai nazisti. Le vicende delle tele e delle sculture estorte", in *La Voce Repubblicana,* 29. Juni 1960; "Ricevute dal ministro Medici le delegazioni italiana e tedesca", in *Il Mattino,* 29. Juni 1960; "Gemeinsame Suche nach 600 Kunstwerken. Deutsch-italienische Kommission soll den ‚Bilderkrieg' endgültig beilegen", in *Süddeutsche Zeitung,* 9./10. Juli 1960; "Fahndung nach verschwundenen Kunstwerken. Deutsch-italienische Kommission gegründet", in *Rheinische Post,* 12. Juli 1960; "Oltre 600 opere d'arte dovranno essere recuperate", in *Il Mattino,* 24. Juli 1960.

[541] Promemoria Siviero vom 29. Juli 1960 in CIR 1/Siviero personale.

[542] So soll Segni in Verletzung des Gesetzes *L. 14 gennaio 1950, n. 77*, welches die restituierten Kunstwerke dem Staat zusprach, angeordnet haben, zwei der Altarbilder von Vipiteno an diese Gemeinde zurückzugeben, Promemoria in vorhergehender FN, S. 1 f.

[543] Bericht der Gemischten Kommission vom 22. Oktober 1960 in CIR 125.

zehn wertvolle Gemälde. Obschon die gemischte Kommission verschiedene Zeugen, die mit dem Abtransport der Kunstwerke zu tun gehabt hatten, verhörte, konnten keine neuen Erkenntnisse über den Verbleib der Bilder gewonnen werden.[544] Der nächste Fall bezog sich auf ein Gemälde Gerolamo Marchesis, welches aus Forlì gestohlen worden war. Auch hier blieben die umfangreichen Ermittlungen ohne Erfolg.[545] Im Schloss *Poppi* nahe Arezzo befanden sich Kunstwerke aus florentinischen Museen, welche, als sich die Frontlinie näherte, von deutschen Truppen ins Südtirol transportiert wurden. Nach dem Krieg fehlten ein Bildnis eines Unbekannten aus der Memlingschule, eine früher Michelangelo zugeschriebene Maske eines Fauns und ein Marmorrelief Pierro da Vincis. Die aufwendigen Recherchen der gemischten Kommission ergaben auch hier keine neuen Anhaltspunkte über den Verbleib der Kunstwerke.[546] Aus der graphischen Sammlung der Uffizien war eine grosse Anzahl von Kartons in die *Villa Reich* in Barberino di Mugello verbracht worden. Nach dem Krieg fehlten vier Kartons, deren Inhalt auch von der gemischten Kommission nicht gefunden werden konnte.[547] Aus der Sammlung der Amerikanerin Gould-Branch waren nach dem Krieg rund 250 Gegenstände vermisst, darunter 200 Möbel. Die gemischte Kommission konnte keine der vermissten Gegenstände ausfindig machen.[548] Aus der Sammlung van Marle wurden insgesamt 17 Gemälde gestohlen, von denen bis heute, trotz Nachforschungen der gemischten Kommission, sechs verschollen geblieben sind.[549] Zwei Bilder aus der Sammlung der *Principessa* Ginevra Colonna, die im Sommer 1944 von deutschen Einheiten gestohlen worden waren, konnten trotz der Befragung verschiedener Zeugen durch die gemischte Kommission nicht wiedergefunden werden.[550] Aus der Sammlung Finaly, welche vom italienischen Staat 1940 als Feindgut beschlagnahmt worden war, fehlen bis heute 600 Zeichnungen, 29 Gemälde und eine Sammlung von ungefähr 200 Stichen.[551] Der letzte von der gemischten Kommission untersuchte Fall betraf das *Museo della Torre Pandolfo Capodiferro* bei Minturno, eine Sammlung archäologischen Materials aus Süditalien, welche vom ehemaligen Erziehungsminister Pietro Fedele in einem langobardischen Turm eingerichtet worden war. Im Dezember 1943 war der Turm, nachdem ein Teil der Sammlung fortgebracht worden war, von deutschen Truppen gesprengt worden. Auch nach den intensi-

---

544 Details zu den Abklärungen und den einvernommenen Personen bei Kienle, S. 200.

545 Details bei Kienle, S. 201.

546 Details bei Kienle, S. 202.

547 Details bei Kienle, S. 202f.

548 Details bei Kienle, S. 203ff.

549 Details bei Kienle, S. 205f.

550 Details bei Kienle, S. 207.

551 Details bei Kienle, S: 207f.

ven Nachforschungen der gemischten Kommission werden noch heute 68 Kunstgegenstände vermisst.[552]

Obschon die gemischte Kommission in minutiöser Kleinarbeit die Fälle der grossen Diebstähle aufarbeitete und dabei den von der *Delegazione* gelieferten Hinweisen nachging, blieben konkrete Erfolge aus. Dass in dieser Zeit dennoch ein grosser Fund gemacht werden konnte, verdankte Siviero einer glücklichen Fügung. In der Weihnachtszeit 1962 bot ein Restaurateur aus Los Angeles dem italienischen Konsul die zwei Bilder Pollaiolos zum Kauf an, die als die beiden grössten Verluste Italiens galten. Siviero, der sofort nach Kalifornien geflogen war, gelang es, die Bilder, die ein Unteroffizier der 362. Infanteriedivision bei der Räumung des Depositoriums von Montagnana gestohlen hatte, für Italien zurückzubekommen.[553] Weitere Abklärungen der Kriminalpolizei München im Umfeld der mit der Räumung des Depositoriums beauftragten Truppe führten zur Restitution von fünf Bildern aus den Uffizien und dem *Palazzo Pitti*, die ein Metzger aus München gestohlen hatte. Die Abklärungen ergaben, dass der Metzger Lindermayer und sein nach dem Krieg nach Kalifornien ausgewanderter Vorgesetzter Meindl die Bilder beim Verladen gestohlen hatten.[554] Damit war auch die Behauptung Sivieros widerlegt, wonach diese Bilder anlässlich eines Geheimtransports im Winter 1944 nach Bad Aussee gebracht worden waren und von den Deutschen seither versteckt wurden.

Von den zehn aus Montagnana verschwundenen Bildern waren somit sieben wieder aufgetaucht. Der Restaurateur aus Los Angeles, welchem eine zentrale Rolle bei der Auffindung der Bilder zugekommen war, hatte Siviero gegenüber behauptet, in kurzer Zeit mindestens ein weiteres Bild beschaffen zu können. Nachdem die Verhandlungen zunächst an den Geldforderungen des Restaurateurs gescheitert waren, vereinbarte man ein weiteres Treffen für den darauffolgenden Tag. Der Restaurateur verstarb indessen in der Nacht an einem Herzinfarkt,[555] die drei Bilder blieben verschollen.

III. Ende der Tätigkeit der gemischten Kommission

Das Jahr 1962 verlief wenig erfolgreich für die gemischte Kommission. Seit Februar hatten sich die Delegationen nicht mehr getroffen. Der Fund der Pollaiolobilder führte dann zu weiteren Abklärungen der Kommission im Jahr 1963. Im übrigen konzentrierten sich die Delegationen aber insbesondere auf das

---

[552] Details bei Kienle, S. 208ff.

[553] Detaillierte Beschreibung des Diebstahls und der Rückführung bei Kienle, S. 210ff. und Kubin, S. 185ff.

[554] Details bei Kienle, S. 212ff.

[555] Kienle, S. 215; Kubin, S. 187.

Projekt des Kataloges über die noch verschwundenen Kunstwerke. Anlässlich eines Gesprächs Sattlers mit Siviero am 8. und 9. April 1963 wurde vereinbart, bis zum Herbst desselben Jahres einen Katalog mit 100 bis 120 Fotografien und einer Auflage von 10'000 Exemplaren zu veröffentlichen, wobei das Vorwort gemeinsam verfasst und die Produktionskosten geteilt werden sollten.[556] Aber auch Ende Oktober war man auf italienischer Seite noch nicht bereit, den Katalog aufzulegen, was von Seiten des Aussenministeriums Siviero angelastet wurde. Dieser wiederum beschuldigte das Ministerium, seine Gelder gestrichen und damit die Herausgabe verhindert zu haben.[557] Auf deutscher Seite begann man Druck zu machen, nicht zuletzt auch wegen der Kosten für die Kommission, die ihre Tätigkeit, beinahe 20 Jahre nach Kriegsende, mit der Publikation beenden sollte. Die Publikation des Katalogs verzögerte sich weiterhin. Am 19. Juni 1965 trafen sich Siviero und Sattler in Bressanone und vereinbarten ein Treffen der Delegationen im September 1965 in Florenz. Dabei sollte von der italienischen Delegation das Material für den Katalog vorgelegt werden. Weiter wurde vereinbart, dass dem italienischen Wunsch gemäss der *Central Collecting Point* in München besucht werden solle.[558] Sattler teilte dem italienischen Aussenministerium im September 1965 mit, dass Siviero, welcher das angesetzte Treffen bis auf weiteres verschoben habe, für den Katalog eine jährliche Summe von umgerechnet 400'000 DM fordere, was viel zu hoch sei, zumal die deutsche Delegation von Maximalkosten von 15'000 DM ausgehe.[559] Schliesslich wurde 1969 ein erneuter Versuch unternommen, den Katalog fertigzustellen und die Arbeit der gemischten Kommission zu beenden. Von italienischer Seite wurde vorgeschlagen, dass sich die Kommission am 14. Oktober 1969 versammeln sollte. Dabei sollte, neben der Vorstellung des Katalogs, ein Notenaustausch stattfinden, gemäss welchem sich die italienische Seite das Recht vorbehielt, diejenigen im Katalog aufgeführten Kunstwerke einzufordern, welche inskünftig gefunden werden sollten. Die deutsche Seite sollte sich zur Zusammenarbeit bei der Wiedererlangung der Kunstwerke verpflichten.[560] In ihrer Antwort vom 9. Oktober teilte die deutsche Botschaft in Rom mit, dass die zuständigen Organe in Deutschland mit dem italienischen Vorschlag einverstanden seien. Lediglich bezüglich des Textes des Notenaustausches seien Änderungen nötig, da sich die deutsche Seite lediglich bereit erkläre, bei der Wiedererlangung derjenigen Kunstwerke zusammenzuarbeiten, welche während des nationalsozialistischen Regimes in Italien illegal entwendet wurden und im Katalog aufgeführt waren, dies in Anwendung der

556 Aufzeichnung Sattler vom 22. April 1963 in AA B 95 Nr. 976.

557 Aufzeichnung Sattler vom 13. November 1963 in AA B 95 Nr. 977.

558 Protokoll vom 19. Juni 1965 in CIR 108/3/1389.

559 Schreiben Sattler an Archi vom 20. September 1965 in CIR D.G.R.C. SIVIERO Stampa/Delegazione per le Restituzioni, Parte Generale.

560 Nota Verbale del Ministero degli Affari Esteri vom 24. September 1969 in CIR 115/Siviero.

Verpflichtung, welche die Bundesrepublik mit der Vereinbarung von Rom übernommen habe.[561] Das Treffen fand dann im Oktober 1969 noch statt. Ob ein Notenaustausch stattgefunden hat, lässt sich aufgrund der vorliegenden Unterlagen nicht eruieren. Allerdings scheint dies nicht der Fall gewesen zu sein, da der Notenaustausch das offizielle Ende der Verhandlungen bedeutet hätte, welches aber erst mit der Publikation des Kataloges eintreten konnte. Über den Katalog wurde, nachdem die deutsche Seite Italien offenbar eine zeitliche Limite bis Ende 1970 gesetzt hatte, am 18. Dezember 1970 verhandelt. Siviero präsentierte ein Verzeichnis, in welchem 1'500 vermisste Kunstwerke aufgeführt waren. Allerdings zeigte sich der Direktor der *Direzione Generale delle Relazioni Culturali con l'Estero* des italienischen Aussenministeriums, welcher als Beobachter an der Verhandlung teilgenommen hatte, von der Qualität des Verzeichnisses, in welchem die Kunstwerke lediglich oberflächlich beschrieben worden waren, enttäuscht. Es wurde dennoch vereinbart, dass sich die Experten beider Länder Mitte Januar 1971 in Florenz treffen sollten, um aus den vorliegenden Unterlagen den Katalog vorzubereiten, welcher am 29. April 1971 der gemischten Kommission vorgelegt werden sollte.[562] Ob dieses Treffen stattgefunden hat, lässt sich aus den vorliegenden Unterlagen nicht eruieren. Mit Sicherheit kann indessen gesagt werden, dass der Katalog auch 1971 nicht gedruckt werden konnte, wobei nicht klar ist, welches die Gründe für die weiteren Verschiebungen waren.

Die gemischte Kommission ist nach den vorliegenden Unterlagen nie offiziell aufgelöst worden. Allerdings fanden die Treffen im Verlauf der sechziger und siebziger Jahre immer seltener statt. Erst der Tod Sivieros 1983 bedeutete das vorübergehende Ende der Restitutionsverhandlungen zwischen Italien und Deutschland. Von italienischer Seite wurden in den neunziger Jahren wiederum Verhandlungen mit Deutschland aufgenommen, nachdem mit dem Fall des eisernen Vorhangs die Frage der Restitutionen wieder neue Aktualität gewonnen hatte.

IV. Zusammenfassung: Die gemischten Kommissionen als Abschluss der italienisch-deutschen Restitutionsverhandlungen für Kulturgut

Die Einsetzung der gemischten Kommissionen war der Hartnäckigkeit Sivieros zu verdanken, welcher stets darauf beharrt hatte, dass die Bundesrepublik Deutschland noch nicht alle Kunstwerke, die während des Krieges illegal aus Italien exportiert worden waren, zurückgegeben hatte. Die Untersuchungen, die sich über Jahre erstreckten, führten zum Ergebnis, dass in der Tat von deutscher Seite genügend unternommen worden war, um das Schicksal der verschollenen

---

561 Nota Verbale der Bundesrepublik Deutschland vom 9. Oktober 1969 in CIR a. a. O.

562 Appunto per l'On. Ministro vom 19. Dezember 1970 in CIR/Commissioni Miste Italo-tedesche 1966–1995.

Kulturgüter aufzuklären. Sivieros Verhalten war aber nicht allein Ausdruck einer misstrauischen Grundhaltung gegenüber den Deutschen. Vielmehr darf auch davon ausgegangen werden, dass er angesichts seiner unbefriedigenden beruflichen Situation auf die Weiterführung der Nachforschungen aus persönlichen Gründen angewiesen war. Das italienische Aussenministerium spielte diesbezüglich seinerseits eine wenig definierte Rolle. Zweifellos bestand der Wunsch des Ministeriums, die Restitutionsangelegenheit als Teil der kulturellen Beziehungen mit der Bundesrepublik in eigener Kompetenz zu behandeln und auch bald abzuschliessen. Die Tätigkeit der *Delegazione* zu beenden und deren Aufgabenbereich vollumfänglich beim Aussenministerium zu integrieren wagte man aber dennoch nicht. Dies einerseits wohl aus Befürchtungen bezüglich der Unpopularität einer solchen Massnahme, insbesondere bei einer Person wie Siviero, welcher in der Öffentlichkeit bekannt war und wegen seiner Erfolge verehrt wurde. Anderseits versprach man sich von Siviero am ehesten noch weitere Erfolge, war er doch der ausgewiesene Fachmann der Materie. So hielt man die *Delegazione* als eine Art Kompetenzzentrum, integrierte sie aber gegen Ende der fünfziger Jahre solcherart in die *Direzione Generale delle Relazioni Culturali*, dass jeglicher direkte Kontakt mit deutschen Stellen ausgeschlossen war, beziehungsweise über das Konsulat lief. Diese Konstellation bedeutete eine Entmachtung Sivieros. Diese organisatorischen Vorgänge führten beinahe zum Erliegen der italienischen Anstrengungen im Bereich der Kulturgüterrestitutionen, welche erst wieder auflebten, nachdem Siviero wieder die Leitung der *Delegazione* mit allen Kompetenzen übernommen hatte.

In der Sache zeigten die erfolglosen Nachforschungen der gemischten Kommissionen, dass mittlerweile fast zwanzig Jahren nach dem Ende des Krieges keine neuen Anhaltspunkte mehr gefunden werden konnten, aufgrund welcher mit systematischer Suche verschollene Kunstwerke hätten entdeckt werden können. So war die Rückführung der Pollaiolos nicht der Tätigkeit der Kommission zu verdanken, sondern erfolgte zufällig. Dennoch bedeutete gerade dieser Fund eine grosse Erleichterung für die gemischte Kommission, wurde doch Siviero widerlegt, der stets davon ausgegangen war, dass gewisse Meisterwerke im Rahmen eines Geheimauftrags nach Bad Aussee gebracht worden waren und nach wie vor versteckt gehalten wurden. Der Unnachgiebigkeit Sivieros und deutschen Befürchtungen bezüglich präjudizieller Wirkungen schliesslich ist es zu verdanken, dass auch die deutsche Seite weiterhin die Vereinbarung von Rom als Ausgangspunkt für die Nachforschungen betrachtete. Dies auch nach Inkrafttreten des Überleitungsvertrages, welchem Italien als Signatarstaat des Protokolls ebenfalls beigetreten war. Diese Prämisse ermöglichte einerseits beiden Parteien die Erledigung der Restitutionsfragen ohne detaillierte Abklärungen bezüglich der Rechtslage, wie sei zur Zeit der Exporte geherrscht hatte, und erlaubte demgemäss für die Bundesrepublik die Aufwertung der Restitutionen von einer Angelegenheit rein technischer Natur zu einer Botschaft des guten Willens. Anderseits ist offensichtlich, dass die deutsche Delegation dem Wunsch Sivieros auf Anerkennung der Vereinbarung von Rom als Grundlage der Restitutionen nur allzu gerne folgte. Denn man befürchtete bei Ansprüchen in Anwendung des Überleitungsvertrages eine Signalwirkung für andere Länder, welche als Folge der Kulturpolitik und der Raubzüge der Nationalsozialisten Verluste an Kulturgut erlitten hatten. Für Siviero jedenfalls, der die Restitutionen als Grundsatzfrage der Moral und nicht als juristisches Problem betrachtete, war die Vereinbarung von Rom ein Vertrag, der beide Seiten gleichermassen in die Pflicht nahm. In seinen Augen war die Bundesrepublik aufgerufen, es dem Vorbild Italiens gleichzutun und als Gegenleistung für die Wiederaufnahme der Tätigkeit der deutschen Bibliotheken und Kulturinstitute ihrerseits Kulturgüter zurückzugeben. Dabei erwartete Siviero, dass man sich auf deutscher Seite nicht auf die Legalität von Geschäften berief, deren rechtlicher Hintergrund nie ganz hatte ausgeleuchtet werden können und denen der Ruch der Übervorteilung anhaftete. In diesem Punkt kam ihm auch die offizielle, auf Ausgleich mit Italien gerichtete Politik der Bundesrepublik entgegen, bei welcher ebenfalls wenig Interesse an der juristischen Aufarbeitung der Vergangenheit bestand. Offen bleiben muss die Frage, ob jemals eine offizielle Vereinbarung zwischen Italien und Deutschland das Thema der Kulturgüterrestitutionen auf Basis der Vereinbarung von Rom beendet hat.

D. Ende des deutschen Entgegenkommens: Die Deckengemälde Sebastiano Riccis

I. Ausgangslage

In der *Cà Mocenigo* in Venedig, die dem Filmproduzenten *Conte* Andrea Nicolis de Robilant gehörte, befanden sich, in die Decke integriert, neun Tafelbilder Sebastiano Riccis aus dem frühen 18. Jahrhundert. Die gesamte Decke wurde als eines der bedeutendsten Zeugnisse venezianischer Malerei des frühen 18. Jahrhundert betrachtet, weswegen die Tafelbilder durch das Gesetz als dem Gebäude zugehörig und unveräusserlich vinkuliert waren.[563] Zu Beginn des Krieges wurden die Bilder zu ihrem Schutz aus dem *Palazzo* entfernt und mit dem Einverständnis der *Sopraintendenza alle Gallerie di Venezia* nach Rom geschickt. Dies in der Erwartung, dass sie nach Beendigung der Feindseligkeiten an ihren Ursprungsort zurückkehren sollten. Im August 1941 wurden sie von ihrem Besitzer, welcher sie im April an Prinz von Hessen verkauft hatte, dem Römer Exportbüro vorgelegt. Das Erziehungsministerium, welchem negative Anträge der *Sopraintendenza* und des Exportbüros vorlagen, stellte sich gegen die Ausfuhr der Bil-

---

563 Promemoria Siviero per S. E. l'Onorevole Ministro Professor Giuseppe Medici vom 7. Dezember 1972 in CIR 113/Siviero.

der.[564] Von Hessen wandte sich darauf mit der Bitte an di Robilant, er möge sich für die Freigabe der Bilder einsetzen, nachdem Hitler, welchen er vom Ankauf informiert habe, bereits alles Notwendige vorgekehrt habe, um sie in seine Sammlung einzugliedern.[565] Auf Betreiben di Robilants wandte sich der *Ministro della Cultura Popolare*, Alessandro Pavolini, an Bottai und beklagte die Tatsache, dass vom Erziehungsministerium ursprünglich zugesagt worden sei, dass einem Export der Bilder aufgrund ihrer geringen künstlerischen Bedeutung nichts im Wege stehe. Überdies habe Bottai Prinz von Hessen zugesagt, dass die Bilder exportiert werden dürften, sofern von Hessen auf die Ausfuhr eines Bildes von Rubens verzichte, was dieser auch getan habe. Schliesslich sollte mit dem Verkauf der neun Tafelbilder ein Filmprojekt di Robilants finanziert werden, welches Unterstützung verdiene, weswegen Bottai sich doch einsetzen möge, damit der Export ermöglicht werde. Handschriftlich fügte Pavolini an, dass er sich lediglich deswegen für di Robilant einsetze, weil diesem zweimal aus politischen Gründen vom Ministerium die Veröffentlichung eines Films verboten worden sei.[566] Bottai hob in der Folge die Beschränkung, die eine Veräusserung der Bilder verhinderte, auf und erteilte mit Schreiben Nr. 4910 vom 26. November 1941 die Exportbewilligung.[567]

II. Italienische Restitutionsgesuche

1. Restitutionsgesuche an die amerikanische Zonenverwaltung

Ein erstes Mal forderte Siviero namens des *Ufficio* mit seiner Eingabe an das OMGUS vom 14. Juni 1948 die Herausgabe der neun Tafelbilder.[568] Interne Abklärungen von Herbert S. Leonard, dem Leiter der *Restitution Branch* des MFA&A, ergaben, dass sich 1948 acht der neun Bilder im Central Collecting Point in München befanden. Allerdings waren lediglich sechs Bilder in einem Zustand, der sie überhaupt identifizierbar machte.[569] Mit der *Exceptional Return Order* wurden insgesamt 18 Kunstwerke an Italien restituiert (Vgl. oben, § 8 C). Dies, obschon der Direktor der *Property Divison* OMGUS, Phillips Hawkings, in einem Memorandum festgehalten hatte, dass minutiöse Abklärungen ergeben hätten, dass die italienischen Ansprüche gemäss der Liste Sivieros, welche 40 Kunstwerke enthielt und auf welcher auch die Tafelbilder Riccis aufgeführt

564 Newton Report in FN 29, S. 2.

565 Kopie des Schreibens von Hessen an di Robilant vom 1. Oktober 1941 in CIR 314.

566 Kopie des Schreibens Pavolini an Bottai vom 10. Oktober 1941 in CIR 126/Lettera di esportazione di alcuni dipinti di Sebastiano Ricci.

567 Newton Report in FN 29, S. 2.

568 List of Italian works of Art sold unlawfully to Germany in FN 392.

569 Schreiben Leonard an Howard vom 17. September 1948 in FN 36.

waren, zu Recht bestanden.[570] Was schliesslich den Ausschlag gegeben hat, dass genau die 18 Kunstwerke ohne die Ricci-Bilder zurückgegeben wurden, lässt sich aus den vorhandenen Unterlagen nicht eruieren. Ein Grund mag in der Tatsache begründet liegen, dass das Ensemble der Ricci-Bilder nicht vollständig war. Auch mag der schlechte Zustand von zwei Bildern gegen einen Transport gesprochen haben. Sicherlich hat auch der Protest, der sich beim CCP erhob und welcher von dessen Leiter Leonard an die vorgesetzten Behörden weitergeleitet wurde, dafür gesorgt, dass man mit der Rückgabe von Kunstwerken im Rahmen der *Exceptional Return Order* zurückhaltend war und nur eindeutig identifizierte und – im Fall der Tafelbilder Riccis – vollständige Kunstwerke freigab. Siviero war verschwiegen worden, dass sich die Bilder im CCP befanden. Er erklärte 1974, auf der ursprünglichen Liste seien die Bilder Riccis von Leonard mit einem kleinen Kreis gekennzeichnet worden, was bedeute, dass sie nicht im CCP gelagert gewesen seien; er jedenfalls habe sie nie zu Gesicht bekommen.[571]

2. Restitutionsgesuche an die bundesdeutsche Regierung

Aus den vorliegenden Unterlagen ergeben sich keinerlei Hinweise, wonach die Bilder Riccis bei den direkten italienisch-deutschen Verhandlungen ein Diskussionspunkt gewesen sind, obschon Siviero 1974 erklärte, seit 1946 insgesamt acht Mal die Rückgabe der Bilder gefordert zu haben.[572] Erst 1970 erfuhr Siviero, dass sich die Bilder – offenbar vollzählig – im Depot der Gemäldegalerie in Berlin-Dahlem befanden. Der Direktor der Gemäldegalerie, Professor Oertel, habe erklärt, dass die Bilder von der italienischen Regierung geschenkt worden seien und sich nun in deutschem Eigentum befänden.[573] In einem Interview mit der CBS News vom Herbst 1972 erklärte Eugen Betz, Mitglied der deutschen Delegation bei der gemischten Kommission, dass die Bilder deutsches Eigentum seien und bald in West Berlin ausgestellt würden.[574] Mit Schreiben vom 3. Mai 1974 wies das italienische Aussenministerium die Deutsche Botschaft auf die nach dem Waffenstillstand erhobenen italienischen Restitutionsbegehren betreffend die Bilder hin und beantragte ein Treffen der gemischten Kommission, welches der Regelung der Angelegenheit dienen sollte.[575]

---

570 Memorandum Phillips Hawkings vom 20. Juni 1948 in FN 397.

571 Promemoria Siviero per la Direzione Generale per la Cooperazione Culturale vom 30. April 1974, Prot. No. 10789 in CIR 14/3/80.

572 A. a. O., S. 4.

573 Promemoria Siviero vom 26. Juni 1970 in CIR 110/3/423.

574 Intervista di Thomas Fenton (corrispondente della CBS News, Roma) col Dottor Eugen Betz, Beilage zum Promemoria in vorhergehender FN.

575 Nota Verbale des italienischen Aussenministeriums an die Deutsche Botschaft vom 3. Mai 1974 in CIR 14/3/80.

III. Rückweisung des Restitutionsanspruchs durch die Bundesrepublik

Betz hatte sich im Interview mit *CBS News* von 1972 auf den Standpunkt gestellt, dass die deutsche Regierung 1941 den Kaufpreis bezahlt habe. Auch sei die vom italienischen Gesetz verlangte Exportgenehmigung von Bottai ausgestellt worden, weswegen kein Zweifel daran bestehe, dass die Ausfuhr absolut legal erfolgt sei. Bereits die amerikanischen Militärbehörden hätten überdies die Angelegenheit geprüft und den italienischen Anspruch verworfen.

Das obenerwähnte Schreiben des italienischen Aussenministeriums vom Mai 1974, welchem ein weiteres am 13. September 1974 bezüglich eines Bildes von Vanvitelli gefolgt war, wurde schliesslich am 12. November 1974 von der deutschen Botschaft beantwortet. Im Ergebnis stellte sich die Bundesregierung gegen den italienischen Anspruch, den sie als unbegründet und ausserhalb der Vereinbarung von Rom liegend bezeichnete.[576] Zur Begründung wurde vorgebracht, dass der italienische Anspruch, wie er von Siviero am 14. Juni 1946 erhoben worden war, in einem Memorandum der amerikanischen Militärregierung von Bayern vom 19. August 1948 zurückgewiesen worden sei. Aus der Tatsache, dass sich die Bilder Riccis nach wie vor in Deutschland befänden, lasse sich ableiten, dass die Argumentation der Militärregierung Bayerns von der amerikanischen Militärregierung Deutschlands akzeptiert worden sei. Die damals in München vertretene Rechtsansicht stimme mit derjenigen der Bundesregierung überein, und es sei somit davon auszugehen, dass der Kaufpreis und die Exportsteuer bezahlt worden seien und überdies eine gültige Exportbewilligung vorgelegen habe. Die Rechtsgültigkeit der Vorkehrungen, welche die italienischen Regierung im Zusammenhang mit den Exporten ergriffen habe, könne nicht Gegenstand einer Auseinandersetzung mit der Bundesregierung sein. Daher betrachte diese die Frage als *res iudicata*.

IV. Begründetheit der deutschen Haltung

Die Rechtsauffassung der Bundesregierung, wie sie nachfolgend untersucht werden soll, ergibt sich aus dem zitierten Schreiben der deutschen Botschaft vom 12. November 1974. Weitere Unterlagen liegen nicht vor, weswegen sich die nachfolgenden Ausführungen an diese Argumentation halten.

Das erste Argument der Bundesregierung nimmt Bezug auf die Begründung, wie sie von Leonard in einem internen Memorandum zur Zurückweisung der *Exceptional Return Order* gebraucht wurde. Leonards Schreiben vom 24. August 1948 wiederum übernimmt die Argumentation der deutschen CCP-Mitarbeiterin Hanfstaengl in ihrem *Inter-Office-Memorandum* vom 19. August.[577] Hanfstaengl

[576] Nota Verbale der Deutschen Botschaft vom 12. November 1974 in CIR 14/3/80.

[577] Inter-Office Memorandum Hanfstaengl vom 19. August 1948 in FN 403.

stellte zunächst die Frage, ob die italienische Gesetzgebung im Bereich des Kulturgüterschutzes eine genügende rechtliche Basis darstelle, um die Rückführung von Kunstwerken zu verlangen, welche nicht unter die Restitutionsbestimmungen der Amerikaner fielen. Dabei wies sie darauf hin, dass diese Frage nicht nur Deutschland, sondern auch andere Länder betreffe und daher auf internationaler Ebene zu behandeln sei. Weiter vertrat sie die Ansicht, dass die von Siviero eingereichte Dokumentation ungenügend sei, da einerseits keine genügenden Angaben zur Identifikation der Kunstwerke gemacht worden seien und anderseits nicht belegt sei, welche Kunstwerke als unersetzlich in Verzeichnissen aufgeführt gewesen seien. Immerhin handele es sich bei einem grossen Teil der Bilder um durchschnittliche Ware. Die neue italienische Regierung betrachte Entscheidungen ihrer Vorgängerregierung, welche von der damaligen "commissioni legislativa alla camera" genehmigt und publiziert worden seien, als nichtig.

1. Argument der Rechtsauffassung der Militärregierung von Bayern

Die Kritik Hanfstaengls, wonach die italienische Dokumentation ungenügend zur Identifikation der Kunstwerke sei, war vermutlich eine Ursache für die geringe Anzahl der mit der *Exceptional Return Order* zurückgegebenen Kunstwerke. Insofern wurde von der Militärregierung Deutschlands den Bedenken aus München, natürlich auch wegen der dortigen Sachkenntnis, gefolgt. Unzutreffend und irrelevant ist indessen Hanfstaengls Interpretation der Rede Bottais, welche sie als Ausdruck eines gesetzgeberischen Aktes verstand. Auch wenn in späteren Verhandlungen zwischen Italien und Deutschland die Bedeutung der Rede stets umstritten blieb, ging man auch von deutscher Seite nie davon aus, dass ihr gesetzesgleiche Kraft, mithin generell-abstrakter Charakter, zukommen sollte. Die deutsche Seite ging lediglich davon aus, dass damit – ähnlich einer Verfügung – individuell-konkret mit Bezug auf die einzelnen beschriebenen Bilder entschieden wurde. Mit ihrer Rechtsauffassung, die sie aufgrund fehlender Unterlagen zum italienischen Recht als Denkanstoss bezeichnete, befand sich Hanfstaengl zudem ausserhalb der Linie der *Exceptional Return Order*, welche von Washington über die Militärregierung in Berlin vorgegeben worden war und die auf politischen Überlegungen gründete. Somit war auch die deutsche Bundesregierung 1974 im Irrtum, wenn sie davon ausging, dass die Bilder Riccis 1948 aufgrund der Rechtsauffassung der bayerischen Militärregierung nicht an Italien zurückgegeben worden waren. Die Rechtsauffassung aus München wurde unter Hinweis auf die neue Marschrichtung, welche gerade in den von Hanfstaengl als fraglich bezeichneten Fällen die Restitution anordnete, ausdrücklich zurückgewiesen.[578] Insofern lässt sich aus dem Zusammenhang der *Exceptional Return Order* nichts zugunsten

578 "As stated in the (…) letter, this is not restitution. It is a policy of the United States determined in Washington and for which we have directives. (…) It is believed that [your] arguments … represent a complete misunderstanding of the nature an spirit both of the directive itself

der Rechtsansicht der Bundesregierung ableiten, zumal das Schreiben Leonards lediglich an die vorgesetzte Dienststelle gerichtet war und nicht eine nach aussen gerichtete Verfügung der Militärregierung Bayerns darstellte.

2. Argument des fehlenden Bezugs zur Vereinbarung von Rom

Die weitere Behauptung der Bundesregierung, die Bilder Riccis fielen nicht in den Anwendungsbereich der Vereinbarung von Rom, wird im Text des Schreibens nicht selbständig begründet, ergibt sich aber aus dem Tenor der Begründung. Aus der Tatsache, dass die Bilder und die Exportsteuern bezahlt wurden und eine Ausfuhrgenehmigung vorgelegen hatte, wird abgeleitet, dass es sich beim Ankauf der Bilder um ein legales Geschäft gehandelt hatte. Dies wiederum soll die Ursache dafür sein, dass das Geschäft nicht von der Vereinbarung von Rom erfasst wird, welche sich lediglich auf italienische Kunstwerke bezieht, deren illegaler Export konkret bewiesen worden war.[579]

Diese Begründung stand im Widerspruch zum Ergebnis von mehr als 20-jährigen Verhandlungen zwischen Italien und Deutschland, welche vom Wunsch Adenauers getragen wurden, vor dem Hintergrund der Etablierung guter Beziehungen zu Italien einen Schlussstrich unter die teilweise undurchsichtigen Kunstkäufe der Naziführerschaft in Italien zu ziehen. Aufgrund dieser Prämisse waren juristische Fragestellungen auch von der deutschen Delegation bewusst hintangestellt worden. Dass diese Vorgehensweise angezeigt war, zeigte sich im Verlauf der Verhandlungen über die Ankäufe für Hitler, als beide Seiten zur Einsicht kamen, dass weder die Rechtmässigkeit noch die Unrechtmässigkeit der Ankäufe rechtsgenügend bewiesen werden konnte. Vor diesem Hintergrund trennte sich die junge Bundesrepublik in überzeugender Weise vom Kunsterbe der Naziführung, welchem der Makel der Undurchsichtigkeit und der Verdacht der Vorteilsnahme- und Gewährung beim Erwerb anhingen. Dreissig Jahre nach dem Krieg waren diese Skrupel vergessen, und die Begründung von 1974 nahm den Faden an jenem Punkt auf, wo er 1948 im Umfeld der deutschen Kunsthistoriker am CCP in München nach der *Exceptional Return Order* fallen gelassen worden war. Unter Hinweis auf juristische Überlegungen wurde argumentiert, dass wenn alle anfallenden Kosten gedeckt waren und eine Ausfuhrgenehmigung vorgelegen hatte, alles mit rechten Dingen hatte zugehen müssen, zumal Bottai in seiner Rede 1942 den Export verteidigt hatte.

---

and of the transactions which it was calculated to correct. (…) The (…) letter of the 19th of July is a directive from the Military Governor in implementation of higher directives, and it is requested that you carry out these orders promptly." Schreiben Howard an Leonard vom 22. September 1948 in FN 407.

[579] "Il Governo federale conferma nuovamente la sua intenzione e la sua volontà di proseguire attivamente sul proprio territorio la ricerca di opere d'arte italiane la cui esportazione illegale è stata concretamente accertata." Nota verbale in FN 576, S. 4.

Über die Kunstwerke des Bottai-Komplexes, zu welchen die Ricci-Bilder an sich gehörten, war im Januar 1954 in Perugia verhandelt worden. In diese Verhandlungsrunde war die deutsche Delegation mit der Absicht gegangen, sämtliche Bilder, die in der Rede Bottais erwähnt worden waren, zurückzugeben. Die Rückgabe erfolgte auch, allerdings konnten sich die Delegationen bei der Frage der Bedeutung der Rede und der Illegalität der Exporte nicht einigen. Dies sollte indes die Restitution der Bilder nicht tangieren (vgl. oben, § 9 A IV 3). Dass über die Bilder Riccis weder in Perugia noch bei anderen Treffen ausdrücklich verhandelt wurde, erklärt sich mit dem glaubhaften Hinweis Sivieros, wonach sie als verschollen galten. Dabei steht die Vermutung nahe, dass auch die Leitung der deutschen Delegation von den eigenen Museumsfachleuten, welche den Restitutionen stets skeptisch gegenüber gestanden hatten, über die Existenz der Bilder im Dunkeln gelassen wurde. Andernfalls wäre das Ensemble zweifellos bereits 1954 mit den anderen Bildern aus dem Bottai-Komplex zurückgegeben worden. Ein Grund, der damals gegen eine Rückgabe gesprochen hätte, ist jedenfalls nicht ersichtlich. So erscheint die Weigerung der Bundesrepublik, die Bilder an Italien zurückzugeben, als späte Rache einiger Kunsthistoriker an Siviero, aber auch als Ergebnis einer gewandelten Einschätzung der Restitutionsfrage aus der Sicht des Auswärtigen Amtes.

Über die Bilder war weder in Perugia noch in Baden-Baden verhandelt worden, und sie waren dementsprechend auch nicht in den jeweiligen Niederschriften aufgeführt worden. Dies könnte der Bundesregierung die Argumentation nahe legen, dass die Bilder Riccis nicht zu restituieren seien, nachdem in den jeweiligen Protokollen abschliessend Grund und Umfang der Restitutionen umschrieben wurden. Dies umso mehr, als in Perugia bezüglich des Rechtsgrundes der Restitution lediglich festgehalten worden war, dass man sich darüber nicht hatte einigen können. Die nächste Niederschrift in Baden-Baden wiederum hielt zwar in Ziffer V. fest, dass nachträglich aufgefundene Kunstgegenstände an Italien zurückgegeben würden. Allerdings sollten davon lediglich "sonstige gesetzwidrig ausgeführte Kunstgegenstände" erfasst sein. Die Gesetzwidrigkeit der Ausfuhr der Bottai-Kunstwerke aber war in keiner Niederschrift explizit festgehalten worden. Wie bereits ausgeführt darf bei der Betrachtung der Restitutionen nach Italien nicht vergessen werden, dass von beiden Parteien aus Gründen jenseits juristischer Überlegungen und zu Recht eine weitgehende Rückgabe der Ankäufe der Naziführung gewünscht wurde. Dieser Geist sollte auch die bis heute andauernden Verhandlungen über die Bilder Riccis beeinflussen, führte doch lediglich die Zufälligkeit der undurchsichtigen Tätigkeit einiger Museumsfachleute zum Verbleib von Bildern in Deutschland, bei deren Erwerb die Tatsache, dass sie für den Führer der verbündeten Achsenmacht erworben werden sollten, den Weg frei machte von Widerständen, die sich aus der korrekten Anwendung der nationalen Kunstschutzgesetze Italiens ergaben.

5. Kapitel: Begründetheit der italienischen Restitutionsgesuche

§ 10: Rechtsgutachten nach dem Krieg

A. Gutachten Kaufmann

I. Fragestellung des Gutachtens

1. Beschränkung des Themas des Gutachtens

Mit dem Gutachten vom 28. April 1953 wurden die Rechtsgrundlagen für die italienischen Restitutionsforderungen zu einer Zeit abgeklärt, als die Ratifikation des Überleitungsvertrags der Alliierten mit Deutschland noch nicht erfolgt war. Insgesamt wurden dem Experten, Prof. Dr. Erich Kaufmann, einem international anerkannten Fachmann des Staats-, Verwaltungs- und Völkerrechts und Rechtsberater des Auswärtigen Amtes, acht spezifische Fragen zu den Rechtsgrundlagen betreffend die Restitutionsforderungen Italiens unterbreitet. Damit sollten der internationalprivatrechtliche und der völkerrechtliche Aspekt der Berechtigung Italiens bezüglich der Restitutionsforderungen abgeklärt werden.[580]

2. Prämisse: Stand der restitutionsrechtlichen Gesetzgebung im April 1953

Der Überleitungsvertrag war im April 1953 noch nicht ratifiziert. Aus diesem Grund waren grundsätzlich die *Military Government Regulations, Title 18*, anwendbar, welche sich indes lediglich auf die Restitutionen der Alliierten bezogen und die, nachdem sie den deutschen Regierungen und Behörden nie offiziell bekannt gegeben worden waren, für die Bundesrepublik keine bindende Wirkung hatten. Selbst nach der Ratifikation des Überleitungsvertrags regelte dieser nur die Beziehungen der Bundesrepublik mit den Westalliierten; für Drittstaaten würde er erst nach deren Beitritt zur Schiedskommission Wirkungen entfalten.[581] Aus diesem Grund waren die Rechtsgrundlagen für die Restitutionsforderungen Italiens aufgrund der allgemeinen Rechtsgrundsätze abzuklären, welche im

---

580 Aufzeichnung des Rechtsberaters des Auswärtigen Amtes betreffend Restitution von Kulturgütern nach Italien vom 28. April 1953, Abschrift von 457-08-36 VI/10527/53 in BAK B 323/442, nachfolgend "Gutachten Kaufmann".

581 A. a. O., S. 1.

Zusammenhang mit der Behandlung von Kriegsfolgen entwickelt worden waren und welche sich unter anderem im Friedensvertrag der Alliierten mit Italien äusserten.[582]

II. Materieller Inhalt des Gutachtens

Frage 1 bezog sich auf die Restitutionspflicht bezüglich Kulturgütern aus privatem oder Staatseigentum, welche nach dem 3. September 1943 in Italien beschlagnahmt oder gestohlen und nach Deutschland verbracht worden waren. In Beantwortung dieser Frage wies Kaufmann auf Art. 77 des Friedensvertrags der Alliierten mit Italien hin, welcher die Restitution von identifizierbarem Eigentum, das nach dem 3. September 1943 von deutschen Streitkräften oder Behörden mit Gewalt oder Drohung aus Italien verbracht worden war, verfügte. In Anwendung dieser Vorschrift sei ein entsprechender italienischer Anspruch ohne weiteres gegeben.[583] Frage 2 bezog sich auf die Restitutionspflicht von Kulturgütern, die nach dem 3. September 1943 käuflich aus Privatbesitz erworben und die – mit oder ohne Genehmigung – nach Deutschland ausgeführt worden waren. Kaufmann unterschied bei seiner Beantwortung der Frage nach dem anwendbaren Gesetzestext. In Anwendung von allgemeinen Rechtsgrundsätzen sowie von Art. 75 und 77 des Friedensvertrages mit Italien komme eine Restitution nicht in Betracht. Zu restituieren sei indessen, wenn die *Regulations* angewandt würden, da in diesem Fall auch käuflich erworbene Kulturgüter der Restitution unterlägen. Für den hypothetischen Fall der Anwendung von Art. 1 Abs. 1 und 2 des Teiles V des Überleitungsvertrags müsse unterschieden werden, ob sich die Objekte vor dem 3. September 1943 bereits in Italien befunden hätten oder eigens nach diesem Stichtag dorthin gebracht worden seien. Im letzteren Fall sei nicht zu restituieren, während im ersteren Fall lediglich dann zu restituieren sei, wenn die Objekte nicht nur zu Zwecken des Verkaufs nach Italien gebracht worden seien. Die Frage der Genehmigung zur Ausfuhr wurde hier noch nicht behandelt.

In Beantwortung von Frage 3 – Rechtslage hinsichtlich von Kulturgütern, die vor dem 3. September 1943 von Deutschen erworben und mit Genehmigung der italienischen Regierung ausgeführt worden waren – bezeichnete Kaufmann eine Restitution als ausgeschlossen, da weder *Regulations* noch der Überleitungsvertrag Geschäfte, die vor dem Stichtag abgeschlossen worden seien, erfassten. Überdies habe es sich um normale Geschäfte gehandelt, die auch nach den Bestimmungen des italienischen Gesetzes über den Verkauf und die Ausfuhr von Kunstwerken rechtlich in Ordnung gewesen seien.[584] Frage 4 bezog sich auf die

---

582 A. a. O., S. 2.

583 A. a. O., S. 3.

584 A. a. O., S. 4.

Rechtslage hinsichtlich von Kulturgütern im Sinne der vorhergehenden Frage, welche auf Anordnung von OMGUS als *exceptional return shipment* nach Italien zurückgesandt worden waren, obschon die *Restitution Control Branch* zu dieser Massnahme weder berechtigt noch verpflichtet gewesen sei. Kaufmann bezeichnete die Anordnung von OMGUS als rechtswidrig und nichtig, zumal eine Restitution nicht ohne Genehmigung des *State Department* hätte vorgenommen werden dürfen. Überdies ergebe sich bereits aus der Frage 3, dass 1948 keine Restitutionspflicht bestanden habe. Nachdem OMGUS die Rückgabe an Italien nie als "Restitution", sondern als *exceptional return* bezeichnet habe, sei man hier mit einem Eigentumsübergang zwecks Reparation und Restitution konfrontiert, welcher gemäss den Bestimmungen des Teiles VI des Überleitungsvertrags für die Bundesrepublik grundsätzlich nicht bindend und deswegen anfechtbar sei. Allerdings ergebe sich aus Art. 2 von Teil I des Überleitungsvertrags, dass alle Rechte und Verpflichtungen, die durch gesetzgeberische oder Verwaltungsmassnahmen der Besatzungsbehörden begründet worden seien, nach deutschem Recht in Kraft blieben, ohne Rücksicht darauf, ob sie in Übereinstimmung mit anderen Rechtsvorschriften begründet oder festgestellt waren. Obschon der Überleitungsvertrag weder ratifiziert noch für Italien bindend sei, stelle der darin vertretene Rechtsgedanke einen Ausdruck der von den Besatzungsmächten in Anspruch genommenen "obersten Gewalt" dar und sei demgemäss begründet. Schliesslich sei noch auf Art. 77 des Friedensvertrages mit Italien hinzuweisen, gemäss dessen Abs. 4 Italien unbeschadet der die Restitution regelnden Abs. 2 und 3 "und aller anderen Verfügungen der Besatzungsmächte in Deutschland zugunsten Italiens und italienischer Staatsangehöriger" auf alle Ansprüche gegen Deutschland und dessen Staatsangehörige verzichte. Demgemäss sei die italienische Regierung kaum davon abzubringen, dass das, was ihr die US-Besatzungsmacht unter welchen Titeln auch immer und ob zu Recht oder zu Unrecht zugesprochen habe, für sie und die Staatsangehörigen Italiens endgültige Rechte begründet habe.[585]

Frage 5 bezog sich auf die Rechtslage hinsichtlich von Kulturgütern, die von Deutschen vor dem 3. September 1943 käuflich aus Privateigentum erworben und ohne die nach italienischen Gesetzen erforderliche Ausfuhrbewilligung nach Deutschland gebracht worden waren, wobei vorausgesetzt wurde, dass die Kulturgüter überhaupt unter diese Gesetze fielen. Kaufmann wies zunächst darauf hin, dass internationalprivatrechtliche Probleme hier ausschieden, da die italienische Regierung eigene Ansprüche stelle und es sich nicht um Ansprüche der Verkäufer handle. Die Grundlage der italienischen Ansprüche bilde das Kunstschutzgesetz vom 1. Juni 1939 mit der darin vorgeschriebenen Meldepflicht des Verkaufes. Von diesem Moment an bestehe für den Staat während zwei Monaten ein Vorkaufsrecht. Während dieser Dauer sei nicht nur der Veräusserungsvertrag

[585] A. a. O., S. 4f.

schwebend unwirksam, sondern es sei auch die Übergabe verboten. Die Ausfuhr sei genehmigungspflichtig und nach der Genehmigung einer progressiven Steuer unterworfen. Handle es sich um Gegenstände, deren Ausfuhr einen überaus grossen Verlust für das nationale Kunsterbe bedeute, sei der Export verboten. Nach dem 6. November 1941 schliesslich sei die Ausfuhr auch für Gegenstände verboten gewesen, die nur von "besonders wichtigem Interesse" gewesen seien. Obschon sich aus dem Tatbestand nicht ergebe, wann die Käufe und Exporte stattgefunden hätten, lasse sich dennoch grundsätzlich ein italienischer Anspruch erkennen, da es der italienischen Regierung verunmöglicht worden sei, das ihr zustehende Vorkaufsrecht auszuüben, wenn der italienische Eigentümer die ihm obliegende Meldepflicht nicht erfüllt habe. Bei der Ausfuhr sei ihr die Möglichkeit genommen worden, die Genehmigung zu versagen und die für den Fall der Genehmigung vorgesehene Steuer zu erheben. Bei den Exporten nach dem November 1941 sei schliesslich gegen das absolute Ausfuhrverbot verstossen worden. Es gehöre zu den Attributen des modernen Staates, dass er Hüter des nationalen Kunstbesitzes sei. Wenn der Kunstbesitz durch Verletzungen von Bestimmungen, die der Staat in Ausübung der staatlichen Kulturhoheit erlassen habe, geschmälert werde, so habe der Staat einen Anspruch auf Rückgabe gegen denjenigen Staat, dessen nationaler Kunstbesitz dadurch bereichert sei. Im Einzelnen gelte es nun abzuklären, um welche Kategorien von Objekten es sich handle, da eine unbedingte Rückgabepflicht lediglich bei denjenigen Kulturgütern bestehe, deren Ausfuhr einen überaus grossen Verlust für das nationale Kunsterbe bedeute. Bei anderen Objekten komme es auf den kulturellen Wert und die Frage an, ob die Ausübung des Vorkaufsrechts, beziehungsweise die Erteilung der Ausfuhrgenehmigung, wahrscheinlich gewesen sei.[586]

Die gleichen Überlegungen wandte Kaufmann bei der Frage 6 an, die sich auf die Rechtslage hinsichtlich von Kulturgütern bezog, die vor dem 3. September 1943 vom Kunsthändler Ventura in Florenz für Rechnung Görings auf dem Wege des Tausches erworben worden waren. Diese Bilder waren gemäss Kaufmann ebenfalls zu restituieren.[587] Frage 7 handelte von Kulturgütern aus deutschem Privateigentum, die während des Krieges zur Ansicht nach Italien verbracht und dort nach Kriegsende von den italienischen Behörden beschlagnahmt worden waren. Diese Objekte stellten gemäss Kaufmann deutsches Auslandsvermögen dar, gegen dessen Beschlagnahme keine Einwendungen erhoben werden konnten.[588] Schliesslich sollte mit der Frage 8 die Rechtslage betreffend Kulturgütern analysiert werden, die in Deutschland in den letzten Tagen des Krieges aus öffentlichen Sammlungen gestohlen und nach Beendigung der Feindseligkeiten in Italien beschlagnahmt worden waren. Hier verwies Kauf-

---

586 A. a. O., S. 5ff.

587 A. a. O., S. 8.

588 A. a. O.

mann auf Art. 55 Abs. 2 der Haager Landkriegsordnung, gemäss welcher jede Beschlagnahme von Werken der Wissenschaft und Kunst untersagt sei. Demgemäss handle es sich nicht um deutsches Auslandsvermögen, weswegen solche Kunstwerke an Deutschland zurückzugeben seien.[589]

III. Analyse des Gutachtens

Kaufmann behandelte die Frage nach den Grundlagen der italienischen Restitutionsforderungen unter zwei verschiedenen Gesichtspunkten. Zunächst zeigte er die Rechtsgrundlagen auf, die Deutschland zur Kulturgüterrestitution verpflichteten. Aufgrund dieser Darstellung kam er – unter Hintansetzung der Frage nach der Bedeutung der Exportbewilligungen – zum Ergebnis, dass bei Kulturgütern, die vor dem Stichtag des 3. September 1943 aus Privatbesitz erworben worden waren, eine Restitution ausgeschlossen war. Diese musste lediglich für den Fall erfolgen, dass Kulturgüter nach dem Stichtag *manu militari* nach Deutschland gebracht worden waren. Dies war das Ergebnis der Umsetzung der restitutionsrechtlichen Gesetzgebung der Alliierten, die sich in der Folge der Londoner Erklärung entwickelt hatte und die in Deutschland aufgrund des zur Zeit der Erstellung des Rechtsgutachtens noch in Kraft stehenden Besatzungsstatutes bindenden Charakter hatte. Ausschlaggebend war somit in erster Linie der Stichtag, welcher über die Anspruchsberechtigung entschied. Sollten die Ansprüche dereinst in Anwendung des Überleitungsvertrags zu beurteilen sein, wären noch Abklärungen bezüglich der Art und Weise der ursprünglichen Verbringung der Kulturgüter nach Italien zu treffen. Die italienischen Restitutionsforderungen wurden auch noch unter dem Gesichtspunkt der Verletzung des Landesrechts betrachtet, insoweit als Kulturgut an den zuständigen Behörden vorbei aus dem Land geschmuggelt worden war. Dieser Sachverhalt war gemäss Kaufmann grundsätzlich geeignet, Italien ein Restitutionsrecht einzuräumen, wobei er eine unbedingte Rückgabepflicht nur bei bedeutenden Kunstwerken anerkennen wollte. Diese Ansicht widersprach dem von ihm erwähnten Prinzip, wonach der in seinem nationalen Kunstbesitz verletzte Staat einen Anspruch gegenüber dem diesbezüglich bereicherten Staat habe. Genauso klar aber war für Kaufmann, dass diejenigen Kunstwerke, welche mit Genehmigung der italienischen Regierung ausgeführt worden waren, nicht zurückzugeben waren. Er erachtete überdies das *Exceptional Return Shipment* ohne weiteres als rechtswidrig, da es sich auf Kunstwerke bezog, die vor dem Stichtag ausgeführt worden waren. Überdies war er der Ansicht, dass diese Restitution in Verletzung der US-Zuständigkeitsnormen erfolgt sei, was eine Nichtigkeit der Verfügung zur Folge gehabt habe. In diesem Punkt irrte Kaufmann, denn der Befehl, die *Exceptional Return Order*, war in Washington von den zuständigen Stellen erlassen worden.

---

589 A. a. O., S. 8 f.

Das Gutachten Kaufmanns war in Anbetracht der gewählten Prämisse und vom Standpunkt des internationalen Privatrechts und des Völkerrechts aus grundsätzlich zutreffend. Insofern stellte es das juristische Fundament bezüglich jener Kulturgüter dar, deren Restitution in der Folge zu geringen Meinungsverschiedenheiten Anlass boten. Allerdings trug es in keiner Weise der bereits während des Krieges und bis zur *Exceptional Return Order* erhobenen italienischen Argumentation Rechnung, wonach die Erteilung der Exportbewilligungen bereits eine Rechtsverletzung darstellte, welche aus italienischer Sicht die Restitutionen rechtfertigte. Entsprechend kurz wurde die Frage 3 beantwortet. Kaufmann beschränkte sich bei der Erstellung des Gutachtens auf den rein juristischen Aspekt der Angelegenheit. Entsprechend spielte für ihn die Vereinbarung von Rom, die zwei Monate zuvor geschlossen worden war und die einen eminent politischen Charakter aufwies, keine Rolle. Vermutungsweise handelte es sich um dieses Gutachten, auf welches sich Kaufmann als Mitglied der deutschen Delegation anlässlich der ersten italienisch-deutschen Verhandlungen über die Restitution von Kulturgut in Rom im September 1953 bezog und mit welchem er die italienischen Forderungen grösstenteils zurückwies (oben, § 9 II).

Kaufmanns einseitig auf die juristisch korrekte Abwicklung der Restitutionsfrage gerichtete Verhandlungsführung, die mit als ein Grund für das Scheitern des ersten italienisch-deutschen Treffens betrachtet wurde, führte in der Folge zu seiner Abberufung. Dies war eine Konsequenz der Entscheidung, wonach den italienischen Forderungen aus politischen Überlegungen entgegengekommen werden sollte. Vom juristischen Standpunkt her ist nichts am Gutachten Kaufmanns auszusetzen, welches, abgesehen von der Frage nach der *Exceptional Return Order*, aufgrund von zutreffenden Prämissen und in Anbetracht der bei dessen Erstellung bekannten italienischen Haltung zu korrekten Ergebnissen kam.

B. Gutachten Menzel

I. Fragestellung des Gutachtens

1. Ausgangspunkt: Exposé des italienischen Erziehungsministeriums

Am 7. Juni 1954 war das italienische Erziehungsministerium mit einem Exposé an die deutsche Bundesregierung gelangt, mit welchem der italienische Anspruch auf Restitution von denjenigen Bildern geltend gemacht wurde, welche Prinz von Hessen im Auftrag Hitlers angekauft hatte.[590]

[590] "Inchiesta sulle esportazioni di opere d'arte effettuate dal Principe Filippo d'Assia per conto di Hitler", Prot. No. 7613, vom 7. Juni 1954 in AA B 95 Nr. 648; zitiert wird aus der am selben Ort archivierten deutschen Übersetzung "Untersuchung über die vom Prinzen Philipp von Hessen für Rechnung Hitlers ausgeführten Kunstwerke", welche Menzel vorlag und auf welche er sich bei der Erstellung des Gutachtens bezog.

Im Exposé wurde als Hauptgrund für die italienischen Restitutionsansprüche der Zwang angeführt, welcher von den deutschen Ankäufern über das persönliche Sekretariat Mussolinis, das Sekretariat der faschistischen Partei und das Aussenministerium auf die Entscheidungsträger im Erziehungsministerium ausgeübt worden sei. Der den Ankauf des Memling-Portraits aus der Sammlung Corsini betreffende Briefwechsel zwischen Bottai und Ciano (vgl. dazu oben, § 2 B III 2) wurde dabei als beispielhaft für den gesetzwidrigen Ablauf der Exporte bezeichnet. Im weiteren wurde von verschiedenen Kunstexporten berichtet, bei welchen sich die zuständigen Instanzen des Erziehungsministeriums gegen die Erteilung der Ausfuhrgenehmigungen ausgesprochen hätten, sich dann aber den vom Umfeld Mussolinis und Cianos geäusserten Wünschen hätten beugen müssen und die Genehmigungen ausgestellt hätten. Schliesslich wurde auch noch auf die Bemühungen des Erziehungsministeriums hingewiesen, die Exporte besser kontrollieren zu können. Zu diesem Zweck sei zunächst am 1. September 1941 ein Rundschreiben erlassen worden, mit welchem die lokalen Behörden aufgefordert worden seien, alle ins Ausland erfolgten Verkäufe zu dokumentieren. Am 6. November 1941 schliesslich seien überhaupt alle Exporte verboten worden. Diese Rundschreiben belegten, wie machtlos das zuständige Erziehungsministerium bei den Exporten tatsächlich gewesen sei. Allerdings habe das Exportverbot dazu geführt, dass in der Folge weitere Vorschriften verletzt worden seien. Insbesondere sei auch die Bezahlung nicht mehr über den gesetzlich vorgeschriebenen Weg des Clearings erfolgt, sondern via Barzahlung durch die Kasse der deutschen Botschaft in Rom. Von der faschistischen Regierung seien Versuche unternommen worden, die Verkäufe nachträglich zu legitimieren. So habe Bottai auf Geheiss Mussolinis und unter deutschem Druck mit der Rede vom 7. Mai 1942 versucht, die öffentliche Meinung zu beruhigen, wobei der Text der Rede von der Staatsführung vorgegeben gewesen sei. Ein weiterer Versuch der unbehelflichen Wiedergutmachung des begangenen Unrechts habe in der förmlichen Abfertigung einiger Kisten voller Kunstwerke durch italienische Zollbeamte bestanden. Bei diesen Kisten sei eine genaue Kontrolle aufgrund der Tatsache, dass sich die Kisten in der Botschaft befunden hätten, ausgeschlossen gewesen. Alle Ankäufe für Hitler, welche auf dem beschriebenen Weg über die deutsche Botschaft abgewickelt worden seien, hätten eine Verantwortlichkeit des deutschen Staates auf politischer und moralischer Ebene begründet,[591] was nach italienischer Auffassung sinngemäss die Restitution rechtfertigte.

2. Text der Fragestellung

Das Exposé bildete den Ausgangspunkt eines Gutachtens zuhanden der deutschen Bundesregierung, in welchem vom Gesichtspunkt des italienischen Verwaltungsrechts und des Völkerrechts aus die Begründetheit der italienischen

---

[591] A. a. O., S. 1 ff.

Ansprüche abgeklärt werden sollte. Mit der Erstellung des Gutachtens wurde Professor Dr. Eberhard Menzel beauftragt, ordentlicher Professor an der Universität Kiel, Direktor des Universitätsinstituts für internationales Recht und ausgewiesener Experte des Staats-, Verwaltungs- und Völkerrechts.

Gemäss Seite 1 des Gutachtens[592] war folgende Frage zu beantworten:

> "Sind Genehmigungen zur Ausfuhr von Kunstwerken, die der Italienische Kultusminister in den Jahren 1938 bis 1941 auf Grund des Gesetzes vom 1. Juni 1939 – Nr. 1089 – über den Schutz der künstlerisch und geschichtlich bedeutsamen Gegenstände erteilt hat, als nichtig, unwirksam oder rückwirkend anfechtbar anzusehen, wenn unterstellt wird, dass die Erteilung der Genehmigungen durch politischen Druck beeinflusst worden ist?
>
> Die Erstattung des Gutachtens wird unter besonderer Berücksichtigung der Grundsätze erbeten, die im italienischen Verwaltungsrecht zur Lehre vom fehlerhaften Staatsakt entwickelt worden sind."

II. Ausführungen zum Sachverhalt

1. Grundlagen des Gutachtens und Beschränkung des Themas

Zunächst äusserte sich Menzel zu den Prämissen des Gutachtens und verwies auf die italienischen Angaben im Exposé und die Notwendigkeit, sowohl die Exaktheit der darin gemachten tatsächlichen Ausführungen als auch die Rechtskraft der gesetzgeberischen Massnahmen Italiens, auf welche im Exposé Bezug genommen wurde, als zutreffend, beziehungsweise gegeben zu betrachten. Überdies hielt er fest, dass die von italienischer Seite geltend gemachte Widerrechtlichkeit daraus abgeleitet werde, dass entweder keine Ausfuhrgenehmigung vorgelegen habe oder dass sie nur auf Grund von Zwang und politischem Druck erteilt worden sei. Dadurch würden die eigentlichen Rechtsgeschäfte zwischen den italienischen Verkäufern und den deutschen Ankäufern nicht angefochten und demgemäss als rechtsgültig anerkannt. In tatsächlicher Hinsicht grenzte Menzel die von italienischer Seite vorgebrachten Fallgruppen in drei Komplexe auf. Die erste Gruppe bezog sich auf Exporte ohne Ausfuhrgenehmigungen, bei welchen, sollten sich nicht noch andere Hinweise ergeben, die Ausfuhren in der Tat als illegal zu bezeichnen seien. Diese Gruppe bilde indessen nicht Gegenstand des Gutachtens, nachdem lediglich abzuklären sei, ob der Verwaltungsakt, der zur Ausstellung der Ausfuhrgenehmigungen geführt habe, fehlerhaft gewesen sei. Die zweite Gruppe bezog sich auf Fälle, in welchen Ausfuhrgenehmigungen erteilt worden waren. Dabei sei bemerkenswert, dass die Ausfuhrgenehmigungen zunächst abgelehnt, und erst auf Intervention anderer italienischer Stellen vom Erziehungsministerium schliesslich doch erteilt worden seien. Nur diese Fälle bildeten Gegenstand des Gutachtens, indem abzuklären sei, ob die Erteilung der

---

592 Gutachten Menzel in FN 483.

Ausfuhrgenehmigung von vornherein nichtig war oder nachträglich noch angefochten werden könne, so dass das Kaufgeschäft rückgängig zu machen sei und die Restitutionsforderung damit auch berechtigt erscheine.

Auch die dritte Gruppe von Kunstwerken, bei welchen nach einer oberflächlichen Prüfung in den Räumen der deutschen Botschaft in Rom die Exportbewilligungen ausgestellt worden seien, schloss er als Gegenstand des Gutachtens aus. Die italienische Behauptung, wonach es sich bei der Prüfung durch italienische Beamte um eine "Komödie" gehandelt habe, weil sich die Kunstwerke nicht mehr im Einflussbereich des italienischen Staates befunden hätten, sei unzutreffend. Obschon die Behörden des Empfangsstaates aufgrund der Immunität des Botschaftsgebäudes nicht befugt seien, darin Hoheitsakte vorzunehmen, sei es in bestimmten Situationen dennoch möglich, auf die Immunität zu verzichten. Gerade dies sei im vorliegenden Fall geschehen. Wenn aber den italienischen Behörden erlaubt worden sei, in der deutschen Botschaft Verwaltungsmassnahmen zu vollziehen, so habe diese Genehmigung das Recht eingeschlossen, nach den massgeblichen italienischen Vorschriften zu verfahren. Demgemäss hätte auch die Beschlagnahmung der Kunstwerke erfolgen können, was vom deutschen Botschafter wegen des Immunitätsverzichts hätte hingenommen werden müssen. Wenn nun aber von den italienischen Behörden die notwendigen Genehmigungen erteilt worden seien, so ergebe sich daraus keine Rechtsverletzung, wenn die Kunstwerke später aufgrund dieser Genehmigungen nach Deutschland gebracht worden seien. Allenfalls sei diese Gruppe nach denselben Grundsätzen wie die vorhergehende Gruppe zu behandeln, falls nämlich auch im Zusammenhang mit diesen Kunstwerken unzulässiger Zwang und damit das Fehlen der freien Entscheidungsgewalt geltend gemacht werde.

2. Aufgliederung des Analysegegenstands

Die Ausführungen zum Sachverhalt im italienischen Exposé für die Gruppe von Fällen, bei welchen die Exportbewilligungen als Ergebnis verschiedenster Rechtsverletzungen erteilt worden waren, und welche Gegenstand des Gutachtens bilden sollten, unterteilte Menzel wiederum in zwei Teile.

a. Exportbewilligungen als Folge von Ausübung von Zwang

Der umfangreichste Teil des Gutachtens handelte von denjenigen Fällen, bei welchen von italienischer Seite vorgebracht wurde, dass Exportbewilligungen nur aufgrund von Zwangssituationen ausgestellt worden waren. Dabei wies Menzel auf die allgemein gehaltene Beschreibung des Zwanges hin, wie er angeblich von deutscher Seite ausgeübt worden sei. Im Exposé sei die Rede von "erpresster Ausfuhr", "Druckmitteln, um gesetzwidrige Massnahmen zu erzwingen", von "schlimmsten Formen des Drucks", "Ungesetzlichkeiten" und "Korruption", wobei präzise tatsächliche Daten lediglich selten genannt würden. So werde nur ausgeführt, dass Hitler Mussolini bereits 1938 unter Druck gesetzt habe, oder dass der italienische Aussenminister auf das Erziehungsministerium eingewirkt habe, wie dies auch von Seiten des Sekretariats von Mussolini und der faschistischen Partei getan worden sei, um die Ausstellung von Exportbewilligungen zu bewirken. Allerdings werde angefügt, dass der Druck meist "mündlich oder fernmündlich" stattgefunden habe.

b. Exportbewilligungen im Zusammenhang mit Gesetzwidrigkeiten

Aufgrund von verschiedenen Formen von Gesetzesverletzungen sei das italienische Erziehungsministerium überdies der Ansicht, dass die in diesem Zusammenhang erteilten Exportbewilligungen keine rechtliche Wirkung hätten entfalten können. Dies sei zunächst für diejenigen Kunstwerke der Fall, welche aufgrund der geltenden Kulturgüterschutzgesetzgebung überhaupt nicht für den Export in Frage gekommen seien. Die Gesetzwidrigkeit der Exportbewilligungen ergebe sich überdies bei einigen Kunstwerken aus der Tatsache, dass Kunstkäufe mit allgemeinen Geldern aus der Botschaftskasse anstatt über den zwischen Deutschland und Italien vorgesehenen Clearingweg abgewickelt worden seien. Das Gesetz sei auch verletzt worden, wenn das darin vor der Ausstellung von Exportbewilligungen vorgesehene Gutachten von Kunstexperten nicht erstellt worden sei.

III. Rechtslage gemäss italienischem Verwaltungsrecht

1. Ausführungen zum italienischen Verwaltungsrecht im allgemeinen

Menzel erstellte sein Gutachten 1954 und bezog sich auf die damals neueste und vorherrschende italienische Lehre.[593] Einleitend wies er darauf hin, dass, obschon die Terminologie in der Lehre nicht einheitlich sei, dennoch wie in der deutschen Lehre zwischen dem Widerruf des gültigen und der Geltendmachung des anfechtbaren Verwaltungsaktes unterschieden werde. Im ersten Fall werde der Administrativakt, der keine schweren Rechts- oder Formmängel aufweise, beispielsweise aus verwaltungsmässigen Zweckmässigkeitsgründen, mit Wirkung *ex nunc* aufgehoben. Im zweiten Fall liege bei schwerem Mangel eine ursprüngliche rechtliche Unwirksamkeit (*ex tunc*) vor, oder aber, falls der Mangel weniger gravierend sei, könne der Verwaltungsakt vom Betroffenen angefochten oder von der Behörde aufgehoben werden, jedes Mal mit Wirkung *ex nunc*.

---

[593] Gemäss S. 8 des Gutachtens Menzel in FN 483 handelte es sich um Zanobini, *Corso di diritto amministrativo,* Mailand 1954; Fragola, *Gli atti amministrativi,* Turin 1952; Romanelli, *L'annullamento degli atti amministrativi,* Mailand 1939; Alessi, *La revocabilità dell'atto amministrativo,* Mailand 1936.

Bei den Exportbewilligungen handle es sich um Verwaltungsakte, deren allfällige Widerrechtlichkeit sich darin zeigen könne, dass sie als inexistent, nichtig oder anfechtbar zu betrachten seien. Nachdem die Exportbewilligungen den Anschein eines Verwaltungsaktes hätten, von der zuständigen Behörde erlassen worden seien und sich mit entsprechenden rechtlichen Wirkungen äusserten, entfalle die erste Möglichkeit. Ob nun die Exportbewilligungen nichtig oder anfechtbar seien, ergebe sich nur aufgrund einer Abklärung der Schwere des geltend gemachten Mangels, vorliegend also der Einrede des Zwangs und der Gewalt.

2. Einrede des Zwangs und der Gewalt

Wenn im Zusammenhang mit Verwaltungsakten von Zwang die Rede sei, so komme in erster Linie körperlicher Zwang *(vis absoluta)* in Frage, welcher gegenüber dem verfügenden Beamten ausgeübt werde. Entsprechende Anhaltspunkte lägen indes nicht vor, so dass diese Möglichkeit ausgeschlossen werden könne. Dasselbe gelte für *vis compulsiva,* in der italienischen Lehre als *violenza morale* bezeichnet. In Teilen der italienischen Lehre werde noch ein dritter Tatbestand erwähnt, der *timore riverenziale*, übersetzt als "Obrigkeitsfurcht" oder "Zwang durch die übergeordnete Behörde". Gemeint sei damit die Situation, dass eine hierarchisch übergeordnete Stelle Druck auf die nachgeordnete ausübe, wodurch letztere aus Einschüchterung im Sinne der oberen Behörde handle, obschon sie, hätte sie frei entschieden können, zu einer anderen Entscheidung gekommen wäre. Allerdings trete dieses Nachgeben nach aussen hin nicht in Erscheinung, so dass der Einwand nur selten vorgebracht werden könne. Auch sei die Lehre uneinheitlich, insbesondere sei nicht klar, ob der *timore riverenziale* als Form der *violenza morale* zu betrachten sei oder aber unter den *eccesso di potere*, den Machtmissbrauch, falle. Dieser biete im italienischen Verwaltungsrecht ein Sammelbecken für verschiedenartige Überlegungen, welche allesamt zur Anfechtbarkeit des Verwaltungsaktes führten. Die Unterscheidung sei allerdings nicht entscheidend, vielmehr müsse geprüft werden, ob die Rechtsfigur überhaupt anwendbar sei.

Die Anwendbarkeit des *timore riverenziale* beruhe auf der Annahme, dass Überlegungen mit Bezug auf unsachliche Motive zu einem falschen Entscheid geführt hätten. Dies sei vorliegend nicht der Fall, da es sich um Ermessensentscheidungen gehandelt habe. Daran ändere auch die Tatsache nichts, dass dieselben Entscheidungen später anders getroffen worden wären. Andernfalls müssten bei vielen staatlichen Massnahmen des faschistischen Systems heute ähnliche Bedenken bestehen, wodurch die Anfechtung dieser Akte eine allgemeine Unsicherheit des Verwaltungswesens hervorrufen würde. Überdies setze der *timore riverenziale* ein Überordnungsverhältnis voraus. Das Erziehungsministerium sei jedoch im Bereich der Exportbewilligungen das oberste zuständige Organ in Italien gewesen, nicht einmal zu Zeiten des faschistischen Regimes habe der Aussenminister dort Instruktionen erteilen können. Die Situation präsentiere sich anders, wenn es sich um Mussolini selber gehandelt habe. Selbst oberste Staatsorgane hätten seinen direkten Befehlen gehorchen müssen, dies ergebe sich aus dem System eines autoritären Staates jener Prägung. Da es sich dabei aber um eine politische und nicht eine rechtliche Frage handle, könne der *timore riverenziale* hier keine Anwendung finden. Ob schliesslich eine Anfechtung in Frage komme, sei zweifelhaft, da diese im vorliegenden Fall von derselben Behörde ausgesprochen werden müsste, welche damals den fraglichen Verwaltungsakt erlassen habe. Dies wiederum stellte ein *venire contra factum proprium* dar, und es müsste als dolos empfunden werden, wenn eine Behörde eigene frühere Akte mit der Begründung anfechten könne, früher widerrechtlich gehandelt zu haben. Schliesslich entspreche es der allgemeinen Rechtsüberzeugung, dass im vorliegenden Fall vom Grundsatz der Identität des Staates und dem Prinzip der Funktionsnachfolge hinsichtlich der obersten Staatsbehörden ausgegangen werde, zumal das Erziehungsministerium in den Verhandlungen die italienischen Interessen vertrete. Schliesslich müsse bereits hier auch der völkerrechtliche Aspekt der Angelegenheit betrachtet werden. So sei es nicht zulässig und widerspreche dem Prinzip der Rechtssicherheit und dem Vertrauen, welches in die Stabilität von Souveränitätsakten fremder Staaten gelegt werde, wenn 15 Jahre nach Erlass von Bewilligungen, welche im zwischenstaatlichen Bereich erlassen wurden, diese angefochten würden.

Es könne somit davon ausgegangen werden, dass Zwang, soweit damit juristisch relevanter Zwang in der Form von *vis absoluta, vis compulsiva* und *timore riverenziale* gemeint sei, nicht zur Anfechtung der erteilten Exportbewilligungen herangezogen werden könne. In der Tat ergebe sich, dass der Zwang, wie er im Exposé des italienischen Erziehungsministeriums erwähnt werde, nicht als juristischer, sondern lediglich als politischer verstanden werden könne. Selbst wenn erwähnt werde, dass Hitler Mussolini in einem Fall von 1938 "gezwungen" habe, ein ausgesprochenes Exportverbot zurückzuziehen, so handle es sich dabei höchstens um eine Anregung oder den Ausdruck eines Wunsches, aber nicht um "Zwang" im allgemeinen juristischen Sinne oder im Sinne des Völkerrechts. Auch soweit nahegelegt werde, dass sich der deutsche Botschafter in Rom persönlich bei Mussolini oder beim Erziehungsministerium eingesetzt habe, sei dies noch weit weg von Zwang. Selbst wenn ein solches Verhalten in der allgemeinen Publizistik allenfalls als "unter Druck setzen" gelte, handle es sich nicht um vom Völkerrecht verbotene Interventionen. Es habe den deutschen Diplomaten offengestanden, Wünsche bezüglich der Ausstellung von Exportbewilligungen zu äussern, genauso wie die italienischen Behörden diese Wünsche hätten abschlagen können. Dies sei im übrigen verschiedentlich auch getan worden.

Ähnliche Überlegungen drängten sich auch für die behaupteten Einflussnahmen von Seiten des italienischen Regierungschefs, des Aussenministeriums und weiterer italienischen Behörden gegenüber dem Erziehungsministerium auf. So sei es nicht statthaft, von Zwang zu reden, wenn aussenpolitische Überlegungen das Aussenministerium veranlasst hätten, dem Erziehungsministerium Ratschläge über die Erteilung von Exportbewilligungen zu erteilen. Anders sei der Fall lediglich, wenn Befehle des Regierungschefs vorgelegen hätten, welche gemäss dem damals geltenden Verwaltungsrecht vom Erziehungsministerium zu beachten gewesen seien. Aufgrund der damals herrschenden staatlichen Ordnung in Italien habe es sich dabei aber um die Erfüllung einer verfassungsrechtlichen Pflicht gehandelt, weswegen die Verwaltungsakte, die in Umsetzung dieser Pflicht erlassen worden seien, gar nicht illegal hätten sein können. Schliesslich sei die juristische Wirksamkeit der damals erlassenen Rechtsakte einzig vor dem Hintergrund der damaligen Rechtsordnung zu überprüfen. Um sich den Unterschied zwischen juristisch relevantem und politischem Druck vor Augen zu führen, könne das Beispiel der Verabschiedung eines umstrittenen Gesetzes durch das Parlament herangezogen werden. Selbst wenn in diesem Zusammenhang festgestellt werde, dass das Gesetz aufgrund des "politischen Druckes" der einen oder anderen Partei zustande gekommen sei, werde niemand ernsthaft behaupten wollen, dass das Gesetz deswegen des verpflichtenden Rechtscharakters entbehre. Als Ergebnis sei festzuhalten, dass das italienische Verwaltungsrecht keinen Tatbestand kenne, welcher im vorliegenden Fall zur Nichtigkeit oder Anfechtbarkeit der seinerzeit erteilten Exportbewilligungen führe, zumal sich aus den Angaben des italienischen Erziehungsministeriums ergebe, dass es sich nicht um Zwang im Rechtssinne handeln könne.

3. Einrede der Gesetzeswidrigkeit

a. Verletzung der allgemeinen Ziele des Kunstschutzgesetzes von 1939

Im italienischen Exposé werde der Vorwurf erhoben, dass das Erziehungsministerium mit den Exportbewilligungen im Widerspruch zu den mit dem Gesetz verfolgten Zielen und damit gesetzwidrig gehandelt habe. Daneben werde die Erteilung der Genehmigungen ohne vorherige Begutachtung durch Kunstsachverständige und die Zahlung des Kaufpreises durch die Botschaft an Stelle der Überweisung auf dem Clearingweg als Rechtsverletzungen bezeichnet. Hierzu müsse zunächst festgehalten werden, dass im italienischen Verwaltungsrecht einem in Verletzung von Rechtsvorschriften ergangenen Verwaltungsakt die rechtliche Anerkennung versagt werde. Allerdings sei in der Lehre umstritten, ob der Einwand der Gesetzwidrigkeit alle Mängel bezüglich Form und Inhalt umfasse, oder ob ein Teil der Mängel als Machtmissbrauch zu betrachten sei. Ebenso umstritten sei die Frage, welches die Folgen der Nichtbeachtung einer Dienstvorschrift seien. Es sei allerdings fraglich, ob hier überhaupt eine Gesetzesverletzung vorliege, nachdem das Gesetz von 1939 in Art. 36 Abs. 1 die Erteilung von Ausfuhrlizenzen ausdrücklich vorsehe, wobei der Umfang der Erteilung dem Ermessen der zuständigen Behörde unterliege. Wenn also nun vorgebracht werde, dass die Erteilung der Genehmigungen dem Gesetzeszweck nicht entsprochen habe, werde damit die Ausübung des freien Ermessens verletzt. Allenfalls könne ein Fehlgebrauch des Ermessens als *eccesso di potere* angefochten werden; die hierzu nötigen besonderen Umstände seien indes nicht dargetan worden.

b. Nicht erfolgte Begutachtung der Kunstwerke

Die besondere Gesetzesverletzung durch angeblich fehlende Begutachtung der Kunstwerke sei nicht nachvollziehbar. Trotz der 73 Artikel der *L. 1 giugno 1939, n. 1089*, enthalte dieses keine Vorschrift, welche die Begutachtung vorschreibe. Somit müsse man davon ausgehen, dass sich diese Pflicht aus einer Dienstanweisung ergebe. Dann sei es aber problematisch, bereits in der Verletzung einer Dienstvorschrift eine Gesetzesverletzung in verwaltungsrechtlicher Hinsicht mit der Folge der Rechtsunwirksamkeit zu sehen; jedenfalls läge dabei keine Nichtigkeit vor. Nachdem aber die Lehre diesbezüglich uneinheitlich sei, müsste die Rechtsprechung beigezogen werden. Allerdings sei der Sachverhalt illiquid, da von italienischer Seite nicht dargetan worden sei, worin die Gesetzesverletzung bestanden habe. Immerhin könne gesagt werden, dass eine derartige Vorschrift zur internen Willensbildung beitragen würde, weshalb eine entsprechende Weisung des Staatschefs von der Verpflichtung zur Einhaltung dieser Bestimmung entbunden hätte. Jedenfalls sei auch diesbezüglich festzuhalten, dass sich ein ausländischer Staat auf die Willensäusserung des zuständigen Organs bezüglich der Erteilung von Exportbewilligungen verlassen dürfe, ohne abklären zu müssen, ob dieser Wille unter Beachtung der internen Dienstvorschriften zustande gekommen sei. Wenn aber dieses Vertrauen geschützt werden solle, könne es nicht einseitig mit dem Hinweis wieder entzogen werden, das entscheidende Organ habe widerrechtlich gehandelt.

c. Unkorrekter Zahlungsmodus

Auch die Behauptung der falschen Bezahlung habe keinen Einfluss auf die Erteilung der Ausfuhrgenehmigungen, da es sich bei der Bezahlung der Verkäufer und der Lizenzerteilung um zwei getrennte Akte handle, selbst wenn diese in einem Gesamtzusammenhang stünden. Ausserdem müsse dem Aspekt der Verwirkung Rechnung getragen werden. So könne es nicht angehen, dass zunächst der Kaufpreis und der Zahlungsmodus anerkannt würden, worauf 15 Jahre später die Form der Entgegennahme des Geldes Anlass für einen Widerruf der Exportbewilligungen biete. Selbst im formstrengsten Privatrecht werde aus diesen Umständen nicht die Ungültigkeit des gesamten Rechtsgeschäfts gefolgert. Somit könne gesagt werden, dass weder die allgemeine Behauptung der Rechtsumgehung, noch die konkret vorgebrachte Gesetzesverletzung in den genannten Fällen die erteilten Exportbewilligungen ungültig machten. Da sich auch ergeben habe, dass der Einwand des Zwanges in diesem Zusammenhang nicht erfolgreich erhoben werden könne, müsse die italienische Regierung die seinerzeit ausgestellten Exportbewilligungen auch zum eigenen Nachteil als immer noch gültig anerkennen und könne sich nicht auf diese berufen, um die Restitution von Kulturgütern aus Deutschland zu verlangen.

IV. Rechtslage gemäss Völkerrecht

Obschon es sich bei den Kaufverträgen bezüglich der Kunstwerke ursprünglich um ein privates Rechtsgeschäft gehandelt habe, dränge sich die Anwendung des Völkerrechts auf, nachdem sich aufgrund der italienischen Restitutionsforderungen gegenüber Deutschland nun zwei Staaten gegenüberstehen.

1. Zwang im allgemeinen Völkerrecht

Im Völkerrecht müsse, noch viel stärker als im internen Recht, derjenige, der Zwang geltend mache, beweisen, dass eine körperliche Nötigung stattgefunden habe. Die Einrede könne somit nur dann vorgebracht werden, wenn diese Nötigung gegenüber dem Vertreter eines ausländischen Staates eingesetzt worden sei. Somit könnten Ansprüche, welche über den diplomatischen Weg vorgebracht worden seien, nicht als Zwang bezeichnet werden, auch wenn dies allenfalls in der allgemeinen Publizistik so bezeichnet werde. Wie bereits ausgeführt worden sei, habe es den deutschen Organen offengestanden, ihre auf die Ausstellung von Exportbewilligungen gerichteten Wünsche mitzuteilen. Nachdem aber auch im italienischen Exposé keine Rede davon sei, dass die Anmeldung der Wünsche von Drohungen oder ähnlichem begleitet gewesen seien, könne die Einrede nicht erhoben werden, auch wenn vorgebracht werde, dass solche Wünsche in direktem Austausch der beiden Staatschefs mitgeteilt worden seien. Auch nach der politischen Gesamtlage der damaligen Zeit könne nicht die Rede davon sein, dass eine Beschränkung der Entscheidungsfreiheit der italienischen Behörden vorgelegen habe. So habe Italien verschiedentlich die Ausstellung der Exportbewilligungen abgelehnt, woraus sich ergebe, dass man die Ersuchen nach eigenem Gutdünken habe behandeln können. Auch vor dem Hintergrund des damaligen deutsch-italienischen Bündnisses dränge sich keine andere rechtliche Bewertung auf. Selbst wenn das Bündnis, was sehr fraglich erscheine, als *societas leonina* zugunsten Deutschlands angesehen würde, genüge das Ausnützen einer derartigen Situation nicht, um von Zwang im Sinne des Völkerrechts zu sprechen. Andernfalls wäre jegliche Vertragsvereinbarung im internationalen Bereich, insbesondere auch Friedensverträge, juristisch unbeachtlich.

2. Regimewechsel und clausula rebus sic stantibus

Aus der Tatsache, dass die Exportbewilligungen vom damaligen faschistischen Staat ausgestellt worden seien, lasse sich nicht ableiten, dass sich der heutige italienische Staat nicht daran gebunden fühlen müsse. Das italienische Gesetz zum Schutz des nationalen Kulturerbes sei nicht ein typisches Produkt faschistischer

Gesetzgebung, sondern sei unter irgendeiner Regierungsform denkbar. Somit bestehe kein Grund, die Gesetzgebung selber oder die daraus hervorgehende Praxis bezüglich der Erteilung von Exportbewilligungen als charakteristisch für den damaligen Staat darzustellen, um damit zu erreichen, dass diese dem heutigen Staat nicht zugerechnet werde. Überdies berechtige gemäss den Grundsätzen des Völkerrechts der Regimewechsel innerhalb eines Staates nicht zum Widerruf von zwischenstaatlichen Verwaltungsakten oder zu deren Nichtigerklärung. Es gelte vielmehr der Grundsatz der Identität des Staates ohne Rücksicht auf die Änderung der verfassungsrechtlichen Lage, so dass sich der Staat diejenigen Verwaltungsakte anrechnen lassen müsse, die unter einem anderen Regime erlassen worden seien. Dies zeige sich beispielsweise auch darin, dass die Bundesrepublik im vorliegenden Fall wegen Handlungen in Anspruch genommen werden könne und müsse, die sich unter dem nationalsozialistischen Regime zugetragen hätten.

Auch wenn die Anwendbarkeit der *clausula rebus sic stantibus* von internationalen Gerichtshöfen grundsätzlich anerkannt werde, sei dies im Falle des Regimewechsels nicht der Fall. Im Gegenteil habe die internationale Judikatur stets und in durchaus konservativem Sinn am Prinzip der Kontinuität und Identität der Staaten festgehalten und dadurch genau in diesem Bereich die Anwendbarkeit der Klausel ausgeschlossen.

3. Anwendung von Restitutionsprinzipien

Auch wenn sich ergeben habe, dass in Anwendung des italienischen Verwaltungsrechts keine Handhabe bestehe, die seinerzeit erteilten Exportbewilligungen als ungültig zu erklären, lasse sich allenfalls in Anwendung von Restitutionsbestimmungen im Völkerrecht ein anderes Ergebnis finden. Die Bundesrepublik Deutschland befinde sich immer noch unter Besatzungsrecht, aufgrund dessen und bis zur Friedensregelung dem Land bestimmte Restitutionsverpflichtungen auferlegt worden seien. Diese Verpflichtungen seien auf den Schutz des Eigentums fremder Staaten und ihrer Bürger gerichtet, indem jegliche illegale Besitznahme durch Deutschland rückgängig gemacht werde. Um dies zu erreichen seien für Deutschland strenge, von den privatrechtlichen Regelungen abweichende Bestimmungen erlassen worden, die auch die Gültigkeit von Rechtsgeschäften beträfen.

Die Restitutionsbestimmungen des italienischen Friedensvertrags von 1947 seien auf den vorliegenden Fall nicht anwendbar, nachdem die Artikel 78 bis 80 lediglich das Verhältnis Italiens zu den Alliierten betreffe und die Deutschland betreffende Restitutionsperiode erst 1943 beginne. Allenfalls könnten sich aus den besatzungsrechtlichen oder allgemeinen friedensvertraglichen Restitutionsregelungen Gesichtspunkte ergeben, die eine analoge Anwendung zulassen würden. Immerhin liege es im Wesen des Restitutionsrechts, dass die Begriffe des Zwanges oder der Gewalt gegenüber dem gewöhnlichen Völkerrecht schärfer ausgeprägt seien, da damit ein möglichst effizienter und breiter Schutz der ausländischen Eigentümer angestrebt werde.

Der Ausgangspunkt der Restitutionsregelungen sei die Londoner Erklärung vom 5. Januar 1943, in deren drittem Abschnitt allgemein festgehalten werde, dass sich die Alliierten das Recht vorbehielten, Eigentumsübergänge nichtig zu erklären, sofern gewisse Voraussetzungen gegeben seien. Diese allgemeine Ankündigung der Nichtigkeit sei auch in der Erklärung von Bretton Woods vom 22. Juli 1944 enthalten gewesen. Die Kontrollratsproklamation Nr. 2 vom 20. September 1945 habe in den Punkten 19a–19c Vorschriften bezüglich der Sicherstellung von ausländischem Eigentum enthalten, während Art. 1 Abs. 2 des Gesetzes Nr. 52 der alliierten Militärregierung das Problem materiell behandelt habe. Demgemäss sei Eigentum zu restituieren, welches durch Zwang, illegale Massnahmen, Beschlagnahmung oder Plünderung ausserhalb Deutschlands erworben worden war, auch wenn dabei Vorgehensweisen beachtet worden seien, welche die Beachtung rechtlicher Vorschriften simuliert hätten. In der Kontrollratsdirektive vom 8. März 1946 sei der Ausdruck "Gewalt" als Zwang mit und ohne Anwendung von Gewalttätigkeit definiert worden. Dieser Begriff schliesse auch Plünderung, Raub, Diebstahl und andere Formen der Wegnahme ein. Dazu gehöre auch der Erwerb unter Anwendung von Druck, wie z. B. durch Requisitionen oder andere Anordnungen oder Vorschriften der Militär- oder Besatzungsbehörden. Nicht von der Restitutionspflicht erfasst worden seien diejenigen Objekte, welche durch normale Geschäftsabschlüsse erworben worden seien. Dies führte dazu, dass Kulturgüter, welche zweifelsfrei durch Geschäftsabschlüsse erworben worden seien, nicht zu restituieren seien, falls das Restitutionsrecht auf den vorliegenden Fall unmittelbar anwendbar sei. Selbst wenn die Vorstellungen von Zwang und Gewalt in diesem Spezialbereich eine extensive Anwendung erfahren hätten, ergebe sich daraus aber kein Rückgaberecht. Somit seien die italienischen Forderungen, wenn sie nicht einmal unter diesem Sonderrecht begründet seien, umso weniger bei dessen Nichtanwendbarkeit berechtigt.

V. Ergebnis

Abschliessend fasste Menzel seine Untersuchungen zusammen und kam zum Ergebnis, dass das italienische Verwaltungsrecht das Problem des fehlerhaften Verwaltungsaktes gleich wie das deutsche kenne, auch wenn die Nichtigkeits- und Anfechtungsgründe nicht gleich scharf abgegrenzt seien. Die Analyse des italienischen Verwaltungsrechts habe aber ergeben, dass die in Frage kommenden Nichtigkeits- und Aufhebungsgründe (*vis absoluta, vis compulsiva, timore riverenziale*, Einwand der Gesetzwidrigkeit) hier keine Anwendung fänden. Selbst wenn der entsprechende Sachverhalt an und für sich gegeben wäre, könne unter Anwendung der Rechtsgedanken der Verwirkung und des Verbots des *venire contra factum proprium* ein solcher Anspruch auf Rückgabe der Bilder keinen Erfolg haben. Vom Gesichtspunkt des Völkerrechts her verstärke sich noch diese Feststellung, da kein rechtlich relevanter Zwang vorliege und im Völkerrecht kein allgemeiner Einwand des Regimewechsel oder der diesbezüglichen *clausula rebus sic stantibus* existierten. Ein Vergleich mit den nicht unmittelbar anwendbaren Restitutionsvorschriften zeige, dass selbst nach diesen ausserordentlich weitgehenden Regelungen weder das zu Grunde liegende Rechtsgeschäft (Kauf der Bilder) der Anfechtung unterliege, noch der Gesichtspunkt des Zwanges oder der Gewalt zu Anwendung komme. Deswegen ergebe sich, dass weder nach italienischem Verwaltungsrecht noch nach Völkerrecht der italienische Anspruch für Bilder zu Recht bestehe, für welche Ausfuhrgenehmigungen erteilt worden seien.

VI. Analyse des Gutachtens

Das Gutachten Professor Menzels behandelte die entscheidende Rechtsfrage bezüglich der italienischen Restitutionsansprüche. Dies war die Frage nach der Bedeutung des angeblichen Zwanges und der Gewalt, die gemäss der italienischen Ansicht zur Erteilung der Ausfuhrgenehmigungen geführt hatten und welche nach italienischer Überzeugung die Grundlage des eigenen Restitutionsanspruchs darstellten. Das umfassende und detaillierte Gutachten konzentrierte sich auf die Beantwortung der gestellten Frage nach der Rechtslage im italienischen Verwaltungs- und im Völkerrecht. Die Prämisse stellte das italienische Exposé vom Juni 1954, in welchem die Begründung der italienischen Forderungen enthalten war, wie sie seit dem ersten Rückforderungsschreiben der italienischen Restitutionskommissionen immer wieder vorgebracht worden war. Für Italien stand nicht die rechtliche Begründetheit der eigenen Ansprüche, sondern die eigene Lesart der jüngsten Geschichte und dabei das Ausblenden der Verantwortung der italienischen Entscheidungsträger im Vordergrund. Im Exposé wurde vorausgesetzt, dass die Entscheidungen des faschistischen Regimes ungesetzlich, weil unter deutschem Druck erfolgt waren. Menzels Gutachten ergab vom juristischen Standpunkt aus klar und unbestreitbar, dass die italienischen Ansprüche bei den mit Ausfuhrgenehmigungen nach Deutschland gebrachten Kulturgütern unter keinem Aspekt fundiert waren. Das Gutachten zeigte aber auch die Schwierigkeiten auf, die sich aus dem Spannungsfeld zwischen Recht und Moral ergaben. So gründeten die italienischen Ansprüche auf der Prämisse, wonach die Exportverfahren moralisch anfechtbar waren, weil sie vom faschistischen Regime in Erfüllung von Wünschen – Zwang konnte ohnehin nicht rechtsgenügend bewiesen werden – der nationalsozialistischen Regierung durchgeführt worden waren, einer Regierung, die aufgrund ihrer Herrschaft und deren Folgen zu Recht diskreditiert war. Dieses Argument war indessen vom juristischen Standpunkt her irrelevant. Dies einerseits, weil die Kaufverträge der Deutschen rechtlich korrekt und damit nicht anfechtbar waren. Anderseits stellte die Erteilung der Ausfuhrgenehmigungen einen innerstaatlichen Vorgang in Italien dar.

Dieser bot aber keine Grundlage für eine Anfechtung, weil die Vorkehrungen, die in Umsetzung der Wünsche Mussolinis erfolgt waren, aus der Sicht des damals herrschenden Verfassungsverständnisses gesehen werden mussten und eine spätere, geläuterte Sichtweise zwar moralischen, nicht aber juristischen Ansprüchen genügte

Obschon das Gutachten der italienischen Seite vorgelegt wurde, hat es nichts zur Lösung der damals hängigen Rückgabeverhandlungen beigetragen, zumindest nicht in juristischer Hinsicht. Allenfalls lässt sich aber auch vermuten, dass das Gutachten gezeigt hat, dass der Frage der Moral breiteren Raum eingeräumt werden musste als der Frage des juristischen Anspruches. Die juristischen Fragestellungen in den Verhandlungen über den Hitler-Komplex, über den vom 3. bis 7. September 1954 in Baden-Baden verhandelt wurde, waren in der Sache ohnehin nicht entscheidend, nachdem politische Überlegungen Bundeskanzler Adenauers den deutschen Verhandlungsführer Janz zu einem grossen Entgegenkommen gegenüber den italienischen Ansprüchen veranlasst hatten (oben, § 9 A V). Insofern glaubte sich Italien mit seiner Interpretation der Vorkommnisse, die zu den Ausfuhrgenehmigungen geführt hatten und welche dem Land einen Anspruch aus moralischen Überlegungen einräumen sollte, als erfolgreich. Dessen ungeachtet stellt das Gutachten Menzels das zentrale Dokument und die juristisch korrekte Abhandlung zur Abklärung der Begründetheit der italienischen Restitutionsforderungen auf Kulturgut nach dem 2. Weltkrieg, welches mit Ausfuhrgenehmigungen das Land verlassen hatte, dar.

C. Zusammenfassung: Begründetheit der italienischen Restitutionsforderungen

Die italienischen Ansprüche wurden seit dem Ende des Krieges mit den immer gleichen Argumenten begründet. Die anspruchsbegründenden tatsächlichen Vorkommnisse liessen sich in zwei unterschiedliche Gruppen einordnen. Die eine Gruppe umfasste Kunstwerke, die mit den notwendigen Ausfuhrgenehmigungen versehen nach Deutschland geschafft worden waren. Bei der zweiten Gruppe handelte es sich um Kunstwerke, bei welchen keine entsprechenden Genehmigungen erteilt worden waren und welche demgemäss – vor oder nach dem Kriegsbeginn in Italien – das Land illegal verlassen hatten. Zur zweiten Gruppe gehörten auch Kunstwerke, bei denen sonstige Gesetzesvorschriften nicht beachtet worden waren. Das Hauptargument bezüglich der ersten Gruppe war die behauptete Druckausübung der deutschen Käufer, welche mittels intensiven Formen der Einflussnahme die Erteilung von Ausfuhrgenehmigungen erzwungen hätten, die den gesetzlichen Regelungen und der Bewilligungspraxis der zuständigen Behörden des Erziehungsministeriums zuwiderliefen. In seinem ausführlichen Gutachten widerlegte Prof. Menzel die vorgebrachten Argumente und kam zum Schluss, dass sowohl vom italienischen Verwaltungs- als auch vom

Völkerrecht her an den seinerzeit erteilten Genehmigungen nichts auszusetzen war und sich daraus nichts zugunsten der italienischen Regierung und ihres Anspruches ableiten liess. Bei der zweiten Gruppe kamen sowohl Prof. Menzel als auch Prof. Kaufmann zum Ergebnis, dass Bilder, welche unter Umgehung der Exportgesetzgebung Italien verlassen hatten, grundsätzlich zu restituieren waren, wobei sich Kaufmann unter Hinweis auf die italienische Gesetzgebung im Bereich des Kulturgüterschutzes auf die artistische Qualität der Bilder stützen wollte. Obschon das Ergebnis der Gutachten vom rechtlichen Standpunkt her zutreffend war, spielte die Bedeutung der juristischen Berechtigung Italiens auf die Rückführung der Kunstwerke eine untergeordnete Rolle. Entscheidend waren politische Überlegungen, zunächst der US-amerikanischen Besatzungsmacht im Hinblick auf die politische Stabilität Italiens in den unmittelbaren Nachkriegsjahren, und danach der Regierung der Bundesrepublik Deutschland, welche in Italien einen wichtigen Partner für die Wiederintegration der Bundesrepublik in der europäischen Staatengemeinschaft erkannte.

§ 11: Völkerrechtliche Konsequenzen der Restitutionen

A. Fragestellung

Wie diese Arbeit gezeigt hat, verliefen die Restitutionsverhandlungen zwischen der Bundesrepublik und Italien vom Ergebnis her äusserst erfolgreich für Italien. Obschon den deutschen Verhandlungsleitern bewusst war, dass Italien kein rechtlicher Anspruch an den für Hitler und Göring vor 1943 erworbenen Kulturgütern zustand, restituierte die Bundesrepublik den überwiegenden Teil dieser Kunstwerke. Nun stellt sich abschliessend die Frage, ob die Restitution der vor 1943 erworbenen Kulturgüter ein Staatshandeln mit der Folge begründet hat, dass eine Pflicht zu einer solchen Rückgabe auch heute noch anzunehmen ist, sollten noch Kunstwerke aus den Ankäufen Hitlers und Görings auftauchen. Eine derartige Pflicht wäre eine Ausprägung des Vertrauensschutzes mit der Konsequenz, dass bestimmte Erwartungen, die ein Rechtssubjekt durch sein schlüssiges Verhalten bei einem Rechtspartner oder bei der weiteren Rechtsgemeinschaft erweckt, rechtsgestaltend wirken.[594]

[594] Müller, S. 3.

B. Estoppel- und Acquiescence-Prinizp im Völkerrecht

I. Estoppel-Doktrin

1. Definition von Estoppel

Im Völkerrecht wird unter *Estoppel* die prozessuale Hinderung einer Partei an der erfolgreichen Geltendmachung eines Rechtsstandpunktes oder an der Behauptung einer Tatsache verstanden, die im Widerspruch zu früheren Zusicherungen oder sonst schlüssigen Verhaltensweisen steht. Das bedeutet, dass eine Partei an die Erwartungen gebunden ist, die die andere nach Treu und Glauben in ausdrückliche oder im Verhalten implizierte Äusserungen der ersten setzten durfte.[595]

Die Anwendung des *Estoppel*prinzips setzt voraus, dass eine Partei sich im Vertrauen auf Zusicherungen oder konkludente Verhaltensweisen der anderen zu rechtlich erheblichem Verhalten verleiten liess, das ihr zum Schaden gereichen würde, wenn die andere Partei später einen gegenteiligen Standpunkt einnehmen dürfte. Die typische Rechtswirkung von *Estoppel* besteht darin, dass unter diesen Voraussetzungen eine Partei mit einer Behauptung nicht gehört werden kann, und zwar unabhängig davon, ob im übrigen Anhaltspunkte für die Richtigkeit der Behauptung vorliegen oder nicht.[596]

2. Anwendbarkeit von Estoppel im Zusammenhang mit den Restitutionen der Bundesrepublik an Italien

Die Grundlage der italienisch-deutschen Verhandlungen über Kulturgüter bildete das Treffen zwischen De Gasperi und Adenauer und die beiden dabei im Rahmen eines Briefwechsels vereinbarten Ziele. Auf der einen Seite versprach die Bundesrepublik, "soweit es in ihrer Macht steht, die Arbeiten dieser [gemeinsamen] Kommission zu erleichtern und zu beschleunigen und alles zu tun, um die Rückgabe der schon aufgefundenen oder noch aufzufindenden Kunstwerke und bibliographischen Materialien zu ermöglichen, die während der nationalsozialistischen Regierung zu Unrecht aus Italien entfernt wurden". Anderseits erlaubte Italien den deutschen Kulturinstituten in Florenz und Rom die Wiederaufnahme ihrer Tätigkeit. In der Folge konnten die Kulturinstitute ihren Betrieb wieder aufnehmen, und die Bundesrepublik restituierte den überwiegenden Teil der für Hitler und Göring vor 1943 in Italien erworbenen Bilder.

Somit könnte argumentiert werden, die Voraussetzungen seien gegeben, die es Italien erlauben würden, beim Auftauchen von weiteren Kunstwerken in

---

[595] Müller, S. 5ff.

[596] BGE 106 Ib 154ff. m.w.N.

Deutschland deren Restitution unter Hinweis auf die *Estoppel*-Doktrin zu verlangen. Dazu könnte vorgebracht werden, dass die Bundesrepublik aufgrund ihres über Jahre dauernden Verhaltens (Rückgabe des grössten Teils der Kunstwerke, die vor 1943 für Hitler und Göring erworben wurden) bei der italienischen Seite das berechtigte Vertrauen darauf erweckt habe, dass auch inskünftig keine andere Haltung eingenommen werde. Weiter könnte behauptet werden, dass Italien seinerseits Vertrauen in den von der Bundesrepublik erweckten Eindruck gesetzt habe. Dabei würde für die Anwendung von *Estoppel* keine Rolle spielen, ob im übrigen Anhaltspunkte für die Richtigkeit des Verhaltens der Bundesrepublik vorliegen. Schliesslich wären auch die Interessen der Parteien präjudiziert, so dass bei nachträglichem widersprüchlichem Verhalten der Bundesrepublik Italien als die vertrauende Partei benachteiligt wäre.

Es stellt sich allerdings die Frage, ob Italien aufgrund der erfolgten Restitutionen *berechtigtes* Vertrauen aufgebaut hat. Bei Durchsicht der Vereinbarungen, die von den Delegationen zum Abschluss der jeweiligen Verhandlungsrunden unterzeichnet wurden, zeigt sich, dass der Text der Vereinbarungen so formuliert war, dass er nicht zur Bildung von berechtigtem Vertrauen herangezogen werden kann: Als Ergebnis der Verhandlungen von Bonn vom Dezember 1953 erklärte sich die Regierung der Bundesrepublik bereit, die "in der beigefügten Liste enthaltenen Bilder, Plastiken und Textilien, die während der Hitlerzeit von Göring käuflich erworben und zu Unrecht ausgeführt wurden, an die italienische Regierung" zurückzugeben.[597] Das gemeinsame Protokoll, das zum Abschluss der Verhandlungen von Perugia von den Delegationsleitern unterzeichnet wurde, hielt fest, dass "die in der als Anlage beigefügten Liste aufgeführten Kunstwerke von der Regierung der Bundesrepublik Deutschland der Regierung der Republik Italien überlassen werden". Weiter wurde erklärt, dass "Obwohl beide Delegationen ihre jeweilige Auffassung über die Bewertung der Rede aufrechterhalten, die der damalige Staatsminister Bottai vor der ‚Camera dei Fasci e delle Corporazioni' am 7. Mai 1942 gehalten hat, (...) die Deutsche Delegation im Geiste der in Rom am 27. Februar 1953 zwischen dem Bundeskanzler der Bundesrepublik Deutschland un [sic] dem Präsidenten des Ministerrats der Republik Italien getroffenen Vereinbarung, die in Artikel I bezeichneten Kunstwerke" überlässt.[598] Bei diesen zwei Verhandlungsrunden wurde über die Erwerbungen Görings verhandelt, bei welchen offenbar auch die deutsche Seite davon ausging, dass sie zu Unrecht aus Italien ausgeführt worden waren. Eine andere Ausgangslage stellte sich bei den Kunstwerken, über welche im September 1954 in Baden-Baden verhandelt wurde. Die Kunstwerke, deren Rückgabe dort vereinbart wurde, waren allesamt für Hitler angekauft worden und hatten Italien mit offiziellen Exportbewilligungen verlassen. Weil sich die Parteien nicht auf eine

[597] Vgl. zu den Verhandlungen in Bonn und zum Protokoll, oben, § 9 A III.

[598] Vgl. zu den Verhandlungen in Perugia und zum Protokoll, oben, § 9 A IV.

gemeinsame Position bezüglich der Legalität der Geschäfte einigen konnten, enthielt auch das Abschlussprotokoll einen diesbezüglichen Hinweis: "(...) unter Berücksichtigung der Tatsache, dass die Rechtslage nicht vollständig geklärt werden konnte (...)". Weiter wurde festgehalten, dass "Die Bundesregierung (...) der Italienischen Regierung sonstige gesetzwidrig ausgeführten Kunstgegenstände übergeben [wird], die etwa nachträglich aufgefunden werden sollten".[599]

Die Restitutionen der Ankäufe Görings erfolgten aufgrund der Tatsache, dass sich die Delegationen darüber einig wurden, dass die Exporte unter Umgehung der einschlägigen Vorschriften Italiens erfolgt waren. Somit war der Vereinbarung von Rom genüge getan, welche die deutsche Zusammenarbeit hinsichtlich von Kunstwerken und bibliographischem Material versprach, das zu Unrecht aus Italien entfernt worden war. Insofern steht die Anwendung von *Estoppel* gar nicht in Rede, nachdem es sich nicht um Zusicherungen oder konkludente Verhaltensweisen der Bundesrepublik, sondern um die Umsetzung eines Verwaltungsabkommens der beiden Staaten handelte. Das Abschlussprotokoll bezüglich der Hitler-Bilder wiederum hielt ausdrücklich fest, dass sich die Delegationen nicht über "die Rechtslage" hatten einigen können. Aus der Übereinkunft ergeben sich keine Hinweise, wonach eine allgemeine Restitutionspflicht der Bundesrepublik über die Bilder hinaus, die im Anhang zur Vereinbarung einzeln aufgeführt waren, bestand. Italien könnte sich also auch hinsichtlich der Ankäufe für Hitler nicht auf die Existenz von berechtigtem Vertrauen, das in Anwendung des *Estoppel*-Prinzips allenfalls geschützt werden könnte, berufen. Derjenige Passus im Protokoll von Baden-Baden, welcher eine Rückgabe von allenfalls später auftauchenden Kunstwerken vorsah, beschränkte die Restitutionspflicht wiederum auf zu Unrecht exportierte Kulturgüter. Somit kann sich Italien auch nicht auf die Tatsache der Rückgabe als solcher für die Begründung von berechtigtem Vertrauen berufen, sondern müsste in jedem Fall erneut die Widerrechtlichkeit des Exportes beweisen.

Das *Estoppel*-Prinzip würde auch aufgrund einer anderen Überlegung keine Anwendung finden. Im Zusammenhang mit den Verhandlungen um Kulturgut war es Italien, welches die Prämisse setzte, wonach die Restitutionen nicht aufgrund von juristischen, sondern moralischen Überlegungen stattzufinden hatten. Entsprechend weigerte sich die italienische Delegation, juristische Gutachten anzuerkennen oder ein Schiedsgericht mit der Klärung der italienischen Ansprüche zu beauftragen. Wenn aber Italien immer erklärt hat, keinen juristischen, sondern einen moralischen Anspruch zu haben, würde sich das Land dem Vorwurf des *venire contra factum proprium* aussetzen, wenn heute Forderungen in Anwendung des *Estoppel*-Prinzips gestellt würden. Ob sich allenfalls aus den Restitutionen Deutschlands ein völkerrechtliches Gewohnheitsrecht entwickelt

---

599 Vgl. zu den Verhandlungen in Baden-Baden und zum Protokoll, oben, § 9 A V.

hat, ist nicht weiter abzuklären, nachdem die Bildung von Gewohnheitsrecht eine *opinio iuris* voraussetzt, die italienische Seite aber stets die Anwendung moralischer Grundsätze postulierte.

II. Acquiescence

1. Definition von Acquiescence

Das Rechtsinstitut der *Acquiescence* wird in der Lehre auch als besondere Form des *Estoppel* beschrieben. Der Rechtssinn von *Acquiescence* bedeutet Stillschweigen gegenüber einem fremden Rechtsanspruch, der sich derart manifestiert, dass die passive Haltung nach Treu und Glauben nur als stillschweigende Anerkennung verstanden werden kann. Somit schliesst *Acquiescence* gegenüber einer bestimmten rechtlichen oder tatsächlichen Situation ihre spätere Anfechtung aus. Dabei wird eine Rechtspflicht zum Handeln, beispielsweise in der Form des Protestes, der Bestreitung oder der Anmeldung von Vorbehalten, angenommen, "when common honesty and fair dealing demand to speak".[600]

2. Anwendbarkeit von Acquiescence im Zusammenhang mit den Restitutionen der Bundesrepublik an Italien

Wie sich bereits aus der Definition von Acquiescence ergibt, kann diese auf das Verhalten der deutschen Delegation bei den italienisch-deutschen Verhandlungen über Kulturgut nicht angewendet werden. Jedes Abschlussprotokoll enthielt einen genauen Hinweis auf den Rechtsgrund und den Umfang der Restitutionen. Soweit sich die Parteien über den Rechtsgrund nicht hatten einigen können, wurde dies ebenfalls in das Protokoll aufgenommen. Somit lässt sich auch aus dem völkerrechtlichen Prinzip der *Acquiescence* nichts zugunsten von Italien ableiten.

C. Zusammenfassung

Italien hat die Verhandlungen über die Restitution von Kulturgütern äusserst erfolgreich geführt und dabei unter anderem den überwiegenden Teil der an Hitler und Göring bis 1943 verkauften Kulturgüter zurückerhalten. Dabei begründete die italienische Delegation bei den Verhandlungen den eigenen Restitutionsanspruch mit Überlegungen der Moral, die juristischen Betrachtungen vorzugehen hatten. Auch wenn die Bundesrepublik in der Sache nachgab und die Restitutionen leistete, lässt sich aus dieser Tatsache alleine kein Staatshandeln ableiten, welches der Bundesrepublik eine heute bestehende Pflicht auf Resti-

---

600 Müller, S. 38 m.w.N.

tution auferlegen würde. Die Formulierung der Protokolle, die die einzelnen Verhandlungsrunden abschlossen und den Umfang und die Begründung der Restitutionen enthielten, stellte klar, dass lediglich die im Detail beschriebenen Kunstwerke restituiert wurden. Ausschlaggebend für die Begründung der Restitutionen war die Vereinbarung von Rom, gemäss welcher die Bundesrepublik Unterstützung bezüglich der Restitution von Kulturgütern leisten wollte, die zu Unrecht aus Italien entfernt worden waren. Die Ankäufe Görings, welcher Kunstwerke an den Exportbehörden vorbeigeschmuggelt hatte, fielen ohne weiteres unter die Prämisse der Vereinbarung von Rom. Bei den von der Bundesrepublik zurückgegebenen Bildern, die für Hitler erworben worden waren, wurde im Protokoll klargestellt, dass es sich um ein einmaliges Entgegenkommen der deutschen Seite handelte, da es sich nur auf klar bezeichnete Bilder bezog. Daraus lässt sich aber kein aus der Sicht des Völkerrechts beachtlicher und berechtigter Anspruch Italiens auf Restitution, beziehungsweise eine Pflicht der Bundesrepublik auf Rückleistung aller bis 1943 für Hitler und Göring in Italien gekaufter Bilder ableiten. Ein Anspruch Italiens besteht lediglich hinsichtlich von Kulturgütern, die zu Unrecht aus Italien entfernt wurden. Dies ist aber keine Folge der Anwendung von Vertrauensschutzprinzipien im Völkerrecht, sondern die Konsequenz der Umsetzung der Vereinbarung von Rom.

§ 12: Schlussbetrachtungen

A. Zusammenfassende Würdigung

1. In den späten dreissiger Jahren begannen Kunstkäufe der Naziführerschaft den darniederliegenden italienischen Kunstmarkt zu beleben. Die bedeutendsten Kunstwerke wurden dabei für Hitler und Göring angekauft. Um die Kunstwerke legal zu exportieren, waren die Exportbestimmungen der einschlägigen Gesetze *L. 20 giugno 1909, n. 364*, und ab 1939 *L. 1° giugno 1939, n. 1089*, zu beachten, überdies die Detailregelung der Verordnung *R.d. 30 gennaio 1913, n. 363*. Die Exportbestimmungen sahen vor, dass die zuständigen Gremien des Erziehungsministeriums jede Ausfuhr zu genehmigen hatten, wobei ihnen neben der Ausstellung der Genehmigung die Möglichkeiten des Exportverbotes und der Übernahme der Kunstwerke durch den Staat zu den zwischen den Parteien festgelegten Bestimmungen offenstanden. Dies vor dem Hintergrund des Ausfuhrverbots für Gegenstände, deren Export einen überaus grossen Verlust für das nationale Kunsterbe bedeuten würde. Mit der kriegsbedingten Verschärfung der Gesetzgebung wurden die Kunstexporte nach dem November 1941 gänzlich verboten. Die Behörden des Erziehungsministeriums unter der Leitung von Erziehungsminister Giuseppe Bottai setzten sich für die Bewahrung des italienischen Kunsterbes ein und verweigerten verschiedentlich die Ausstellung der Ausfuhrgenehmigungen. Um die deutschen Ankaufswünsche dennoch befriedigen zu

können, gelangten Vertreter der Entourage Mussolinis und auch Aussenminister Galeazzo Ciano an Bottai und erreichten in den meisten Fällen, dass dieser schliesslich die zuständigen Exportbüros zur Ausstellung der Ausfuhrgenehmigungen anhielt. Dadurch verliessen – entgegen dem Ziel der Kunstschutzgesetzgebung – Meisterwerke ersten Ranges Italien, wobei an den Geschäften vom formaljuristischen, und, wie die vorliegende Arbeit zeigt, auch vom materiellrechtlichen Standpunkt nichts auszusetzen war. Bei einigen Kunstwerken veranlasste Mussolini zwar, dass diese verschenkt wurden oder dass die Exportsteuern erlassen wurden. Beim grössten Teil der Geschäfte aber lagen Ausfuhrgenehmigungen vor, die von den zuständigen Gremien ausgestellt worden waren. Auch die gesetzlich vorgeschriebene Exportsteuer wurde von den deutschen Käufern in der Regel beglichen.

Noch zu Zeiten des Bestehens der deutsch-italienischen Allianz benutzte Göring den ihm zur Verfügung stehenden Eisenbahnzug, um Kunstwerke, die er bei italienischen Kunsthändlern – teilweise im Tausch gegen in Westeuropa enteignete Bilder jüdischer Sammler – erworben hatte, in Umgehung der italienischen Export- und Steuergesetzgebung aus dem Land zu schaffen. Der quantitativ grösste Verlust an italienischem Kunstgut erfolgte nach der Neutralitätserklärung Italiens im Herbst 1943 und den Kriegswirren als Folge der Besetzung des Landes durch die deutsche Wehrmacht.

2. Bereits 1944 setzte sich die neue italienische Regierung für die Rückführung der aus Italien fortgeschafften Kulturgüter ein. Dabei stützte man sich in erster Linie auf die Gesetzgebung der Alliierten. Diese hatten mit der Londoner Erklärung vom Januar 1943 die von den Deutschen in den militärisch besetzten Gebieten erfolgten Formen der Besitznahme angeprangert und sich vorbehalten, diese für nichtig zu erklären. Zur Zeit der Verbringung der Kulturgüter nach Deutschland sahen lediglich die Vorschriften der Haager Landkriegsordnung ein Beuteverbot bezüglich Kulturgüter vor. Italien forderte daher die Rückführung auch in Anwendung des zur damaligen Zeit von den interessierten Kreisen aus Museumsfachleuten diskutierten Grundsatzes, wonach Kulturgut zu schonen und an seinen Herkunftsort zurückzubringen war, sofern es durch kriegerische Ereignisse von dort fortgebracht worden war. Da dieser Grundsatz noch in keinem Gesetzesakt seinen Niederschlag gefunden hatte und über das Beuteverbot der Haager Konvention hinausging, forderte Italien dessen Anwendung als "moralisches Prinzip". Diese Haltung verstand sich insbesondere vor dem Hintergrund alarmierender Nachrichten aus dem norditalienischen Kriegsgebiet, wonach dort verwahrte Museumsbestände von der Wehrmacht und der SS, angeblich zum Schutz der Kulturgüter, weiter nach Norden und damit ins Reich transportiert wurden.

3. Erst nach dem Kriegsende verlagerte sich der Schwerpunkt der Begründung der italienischen Restitutionsforderungen weg vom "moralischen Prinzip" der

Rückführung der Kulturgüter an ihren Ursprungsort und hin zur Behauptung, die erfolgten Exporte seien unter deutschem Druck und somit widerrechtlich erfolgt. Dies, nachdem sich in ersten Reaktionen aus Washington gezeigt hatte, dass nur die nach der militärischen Besetzung Italiens durch Gewalt entfernten Kulturgüter zurückgegeben würden. In diplomatischen Demarchen wurden die Regierungen der vier Mächte mit Bezug auf die Kulturgüterverluste eingeladen, Italien auch für die Zeit vor 1943 den Status einer von Deutschland militärisch besetzten Nation einzuräumen, um durch die Opferrolle in den Genuss von Restitutionen und Reparationen durch *restitution in kind* zu gelangen. Dies wurde mit der Behauptung begründet, dass Italien bereits zu Zeiten der Allianz mit Deutschland von seinem Bündnispartner hintergangen und durch Machenschaften systematisch ausgeraubt worden sei. Um entsprechenden Forderungen der Alliierten entgegenzukommen, erklärte sich die italienische Regierung im November 1945 bereit, ihrerseits Kulturgut, welches durch den Krieg nach Italien gelangt war, an den Ursprungsort zurückzugeben. Alle Bemühungen Roms, die italienische Mitverantwortung an den Verlusten an Kulturgut herunterzuspielen, scheiterten vorerst. Italien musste mit der Regelung des Friedensvertrages von 1947 erkennen, dass Ansprüche auf Restitution von Kulturgut von den Alliierten offiziell erst mit dem Stichtag des 3. September 1943 anerkannt wurden; inoffiziell wurde ein Entgegenkommen signalisiert, indem der Stichtag auf den Juli desselben Jahres vorverlegt werden sollte. Somit musste damit gerechnet werden, dass die bedeutenden Kulturgüter, welche Italien vor dem Krieg mit Unterstützung der faschistischen Regierung verlassen hatten, in Deutschland bleiben würden.

4. Die Alliierten taten sich mit der Rolle Italiens und der Begründung seiner Restitutionsforderungen schwer, zumal die Rückführung von Kulturgütern im allgemeinen und insbesondere an den ehemaligen Verbündeten Deutschlands keine hohe Priorität genoss. Noch vor dem Kriegsende zeichnete sich zwar die Bereitschaft der Vereinigten Staaten ab, aufgrund kriegerischer Vorkommnisse aus Italien weggebrachte Kulturgüter zurückzugeben, wobei der italienischen Auffassung gefolgt wurde, wonach die Kulturgüter an ihren Ursprungsort zurückkehren müssten. Tatsächlich erhielt Italien bereits im August 1947 erste Kunstwerke zurück, die nach der militärischen Besetzung Italiens gestohlen worden waren. Dass Italien 1948 von den Vereinigten Staaten dennoch Kunstwerke ersten Ranges zurückerhielt, welche vor dem Krieg und mit regulären Ausfuhrgenehmigungen nach Deutschland verkauft worden waren, war eine Folge der Differenzen unter den Alliierten zu Beginn des kalten Krieges. Diese Differenzen hatten zunächst dazu geführt, dass die gemeinsame Festlegung einer Restitutionspolitik vor dem Hintergrund unterschiedlicher Absichten bezüglich der Zukunft Deutschlands gescheitert war. In Umsetzung der von Präsident Truman verkündeten Politik zur Eindämmung des sowjetischen Machtbereichs wurde von amerikanischer Seite die *democrazia cristiana* in den italienischen Wahlen von 1948 mit massiver Finanzhilfe unterstützt. In diesem Zusammenhang wurde

auch die Rückgabe von Kulturgütern als geeignetes Mittel zur Einflussnahme im Sinne der amerikanischen Aussenpolitik betrachtet. Neben dieser politischen Entscheidung, die in Washington getroffen worden war, führten Vorkommnisse in der amerikanischen Zone Deutschlands zu einer Haltung, welche italienische Restitutionsforderungen in einem günstigeren Licht erschienen liessen. Ein Bericht der alliierten Kunstschutztruppen des MFA&A (Monuments, Fine Arts and Archives Branch) hatte aufgezeigt, dass einige der Exporte nach Deutschland dank aussergewöhnlichem Entgegenkommen von hohen Vertretern des faschistischen Regimes gegenüber den deutschen Kaufwünschen zustande gekommen waren. Dieser Bericht war zwar das Ergebnis von eigenen Abklärungen des MFA&A. Diese Abklärungen beruhten ihrerseits aber auf Unterlagen, die von den italienischen Behörden zur Verfügung gestellt worden waren und mit welchen die Sichtweise der italienischen Regierung eingebracht wurde.

Der Skandal um die angeblich notwendige Evakuierung von 202 Bildern aus deutschen Museen in die Vereinigten Staaten, welcher zu einem schriftlichen Protest der MFA&A-Mitarbeiter in Deutschland geführt hatte, war vermutlich mitentscheidend für die Absicht der Regierung in Washington, Kulturgüter an ihrem Ursprungsort zu belassen, beziehungsweise dorthin zurückzuführen. Dies wiederum entsprach der Auffassung der Regierung in Rom. Als Ergebnis dieses Sinneswandels gingen im November 1948 im Rahmen der *Exceptional Return Order* der Vereinigten Staaten 18 Kunstwerke, für die beim Ankauf Ausfuhrgenehmigungen des italienischen Staates vorgelegen hatten, nach Italien zurück, ohne dass von Seiten Italiens eine Gegenleistung erbracht werden musste. Diese Rückgabe führte zu scharfen Protesten des deutschen, aber auch des amerikanischen Personals am *Central Collecting Point* in München, dem Aufbewahrungsort der Kunstwerke, worauf von Seiten der Vereinigten Staaten keine Restitutionen im Rahmen der *Exceptional Return Order* mehr erfolgten.

5. Die italienischen Restitutionsbemühungen waren von der Person Rodolfo Sivieros geprägt, welcher bereits während des Krieges im Rahmen seiner Zugehörigkeit zu den Partisanen in Florenz versuchte, Diebstahl und Zerstörung von Kulturgut zu verhindern. Nachdem er 1946 mit der Leitung der italienischen Restitutionsbemühungen betraut worden war, setzte er sich bis zu seinem Tod 1983 dafür ein, die durch den Krieg und später durch Diebstähle und Raubgrabungen aus dem Land gebrachten Kulturgüter nach Italien zurückzubringen. Aufgrund seines kompromisslosen Vorgehens und der Verfechtung der italienischen Ansprüche gegen alle Widerstände aus Deutschland, den Vereinigten Staaten, aber auch aus der staatlichen Verwaltung Italiens machte er sich ringsum viele Feinde. In der italienischen Öffentlichkeit wird er aber seiner grossen Erfolge wegen bis zum heutigen Tag verehrt. Das häufig verbissene Vorgehen Sivieros war auch eine Konsequenz der Tatsache, dass er zeitlebens im Auftragsverhältnis und ohne Aussicht auf ordentliche Besoldung und Pensionierung tätig war und die Fortführung der Restitutionsverhandlungen für ihn das Einkommen

sicherstellte. So war es letztlich auch Siviero zuzurechnen, dass die Restitutionsverhandlungen mit Deutschland bis in die siebziger Jahre fortdauerten und vermutlich nie offiziell beendet worden sind.

6. Die direkten Verhandlungen zwischen Italien und Deutschland, die 1953 förmlich aufgenommen wurden, waren auf Seiten der Bundesrepublik vom Wunsch Adenauers geprägt, sein Land aus der kriegsbedingten Isolation zu führen und mit Italien einen Partner zu gewinnen, der die Wiederintegration Deutschlands in Europa unterstützte. Um dieses Ziel zu erreichen, wurde der deutsche Delegationsleiter Friedrich Janz regelmässig vor den Verhandlungsrunden ermahnt, den guten Beziehungen zu Italien um den Preis der weitgehend entschädigungslosen Rückgabe der Kunstwerke Priorität einzuräumen. Verschiedentlich hatte sich nämlich gezeigt, dass jedes Stocken von Verhandlungen zu geharnischten Protesten in der italienischen Öffentlichkeit führte, hinter denen in der Regel Rodolfo Siviero stand, der dank seiner Verflechtung mit dem Partisanentum über gute Beziehungen im politischen Leben Italiens verfügte.

Unproblematisch verliefen die Verhandlungen bezüglich des Grossteils der für Göring erworbenen Kunstwerke, bei welchen die Umstände des seinerzeitigen Ankaufes und des Exportes unklar waren. Diese Unklarheit veranlasste die deutsche Verhandlungsdelegation, auf diese gesamte Kategorie von Kunstwerken zu verzichten und sie an Italien zurückzugeben. Die entscheidenden Verhandlungen betrafen die für Hitler angekauften Bilder, bei welchen vom formalen Standpunkt her beim Export alles korrekt abgelaufen war und auf welche Deutschland auch vom materiell-rechtlichen Standpunkt her vollen Anspruch genoss. Obschon von deutscher Seite Gutachten vorgelegt wurden, welche zweifelsfrei und juristisch zutreffend ergaben, dass die damalige Praxis der faschistischen Regierung zur Erteilung der Ausfuhrgenehmigungen Italien weder vom Standpunkt des italienischen Verwaltungs- noch vom Völkerrecht her einen Restitutionsanspruch einräumte, erhielt Italien dennoch den grössten Teil der Kunstwerke zurück; einmal mehr hatten politische Überlegungen am Ende langer Verhandlungen die deutsche Seite veranlasst, die juristischen Aspekte zu Gunsten politischer Überlegungen zu vernachlässigen.

Die zweite Phase der Restitutionsverhandlungen zwischen Deutschland und Italien war von der Tätigkeit einer gemischten Kommission geprägt, welche Nachforschungen betrieb und Zeugen einvernahm, um dadurch verschwundenes Kulturgut aufzuspüren. Die gemischte Kommission erzielte allerdings keine konkreten Ergebnisse, und spektakuläre Funde ergaben sich ausserhalb der Tätigkeit der gemischten Kommission, als in den USA und in der Bundesrepublik Gemälde auftauchten, die von Angehörigen der deutschen Truppen in Italien gestohlen worden waren.

7. Die vorliegende Untersuchung sollte dem Ziel dienen, die juristischen Grundlagen abzuklären, welche es Italien erlaubten, nach dem Krieg einen Grossteil

des Kulturgutes wiederzuerlangen, das vor und während des Krieges nach Deutschland gelangt war. Im Ergebnis ist festzuhalten, dass neben der rechtlich unbestrittenen Rückführung der durch kriegerische Umstände entfernten Kulturgüter die juristischen Aspekte bezüglich der umstrittenen Verkäufe von Kulturgut bei den Restitutionsverhandlungen eine untergeordnete Rolle spielten. Die Vereinigten Staaten restituierten Kulturgut unter der angeblichen Prämisse der Wahrung des kulturellen Erbes von kriegsversehrten Staaten, wobei für sie bezüglich Italiens Überlegungen der Eindämmung des Kommunismus im Vordergrund standen. Die junge Bundesrepublik trennte sich vom Erbe der Naziführerschaft, ohne auf ihren rechtlich fundierten Ansprüchen zu bestehen, da die Verbesserung der bilateralen Beziehungen mit Italien in den fünfziger Jahren im Vordergrund stand. Somit ergibt sich, dass Italien die Nutzniesserin der politischen Umstände im Nachkriegseuropa war, indem Rom – grösstenteils entschädigungslos – Kulturgut zurückerhielt, ohne einen diesbezüglichen juristisch begründeten Anspruch zu haben. Denn die faschistische Regierung trug zum grossen Teil die Verantwortung für die Verkäufe, welche für das italienische Kulturerbe fatal waren. Dass Italien trotz der nachteiligen rechtlichen Situation einen Grossteil der vor und während des Krieges nach Deutschland gelangten Kunstwerke zurückerhalten hat, war neben den politischen Umstände der Nachkriegszeit zweifellos der Person Rodolfo Sivieros zu verdanken, welcher unablässig, bisweilen fanatisch und nicht zuletzt im eigenen Interesse seine Beziehungen für die Belassung der Restitutionsfrage auf der politischen Agenda einsetzte, gegen alle Widerstände aus dem In- und Ausland.

Bezeichnend für dieses Ergebnis, die Hintanstellung juristischer Argumente hinter Überlegungen der Politik und Moral und dessen Zeitgebundenheit, ist die Haltung der Bundesrepublik bezüglich der Deckengemälde Sebastiano Riccis, die sich, 1941 für Hitler angekauft und in den direkten deutsch-italienischen Treffen nie expliziter Verhandlungsgegenstand, heute in Berlin befinden. Wäre ihre Existenz in den fünfziger Jahren nicht verheimlicht worden, hätte Italien die Bilder mit den anderen Kunstwerken zurückerhalten, über die damals verhandelt wurde. Als deren Restitution in den siebziger Jahren schliesslich ausdrücklich gefordert wurde, stützte sich die mittlerweile selbstbewusste Bundesrepublik einzig auf den juristischen Aspekt der Angelegenheit, welcher die deutsche Sichtweise favorisiert und verweigerte die Rückgabe. Somit wurde in diesem einen Fall dem Recht zum Durchbruch verholfen, frei von Überlegungen von Politik und Moral.

B. Breve riassunto in italiano

1. Verso la fine degli anni trenta apparvero in Italia i primi emissari del regime nazista che iniziarono a decisamente rianimare l'allora assopito mercato delle opere d'arte. I più importanti beni culturali acquistati erano nondimeno destinati a Hitler e Goering. Durante tale periodo l'esportazione dei beni culturali era

regolata dalle disposizioni della L. 20 giugno 1909, n. 364 e, a partire dal 1939, dalla L. 1° giugno 1939, n. 1089 nonché dalle norme del R.d. 30 gennaio 1913, n. 363. Secondo tali norme ogni esportazione doveva essere approvata dalle autorità competenti del Ministero dell'Educazione Nazionale. Queste ultime, oltre a decidere sulla concessione dell'approvazione, potevano anche prevedere l'acquisto di beni culturali da parte dello Stato secondo le disposizioni accordate dagli acquirenti. Ciò avveniva secondo il divieto d'alienazione estera per i beni il cui espatrio avrebbe potuto nuocere al patrimonio storico e culturale nazionale. Dopo il 1941, l'inasprimento delle leggi relative alle opere d'arte dovuto al conflitto vietò ogni tipo d'esportazione. Le autorità competenti, sotto la guida del Ministro Bottai, s'impegnavano per la conservazione dei beni culturali italiani secondo le leggi allora vigenti e rifiutarono in diversi casi i permessi d'esportazione. Così, alfine di evitare questi ostacoli legali, gli acquirenti tedeschi si rivolsero in parecchi casi alla cerchia legata a Mussolini e al Ministro degli Esteri Ciano, i quali riuscirono ad influenzare Bottai e quindi ottenere i permessi d'esportazione necessari precedentemente negati. In questo modo parecchi capolavori, contrariamente al senso della legislazione, furono venduti ad acquirenti tedeschi e lasciarono l'Italia. Dal punto di vista formale e giuridico queste vendite non erano opinabili, visto che i venditori privati erano stati pagati, i permessi erano stati rilasciati e le rispettive tasse d'esportazione previste dalla legge erano state pagate. Inoltre, in alcuni casi, Mussolini predispose che queste opere d'arte fossero donate o non sottoposte ad alcuna tassa.

Ancora nel periodo dell'alleanza italo-tedesca, Goering si servì di treni speciali per trasportare in Germania beni culturali comprati in Italia, parzialmente offrendo come contropartita oggetti trafugati a collezionisti ebrei dell'Europa occidentale, così evitando le disposizioni previste dalla legislazione d'esportazione italiana. Il danno più ingente per il patrimonio culturale italiano subentrò dopo gli avvenimenti dell'autunno 1943 e la susseguente occupazione militare tedesca.

2. Già nel 1944 il nuovo Governo italiano s'impegnò affinché i beni culturali italiani trafugati fossero restituiti. Il Governo si basò in prima linea sulla legislazione degli alleati, i quali, con la Dichiarazione di Londra del gennaio 1943, si erano riservati di dichiarare nulli tutti gli acquisti e gli espropri avvenuti sui territori occupati dalle truppe naziste. L'Italia richiedeva la restituzione anche per il principio, allora tuttavia solamente discusso nelle cerchie interessate, secondo il quale bisognava aver cura dei beni culturali, e gli stessi dovevano essere riportati al loro luogo d'origine in caso di sequestro o trafugazione durante un conflitto. Malgrado che tale concetto fosse stato riconosciuto soltanto parzialmente nelle convenzioni dell'Aja concernente le leggi e gli usi della guerra terrestre del 1899 und 1907, l'Italia pretese la sua intera applicazione come principio morale. Questa idea si consolidò specialmente dopo le allarmanti notizie provenienti dal nord Italia, dove numerosi beni culturali conservati in queste regioni erano stati trasportati dalla Wehrmacht al nord e così verso il Reich.

3. Dopo la fine della guerra, il principio morale per la restituzione dei beni culturali fu accantonato a favore di una nuova strategia. L'Italia faceva valere la tesi che le esportazioni erano state fatte sotto pressioni tedesche e perciò illecite. Furono inoltre profusi notevoli sforzi diplomatici verso i governi delle quattro potenze alleate, con lo scopo di concedere all'Italia lo stato di nazione occupata dal regime nazista. Tale statuto di vittima avrebbe permesso l'applicazione di svariati trattati di restituzione e risarcimento. La richiesta era giustificata da parte italiana con il fatto di essere stati sistematicamente derubati già nel periodo dell'alleanza italo-tedesca. Per poter andare incontro alle richieste degli alleati, il Governo italiano nel novembre 1945 si dichiarò disposto a restituire al loro luogo d'origine i beni culturali arrivati in Italia a causa della guerra. Tuttavia gli sforzi intrapresi da Roma per cercare di minimizzare la responsabilità italiana nelle trafugazioni di beni non ebbero successo. Secondo le disposizioni del trattato di pace del 1947 l'Italia dovette riconoscere che le pretese di restituzione dei beni culturali venivano accettate solamente dopo l'inizio dell'occupazione del settembre del 1943. Ufficiosamente si segnalò la disponibilità di anticipare tale data ad inizio luglio dello stesso anno.

4. La questione della restituzione dei beni culturali all'Italia non preoccupò particolarmente gli alleati, viste le ben altre priorità del momento. Già prima della fine della guerra gli Stati Uniti dimostrarono un certo interesse per la restituzione dei beni rubati in Italia, seguendo specialmente il principio morale reclamato dall'Italia. Prima dell'agosto 1947 all'Italia furono già restituite le prime opere d'arte rubate dopo l'occupazione militare. Il fatto che l'Italia nel 1948 ricevette dagli Stati Uniti dei capolavori regolarmente esportati in Germania prima dell'occupazione è una conseguenza della tesa situazione politica tra gli alleati all'inizio della guerra fredda. Questi diversi punti di vista non permisero tuttavia agli alleati di trovare un consenso sulla questione della restituzione. Alfine di limitare l'influenza sovietica in Europa, gli Stati Uniti aiutarono finanziariamente la Democrazia Cristiana italiana in occasione delle elezioni del 1948. In questo contesto la questione della restituzione dei beni culturali rappresentò un mezzo ideale per esercitare un'ulteriore pressione nell'ottica della politica estera americana. Alcuni avvenimenti nella zona d'occupazione americana in Germania fecero sì che le pretese di restituzione italiane furono considerate più favorevolmente. Ricerche delle truppe alleate specializzate per la protezione dei beni culturali (MFA & A) dimostrarono che alcune delle esportazioni erano avvenute grazie a facilitazioni dovute all'intervento d'alti personaggi del regime fascista. Nonostante questo rapporto fosse stato redatto dalla MFA&A, lo studio si basava su documenti che erano stati messi a disposizione dalle autorità italiane e che riuscirono perciò a rafforzare il punto di vista italiano. Lo scandalo relativo all'evacuazione di 202 dipinti da musei tedeschi negli Stati Uniti – ciò che causò addirittura una protesta nei confronti dell'esercito da parte delle truppe MFA & A – fu probabilmente importante per la decisione di Washington di las-

ciare o riportare i beni culturali al loro luogo d'origine, idea che corrispondeva alla concezione del Governo di Roma. In conseguenza a questo nuovo indirizzo politico, chiamato dagli americani Exceptional Return Order, nel novembre 1948 furono restituiti all'Italia 18 capolavori, che avevano a suo tempo ottenuto i rispettivi permessi d'esportazione dallo stato italiano. Questa restituzione fu contestata da parte del personale americano e tedesco del Central Collecting Point a Monaco di Baviera dove i capolavori erano stati conservati, e da questo momento in poi da parte degli Stati Uniti non fu più possibile nessuna restituzione secondo i principi dell' Exceptional Return Order.

5. Per quanto riguarda la questione della restituzione dei beni culturali in Italia occorre menzionare Rodolfo Siviero il quale, già durante la guerra come partigiano, cercò di impedire i loro furti e le loro distruzioni. Nel 1946 fu nominato capo dell'ufficio per le restituzioni dei beni culturali, attività che esercitò sempre con entusiasmo fino alla sua morte nel 1983, affinché i beni culturali spariti a causa della guerra e della politica fascista ritornassero in Italia. Questo suo modo di agire senza compromessi fece sì che intorno a lui si raccolsero molti nemici, nonostante ancora oggi Siviero sia venerato per i suoi successi. Il suo comportamento al limite del fanatismo è da ricondurre al fatto che per tutta la vita egli lavorò sotto mandato e quindi senza una pensione assicurata. Perciò la continuazione delle trattative riguardanti le restituzioni rappresentava per lui una possibilità per assicurarsi un reddito. È, infatti, grazie a Siviero che le negoziazioni con la Germania furono perseguite fino agli anni settanta e che probabilmente non sono mai terminate.

6. Le trattative dirette tra l'Italia e la Germania, intraprese ufficialmente nel 1953, erano caratterizzate dal desiderio di Adenauer di portare la Germania fuori dall'isolamento formatosi a causa della guerra e di poter far sì che l'Italia contribuisse alla reintegrazione della Germania in Europa. Per poter perseguire questo scopo il capo della delegazione tedesca Friedrich Janz era già stato istruito prima delle trattative di dare importanza ai buoni rapporti con l'Italia e quindi restituire le opere d'arte senza compensazione per la Germania. Più di una volta si era potuto constatare che ogni difficoltà o rallentamento nelle trattative aveva causato accese proteste nell'opinione pubblica italiana, dietro le quali era regolarmente presente Rodolfo Siviero, il quale grazie ai suoi legami con la Resistenza aveva pure stretti rapporti nella politica italiana. Il 1954 fu caratterizzato dalle dirette trattative dei due stati riguardanti la restituzione dei beni culturali che erano stati comprati per Hitler e Goering. Le trattative riferite alle opere d'arte per le quali non fu più possibile stabilire i dettagli sull'esportazione si svolsero senza problemi, anche perchè i tedeschi rinunciarono alle opere acquistate da Goering, senza occuparsi dell'atto giuridico delle transazioni. Le trattative determinanti concernevano i quadri comprati per Hitler per i quali dal punto di vista formale l'esportazione era avvenuta correttamente. Nonostante i tedeschi presentarono delle perizie che provarono senza dubbi e in modo giuridi-

camente valido che la prassi del governo fascista nel concedere le licenze d'esportazione non concedeva all'Italia né dal punto di vista del diritto amministrativo italiano, né dal punto di vista del diritto internazionale una pretesa di restituzione, all'Italia fu restituita la maggior parte delle opere d'arte in questione. Ancora una volta riflessioni politiche avevano fatto sì che da parte della Germania non fossero prese in considerazione delle argomentazioni giuridiche. Nella seconda fase delle trattative tra l'Italia e la Germania, una commissione mista doveva svolgere delle ricerche ed interrogare dei testimoni per fornire risultati oggettivi a proposito dei beni culturali spariti. Questa commissione tuttavia non portò a risultati concreti. Si costatarono altresì ritrovamenti spettacolari al di fuori dell'attività della commissione mista, quando negli Stati Uniti furono scoperti dipinti che erano stati rubati da membri delle truppe tedesche in Italia.

7. Questo studio ha lo scopo di chiarire le basi legali che permisero all'Italia di recuperare dopo la guerra una gran parte dei beni culturali che erano andati persi prima e durante il conflitto. In conclusione si può affermare che gli aspetti legali riguardanti l'esportazione dei beni culturali ebbero un ruolo non determinante. Gli Stati Uniti restituirono i beni culturali sulla premessa della conservazione del patrimonio artistico e culturale degli stati invasi dalla Germania, anche se per loro era molto più importante poter limitare l'influenza del comunismo in Europa. La Germania del dopoguerra volle distanziarsi dalle collezioni risalenti al dominio nazista pur sapendo di poterne reclamare la proprietà, visto che le relazioni bilaterali con l'Italia negli anni cinquanta godevano di una certa priorità. Così l'Italia approfittò di queste circostanze politiche dell'Europa nel dopoguerra e Roma, senza risarcire i tedeschi, riottenne i beni culturali, pur non appoggiandosi su una specifica base legale. Inoltre, come elemento supplementare, il governo fascista era responsabile delle alienazioni "fatali" per il patrimonio artistico italiano. Il fatto che all'Italia fu restituita una gran parte delle opere culturali dalla Germania, nonostante la situazione giuridica sfavorevole, è da ricollegare senza dubbio, oltre alle circostanze politiche del momento, a Rodolfo Siviero. Con una tenacia quasi al limite del fanatismo, parzialmente anche per perseguire i propri interessi, egli s'impegnò per far sì che la questione delle restituzioni rimanesse attuale.

Esemplare per l'approccio di anteporre argomenti legati alla politica e alla morale a questioni giuridiche, è il comportamento del governo federale tedesco riguardante i dipinti di Sebastiano Ricci che si trovano tuttora a Berlino. Se non fossero stati nascosti negli anni cinquanta, l'Italia li avrebbe riottenuti insieme alle altre opere. Quando negli anni settanta l'Italia combatté per la loro restituzione, la Repubblica Federale tedesca, ora più sicura della propria condizione, si basó sull'aspetto puramente giuridico della questione che favoriva il punto di vista tedesco. In questo caso si poté costatare una decisione presa secondo considerazioni puramente giuridiche, libere dalle riflessioni politiche e morali.

C. Assessment

1. In the late thirties, art sales by Nazi leaders began to revive a downtrodden Italian art market. The most important works of art were purchased for Hitler and Göring. To legally export the works of art, exporters had to observe the export provisions set down in Law *L. 20 giugno 1909, n. 364*, and, since 1939, *L. 1° giugno 1939, n. 1089*, as well as the detailed regulations contained in Ordinance *R.d. 30 gennaio 1913, n. 363*. The export provisions provided for the approval for all exports by the competent authority at the Ministry of Education. In addition to the possibility of issuing a permit, the authorities were also empowered to prohibit the export, or acquire (by the state) the work of art at pre-determined conditions between the parties. This took place in the backdrop of prohibiting the export of goods, the loss of which would signify a great loss for the national art heritage; heightened war-related legislation resulted in a complete prohibition of art exports after November 1941. The authorities at the Ministry of Education, under the leadership of Minister Bottai, endeavored to protect Italian art heritage and refused to issue export permits at various times. Nevertheless, in order to satisfy the Germans' shopping desires, representatives of Mussolini's entourage as well as Foreign Minister Ciano intervened to Bottai and were generally successful in convincing the ministry to issue the permit at the competent export office. As a result and contrary to the goal of the legislation protecting art, the finest Italian works of art left the country after the private buyer paid the purchase price, the export permits were presented and the legally proscribed export tax was paid. In some cases, Mussolini ordered works of art be provided as a gift or the export tax was waived.

Even as the German-Italian alliance still existed, Göring used trains at his disposal to get works of art purchased from Italian art dealers – partially paid for in kind by works expropriated from Jewish collectors in Western Europe – out of Italy, thus circumventing the Italian export provisions. In terms of pure numbers, the greatest loss of Italian art goods occurred after Italy signed the cease-fire with the Allied Powers in the fall of 1943 and the subsequent military occupation of the country by the German Wehrmacht.

2. The new Italian government began to raise demands for the return of cultural property taken from Italy as early as 1944. The government supported its demands primarily on Allied statutes targeting, in the London Declaration of January 1943, forms of acquisition applied by the Germans in occupied territories and reserving the right to declare the acquisition null and void. Italy also demanded the return in application of an often discussed – by interested circles – principal of the day, claiming that cultural property must be cared for and return to its original location to the degree that such goods were removed from the country in times of war. Italy demanded this application as a "moral principal," even though the principal had yet to be codified in an act

of law. This position was particularly understandable given the backdrop of alarming reports out of Northern Italy suggesting that the Wehrmacht and the SS were moving museum inventories to the north, transporting them into the Reich.

3. It was only after the war ended that Italy's reasoning changed the focus of their restitution claims away from the "moral principle" to the claim that the executed exports occurred under German coercion and were thus illegal. This change occurred after initial reactions from Washington indicated that cultural property removed by force during the military occupation of Italy would be returned. In diplomatic Demarches regarding the loss of cultural property, the governments of the four powers were invited to grant Italy the comprehensive status as a nation militarily occupied by Germany. Thus, Italy would be granted the role of victim to achieve the fruits of restitutions and reparations through restitution in kind. This was justified by the fact that Germany was already deceiving Italy during its alliance, and Germany systematically plundered Italy through fraudulent practices. To meet corresponding Allied claims half way, the Italian Government announced its intention in November 1945 to, for its part, return cultural property that came to Italy through the war. All efforts on the part of Rome to play down Italy's responsibility for the loss of cultural property failed initially. Italy was forced to accept, as a provision of the 1947 peace treaty, that Allied claims to the restitution of cultural property would only be recognized as of September 3, 1943; unofficially, the Allies signaled some amount of accommodation by suggesting that the effective date could be moved back to July of the same year. As a consequence, Italian officials had to assume that significant cultural property that exited Italy prior to the war with the support of the fascistic government would remain in Germany.

4. The Allies had a difficult time dealing with Italy's role and the justification for its restitution claims, especially as the return of cultural property in general and to a former ally of Germany, in particular, did not have a high priority. The United States indicated a readiness, even before the war ended, to return cultural property removed through acts of war, thus following Italy's view calling for the return of cultural property to their original location. Italy, in fact, did receive the first works of art stolen following Italy's military occupation in August 1947. The United States, nevertheless, returned first rate works of art, sold to Germany and exported under regular export permits, prior to the war to Italy in 1948. This had more to do with differences of opinion at the onset of the cold war. The result was that a common established restitution policy failed due to varying views regarding Germany's future. Implementing President Truman's policy of containment of the Soviet sphere of influence, American officials supported the conservative italian party *democrazia cristiana* during the 1948 Italian elections with massive financial aid. In this regard, the return of cultural property was also considered as suitable means to influence events from an American foreign

policy point of view. In addition to this political decision made in Washington, events in the American Zone in Germany appeared to place Italian restitution claims in a more favorable light. Investigations by the Allied art protective troops from the MFA & A (Monuments, Fine Arts and Archives Branch) revealed that some of the exports to Germany occurred thanks to exceptional accommodations by high representatives of the fascist regime. The MFA & A's own inquiries formed the basis of the report, but the report was also based on documents provided by Italian officials, which supported Italian claims. The scandal involving the so-called evacuation of 202 paintings from German museums to the United States, which MFA & A workers in Germany protested heavily to in writing, may have also played a role in the US government's intent to leave cultural property at their original locations or return them to the same – once again corresponding to the view in Rome. The change in viewpoint culminated in an *Exceptional Return Order* (November 1948): The United States returned 18 works of art to Italy for which the Italian state issued export permits at the point of sale. This return triggered heated protests by American and German personnel at the *Central Collecting Point* in Munich, where the works of art had been stored. As a consequence to the protests, the United States never again undertook restitution within the framework of an *Exceptional Return Order*.

5. Rodolfo Siviero largely shaped Italy's restitution efforts. As a member of a partisan movement in Florence, he had attempted during the war to prevent the theft and destruction of cultural property. He was entrusted to lead Italian efforts for restitution in 1946 and endeavored to the end of his life (in 1983) to return cultural property to Italy removed through acts of war, and later, theft and illicit excavations. His non-compromising approach and his support for Italian claims against heavy resistance in Germany, the United States, but also the Italian state administration, meant that he was surrounded by a multitude of enemies. Yet he is still honored to this day in Italy for his considerable success. Sivieros' often dogged behavior was also the consequence of the fact that his was a mandate, never the hope of regular payments or retirement. Pursuing restitution negotiations was his only source of income. It is Sivieros' efforts that helped extend restitution negotiations with Germany into the seventies – presumably never officially completed.

6. Direct negotiations between Italy and Germany officially commenced in 1953. The Germans were guided by Adenauer's desire to lead the young Federal Republic out of its wartime isolation and to win Italy as a partner supporting Germany's reintegration into Europe. To this end, the German head of delegations Friedrich Janz was regularly instructed – prior to the start of a new round of negotiations – to place priority on good relations with Italy by largely agreeing to a return of works of art without compensation. At various times, it appeared that every time negotiations between the German-Italian delegations failed to make progress, the Italian public would erupt in sharply worded pro-

tests. As a rule, Rodolfo Sivieros was pulling the strings. His connections to partisan forces meant that he enjoyed solid relations among Italy's political elite. 1954 was dominated by direct negotiations between the two countries to return cultural property purchased for Hitler and Göring. Those works of art that should not have been approved for export did not cause much of a problem, especially as the Germans graciously offered to waive Göring's acquisitions without thought to the legal basis for the transaction. The decisive negotiations related to paintings purchased for Hitler that were formally exported in a proper manner and to which Germany enjoyed full legal claims. Although the German delegation presented legal briefs that reveled without question and from a legal standpoint that the practice under the fascist regime for granting export permits did not allow Italy a restitution claim under administrative and international law, Italy received most of the works of art; once again political considerations moved the German side to ignore any legal issues. The second phase of restitution negotiations between Germany and Italy was characterized by a mixed commission, which researched facts and interviewed witnesses to gain evidence on lost cultural property that would serve restitution. The efforts, however, did not produce any concrete results. Spectacular finds occurred outside the commission's activities as paintings appeared in the US and the Federal Republic stolen by German troops in Italy.

7. The scope of the investigations leading to this paper were intended to clarify the post-war legal foundation, which would allow Italy to recover a large portion of cultural property taken either before and during the war to Germany, or that were lost. Overall, it is clear that, in addition to the legally uncontested restitution of cultural property removed from Italy during the war, legal aspects regarding disputed sales of cultural property played a subordinate role during restitution negotiations. The United States restituted cultural property under the supposed premise of protecting the cultural heritage of war-torn states with concerns on containing communism in Italy being the true focus of the United States toward Italy in particular. The young Federal Republic severed itself from the inheritance of the Nazi leadership, without insisting on legally based claims, as Germany was more interested in improving bilateral relations with Italy during the fifties. As a consequence, Italy enjoyed the fruits of the political climate in post-war Europe. Rome recovered cultural property – largely without compensation, without any real legally supported claim, especially considering it was the fascist government that was largely to blame for the fatal blow to Italian cultural heritage. That Italy recovered the lion's share of works of art removed to Germany both before and during the war – despite a disadvantageous legal position – is without question the work of Rodolfo Siviero, in addition to favorable politics. Working unceasingly, at times fanatically and in his own interests, Rodolfo Siviero ensured that the restitution issue remained on the agenda, even against heavy resistance at home and abroad.

Typical for this outcome, resulting from neglected legal arguments in favor of politics and morality at the time, is the Federal Republic's stance on ceiling paintings by Sebastiano Ricci, purchased for Hitler in 1941. These paintings were never explicitly on the negotiating table during direct German-Italian meetings. Today, the paintings are located in Berlin. Had their existence not be hidden during the fifties, Italy would have recovered them with the other works of art under negotiation at that time. As Italy expressly demanded the restitution of the paintings in the seventies, the more self-confident Federal Republic adhered solely to legal aspects of the case, which favored the German position, and refused to return them. At least in this case, the law won free of political or moral considerations.

Register

Bei Fragen zur Produktsicherheit wenden Sie sich bitte an:
If you have any questions regarding product safety,
please contact:

Walter de Gruyter GmbH
Genthiner Straße 13
10785 Berlin
productsafety@degruyterbrill.com